现代足球裁判

中国足球协会　审定

人民体育出版社

图书在版编目（CIP）数据

现代足球裁判 / 中国足球协会审定. -- 北京：人民体育出版社, 2022
ISBN 978-7-5009-6078-2

Ⅰ. ①现… Ⅱ. ①中… Ⅲ. ①足球运动—裁判法 Ⅳ. ①G843.4

中国版本图书馆CIP数据核字(2021)第183669号

*

人民体育出版社出版发行
北京中科印刷有限公司印刷
新 华 书 店 经 销

*

787×1092 16开本 24.75印张 565千字
2022年6月第1版 2022年6月第1次印刷
印数：1—3,000册

*

ISBN 978-7-5009-6078-2
定价：116.00元

社址：北京市东城区体育馆路8号（天坛公园东门）
电话：67151482（发行部） 邮编：100061
传真：67151483 邮购：67118491
网址：www.psphpress.com

编 委 会

前 言

为贯彻落实《中国足球改革发展总体方案》精神，改进足球专业人才培养发展方式，多渠道拓展人才培养空间，加大人才培训力度，从根本上改进、完善和提高专业人才教育培训过程中存在的弊端和窘况，中国足球协会（以下简称中国足协）针对目前国内裁判人才培养过程中存在的实际问题，从裁判培训基础工程体系建设入手，组织业内专家和学者进行研讨，并于2018—2019年推出《中国足协裁判员培训大纲》（以下简称《大纲》）。《大纲》的制定和编写按照分级、分类的原则，明确裁判人员教育和培训工作中的目标和任务，完善培训内容和学时分配，规范培训授课过程，补充项目分类培训内容，为中国足球裁判培训体系的系统建设奠定了良好的基础。为进一步构建符合中国特色的足球裁判培训理论及实践体系，2019—2020年中国足球协会编写了《现代足球裁判》教材。

本教材以《大纲》为指导文件，在遵照并执行《大纲》任务、内容和要求的基础上，按照竞赛规则、裁判法、业务专题、实践训练、视频裁判、规则起源与发展等内容进行分类阐述。本教材作为中国足球裁判培训学习材料，在教学过程中应参照《大纲》一并使用。

本教材突出以下几个方面的特征：

第一，时代性。成立于1886年的国际足球理事会是负责《足球竞赛规则》相关决策的全球性机构，2012年开始改组，2014年成为具有独立自主权的组织。2016年，国际足球理事会进行了历史上最为广泛和影响深远的一次规则修订，从文本结构、语言措辞、条款内容等方面做了较大幅度的调整与修订。本教材在全新竞赛规则框架和编辑理念指导下，结合现代足球裁判工作的实际需求，全面阐述足球裁判领域中的相关业务知识，具有时代性特征。

第二，前沿性。国际足球理事会制定了2017—2022“公平竞赛”规划，其主要涉及三个重要领域，即“公平与诚信”“普及与包容”“科技的发展”。展望未来规则发展与变化动向，为更好地帮助业内人士学习和掌握相关知识和内容，以适应未来裁判工作的需要，本教材结合上述三个重要领域，从“裁判员职业道德素质教育”“基础规则知识及裁判方法”“视频助理裁判（VAR）”等方面补充、完善相关知识内容，突出教材内容的前沿性特征。

第三，实用性。随着现代足球运动的不断发展，比赛场上的对抗强度及竞争的激烈程度都在不断增加，对裁判员的执裁工作提出了更高的要求。为更好地推进足球裁判“职业化”发展步伐，科学指导裁判人员掌握相关专业知识，全面提高裁判人员的整体素质，本教材根据实际需求，在相关专题的拓展和设计上突出实用性特征，特别是跨学科专业领域知识与足球裁判工作需求之间的相互融合。

第四，操作性。为解决“理论多实践少”的培训现状，帮助解决从业人员在组织和实施裁判实践训练过程中遇到的实际困难，掌握更多的练习内容、方法、手段和要领，本教材增加了实践训练内容的介绍，指导从业人员在此基础上结合实际比赛需要，模拟和创新相关实践训练内容，不仅解决了“实践少”的劣势，还从根本上改善了裁判员“规范化”程度不高的问题，具有操作性特征。

本教材在编撰过程中，从拟订方案、设计内容、组织实施、编写成文等各个环节都凝聚了参编人员的集体智慧。在此，我们向所有参与编写工作及给予支持、帮助的单位和个人表示衷心的感谢。

本教材由中国足球协会裁判委员会组织编写，谭海、陶然成任主编，参与编写的人员有牛锦山、牛惠君、王红彪、王津、李东楠、刘铁军、刘庆伟、阿拉木斯、姚庆、范崎、韩帛辰、陶然成、谭海。全书最后由陶然成统一串编。本书将作为全国各级足球裁判员培训教材。

“只争朝夕，不负韶华。”中国足球运动正处在深化改革的过程中，作为足球从业人员，应加倍努力推动我国足球运动的全面发展，久久为功，让积极向上的足球文化成为助推实现体育强国的正能量。

目 录

绪论——现代足球竞赛规则的理念与精神

足球是世界第一运动，国际足联目前是世界上会员协会最多的单项体育协会，国际足球理事会是负责《足球竞赛规则》相关决策的全球性机构，其任务是保障、编撰、修订国际足联组织下的足球竞赛规则，包括其在世界范围内的统一施行，以及相应的监管，以确保足球运动的一致性，无论世界杯决赛、职业联赛还是草根足球，各级别足球赛事都遵循着同一规则。自1863年第一部官方足球竞赛规则诞生以来，国际足球理事会已经审核并批准了多项规则的修改，推动了足球运动在全世界的普及、提高与发展，足球运动越来越受欢迎。

一、足球竞赛规则的统一是现代足球发展的里程碑

19世纪中期，英格兰社会的发展对足球运动产生了重要影响，球队与其他球队比赛的愿望愈加强烈，校际比赛逐渐开展，但每支球队都遵循着自己制定的足球竞赛规则，差异较大。规则的不统一势必造成比赛混乱无序、冲突不断，进而无法普及开展赛事，尤其是来自不同学校的学生进入大学后同场竞技，由于规则的差异，导致大量冲突。在这样的背景下，1848年10月在剑桥大学诞生了为大多数本校学生所接受的“剑桥规则”。15年后，英格兰足球协会成立的初衷也是为了起草通用的足球竞赛规则，以便不同球队之间顺利开展比赛。英格兰足球协会是世界上第一个足球协会，成立于1863年10月26日，这一天也被视为现代足球诞生日。1863年12月8日，英格兰足球协会制定了以“剑桥规则”为蓝本的《协会足球竞赛规则》（The Rules of Association Football），这被认为是第一本通用的足球竞赛规则，但只有伦敦及附近的球队遵循执行。1886年，当时英国的四个足球协会（英格兰、苏格兰、威尔士与北爱尔兰足球协会）发起成立了国际足球理事会，成为全球唯一负责制定及维护足球竞赛规则的机构。1913年，国际足联加入国际足球理事会。自此国际足联举办的比赛开始执行国际足联理事会制定的《足球竞赛规则》。足球竞赛规则的统一为不同地区、不同国家的球队之间开展各级别赛事提供了有力的保障，是足球运动开启全球化的重要里程碑。

二、足球竞赛规则的合理性是现代足球发展的原动力

规则从最初1863年只有14条规定，到1938年修改为沿用至今的17章架构，2016年

国际足球理事会又开启了历史上最为广泛和影响深远的修订工作。回顾现代足球发展的一百多年历史，足球竞赛规则的修订与变更对足球运动成为世界第一运动起到了至关重要的作用，规则的变更更是推动了足球运动发展中的几次重大变革，规则的修订促使现代足球释放无穷魅力。

难以想象，1863年各支球队还在为场上队员是否可以用手控制球进行比赛，是否可以用脚踢对方小腿外侧而争论。而现代足球竞赛规则则相对简单，容易理解且易行，但规则中的有些条款需要“裁判员认为”，特别是对比赛中的犯规程度的认定，无论是实际发生情形本身就处于规则的边缘地带，还是由于对规则的理解认知差异，或是出于不同的立场，一些判罚决定难免会造成争议和辩论。这些裁判判罚的有关争议性话题，从另一角度而言，也是足球比赛的乐趣和魅力的一部分。规则中这些需要结合足球运动常识和运动精神的主观判断，使足球比赛呈现更多的艺术性。

2012年国际足球理事会开始改组，并于2014年根据瑞士法律，规范了国际足球理事会及其附属机构的宗旨、组织结构及职责，成为具有独立自主权的组织。改组后的国际足球理事会的基本结构并没有发生变化，但增加了足球顾问组和技术顾问组，协助国际足球理事会对规则进行修订。足球顾问组主要由退役球员和教练员组成，他们从队员和教练员的角度提出建议；技术顾问组由来自国际足联和不同洲际联合会的裁判专家组成，他们就规则的任何变动，对技术细节和裁判员执法可能带来的影响进行评估。完善的机构、严谨的程序及慎重的测试验证，促使规则更加容易被参与足球的所有人理解和接受，并且提高了翻译和运用上的统一性。

三、新版规则修改的背景

国际足球理事会经过两年的时间准备了2016/2017版本的修订，后续几年大部分的规则修订也属于该版中已形成的原则的延续，目的在于使规则更清晰、更易于理解、反映现代足球比赛的需求、提高足球运动的魅力和改善参与人员的行为标准。

国际足球理事会明确了制定的规则面向参与足球运动的所有人，并不仅仅为了裁判员，需要更多的人接受与理解规则。为了实现这一目标，新版规则的结构更加简明清晰，英文版规则的文字和措辞更加规范、更易理解，并结合现代足球比赛的需要调整了17章的标题和相关内容。尤为重要的是，新版规则增加了术语汇编和规则变更详解，术语汇编就是通常的名词解释，通过界定一些概念，解决了长期以来困扰大家、容易引起误解和难以翻译的问题；规则变更详解通过对比新旧版的内容、解析变更的原因，在规则变更期间提高了对新版规则的理解，使规则的精神深入人心。

四、现代足球竞赛规则理念与精神

不同时代的足球竞赛规则反映了不同时代足球运动的需求，但是规则必须保护好足球运动的核心价值，尤其是公平和诚信。国际足球理事会通过一百多年的发展，遵循如下理念与精神，对足球竞赛规则进行修订与变更：

（一）保护健康和安全

任何一项体育运动顺利开展的前提都是促进参与者的身体健康，有碍身体健康的运动不具有生命力。足球比赛时间长、场地大、节奏快、对抗激烈，要求参与者具备良好的体能，因此对规则的相关条款进行了相应的修订与变更，如扩大了返场替换可适用的赛事种类、受伤队员的处理、降温及饮水暂停的补充、加时赛可以增加替补名额等人性化的规定，特别是在新型冠状病毒肺炎疫情下，建议采用三次替换机会使用5名替补名额，都是为了保护参与者的健康。

足球运动是一项争抢激烈、身体频繁接触的运动项目，规则允许队员之间的合理身体接触，提倡勇猛顽强、积极主动的比赛作风。但身体对抗不能没有限度，虽然比赛中难免会发生意外，但规则应尽可能保护参与者的安全，在对抗中保护参与者的人身安全，避免受到伤害。规则说明了犯规情况，并针对不同的犯规情况采取了相应的技术处罚及可能的纪律处罚，要求裁判员必须处罚比赛中有危害性和危险性的犯规行为，保证比赛顺利进行，有利于足球运动安全地开展。

（二）确保公平和诚信

规则要确保每一条款对涉及的每一名队员都是一致的，没有主客队之分，没有强弱之分，没有输赢之分，没有队员之分，规则面前人人平等；而且对于比赛的基本条件双方也是对等的，即使中线只有一条，也属于双方所共有。规则要引导球队官员、队员讲诚信，不能通过非体育道德行为获取不正当的利益，任何非体育道德行为都会受到规则相应的处罚。提倡为了胜利竭尽全力，反对为了赢球不择手段。此外，如坠球程序的变更、手球犯规的修订等都使得处理更加公平。

公平和诚信同样适用于裁判员的执法工作。规则中有些规定是需要“裁判员认为”的，裁判员也是富有感情的普通人，但在执法过程中，要在规则的框架内理性行使“裁判员的自由裁量权”，依据规则的相关规定，结合足球运动和规则的精神进行考量，不能将个人情感凌驾于规则和精神之上，从比赛实际情况出发，以规则为准绳，公平地对待每名队员、每支队伍，诚实处理每个比赛情景。

（三）增强普适与包容

规则的简单易行是足球运动成为世界第一运动的重要原因之一，比赛的开展并不需要复杂且昂贵的硬件，通俗易懂的规则条款能被更多人接受，无论是世界杯的决赛、各国的顶级联赛、城市的业余比赛，还是山区村庄的比赛，都能执行同样的规则。

规则应帮助足球运动吸引更多的人参与，必须鼓励所有具有不同背景或能力的人士参与到足球运动中来，分享足球带给他们的快乐，无论高矮胖瘦、任何年龄、种族、宗教、文化、民族、性别、兴趣取向，包括伤残人士等都能够参加足球比赛，努力让足球运动成为社区不可或缺的一部分，成为更多人追求的一种生活方式。

（四）提高观赏性和吸引力

队员必须在规则的框架内发挥技战术。足球运动的技战术丰富多样，大场面的团队对抗，灵巧的个人技术，精彩的团队配合，身体与心灵的结合，以弱克强的喜悦，坚韧逆转的爆发，都是足球比赛的无穷魅力所在。为了提高足球比赛的精彩观赏性，激发足球运动的魅力，规则的修订与变更要做到：

1. 促进足球技战术的发展

规则要保护技术型运动员，使他们淋漓尽致地发挥自己的技巧，在快速对抗下与团队有机结合，呈现赏心悦目的观赏性，如越位规则的修订与变更，促使比赛阵型的革命，丰富了足球的技战术。

2. 提高足球比赛的流畅性

球迷观看比赛时希望净比赛时间长，比赛中少有停顿，如守门员过度浪费时间和延缓比赛节奏构成犯规的规定、有利条款的运用、允许快发任意球和球门球恢复比赛、延迟出示红黄牌等都有效提高了比赛的流畅性。

3. 适应足球运动的职业化

现代足球比赛由于市场化、商业化和其他元素的渗透，职业联赛已显现出不同于传统比赛的要求，比赛的结果甚至比赛中的环节显得越来越重要，姑且不论其对错，规则也进行相应内容的修订与变更，反映了现代足球比赛的需要，如开球程序的变更、踢罚球点球决胜程序的部分修订、视频裁判系统的使用等，鼓励进攻、鼓励进球的精神都使比赛越加精彩、具有观赏性，吸引了越来越多的观众观看足球比赛。

（五）改进行为和形象

足球运动是世界上最受欢迎的体育运动，国际足联已于2019年在“公平竞赛”（FAIR PLAY）的理念基础上，又提出了“生活足球”（LIVING FOOTBALL）的理念，并解释了“生活足球”（LIVING FOOTBALL）：

（1）生活足球是对比赛的承诺。

Living Football is a commitment to the game.

（2）生活足球是对人民的承诺。

Living Football is a commitment to the people.

（3）生活足球是对地球的承诺。

Living Football is a commitment to the planet.

（4）生活足球是对未来的承诺。

Living Football is a commitment to the future.

足球运动要实现对比赛、人民、地球和未来的承诺。要承担如此社会责任，竞赛规则必须起到保障作用，作出相应的修订与变更，改进队员和球队官员的比赛行为，树立足球运动的正面形象，传递更多正能量。对原来确实发生但游离于规则之外的一些不正当行为进行了技术处罚及可能的纪律处罚，提高了影响与破坏足球运动形象的不正当行为的违规成本，如比赛进行中场地内多出来的人相关处理条款的修订、球队官员纪律处罚的变更等。再次强调尊重规则、尊重裁判员，无条件服从裁判员的决定是实现公平竞赛的基础，球队队长不代表任何特权，但有义务为本队的行为承担责任，应在可能发生冲突时，控制好自己的队友。

（六）探索科技助力

现代科技的发展日新月异，足球运动也不能墨守成规，过分强调传统，排斥现代科技。视频助理裁判的引入，已经成为一百余年来职业足球运动中最重大的变革。在其进入试验阶段前，围绕科技是否能在不毁坏足球比赛行为及情感流畅性的前提下协助作出判罚决定，足球界进行了多年的争论。现在这已成为一项迅速且惊人的“革命”。视频裁判并不会消除所有争议，因为很多判罚决定是主观性的；但视频裁判在世界上大多数主要足球国家中被接纳，证明了足球界相信其能够带来更多的公平，并改善队员的行为。

但显然足球竞赛规则不可能涵盖比赛中出现的各种情况，并逐一作出规定。在裁判工作中对于规则没有明确规定的一些情况，应根据足球竞赛规则理念与精神作出解释与处理。足球竞赛规则是裁判员执法工作的基础，裁判员在执法工作中必须以规则为准绳，以事实为依据，反对经验主义和教条主义。在学习过程中要对规则烂熟于心，不能靠经验去推理，要从规则中找依据，有法可依，有法必依。

裁判员不仅是足球比赛的执法者，而且是解决队员间纠纷的仲裁者，需要对任何违反足球竞赛规则和其精神的行为进行判罚，但并不能只是一名当发生犯规时才判罚的“黑衣法官”，或是见了犯规就判罚的“执法机器”，而是需要结合足球运动的精神解读和分析每一种比赛情景，加强预防管理，作出最恰当的决定。虽然有时裁判员的认知、执法经历和对运动的理解存在个体差异，但足球运动的本质是相对统一的，不同层次的参与者在长期的实践中，对足球运动有着一些共性的认识或约定俗成的沉淀，裁判员也应具备这方面的知识。

比赛中裁判员的任务就是执行规则，保障比赛公平、公正、安全、顺利进行。裁判员没有权力决定一场比赛的胜负，只有队员的表现才能决定比赛的胜负。

裁判员应当遵循比赛规则正确执法，同时保持注意力集中和基于常理判断以创造积极健康的比赛环境。在任何级别的比赛中，裁判员应在充分理解足球比赛精神的条件下，酌情判罚。在低级别的比赛中，裁判员必须利用常理判断比赛是否继续进行，或是比赛中的场地、器材发生了（小的）问题。国际足球理事会认为裁判员应该确保比赛继续进行，除非这些问题会对队员及其他比赛参与者带来危险。

第一章 足球竞赛规则分析

竞赛规则不仅提供给裁判员，而且是所有参与足球运动的人士都必须遵循的。本章概括介绍了规则17章内容，将规则分为比赛的基本条件、比赛的基本规定、比赛官员及违反规则4个板块进行分析，其中违反规则板块是指规则第11章越位和第12章犯规与不正当行为中的内容；阐述了规则的基本条款及相关规定；对规则中的重点及难点进行了简明分析。

第一节 比赛的基本条件

一、比赛场地

（一）场地表面

比赛场地可以在全天然草皮、全人造草皮，或人造和天然草皮结合材料合成的整体草皮上进行，但应在竞赛规程中说明比赛使用的草皮种类。国家协会代表队之间或国际俱乐部之间举办比赛可以使用人造草皮场地，但必须达到《国际足联品质计划——足球场地》的要求。此外，场地表面必须平坦，并且硬度适中，以不伤害运动员和不影响球的正常运行为原则，如使用人造草皮场地，表面颜色要求必须为绿色。

（二）场地标线（4线、3区、2点、1圈弧）

1. 标线的要求

（1）安全性：场地各线须与地面平齐，不能做成V型凹槽或高出地面的凸线，不要用生石灰粉或灰浆浇画，避免对队员及在场比赛官员构成危险。如果人造草皮材料及铺设效果不具有危险性，可以作为天然草皮场地的标识（包括线、点、弧）使用。

（2）清晰性：场地各线的颜色须清晰，要求连续，不能出现断线。

（3）宽度要求：场地各线的宽度不超过12厘米（一般以12厘米为宜）。球门线的宽度必须与球门柱、横梁的宽度或直径相等。

（4）其他标线：只有第一章规定可以使用的标线才能出现在场地上。当使用人造草坪场地时，可以有其他项目比赛使用的标线出现，但和足球场地标线要有明显的区分，并且颜色不同（图1）。如果在11人制比赛场地内标画了小型足球比赛标线，颜色应有明显区分。

图1　颜色有别的其他项目比赛标线

（5）纪律处罚：如果队员在场内做未经许可的标记，裁判员在比赛中发现这种行为，不必立即停止比赛，当下一次比赛停止时应以非体育行为对相关队员进行警告。

2. 标线名称

（1）边线、球门线：边线与球门线构成足球场地，它是比赛时场上队员的基本活动区域。比赛开始后，未经裁判员许可，场上队员及其他人员不得擅自进出场地，但队员由于战术需要或惯性使然，不属于擅自出场。

（2）中线：中线将足球场划分为两个相等的半场，它为双方所共有，其宽度应包括在每个半场的区域之内（图2）。

图2　边线、球门线和中线

（3）限制线：可以在比赛场地外，距角球区9.15米且垂直于球门线和边线处做一20厘米长的短线，与球门线和边线不相连。注意，从角球区的外侧边缘开始测量9.15米，不是球门线与边线的交点。限制线不是必须标记的线（图3）。

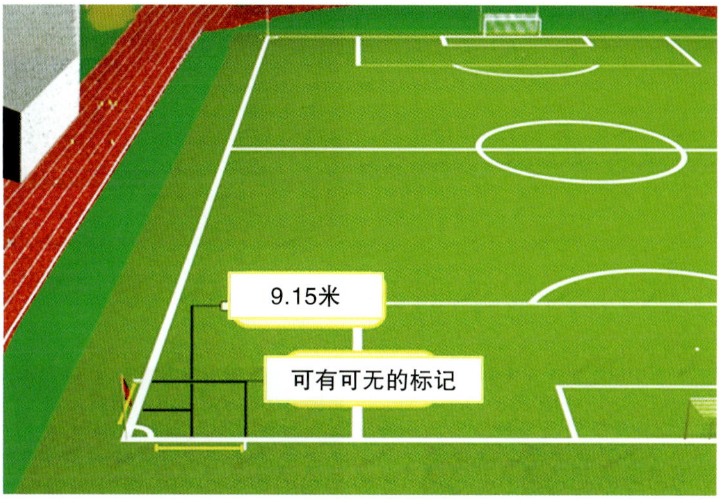

图3　限制线

（三）场地区域

场地区域尺寸测量均以标线外侧为准，因为标线属于其所标示区域的一部分，如边线与球门线的宽度应包括在比赛场地区域之内，其他各线宽度也应包括在该区域之内。球门区和罚球区尺寸的测量，都应从球门柱内侧和球门线外沿量起。

（1）球门区：俗称小禁区，如图4所示。

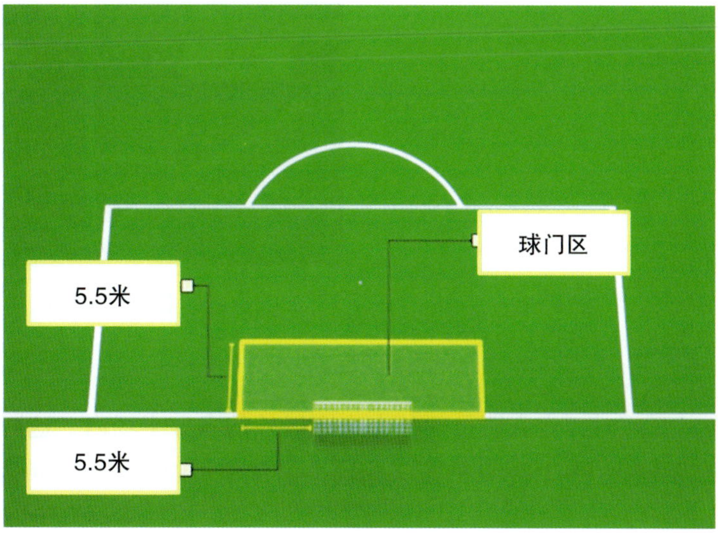

图4　球门区

（2）罚球区：俗称大禁区，如图5所示。

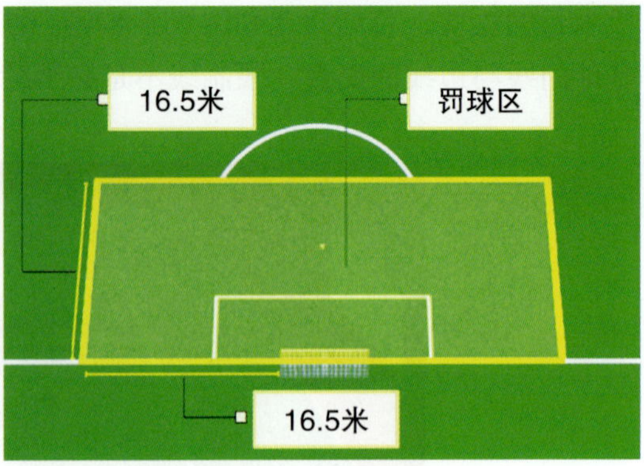

图5　罚球区

（3）罚球弧与罚球点：目前罚球点的直径在规则中并未提及，但显然不能无限大，建议仍以22厘米为宜；罚球点至球门的垂直距离为11米，应从罚球点的中心至球门线的外沿测量。因大雨冲刷罚球点模糊不清时，由裁判员确定罚球点的位置（图6）。

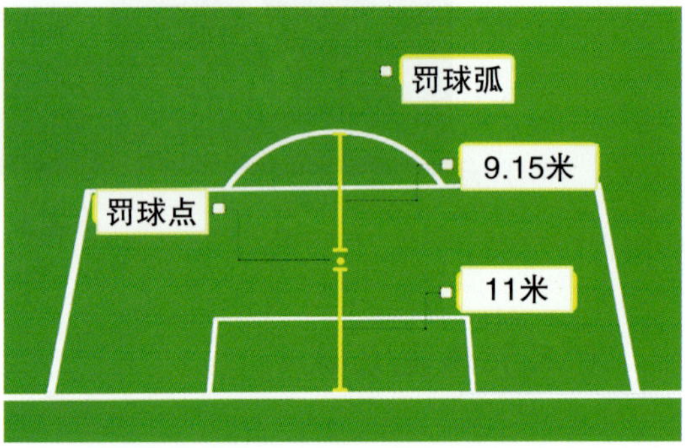

图6　罚球弧与罚球点

（4）角球区：如图7所示。

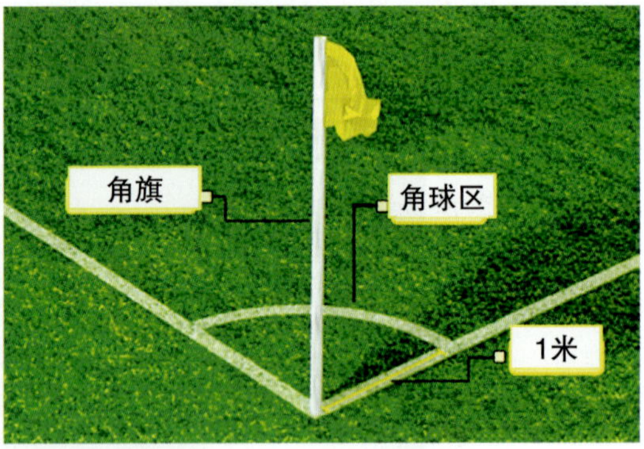

图7　角球区

（5）中圈：开球时，守方队员须站在中圈以外的本方半场内，这同踢任意球时，守方队员须站在距球至少9.15米处的意义相同，其作用是确保守方队员遵守9.15米的有关规定。

（6）中点：中线的中点俗称开球点，如图8所示。

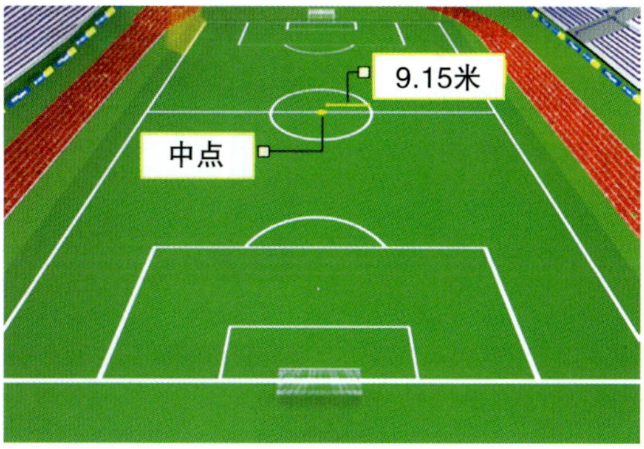

图8 中点

（四）场地尺寸

场地大小必须符合规则规定，竞赛主办方可以在规定尺寸内调整球门线和边线的长度，但在任何情况下，边线的长度必须大于球门线的长度，场内各区域的尺寸大小不得变更。国际足联曾规定世界杯决赛阶段比赛场地为长105米、宽68米。国内基层比赛的场地可因地制宜。

（五）球场设施

1. 旗杆

（1）角旗与角旗杆：

- 角旗是场地四角必设的标志，应垂直竖于边线与球门线外沿的交点处。但在低级别的比赛和地区如果出现角旗缺失，比赛可以继续进行，但裁判员必须在赛后将此情况报告给相关机构，以便后期进行比赛整改。
- 角旗杆的高度（杆顶至地面）不得低于1.50米，杆的顶端应为平顶，以防刺伤队员。角旗颜色应与助理裁判员用旗和场地颜色有明显区别，晚间比赛使用灯光时，可用带有荧光材质的角旗。

（2）中线旗：在中线两端距边线外至少1米处，可以各竖一面与角旗大小相同的中线旗，作为中线的标志，它对判断越位有益。中线旗不是必设的，可有可无。

2. 球门

（1）球门：

- 比赛场地的球门必须牢固地固定在地面上，如果使用移动球门也应符合这一要求（图9）。

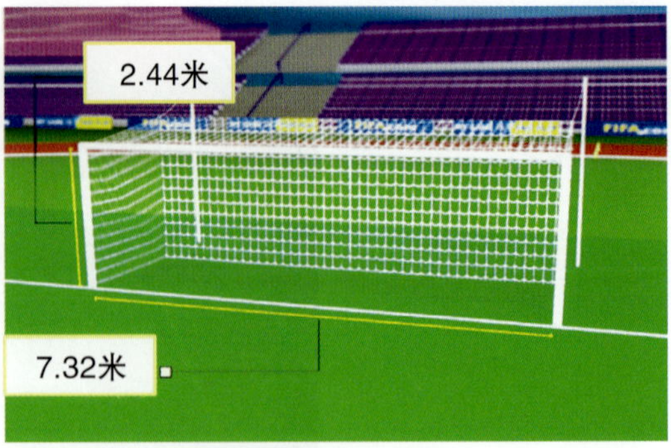

图9 球门

- 球门柱及横梁的宽度与厚度均应相同（图10）。

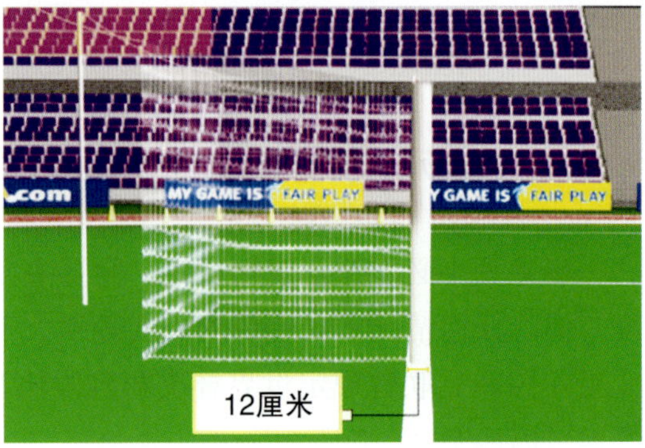

图10 球门柱、横梁的宽度与厚度

- 球门柱和横梁的颜色必须为白色。
- 两个球门的球门柱和横梁必须为正方形、长方形、圆形、椭圆形或上述形状组合而成的一种形状，不能对场上队员构成伤害，不同形状的球门柱必须按照规则的相应要求摆放在球门线上。

（2）球门网：

- 球门网的作用是帮助裁判员看清球是否进入球门，因此球门网只能挂在球门后面，并牢固地附加在球门横梁、立柱上，下端钉在地上，不得使球穿过。挂钩不得钉在门柱侧面或横梁的下沿。
- 球门网应适当撑起，使守门员有充分活动的空间，并在球进网后不至于弹出。一般较多采用从球门后面用绳将网拉起的方法。

（3）球门线技术：若比赛中使用球门线技术，竞赛组织方必须确保该系统（包括有可能对球门框进行任何改造、比赛用球的任何科技成分等）符合《国际品质计划——足联球门线技术》的相关要求。如果使用球门线技术，必须在竞赛规程中注明。

（六）场地四周

1. 商业广告

在比赛场地内、球门网围合区域内的地面上、技术区域，以及裁判员回看区域、距边线和球门线1米范围内的地面上，不允许实体或虚拟等任何形式的广告出现。并且类似广告也不能出现在球门、球门网、角旗杆、角旗、其他任何附属设备（如摄像机、照相机、麦克风、技术数据采集等）上，附属设备不能附着在场地器材上。地面上的广告应距离比赛场地四周边界线至少1米，直立广告应至少距离场地边线、球门线，以及球门网纵深区域1米，且距离球门网至少1米。

2. 第四官员席位

第四官员的席位设在场外靠近中线的延长线处，席位上应准备好换人牌等工作用具，要确保第四官员能够较好地观察双方替补席的情况。

3. 技术区域

技术区域是指设在场地内与比赛相关，供球队官员、替补队员和已替换下场的队员使用的有座席的区域。座席被称为替补席（图11）。

图11　技术区域

替补席设在距第四官员席位两侧各10米左右，也就是靠近第四官员席位一侧与中圈弧齐平处，不宜距离边线过近。主队替补席在第四官员的左侧，客队替补席在右侧。各队提交的比赛名单中的球队官员、替补队员可以就坐于替补席。替补席的座位数按照竞赛规程的要求确定，目前我国职业联赛确定为16个席位（7名替补队员和9名球队官员）。

（2）如果在罚球点球或踢罚球点球决胜时，球向前移动，在越过球门线前接触到其他队员、球门柱或横梁，球破裂或损坏，更换球后重罚球点球。

（三）其他比赛用球

1. 备用球

通常每场比赛应由裁判员选择2个球（一个作为比赛球，另一个作为备用球交给第四官员保管）。比赛组织者应准备测量球的器具，如磅秤、皮尺、气压表、打气筒、气针等，以备临场检查，选择比赛用球。

2. 多球制

为尽可能减少比赛损耗的时间，目前有条件的比赛通常采用多球制。除上述2个球外，在每条边线外各有3名球童，每条球门线外各有2～3名球童，共计10～12名球童持8～10个备用球。一旦球出界比赛停止，由就近的球童负责将备用球交给发球队员或扔回比赛场地。裁判组赛前应负责检查所有的球，这些球均应符合规则的相关规定。

在没有采用“多球制”的比赛中，可能出现球踢出界较远，取回困难或需要较长时间的情况，赛前裁判组应多准备几个备用球，出现上述情况时裁判员应及时通知第四官员换用比赛备用球。

三、队员

（一）场上队员人数

场上队员必须有1名守门员，裁判员不能同意球队愿意在没有守门员的情况下进行比赛的要求。如果任何球队在赛前场上队员不足7人则比赛不能开始，在比赛中场上队员不足7人则比赛不能继续。

无论哪种原因，如果比赛进行中，球队因为1名或多名队员离开比赛场地而使本队在比赛场地内的场上队员少于7人，裁判员不应立即停止比赛，可以掌握有利继续比赛，当随后比赛停止后，裁判员暂停比赛，对离场的队员进行如下确认：

- 如果离场队员受伤需要治疗，经过短暂治疗后可以返场比赛，裁判员不能立即恢复比赛，待其返回比赛场地，该队场上队员满足至少7人，再重新开始比赛。
- 如果离场队员不能返回比赛场地继续参加比赛，而该队尚有未使用的替补名额，通知该球队履行替补程序，如果无可替补上场的名额，则终止比赛，将该情况赛后报告相关机构。

如果竞赛规程规定，在比赛开始前所有场上队员和替补队员都必须是赛前提交名单中的队员，那么在赛前不足11名上场队员但至少满足7人的情况下可以开始比赛，该球队只有在赛前提交名单中的队员于随后到达赛场才有资格参加该场比赛。

（二）队员的替换

1. 替补人数

（1）竞赛规程中必须说明每场比赛每队可提名的替补队员人数及可使用的替补上场名额。如果为了确定比赛结果需要进行加时赛，在加时赛中可以多使用1名替补上场名额，但必须在竞赛规程中明确这一规定。

（2）国际足联、洲际联合会或各国家（地区）足协可以决定在其主办的正式比赛中使用的替补队员上场名额，但每场最多可以使用5名，被提名的替补队员人数可从3名至最多不超过12名。国家（地区）足协的顶级联赛及男子、女子国家A队的正式赛事最多可使用3名替补上场名额。

（3）在其他所有比赛中，只要竞赛规程规定或经双方协商并事先通知裁判员，可以增加替补上场队员名额，但在国家A队（最高水平）比赛中，最多可以使用6名替补上场名额。注意，替补上场名额不应过多，以免造成比赛时间的浪费，可以通过增加下半时比赛前上场的替补人员名额或限制替补次数等方法来减少比赛的过多停顿。

（4）如果得到国家（地区）足协、洲际联合会或国际足联许可，允许在青少年、年长人士、残障人士，以及草根足球比赛中使用返场替换。所谓返场替换，是指一名已经参与比赛的场上队员在被替换下场后，在同一场比赛再次替换其他队员上场比赛。

2. 替补程序

在没有使用“返场替换”的情况下，只有赛前被提交了名单的替补队员，在本队尚有替补名额时方可替补出场比赛，而且必须遵循以下要求：

（1）替换前必须通知裁判员。通常球队填写替补名单给第四官员，第四官员检查队员资格及装备后，助理裁判员向裁判员示意替补队员需要进行替换。

（2）只能允许在比赛停止时替换队员。

（3）被替换下场的队员：

- 得到裁判员的允许可以离开场地，除非已经在比赛场地外，否则要求其必须从最近的球门线或边线处离场。当然，如果队员受伤或有安全隐患，没有必要机械执行这一规定。
- 队员不能逗留在比赛场地周边，应立即前往本队的技术区域或更衣室。
- 队员不能再次上场参加比赛，除非竞赛规程允许返场替换。
- 如果该队员不愿意被替换，拒绝离开比赛场地，裁判员不能对其进行处罚，比赛继续。

（4）准备上场的替补队员：

- 接受装备检查后，该队员在比赛场地外中线处等待。
- 被替换下场的队员先离开比赛场地。
- 裁判员给出信号，允许该队员进入比赛场地。

- 该队员在进入比赛场地前，不能由其执行掷界外球或角球重新开始比赛的程序。
- 如果该队员在下半场比赛开始前或在加时赛前要求替换，应在下半场或加时赛开赛前完成上述替换程序。

（5）在加时赛比赛时，如某队尚未换足替补名额，仍可进行替换，如竞赛规程有规定，还可以增加1名替补名额。

（6）以踢罚球点球决胜前或进行中，如场上守门员无法继续比赛，可按照第十章踢罚球点球决胜中相关规定执行替补程序，除守门员外，其他队员一律不得进行替补。

（7）当被替换的队员离开比赛场地、替补队员进入比赛场地后，替换程序即视为完成。从此时起，被替换的队员成为被替换下场的队员，替补上场的队员成为场上队员。

（8）在替补程序完成前，球队可以要求暂缓替补或更换替补的相关队员。

3. 更换守门员

守门员可以与场上其他队员更换位置，但必须事先报告裁判员并在比赛停止时更换。更换比赛服装是判断其他场上队员与守门员更换位置的重要依据。

如果未事先报告裁判员，其他场上队员与守门员更换了位置，裁判员不必立即停止比赛，待下一次比赛停止时警告这两名队员。但如果更换守门员发生在中场休息时（包括加时赛的中场交换场地时）、加时赛前或踢罚球点球决胜前，球队只是没有提前通知裁判员，这样的情况无须警告。

4. 违规与处罚

（1）替换队员未通知裁判员：

- 如果比赛开始前，用提名的替补队员进入比赛场地更换了原定的场上队员，但没有通知裁判员，裁判员将允许提名的替补队员继续比赛，不必对其进行纪律处罚，原来被提名的场上队员视为被提名的替补队员，该队的替补名额也不减少，但赛后裁判员要将这一情况报告给相关机构。
- 如果在中场休息或加时赛开始前进行队员替换，替换程序必须在比赛恢复前完成。如未通知裁判员，替补队员已经上场比赛了，则提名的替补队员可以继续参加比赛，不执行纪律处罚，原来的场上队员视为被替补下场的队员，将被认为使用了1个替补名额，但赛后裁判员要将这一情况报告给相关机构。

（2）场上队员被罚令出场。裁判员有权在比赛开始前不允许犯有罚令出场犯规的场上队员参加该场比赛：

- 球队尚未提交名单前，该队员不得以任何身份出现在球队名单里。
- 球队已经提交名单，但在比赛开始前，可允许从被提名的替补队员中选一人取代被罚令出场的场上队员，该次取代不计入可使用的替补队员名额，但被提名的替补队员人数不能增加。替换过程不应影响正常的开球时间。

当比赛开始后（包括中场休息及每半场加时赛开始前），被罚令出场的场上队员不得进行替换。

（3）替补队员被罚令出场。无论是赛前还是比赛开始后，替补队员被罚令出场，被提名的替补队员人数不能增加，但并不削减球队的替补名额。

（4）场上队员赛前热身受伤。在比赛前的热身中，如果原定的场上队员发生受伤情况不能比赛，允许从被提名的替补队员中选一人进行替换。该替换不计入可使用的替补队员数额，但被提名的替补队员人数不能增加。

（三）比赛场地内多出的人员

在球队名单中提名的教练员和其他官员均被视为球队官员，允许提交的球队官员人数及职务须在竞赛规程中注明，并且相应职务要在比赛前提交的比赛名单中得到确认。除球队名单内的上场队员、替补队员以及球队官员外，其他任何人员都视为场外因素。

1. 球队官员、替补队员、替补下场队员及罚令出场队员

如果比赛进行中上述人员进入比赛场内：

（1）裁判员不必立即停止比赛，只有在他们干扰比赛的情况下才可停止比赛。无论采用何种形式，包括但不限于将球踢走，或与对方争抢，或指责裁判员，只要对比赛产生了影响，均视为干扰比赛。

（2）如果裁判员因他们干扰比赛而停止比赛，应令其离场，根据规则第十二章中相关规定采取相应的纪律处罚，并以直接任意球或踢罚球点球重新开始比赛。

这种干扰比赛的情况出现得越来越多，必须制止替补队员、在球门后热身的队员或球队官员干扰比赛的行为。直接任意球（本方罚球区内罚球点球）的判罚将是对该行为的一种严厉制裁。例如，一名替补队员或球队官员进入罚球区并阻止了一个进球，将被判罚球点球。对于阻止一个进球得分机会的行为来说，判罚球点球是对“公平竞赛”最好的解读。

（3）如果没有干扰比赛，则在比赛下一次停止时令其离场，根据规则第十二章中相关规定采取相应的纪律处罚，执行比赛停止时的恢复方式。

2. 场上队员处于比赛场地外

如果场上队员得到裁判员允许，离开比赛场地去调整不符合规则的基本装备或在场外接受治疗等，根据规则要求需要得到裁判员的允许才能重新入场，但未经允许擅自进入比赛场地。

（1）该队员干扰了比赛或比赛官员：

- 裁判员立即停止比赛。
- 警告未经裁判员允许而擅自进场的这名队员，如果该队员还有其他违反规则第十二章需要进行纪律处罚的犯规，再进行相应的纪律处罚。
- 在该队员干扰比赛或比赛官员的地点由对方踢直接任意球恢复比赛，如果犯规地点在本方罚球区内，则判罚球点球。

（2）对方球队没有出现可以掌握有利的情况：

- 裁判员立即停止比赛。
- 警告未经裁判员允许而擅自进场的这名队员。
- 由对方在比赛停止时球所处位置踢间接任意球恢复比赛。

（3）其他情况：

- 裁判员不必立即停止比赛。
- 待下一次比赛停止时，警告未经裁判员允许而擅自进场的这名队员。
- 执行比赛停止时的恢复方式。

如果没有其他违规情况，因未经裁判员允许而擅自进场被警告的这名队员，无须离开比赛场地。

场上队员在比赛中不得擅自离场，否则裁判员应予以警告。如果队员偶然从比赛场地的某一边界线出场，不应被视为违反规则，偶然出场可以被认为是比赛中的一部分。

3. 场外因素

除了场上队员、替补队员、替补下场队员、被罚令出场队员及球队官员外，其他任何人员均被认为是场外因素。

（1）如果场外因素进入比赛场内干扰比赛：

- 裁判员应停止比赛。
- 裁判员应令场外因素离开比赛场地和周边地区。
- 如果裁判员停止比赛，应以坠球恢复比赛，坠球地点参照规则第八章有关程序执行。

（2）如果场外因素进入比赛场内没有干扰比赛：

- 裁判员不应立即停止比赛。
- 待下一次比赛停止时，裁判员应令场外因素离开比赛场地和周边地区，执行比赛停止时恢复比赛的方式。

4. 比赛场内多出一人出现进球得分

（1）进球时：如果球将要进门，干扰因素没有阻止防守队员处理球，随后球进门，则进球有效（即便干扰因素与球发生接触），除非干扰因素来自进攻方球队。

这条规定贯彻了公平竞赛的精神。如果球被其他人或其他情况触及后依旧进入球门，且防守队员无法阻止进球，这种场景在足球比赛中是可以被接受的。如果替补队员或球队官员通过触球的行为企图阻止一个对方的射门得分，但球经过触及后依旧进入球门，这种干扰球的行为明显违背了公平竞赛精神，这个进球将被认定是有效的。除非进球受到本方替补队员或球队官员触及。

（2）进球后，比赛恢复前：

- 进球无效

多出的人是进球一方的场上队员、替补队员、被替换下场或被罚令出场的队员或球队官员。令其离开比赛场地，在多出人员所处位置以直接任意球恢复比赛。

多出的人是场外因素并且其干扰了比赛，以坠球恢复比赛。

● 进球有效

多出的人是场外因素，并未干扰比赛。

多出的人是被进球一方的场上队员、替补队员、被替换下场或被罚令出场的队员或球队官员。

裁判员应判进球有效，令上述相关人员离场，并根据规则规定进行相应的纪律处罚。

（3）进球后，比赛已经重新开始后：

● 不得取消进球，赛后将此情况报告相关机构。

● 如在比赛进行中，裁判员应立即停止比赛，令多出的人员离开比赛场。

● 多出的人员是场外因素，按照规则第八章坠球的有关要求，以坠球方式恢复比赛。

● 多出的人是场上队员、替补队员、被替换下场或被罚令出场的队员或球队官员，则参照规则第三章“比赛场地多出人员”及“比赛场地外的队员”中相关规定，以相应的任意球方式恢复比赛。

（四）球队队长

队长是球队的领袖，规则并没有赋予球队队长任何特殊身份或权力，在规则面前球队队长与其他队员并无区别，但他对本方球队的行为需承担一定的责任。队长的行为对队友和比赛有着重要的影响。当本方球队队友之间，或与对方队员、比赛官员存在对峙情绪，可能发生或已经发生冲突时，球队队长应使用语言或行动使队友尽快平静并控制他们的行为，避免冲突升级。注意，在被判罚界外球、任意球等时，要迅速地将球留给对手，不要采取任何不公平的行为。队长没有任何权力对裁判员的判罚提出质疑。向裁判员咨询信息、换守门员或替补队员，以及请求援助受伤的队员时，需要保持礼貌。球队进球时欢呼表达喜悦是很自然的，但时间要短，而且保持尊重。比赛结束哨吹响时，无论结果如何，记得向裁判员和对手表达谢意。

四、队员装备

（一）安全性

1. 安全性的要求

（1）上场队员不得使用或佩戴具有对本人或他人构成危险的装备或任何物件。

（2）上场队员禁止佩戴任何类型的珠宝首饰（项链、指环、手镯、耳坠、耳钉、皮质带、橡胶带等），如有佩戴必须移除。

（3）不允许用胶布等类似物品包裹或遮挡珠宝首饰。

2. 安全性的违规与处罚

裁判组必须在比赛开始前检查上场队员的装备，替补队员在进入比赛场地前接受检查，如果比赛开始后场上队员穿戴或使用未授权或具有危险性的装备或珠宝首饰，裁判员必须令其：

（1）移除相关装备与物件。

（2）如果队员暂时无法或不愿将物件摘除，则需在随后比赛停止时，离开比赛场地摘除。

（3）拒绝摘除或再次穿戴相关装备与物件的队员，必须对其予以警告。

（二）必要装备

1. 必要装备的类别及要求

（1）有袖上衣：队员的运动上衣必须有袖子，不能穿无袖上衣及连体上衣参加比赛。

（2）短裤：场上队员应着短裤参赛，守门员可以着长裤参加比赛，但裤管须塞在护袜内。

（3）护袜：队员可以在护袜外缠绕绷带或类似物，但绷带或类似物的颜色必须与所包裹部分的护袜颜色相同。

（4）护腿板：队员必须佩戴护腿板。裁判员在检查装备时，应注意护腿板的大小及材质是否能够为队员提供一定保护，并由护袜完全包裹，成年队员不应佩戴儿童用护腿板。

（5）鞋子：目前在规则中对队员所穿球鞋并无明文规定，但裁判员在检查队员球鞋时，必须考虑其是否对队员自身或其他队员构成危险，此外，在青少年或草根足球比赛中，竞赛规程需对允许穿着的球鞋材质及鞋钉数量、类型作出说明。

在比赛进行中，裁判员不允许队员脱掉球鞋或摘掉护腿板，以防队员受伤。队员意外脱落球鞋或护腿板，必须在随后比赛停止前尽快调整好，如果在调整好装备前，该队员触球后助攻队友射门得分或自己射门得分，进球有效。这是因为如果由于意外情况造成的护腿板或球鞋的脱落立即停止比赛，对于比赛是不公平的。相对比较公平且合理的处理方法，是让比赛继续直至下一次比赛恢复时让队员穿戴好。

2. 着装颜色

（1）同队队员之间的服装（包括上衣、短裤和球袜）颜色必须一致，并与对方队员和比赛官员有明显区别。

（2）如果穿短袖运动上衣，内穿长袖内衣：

- 如果长袖内衣为单色，则袖子颜色必须与短袖运动上衣的主色相同。
- 如果长袖内衣带图案，则必须与短袖运动上衣的图案相同。

（3）如果穿紧身内衬裤或紧身裤，颜色要与短裤的主色或短裤底部颜色相同，且同队场上队员必须颜色统一（图13、图14）。这是因为规则应顺应现代足球的发展，现在足球短裤边缘（下摆）的设计使用了不同于短裤的颜色。现在明确规定紧身裤的颜色必须和短裤的颜色一致或与短裤的边缘（下摆）颜色一致，且全队必须统一。但这种规定并不适用于球衣，紧身服的颜色必须与球衣袖子的颜色一致，这对于区分犯规诸如手球非常重要。

图13　颜色不一致

图14　颜色一致

（4）守门员的服装颜色必须与双方队员及比赛官员的服装颜色有明显区别。如果两名守门员的上衣颜色相同而又都没有其他服装可换，裁判员可以允许开始比赛。

（5）在赛前的联席会议上，应对各队每场比赛的服装颜色作出具体规定。

（6）队员上衣号码应大而明显，短裤裤腿前方也应有号码，并均须符合有关规定。号码颜色应与上衣、短裤颜色有显著区别。同队队员号码不得重复，每名队员的号码应该固定。队长须佩戴袖标。

（7）中场休息时，各队可更换服装，但每名队员的号码不得变更，服装颜色仍须符合规则规定。

（三）其他装备

1. 保护性器具

（1）队员可以使用除必要装备以外的其他装备，只要使用的目的是保护自己，并且该装备对自己和他人都没有任何危险。

（2）除基本装备以外的各种服装或装备，必须经裁判员检查并认定不具有危险性。现代保护装备如头盔、面罩，以及膝关节、手臂护具由柔软轻便的材料制造，不应视为危险品，应允许使用。不允许戴可能导致窒息危险的围脖。

（3）鉴于利用新科技所制造的运动型眼镜，对使用者和其他人没有危险，当由裁判员决定时应该允许使用，特别是对待年轻的队员。如果一种服装或装备在比赛开始检查时，被认定对比赛双方都不具有危险性，而后来在比赛中却成为危险品，或在使用上有危险迹象，则该服装或装备不能在比赛中继续使用。

（4）经裁判员检查确认守门员可以佩戴不具危险性的球帽。

2. 头巾

（1）颜色：黑色或与运动上衣的主色相同，且同队佩戴头巾的场上队员颜色必须相同。

（2）外形：设计合乎队员装备专业形象，不能奇形怪状。

（3）不得与上衣相连。

（4）不会对佩戴者个人和其他队员构成危险（如在颈部有可开合的装置）。

（5）不能有任何部分凸出头巾表面（凸出表面的部件）。

3. 电子通信

（1）不允许所有队员（场上队员、被替补下场队员和罚令出场队员）穿戴或使用电子或通信设备。

（2）球队官员为了队员的福祉、安全或战术指导，可以使用小巧、可移动、便携（如麦克风、耳机、耳麦、手机/智能手机、智能手表、平板电脑、笔记本电脑等）的设备。

（3）如果球队官员使用不符合规定的设备，或使用设备的方式及行为不当，将被红牌罚令出场，驱逐出技术区域。

4. 表现跟踪电子系统

在由国际足联、洲际联合会或国家（地区）足协主办的正式比赛中，可以使用作为表现跟踪电子系统一部分的穿戴设备，如背心或胸带。竞赛组织方必须确保相关队员穿戴的设备没有危险性，并在穿戴设备上印有标明已通过官方测试达到国际比赛标准中的最低安全的标志。

目前表现跟踪电子系统品牌众多，在一些青少年或草根赛事中常有使用，竞赛组织方要通过裁判员进行赛前检查，以确保队员穿戴设备的安全性。

表现跟踪电子系统设备上印有如下标志之一，表明其已经过官方测试并达到或满足可使用的范围及标准。

（四）标语、言论、图像及广告

队员的装备上不得带有任何政治性、宗教性和个性化的标语、言论或图像，以及生产商标志以外的广告。临场裁判员无须对此情况进行纪律处罚，赛后报告相关机构，任何违反规定的队员和球队将由赛事组织方、国家（地区）足协或国际足联处理。

（五）违规与处罚

（1）裁判员在比赛前必须检查队员服装，符合规则规定后方可参加比赛。通常在连接更衣室和球场的通道里检查队员的装备。在比赛中，如果裁判员认为必要，可在比赛停止时检查队员装备。

（2）比赛开始前，裁判员指令个别队员调整装备时，不能因此延误开球时间。

（3）如果队员在比赛中被发现穿戴不符合规则的装备或饰物，裁判员可以不必立即停止比赛，但应遵循以下程序：

- 告诉队员必须去除不符合规则的装备或饰物。
- 裁判员引导其离开比赛场地进行调整。
- 如能迅速调整好，且不影响比赛的正常进行，该队员不必离开比赛场地。
- 如果该队员没有或不愿去除相关装备或饰物，裁判员在接下来的比赛停止时令队员离开比赛场地。
- 如果该队员固执地拒绝执行裁判员命令，或答应去除而在随后的比赛中继续使用，则裁判员警告犯规队员。
- 如果裁判员停止比赛警告犯规队员，应判对方队在比赛停止时比赛球所在位置以间接任意球恢复比赛。

此外，裁判员要重视结束比赛的时机。比赛时间和补时时间到了，裁判员可以随时随地结束比赛，但要考虑足球运动的常识和竞赛规则的精神，引导比赛顺利结束，避免引发不必要的矛盾。

二、比赛开始及恢复

一场90分钟的比赛和加时赛上下半场都以中圈开球开始每个时段的比赛，比赛中进球得分后也以中圈开球恢复比赛。其他诸如任意球、罚球点球、掷界外球、球门球和角球也是恢复比赛的方式。

当裁判员暂停比赛时，规则并未明确恢复比赛的方式，应以坠球恢复比赛。

在比赛停止时、比赛恢复前发生的违规违例行为，不会改变随后恢复比赛的方式（罚球点球是例外情况）。

（一）开球

1. 程序

（1）比赛开始前，裁判员应召集双方队长，用掷币方式进行选择。掷币时的地点，习惯的做法是在赛前握手仪式结束后，在中线距边线不远处就地召集，但并不是法定的。

（2）掷币猜中一方选择开球或场地（上半时的本方半场）。

2. 要求

（1）开球时球应放定在中点上，当球被踢并明显移动时比赛即为进行。

过去在规则“开球、任意球、球门球、角球”的程序中只规定“球被踢并移动”即为开始或恢复，现在统一调整为“球被踢并明显移动”，这也是近年来国际足联倡导“公平竞赛”的一个具体体现。例如，在踢角球的时候，一名队员仅仅触碰了球，随后不正当地假装未恢复比赛，这样同队队友随后带球直接进入对方罚球区。现在规则修订，如果球没有明显移动则未进入比赛状态，比赛未恢复；如果球已经明显移动，则说明比赛已经恢复，防守队员可以进入9.15米参与比赛或参与争抢球。

（2）除开球队员外，比赛开始前所有场上队员不得进入对方半场，对方队员还必须处于中圈外。

（3）裁判员必须给出信号，通常为哨音。

（4）开球队员可以直接将球踢进对方球门进球得分，如果直接射入本方球门，由对方踢角球恢复比赛。

（5）比赛开始时，如有其他人员进行象征性开球，仪式结束后，仍须按规则规定的方式重新开球。

3. 违规与处罚

（1）违反程序及要求的情况应重新开球，如球被踢并明显移动前，同队队员越过中线进入对方半场或对方队员进入中圈。

（2）开球队员将球踢出后，在其他队员未触球前不得连踢，否则应由对方在犯规地点踢间接任意球。如果开球队员开球后，未经其他队员触球，随即用手触球，同时构成连踢和手球犯规，则应由对方在犯规地点踢直接任意球。连踢就是队员在罚定位球时将球踢出，或掷界外球时将球掷出，比赛重新开始后，未经其他队员触及，再次触及球。

（二）坠球

坠球是在比赛进行中因竞赛规则未提到的原因而裁判员需要暂停比赛后，重新开始比赛的一种方式。裁判员坠球给最后触球一方球队的一名队员（除非是在罚球区内，需坠球给守门员），当球接触地面时比赛即为恢复。

1. 程序

（1）如果裁判员停止比赛时，只要球在罚球区内，无论哪一方控制球或双方均未控制球，坠球恢复比赛时，裁判员在罚球区内将球坠给守方守门员。

（2）如果裁判员停止比赛时，球在罚球区外而无人触及，但之前的最后一次球被触及的地点在罚球区内，坠球恢复比赛时，裁判员在罚球区内将球坠给守方守门员。

（3）其他罚球区外的所有情况，裁判员将球坠给比赛停止前最后一次触球的一方球队任一场上队员，坠球地点在比赛停止前球最后一次被队员、场外因素或比赛官员触及的位置，注意规则第九章第1条的规定。

（4）除裁判员即将予以坠球的这名队员，其他本方、对方所有队员在比赛恢复前距离球至少4米。

2. 坠球方式

裁判员坠球的方式是撒手让球自行下落，球着地即为开始比赛。

3. 违规与处罚

（1）裁判员坠球时遇到下列情况应重新坠球：

- 球未着地前队员触球。
- 球未着地前队员犯规。
- 球未着地前或球着地时破裂、漏气。
- 球着地后，未经队员触及直接出界。

（2）如果坠球恢复比赛后没有经过第二名队员触及直接被踢入对方球门，将由对方踢球门球重新开始比赛，如果直接踢入本方球门，将由对方踢角球重新开始比赛。

（3）如果坠球恢复比赛前，其他队员未遵守必须退出至少4米的规定，将被黄牌警告。

三、比赛进行及停止

（一）比赛停止

1. 球出界

当球的整体从地面或空中越过边线或球门线外沿，才算球出界比赛停止（图15、图16）。球的整体从空中出了边线或球门线又被风吹回场内，仍然算球出界。

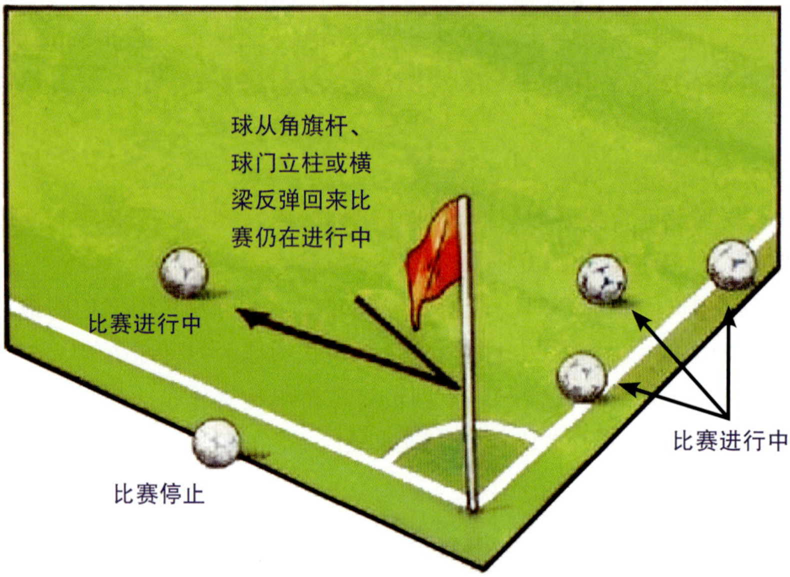

图15　比赛进行与停止

图16　比赛进行中

2. 裁判员令比赛停止

（1）裁判员用信号停止比赛时，即为比赛停止，这包括竞赛规则中提到或未提到的原因。

（2）比赛中队员有犯规行为，裁判员未予判罚前应继续比赛。当裁判员摔倒、哨子损坏时，看到犯规行为做出手势或高声叫喊以示意比赛停止，即使随即进一球，仍应判进球无效，由对方在犯规地点踢直接或间接任意球（按犯规性质决定）。

（3）踢任意球、角球、球门球及掷界外球的队员，在将球踢出或掷出，比赛开始后，球触及场内的裁判员而未经其他队员触及前不得再次触球，否则应判连踢犯规，由对方在犯规地点踢间接任意球。

（4）球接触比赛官员后仍在比赛场地内，并且：

- 因比赛官员的触球造成任一球队发动了一次有希望的进攻机会。
- 因比赛官员的触球造成了球直接进入球门。
- 因比赛官员的触球造成了控球权发生转换。

以上三种情况均需坠球恢复比赛，参照第八章坠球的相关规定执行。

（5）球接触比赛官员后直接出了球门线或边线，执行原来的球出界的恢复比赛方式。

（二）比赛进行

（1）球触及球门柱、横梁、角旗杆又弹回场内时，均为比赛进行中，应继续比赛（图17a）。

- 若弹出边线，由最后触球队员的对方队掷界外球。
- 若弹出球门线，由最后触球队员的对方队踢角球或球门球。

（2）球触及场内的比赛官员仍在比赛场地内时，均为比赛进行中，应继续比赛（图17b）。比赛官员是比赛中的一部分，如果球击中任何比赛官员并且没有完全越过球门线或边线都将视为比赛进行中，这里的表述不仅特指裁判员，也包括助理裁判员和附加助

a

b

图17　比赛继续

理裁判员，即使他们处于场地外，只要球的整体没有完全离开比赛场地，比赛就必须继续。当然，如果接触后，造成控球机会变化、球进门、任何一队发动了一次有希望的进攻机会，需坠球恢复比赛。

四、确定比赛结果

（一）进球得分

（1）球的整体从球门柱间及横梁下越过球门线，而此前未违反规则规定，即为进球得分（图18）。

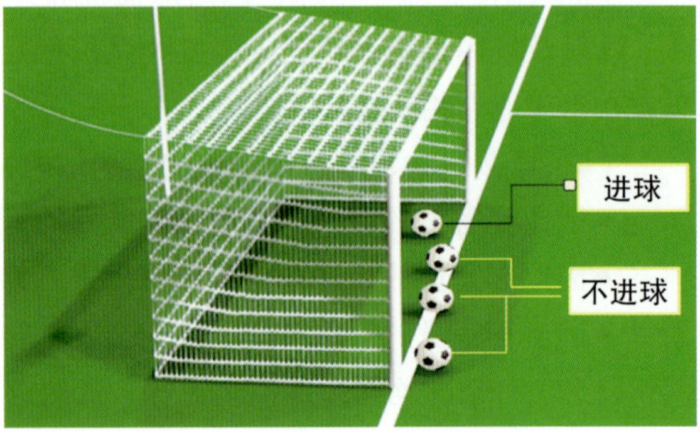

图18　进球与不进球

（2）球是否进门是根据球的整体是否越过球门线，而不是根据守门员接球时所站位置决定的（图19、图20）。

（3）如果比赛进行中，守门员用手直接将球抛入对方球门，不能算进球得分，由对方踢球门球恢复比赛。

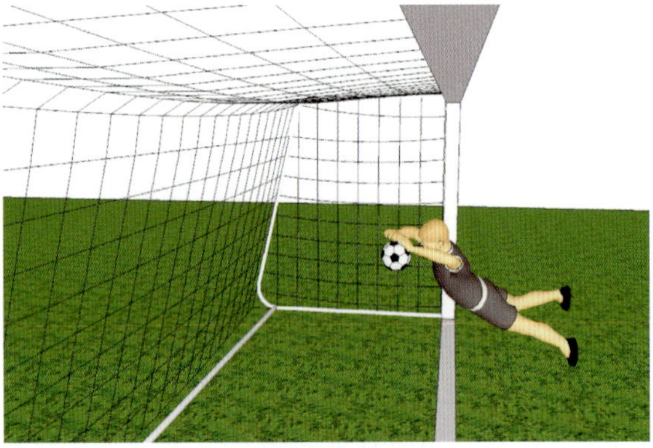

图19　进球得分

图20　未进球

（二）获胜队

（1）一场比赛中进球数较多的队为获胜队。如果双方没有进球或进球数相等，本场比赛为平局。

（2）若比赛结束为平局，或是主客场两回合比赛成平局，但竞赛规程规定必须有一支球队获胜时，目前仅允许采用以下方式决定获胜队：

- 客场进球规则。两队在主客场淘汰赛制的情况下，积分相等、净胜球相同，可采用客场进球多者名次列前。
- 加时赛。每半场不超过15分钟，分上下时长相等的两个半场。可以在上半场开始前休息5分钟，队员不能离场，重新掷币执行开球程序。上下半场之间不休息，交换场地，可以进行短暂的不超过1分钟的“补水间歇”。
- 踢罚球点球决胜。加时赛仍为平局，踢罚球点球决胜。

以上3种方式可以单独或组合使用，在竞赛规程中必须注明。

（三）踢罚球点球决胜

踢罚球点球决胜是决定比赛胜负的一种方式，并不是比赛的一部分，除非有其他明确规定，踢罚球点球决胜过程中也需执行竞赛规则的相关内容。

1. 踢罚球点球决胜前

（1）选择球门：

- 裁判员通过掷币方式选择踢罚球点球决胜使用的球门，可以指定硬币的正反面对应一侧球门，掷好硬币，朝上一面所对应的一侧球门即为将要使用的球门，或让掷币猜中的一方队长选择将要使用的球门。除考虑安全、场地条件原因外，裁判员决定踢罚球点球使用的球门。

决定在哪一方球门进行踢罚球点球决胜有时对于裁判员来说并不容易，特别是一边球门后面有一队的球迷，另一边球门后面有另一队的球迷。当不用考虑安全因素、场地条件等其他特殊因素时，通过掷币决定在哪一方球门进行踢罚球点球决胜、由哪一方先踢是相对公平的一种方法。

- 只有因为安全原因，或在球门、场地草皮无法继续正常使用的情况下可以调换球门，并且注意要在同轮次双方队员都完成罚球的情况下。

（2）选择先踢或后踢：裁判员第二次掷币，猜中的一方球队可以选择先踢或后踢罚球点球。

（3）队员资格：只有比赛结束时，包括规定的加时赛比赛结束时，在比赛场地内和因受伤、准备调整等原因暂时离场的场上队员方可参加踢罚球点球决胜，除非守门员无法继续比赛，此时可由符合规则要求的替补队员进行替换。

4. 队员替换与纪律处罚

（1）除守门员外，其他队员在踢罚球点球决胜前或进行中不得进行替换。

（2）在踢罚球点球决胜阶段，裁判员依然可以行使纪律处罚的权力，对违反规则的场上队员、替补队员、替换下场的队员，或为保持人数一致而削减的队员进行相应的纪律处罚。

（3）如果守门员在踢罚球点球决胜过程中被罚令出场，只能由一名符合资格的场上队员取代其守门员位置，完成余下的比赛，对方球队为保持人数一致削减一人。

（4）违规与处罚：

- 因守门员违规而造成重踢罚球点球时，如果是首次违规，则对其实施劝诫，之后其所有违规均需实施警告。大多数守门员在球踢出之前提前移动的违规并非蓄意为之，因此守门员首次违规时予以劝诫较妥，但之后的所有违规必须予以警告。
- 守门员与主罚队员同时违规，无论罚进与否，都应警告主罚队员，并将该次罚球记为罚失。如果守门员与主罚队员恰好同时违规（此种情况很少见），则应警告主罚队员，因为正是这种“非法”的假动作导致了守门员的提前移动。

（5）在踢罚球点球决胜过程中，如果一个队不足 7 人，裁判员不必终止比赛。

（6）在比赛中已被罚令出场的队员不得参与踢罚球点球决胜；在比赛中已执行的劝诫与警告，不带入踢罚球点球决胜阶段，这条规定是针对所有队员的。

五、任意球

（一）任意球的种类

（1）比赛进行中，场上队员、替补队员、替换下场的队员、被罚令出场的队员，或者球队官员在场地内或场地外犯规或违规时，根据规则的相关条款，将判由对方球队罚直接或间接任意球。

- 直接任意球：可以直接射入对方球门得分的任意球。
- 间接任意球：不能直接射入球门得分，除非经场上其他队员触及后进入球门内才算进球得分的任意球。

（2）裁判员单臂上举过头示意间接任意球，并保持这种姿势直到球踢出后被其他队员触及或比赛停止时，如果球已经明显不可能直接进入球门，没有必要一直保持单臂上举。

如果裁判员失误，没有举手示意是间接任意球而球直接被踢进了对方或本方球门，应重新踢间接任意球。最开始的判罚不能因裁判员的错误而取消。

（3）如果队员将直接或间接任意球直接踢入本方球门，不能判对方进一球，如果没有违反其他规则规定，应由对方踢角球重新开始比赛（图23）。

图23　直接任意球射入本方球门不算进球

如果间接任意球直接踢入对方球门，不算进球，应由对方踢球门球重新开始比赛（图24）。

图24　间接任意球直接射入对方球门不算进球

（二）任意球的程序

1. 罚任意球的位置

（1）罚任意球的位置通常是在犯规发生地点，或违规比赛停止时球所在地点。

（2）球门区内任意球的位置：

- 守方在本方球门区内获得的任意球可在球门区内的任意地点罚球（图25）。

图25　在本方球门区内罚任意球时球的位置

●攻方在对方球门区内获得的间接任意球，应在与球门线平行的，离犯规地点最近的球门区线上执行罚间接任意球（图26）。

图26　在对方球门区内罚间接任意球时球的位置

（3）如果场上队员没有其他犯规或违规行为，只是因未经裁判员允许进入、重新进入或离开比赛场地而被判罚任意球，应在比赛停止时球所在地点执行。然而，如果一名场上队员在比赛场地外犯规，则应在距犯规发生地点最近的边界线上以任意球恢复比赛。如果该地点位于犯规方罚球区内，且该犯规可被判罚直接任意球，则判罚球点球。

（4）规则第三章、第十一章、第十二章规定的其他地点。

2. 比赛恢复

（1）无论是直接还是间接任意球，踢球时球必须放定。

（2）踢球队员在球未经其他队员触及前不得再次触球。

（3）当球被踢并明显移动时，比赛即为恢复，现在规则已经取消本方罚球区内的任意球必须踢出罚球区方为比赛开始的规定。

如果罚间接任意球时，一名队员触球后，同队另一名队员直接将球射入对方球门，可区别情况做如下判罚：

●触球时，球未明显移动，由对方踢球门球重新开始比赛。

●触球后并明显移动时，比赛已重新开始，则进球有效。

3. 罚任意球的方法

（1）任意球可以用单脚或同时用双脚将球挑起来踢。

（2）踢任意球时做假动作迷惑对方作为足球比赛的一部分是允许的。但无论如何，如果裁判员认为队员的假动作属于非体育行为则应出示黄牌警告该队员。

（3）如果一名队员正常踢任意球时，故意将球踢向对方，为的是可以第二次触球而未使用草率的、鲁莽的方式或使用过分的力量，裁判员应允许比赛继续。

4. 防守队员的距离

（1）踢任意球时，比赛恢复前，守方队员必须至少距球9.15米（前后左右）。

（2）攻方在对方罚球区内罚间接任意球时，所有对方队员必须至少距球9.15米（前后左右），除非他们已经站在本方球门柱之间的球门线上，除站在球门线上的队员外，守方其他队员仍应至少距球9.15米（图27）。

图27　罚球区内攻方任意球的“人墙”距离

（3）在罚球区内属于守方的任意球，所有对方队员必须至少距球9.15米，并且在罚球区外直到比赛恢复（图28）。

图28　罚球区内守方任意球的“人墙”距离

5. 攻方队员与“人墙”的距离

当守方队员组成“人墙”的人数为3人或以上时，为避免不必要的冲突，攻方队员必须距离“人墙”至少1米，直至比赛恢复（图29）。

图29　攻方队员距“人墙”至少1米

（三）违规与判罚

（1）当任意球踢出时，一名进攻队员距离守方3人或以上组成的“人墙”不足1米，将在违规地点由对方罚间接任意球，无须黄牌警告（图30）。

图30　距3人或以上“人墙”不足1米

（2）当踢任意球时，在裁判员发出信号，比赛尚未恢复前，防守队员比规定距离更接近于球，侵入规定范围企图阻挡对方踢球，裁判员可掌握有利，如果有利没有形成则重踢，并警告犯规队员（图31）。

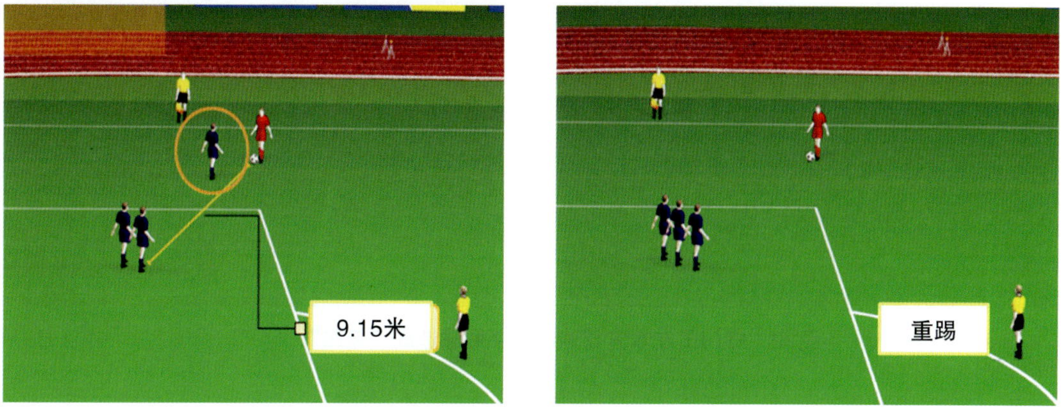

图31　防守队员提前侵入规定的距离

（3）任意球快发：

- 当攻方队员判断具备快攻机会时，快发任意球，攻方队员踢出的任意球因方向失误或力量不足，距罚球地点不足9.15米的防守队员将球截获，裁判员应允许比赛继续。这是因为如果一名队员决定快发任意球，造成对方队员未能退出9.15米的规定距离，球被发出后，对方队员得到对球的控制，尽管距离不足9.15米，应该被允许，因为发球一方在决定快发任意球时就需要考虑到被拦截的风险。
- 如果攻方队员决定快速踢出任意球，而距球较近的一名守方队员上前故意阻止其快速踢球，裁判员必须以延误比赛重新开始警告防守队员。“距球较近”和“不足9.15米”并没有数字上的严格规定，这之间的差异与裁判员认为的防守队员防守面积有关，同样的距离不同的防守队员就可能有不同的判罚。
- 如果守方在本方罚球区内罚任意球，因没有足够时间离开罚球区，一名或多名对方队员仍然滞留在罚球区，而守方队员想快速踢出任意球，裁判员应允许比赛继续。

如果在罚任意球时，在比赛恢复前故意滞留在罚球区内的对方队员触及球或争抢球，应重踢任意球。

如果在罚任意球时，在比赛恢复前故意提前进入罚球区的对方队员触及球或争抢球，应重踢任意球。

- 如果裁判员决定出牌，并已启动出牌程序，拿出了红牌或黄牌，任意球不能快发，必须等到出牌结束才能示意比赛开始。

（4）任意球连踢。如果比赛重新开始后，踢球队员（守门员除外）在其他队员触球前故意用手触球，由对方在违规发生地点踢直接任意球（踢球队员在对方球门区除外）。

守门员踢任意球，如果比赛重新开始后，在其他队员触球前在本方罚球区内再次用手触球，由对方在违规发生地点踢间接任意球（图32）。

图32 守门员在本方罚球区内手触球造成“连踢”

守门员踢任意球，如果比赛重新开始后，在其他队员触球前在本方罚球区外故意用手触球，由对方在违规发生地点踢直接任意球（图33）。

图33 守门员在本方罚球区外手触球造成犯规

六、罚球点球

当场上队员在比赛进行中，于本方罚球区内犯有规则第十二章12项直接任意球规定中的任何一项条款时，将被判罚球点球。

当场上队员在比赛进行中，如规则第十二章、第十三章已明确的正常比赛移动中离开比赛场地后，犯有可判罚直接任意球的犯规，距犯规发生地点最近的边界线位于犯规方罚球区内，将被判罚球点球。

当替补队员、已替换下场队员、被罚令出场队员及球队官员在比赛进行中，进入本方罚球区干扰比赛，将被判罚球点球。

当替补队员、已替换下场队员、被罚令出场队员及球队官员在比赛进行中，在比赛场地外犯有可判罚直接任意球的犯规，距犯规发生地点最近的边界线位于犯规方罚球区内，被判罚球点球。

（一）程序

1. 球

（1）球必须放定在罚球点上，即使因积水、泥泞、场地损坏等原因造成罚球点不平。对于上述情况裁判员应在赛前检查场地时要求修复。

（2）当球被踢且明显移动，即为比赛恢复。

2. 主罚队员

（1）必须清晰地指定主罚队员（图34）。在罚球点球前，裁判员可以通过让主罚队员听哨罚球的方式，进一步让双方明确主罚队员。

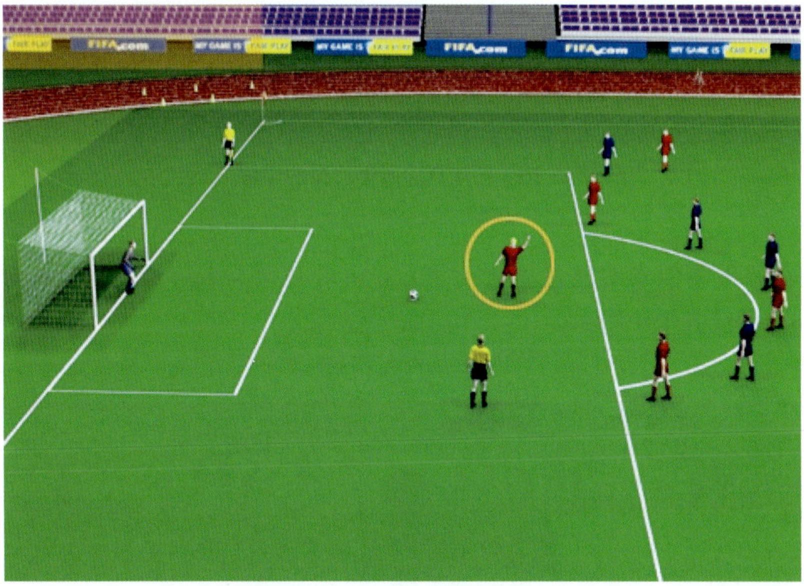

图34　罚球点球时明确主罚的队员

（2）主罚队员必须向前踢，也允许用脚后跟踢球的方式罚球，只要球是向前移动的。

（3）主罚队员将球罚出后，在其他队员触及球前不得再次触球，如从球门立柱、横梁直接反弹，在其他队员触球前再次补射，则为连踢犯规。

3. 守方守门员

（1）守方守门员必须停留在球门柱之间的球门线上，可以在线上跳动，不能站在球门线后面或前面（图35）。

图35　罚球点球时守门员的位置

（2）在球被踢但未明显移动前，守方守门员必须至少一只脚的一部分在球门线上，或者与球门线齐平（图36）。

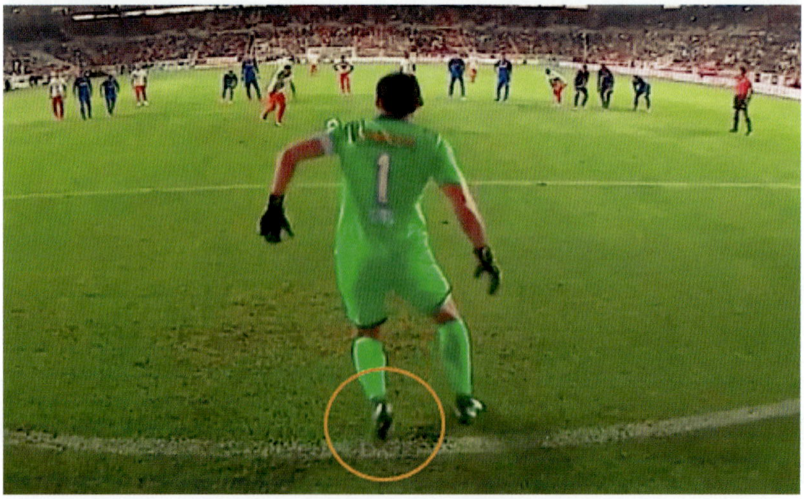

图36　守门员至少一只脚在球门线上

（3）守方守门员不可以触碰球门柱、横梁造成球门晃动，也不能拉拽球网以影响主罚队员，直至球被踢出。

（4）守方守门员面向主罚队员。

4. 其他队员

在比赛恢复前，主罚队员和守方守门员以外的其他队员必须站在（图37）：

（1）比赛场地内。

（2）罚球区外，不能站在罚球区线上。

（3）罚球点后，不能平行于罚球点。

（4）罚球弧外，不能站在罚球弧线上。

图37 罚球点球时其他队员的位置

5. 裁判员

（1）裁判员应在队员按规定站好位置后再鸣哨发出踢球信号（图38）。

（2）当球停止移动、离开比赛场地，或因发生任何违反规则的情况时，裁判员停止比赛，即为该次罚球点球结束。

（3）在上下半场或加时赛上下半场结束时，允许补足时间以完成罚球点球程序。

进行补时时，当球罚出后停止移动、离开比赛场地，以及除守方守门员外的其他任何队员（包括主罚队员）触球，或因主罚队员、主罚队一方违规而裁判员停止比赛时，视为该次罚球点球程序完成。如果防守方队员（包括守门员）违规，导致罚球点球未进或被守门员扑出，应重罚球点球。

图40　攻守双方队员同时违规

（6）主罚队员和守方守门员同时违反规则：无论球罚中与否，裁判员均应停止比赛，警告主罚队员，由守方在罚球点踢间接任意球恢复比赛，不对守方守门员进行纪律处罚。守门员违规通常是由于主罚队员“非法”假动作所导致，所以应处罚主罚队员。

3. 罚球点球罚出、比赛恢复后发生违规

（1）在其他队员触球前主罚队员不得再次触球（图41），如果触球构成连踢违规，由守方踢间接任意球恢复比赛。

图41　主罚队员再次触球

（2）球在向前移动过程中被场外因素触及，应重踢罚球点球（图42）。但如果球将要进门时，干扰因素没有阻止防守队员处理球，随后球进门，则视为进球有效（即使干扰因素与球发生接触），除非干扰因素来自攻方球队。

图42　球在向球门运行中触及场外因素，重踢

（3）球从守门员身体、横梁或球门柱弹回比赛场地，随后被场外因素触及，裁判员停止比赛，在被场外因素触及的地点以坠球重新开始比赛（图43）。

图43　球从横梁弹回触及场外因素，坠球

（4）发生其他违反规则的情况将和比赛进行中一样判罚。

（三）判罚提示

在罚球区线附近发生犯规时，判罚球点球还是直接任意球，不以犯规队员所处的位置为准，而是看犯规动作的接触点。如果犯规队员在罚球区外而犯规动作接触点在罚球区内，应判罚球点球。反之，犯规队员在罚球区内而犯规接触点在罚球区外，则判罚直接任意球。

拉扯是个特殊的情况，如果犯规队员从罚球区外开始拉扯对方队员，持续到罚球区内，应判罚球点球。如果是其他犯规动作，从罚球区外开始持续到罚球区内，则看犯规动作的第一接触点在罚球区外，判罚直接任意球。

此外，应注意罚球区线是罚球区的一部分，罚球区线上的犯规就是在罚球区内的犯规。

七、掷界外球

比赛进行中，当球的整体从地面或空中越过边线时即为球出界。此后，应由出界前最后触球队员的对方队员在球出界处，将球掷向场内任何方向（图44）。

图44　球出边线，由最后触球队员的对方队员掷球重新开始

掷界外球不能直接进球得分，如果球直接掷入对方球门，由守方踢球门球，如果球直接掷入本方球门，由对方踢角球。

（一）程序

在掷球前，队员可以运用助跑、翻滚等准备动作，但在掷出球的一瞬间，该队员必须：

（1）站立：不允许蹲下或坐在、跪在地面上。

（2）面向比赛场地：不允许侧向或背向比赛场地。

（3）任何一只脚的部分站在边线上或边线外的地面上：

- 掷球时，两脚可以平行或前后站立，任何一只脚的部分可以踏在边线上或边线外。但是，只要有一只脚的整体越过边线踏在场内，或者踩在线上的脚提起脚跟，致使仅有脚尖踏在场内均属违规行为。
- 掷球时，允许脚在地上滑动，但任何一只脚不得全部离地，必须和地面有接触。

（4）使用双手：不允许使用单手掷球，也不允许一手扶球，另一手发力，双手必须均匀发力。

（5）将球从头后经头顶掷出：双手持球置于头的后方，从头后经头上用一个完整的连贯动作将球掷入比赛场地内（图45）。

图45　将球从头后经头顶掷出

（6）从之前球越出边线处掷球：掷球队员和边线的垂直距离，规则中并无明确规定。所有对方队员距离边线上的掷界外球位置不能近于2米（图46a）。当球进入比赛场地，比赛即为重新开始（图46b）。在球进入比赛场地之前，如果球接触比赛场地外的地面，如果之前符合程序要求，则由同一队在相同地点重新掷界外球。如果未依照正确程序掷界外球，则由对方在相同地点掷界外球。

a

b

图46　掷界外球时防守队员的距离及比赛重新开始

一名队员正确掷出界外球，故意将球掷在对方队员身上，为的是可以第二次触球，如果他掷球时没有用草率的、鲁莽的或过分的力量，裁判员允许比赛继续进行。

掷界外球时，队员出于战术目的可以用正确的动作故意将球掷在处于场内的本方队员身上，裁判员允许比赛继续进行。

（二）违规与判罚

1. 掷球队员

将球掷出后比赛已经恢复，掷球队员在其他队员触球前不得再次触球，如果触球，属于违反规则。

（1）由除守门员以外的队员掷界外球：

- 比赛恢复后，掷球队员在其他队员触球前再次触球（用手除外），由对方队在第二次触球的地点踢间接任意球重新开始比赛，球门区内除外（图47）。

图47　掷球队员在其他队员触球前再次触球

- 比赛重新开始后，掷球队员在其他队员触球前故意用手触球，由对方队在触球地点踢直接任意球重新开始比赛，如果在掷球队员本方罚球区内，则判罚球点球（图48）。

图48　掷球队员在其他队员触球前用手再次触球

（2）由守门员掷界外球：

- 比赛重新开始后，守门员在其他队员触球前再次触球（用手除外），由对方队在第二次触球的地点踢间接任意球重新开始比赛（球门区内除外）。
- 比赛重新开始后，守门员在其他队员触球前故意用手触球，如果在守门员本方罚球区外，由对方队在触球地点踢直接任意球重新开始比赛，如果在守门员本方罚球区内，由对方队在犯规发生地点踢间接任意球（球门区外）。

2. 防守队员

掷界外球时，防守队员也需遵守规则的相关规定，如果：

（1）防守队员不正当地阻碍掷球队员或分散其注意力，将因非体育行为被警告。

（2）所有防守队员距离掷界外球地点少于2米，这种情况下，裁判员在掷界外球前应提醒近于2米的防守队员，如果他拒不退出规定的距离，将出示黄牌警告，重掷界外球重新开始比赛。

上述违规情况如果发生在比赛恢复前，将重掷界外球，如果发生在比赛恢复后，将在违规地点判罚间接任意球。

3. 掷界外球常见的犯规

（1）未在球出界处掷球、单脚或双脚越过边线踏在场内，或在球掷出前离开地面，以及球未从头后经头上掷入场内。

（2）掷球时有明显的停顿。

（3）掷球时双手用力明显不均，一手扶球，另一手发力掷球。

凡是未按规定程序将球掷入场内，均应由对方队员在原出界处掷界外球。

八、球门球

攻方队员将球的整体由地面或空中踢或触出对方球门外的球门线时，由对方队员踢球门球恢复比赛。球门球可以直接射入对方球门得分。如果球直接进入本方球门，由对方踢角球恢复比赛。

（一）程序

（1）踢球门球时，可将球放定在球门区内任何地点（图49），守门员和其他队员均可踢球门球。

图49　踢球门球的地点

（2）当球被踢并明显移动时，比赛即为恢复。目前已经不再要求必须将球直接踢出罚球区比赛方为重新开始。

（3）比赛恢复前，对方队员必须处在罚球区外。但在实际踢球门球时，会有对方队员仍处于罚球区内，裁判员可以掌握有利让比赛继续进行，这和罚任意球时要求对方队员距球至少9.15米，但裁判员在某些情况下可以允许比赛继续所掌握的精神实质是相同的。

（二）违规与判罚

1. 由除守门员以外的队员踢球门球

（1）当比赛恢复后，踢球队员未经场上其他队员触球而再次触球（用手除外），由对方在犯规地点踢间接任意球（图50）。

图50　未经场上其他队员触球而再次触球

（2）当比赛恢复后，踢球队员未经场上其他队员触球而故意用手触球，由对方在犯规地点踢直接任意球，如果在踢球队员本方罚球区内则判罚球点球。

2. 由守门员踢球门球

（1）当比赛重新开始后，守门员未经场上其他队员触球而再次触球（用手除外），由对方在犯规地点踢间接任意球。

（2）当比赛重新开始后，守门员未经场上其他队员触球而故意用手触球，如果在守门员本方罚球区外，由对方在犯规地点踢直接任意球，如果在罚球区内，由对方在犯规地点踢间接任意球。

3. 对方队员处在罚球区内

（1）因快发球门球，对方队员来不及离开而滞留在罚球区，裁判员应允许比赛继续。在执行该条款时，裁判员要参照任意球快发时的判罚精神，即阻止快发和将球截获是截然不同的判罚结果。认定为阻止快发即为犯规，重罚球门球并警告该队员；将球截获，则比赛继续。

（2）具备充足的时间离开但故意滞留在罚球区的对方队员，待比赛恢复后将球拦截，应认定违规，重罚球门球并警告该队员。

（3）比赛恢复后，球尚未出罚球区，在其他人触球前，原来处于罚球区外的对方队员进入罚球区直接触球，裁判员应允许比赛继续。

（4）如果原来处于罚球区外的对方队员，在球门球被踢并明显移动前，提前进入罚球区，触及球或和对方争抢，应重踢球门球。

（5）在比赛恢复前，如有对方队员进入罚球区对踢球门球一方的队员犯规或被犯规，裁判员应根据具体犯规性质对犯规队员警告或罚出场，仍然以球门球重新开始比赛。这也是对应了可以对比赛停止时发生违反规则的行为进行纪律处罚，但不能改变原来比赛恢复方式的相关规则规定。

4. 踢球门球得分

球门球可以直接射入对方球门得分（图51）。如果球直接射入本方球门，则应由对方踢角球。

图51　球门球直接射入对方球门得分

5. 守门员违规

不允许轻击（或挑起）球给同队队员，然后头顶球回传给守门员，守门员用手控制球再抛球发动进攻，这种情况应被判罚由对方踢间接任意球，守门员并受到黄牌警告。

九、角球

比赛进行中，守方队员将球的整体由地面或空中踢或触出本方球门外的球门线后，由攻方队员踢角球恢复比赛。角球可以直接射入对方球门得分（图52），如果角球直接射入本方球门，由对方踢角球恢复比赛。

图52　角球直接射入对方球门得分

（一）程序

（1）踢角球时，必须将球放定在离球出界处较近的角球区内。踢角球时球的正确和错误位置，如图53所示。

图53　踢角球时球的位置

（2）踢角球时不得移动角旗杆，裁判员（或助理裁判员）发现队员移动角旗杆时应予以制止。

（3）踢角球时对方队员至少距球9.15米直至比赛恢复。当需要时，裁判员在角球踢出前必须提醒任何近于规定距离的防守队员，如果随后仍有违反者则必须被警告。

（4）当球被踢并明显移动时比赛即为进行。球不需要离开角球区才算比赛重新开始。

（二）违规与处罚

（1）由除守门员以外的队员踢角球：

- 如果比赛重新开始后，踢球队员在其他队员触球前（包括球从球门柱弹回）再次触球（用手除外），由对方在触球地点踢间接任意球。
- 如果比赛重新开始后，踢球队员在其他队员触球前用手触球，由对方队员在犯规发生地点踢直接任意球，如果在踢球队员本方罚球区内，由对方队员在犯规地点踢罚球点球。

（2）由守门员踢角球：

- 如果比赛重新开始后，守门员在其他队员触球前（包括球从球门柱弹回）再次触球（用手除外），由对方队员在触球地点踢间接任意球。
- 如果比赛重新开始后，守门员在其他队员触球前用手触球，如果在守门员本方罚球区外，由对方队员在犯规发生地点踢直接任意球，如果在守门员本方罚球区内，由对方队员在犯规地点踢间接任意球（球门区除外）。

（3）如果一名队员正确踢出了角球，但却故意将球踢到对方队员身上，为的是第二次触球，只要没有使用草率的、鲁莽的方式或过分的力量，裁判员应允许比赛继续。

（4）角球踢出前，攻方队员可以站在守门员身前，但角球踢出后，不能阻碍守门员移动，裁判员对这类犯规行为应及时予以制止与判罚。

（5）裁判员要注意在角球踢出前，守方队员必须处在不少于9.15米距离位置（场外有标记可作为参考）。当需要时，裁判员在角球踢出前应口头警示任何近于规定距离的队员，如果随后仍然有违反者应被警告（图54）。

（6）队员直接接得角球没有越位犯规。

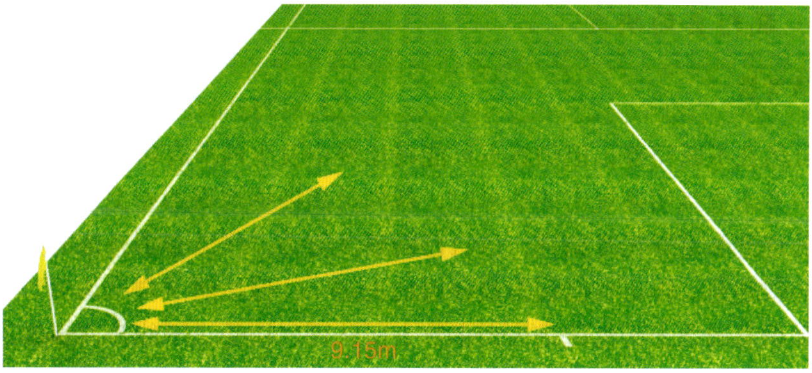

图54　踢角球时“人墙”的距离

第三节　比赛官员

规则中的比赛官员是执法一场比赛的裁判组成员，不同级别赛事的裁判组成员不尽相同。通常，赛事的裁判组由一名裁判员、两名助理裁判员和一名第四官员组成，另外，也可再选派两名附加助理裁判员、候补助理裁判员、视频助理裁判员和至少一名助

官员更替。如果规程中没有说明，则由裁判监督（裁判长）根据其他比赛官员的实际能力进行更替。

5. 团队合作

规则赋予裁判员执行所有与比赛相关条款的权力，但裁判员如同其他比赛参与者一样也会犯错误。因此，规则要求除候补助理裁判员外，当其他“在场”比赛官员的观察角度比裁判员更好时，需提示裁判员发生的犯规和违规情况，并就裁判员或其他比赛官员视线范围外发生的任何严重不当行为或其他事件，向有关机构提交报告。在完成报告前，必须与裁判员和其他比赛官员商议。

裁判员、助理裁判员和第四官员是一个团队，在执行裁判任务时，应该相互支持与合作。在裁判员位置好、看得准的情况下，应该独立地作出判罚，非必要时无须找助理裁判员商议。如果确实需要征询助理裁判员意见时，应回避队员，并且对话要简练。对于裁判员未能看到的情况，应依照助理裁判员提示的信号作出处理。如果裁判员被球击中失去知觉，在什么也没有看见的情况下进了球，那么只要靠近进球地点的助理裁判员认为进球符合规则，裁判员应判进球有效。

（三）权力和职责

1. 裁判员

（1）执行规则：裁判员的执法依据是足球竞赛规则，规则中明确的条款必须执行。裁判员在比赛中的权力是规则所赋予的，比赛中违反规则条款者必须受到相应的处罚。

（2）合作管理：裁判员是裁判组的核心，需要作出所有判罚决定，但由于足球比赛场地大、速度快、时间长、人数多、对抗激烈、战术丰富，裁判员在场上会出现观察盲区或判断失误，需要其他比赛官员的协助，才能实现准确的判罚，保证比赛的公正。

（3）记录与报告：裁判员需要记录时间、比赛成绩，这一职责不得交给其他比赛官员，其他比赛官员的记录只起协助作用。

在进球、替补或纪律处罚需要记录时间时，应以时间的整数为单位记录时间。不是分钟的整数，如果时间为30分钟零1秒，应记录为31分钟；如果上半时比赛补时进行到第47分钟时，应记录为45+2分钟；下半时比赛进行到第2分钟时，应记录为47分钟；下半时比赛补时进行到第48分钟时，应记录为90+3分钟。

比赛中裁判员应随身携带记录卡，将每进一球的时间、队员号码记录下来；将警告或罚出场的队员号码、时间、原因等简要记下来，尽可能记录替换队员的情况。

如果进球是“乌龙球”，则将进球记录在造成“乌龙”进球的队员名下，并在该队进球栏目中注明“乌龙球”或OG。

如果通过踢罚球点球决胜方式确定了比赛结果，在裁判员的报告中，比赛结果栏先填写踢罚球点球决胜比分，后面加括号，括号里写90分钟或120分钟的比分。例如，

90分钟比赛比分为1∶1，踢罚球点球决胜比分为4∶5，那么在报告中填写比赛结果应为4∶5（1∶1）。

裁判员应将赛前、赛中和赛后向队员或球队官员进行的纪律处罚，以及其他事件的情况以书面报告的形式提交有关部门，这是判定赛场事端性质并作出决定的重要文件，因此裁判员在起草报告时，一定要简明扼要、客观公正，并使用规范的规则语言。

（4）监管和示意比赛恢复：在比赛中，裁判员需要监督并管理比赛恢复的整个过程，检查恢复的程序是否符合规则要求，而且在某些特定情况下，需要使用哨音和手势表示可以恢复比赛。

2. 运用有利条款

当一名队员被犯规而根据有利条款能获利时，则应允许比赛继续进行（图55）。如果有必要，可在随后比赛停止时对犯规队员进行警告或罚令出场的处分。当预期的“有利”在那一时刻或随后几秒没有接着发生，则应判罚最初的犯规。在比赛进行中，如有违例或犯规发生，裁判员可以运用有利原则。

图55　有利

继续控制球并不意味着有利就会发生，裁判员应考虑下列情况以决定是先掌握有利还是将比赛停止：

（1）犯规严重性。如果队员的犯规行为完全符合红牌罚令出场条款，除非随后立即出现了对方明显进球得分的机会，裁判员应停止比赛将犯规队员罚令出场。

（2）犯规发生时的位置。犯规发生地点与本方球门的距离不同，可能产生的威胁不一样。距离球门越近，掌握有利的效果越好，对对方球门的威胁越大。进攻队员在前场发生犯规，防守方有利形成后的发展变数较大，因此该区域为掌握有利的高风险区域；中场次之，为掌握有利的中等风险区域；防守队员在后场发生犯规，有利的效果容易较快显现，该区域为掌握有利的低风险区域。局部同样的有利情形因场区不同，掌握有利的效果则存在差异。

（3）即刻发起“有希望的进攻”的可能性。控制球并不意味着立即发动进攻，更不意味着“有希望的进攻”的出现。裁判员要通过是否已经控球或其可能性、控球地点

– 同队队员同时相互之间发生碰撞，倒地不起，需要裁判员进一步关注，可以在场内治疗，短暂治疗后不需要再出场。

– 出现严重受伤时，如骨折、咬伤舌头、脑震荡等，尤其在队员的头部受到撞击时，裁判员应特别关注，可以在场内治疗。

– 犯有身体接触，而且可黄牌警告或红牌罚令出场的犯规，造成对方队员受伤，被犯规的对方队员可在场地内接受短暂治疗，不需要再出场。

– 裁判员判罚球点球，受伤队员将主罚本次罚球点球，其伤情评估及短暂治疗后可以不用出场。

（3）队员流血。除了守门员，任何因受伤而流血的队员必须离开赛场，直到裁判员认为流血被止住，队员不允许穿着带有血渍的衣服比赛。

（4）医生、担架进场。裁判员可允许一名或最多不超过两名医生进场查看伤情，并安排队员安全、迅速地离开场地。只有在得到裁判员允许进入场地的信号后，担架手才能抬着担架入场。

当裁判员指定医生进场时，受伤的队员必须离开球场，无论是用担架抬出还是走出，否则将因非体育行为而被警告。

如果助理裁判员或第四官员向裁判员示意受伤队员已经做好了进场准备，裁判员可以给出允许受伤队员进场的信号。

（5）佯装受伤。队员佯装受伤或夸大受伤的程度，裁判员可不予理睬或按实际伤情处理。当此行为触及可警告的规定时，裁判员应予以警告，如倒地不起要求护理的队员，在护理人员和担架进场后，突然起身要投入比赛，裁判员可根据“非体育行为”条款予以警告。

（6）离场队员纪律处罚。当裁判员决定对一名已经受伤并准备离开比赛场地接受治疗的队员出示黄牌警告或红牌罚令出场时，必须在该队员未离开场地前出示。

（7）假如比赛不是由于其他原因停止，或者队员的受伤并不是因违反足球竞赛规则造成的，裁判员应以坠球恢复比赛。

5. 场外干扰

（1）裁判员可就任何违反规则的情况或场外干扰等原因暂停、中断或终止比赛，如遇下列情况时：

- 比赛开始时或比赛进行中，某队不足7人时。
- 发生意外事故，如观众干扰比赛不能继续进行时。如果观众掷入场内的物品击中裁判员或某一助理裁判员，或击中某一队员或球队官员，裁判员根据事故的严重程度可以令比赛继续、暂停、中断或终止。
- 如果有观众鸣哨，并且裁判员认为哨音干扰了比赛，队员用手将球拿起来，裁判员应停止比赛以坠球重新开始比赛。
- 场地条件或天气原因，裁判员认为不适宜比赛时，如球门柱损坏，短时间内不能修复时；因雷电或雨雪过大，场地泥泞，球漂在水上或雪地结冰，比赛难以进行时；因有大雾、天黑或灯光设备失灵，队员看不清球门时。

- 比赛进行中，多余的球、物品或动物等进入比赛场地内，只有在干扰了比赛的情况下，裁判员方可停止比赛，随后坠球恢复比赛，但要注意，在涉及进球得分时，如果这是一个即将进入球门的必进球，这些外来的干扰因素没有影响防守队员处理球，无论干扰因素与球是否存在接触，随即球还是进入球门了，应视为进球有效，但如果干扰因素来自攻方球队，显然不能获得利益，进球无效。

终止比赛前应与主办机构研究后再作出决定。凡终止比赛时，裁判员无权取消某队比赛资格或决定比赛的胜负，赛后应向主办机构作出书面报告。

（2）未经授权的人员不得进入比赛场地。比赛进行中只允许上场队员及比赛官员处于比赛场地内，其他人员进场必须经过裁判员的允许，如医生、担架手、球童等，并且应在比赛停止时进场。

除了球队名单中的场上队员、替补队员及球队官员以外的其他任何人员视为场外因素，规则第三章第7条“比赛场地内多出的人员”和第8条“比赛场地外的队员”中已经详细说明了处理及恢复比赛的方式。

（四）视频助理裁判员

由于视频的复杂性，使用视频助理裁判和视频裁判系统必须符合规则中“视频助理裁判操作规范”的相关要求，并且得到国际足球理事会和国际足联的书面许可方可使用。实施要求与操作规范在“视频裁判”的专题中说明。

（五）裁判员的装备

裁判员为了执行规则、履行职责，需要一些执法工作时的装备，现行规则明确了裁判员的必要装备，以及国家协会或地区足协可以允许裁判员使用的其他装备。重要的是，不能使用规则第五章中未提及的电子设备，如摄像头和麦克风（用于裁判员沟通的设备除外）。

1. 必要装备

（1）口哨：可以多准备一个备用哨。

（2）手表：可以进行准确计时的手表。

（3）红黄牌：可以多备一套红黄牌。

（4）记录卡：方便记录比赛成绩，也可使用一些贴纸，粘贴在红黄牌上。注意雨天的使用，避免因水造成笔迹模糊，搞错记录。

（5）记录笔：不宜使用墨水笔，以免因汗水、雨水造成笔迹模糊。

（6）挑边器：可以是硬币，也可以是纪念币，但应正反两面图案可以明显区分。

2. 其他装备

（1）裁判员可以使用与其他比赛官员交流的小型设备，如“BP”旗的振动或蜂鸣器、耳麦系统等。

（2）裁判员也可以使用表现跟踪电子系统或其他体质监测设备。但禁止裁判员和其他“在场”比赛官员佩戴珠宝首饰或任何其他电子设备，包括摄影、摄像设备。

（六）比赛官员的责任

裁判员或其他比赛官员不对如下情况承担责任：

- 参赛队员、官员或观众任何形式的受伤。
- 任何形式的财产损失。
- 由于或可能由于根据竞赛规则，或按照正常程序要求作出的维持、继续和管理比赛的决定，对任何个人、俱乐部、公司、协会或其他机构所造成的任何损失。

二、助理裁判员

助理裁判员过去被称为巡边员，1996年改称为“助理裁判员”，同时也赋予了其更多的职责。除了规则中明确规定的基本职责以外，裁判员还可以根据助理裁判员的能力，要求其承担更多的职责。

（一）基本职责

规则规定，助理裁判员需要示意和协助的情况包括以下几个方面：

（1）球出界。当球的整体离开比赛场地时，助理裁判员应举旗示意。每位助理裁判员应负责所巡视的一整条边线和一整条球门线。助理裁判员没有为球队捡球的义务。

（2）判罚越位犯规。助理裁判员应时刻留意处于越位位置的队员，注意“等和看”的旗示技巧，一旦该队员的行为构成了越位犯规可以判罚时，即刻举旗示意，待裁判员鸣哨判罚后，指示越位犯规的地点。

（3）替补队员申请进场。当第四官员带领替补队员准备替换时，助理裁判员应在比赛停止时用旗示通知裁判员，第一助理裁判员和第二助理裁判员均应举旗示意。

（4）罚球点球时，守门员是否提前移动及球的整体是否越过球门线，如果比赛中有附加助理裁判员，则助理裁判员的位置在与罚球点平行的边线外。

（5）监管队员的替补程序。注意观察整个替补程序是否符合规则要求，特别是就近离场的被替换下场的队员是否滞留在场地边，注意规避其干扰比赛的风险。

（6）进场管理“人墙”距离。助理裁判员一般不宜进入场内，但遇到近端任意球需要管理“人墙”距离、群体冲突、围攻裁判员，以及观众、球队官员等非法进入场地时，助理裁判员可以在比赛停止时进入场地协助裁判员进行处理（图56）。

图56　助理裁判员入场管理“人墙”

（二）其他职责

助理裁判员协助裁判员控制和管理比赛，根据裁判员的要求和指示，协助裁判员处理比赛进行中所涉及的其他工作。可以包括但不限于以下几个方面：

（1）检查场地、比赛球和队员装备，以及出现的问题是否解决。

（2）记录时间、进球和红黄牌，以便与裁判员核对。

（3）离开场地调整装备的队员准备返场是否已符合要求。

（4）当发生裁判员视线以外的不正当行为或任何其他事件时，如果裁判员没有看到队员的隐蔽性犯规，或裁判员身后发生的严重犯规、暴力行为等，助理裁判员应举旗晃动示意（图57）。

图57　助理裁判员协助判罚犯规

（5）当裁判员示意进球有效，助理裁判员无异议，应沿边线向中线跑。如果裁判员对进球有疑问时，可以观察助理裁判员的提示或征询助理裁判员的意见，因此助理裁判员要及时跑到适当位置，争取看清楚球的整体是否越过球门线。

（6）助理裁判员应运用“等和看的技巧”，目的是使比赛流畅。在某队被犯规后不急于举旗，以避免使得有利的球队失去有利机会，在这种情况下，助理裁判员关键是要用目光和裁判员交流。

助理裁判员如有过分干预比赛或不合适的表现时，裁判员可以减少直至解除其职责，赛后应向主办机构作出书面报告。

三、第四官员

第四官员过去被称为“替补裁判员”，1996年改为“第四官员”。第四官员是执行足球比赛裁判任务的在场比赛官员之一。虽然工作在场外，但在赛场管理、队员替补、伤员处理和伤停补时等诸多工作中起着重要的作用。规则也进一步明确了第四官员的协助职责内容。第四官员是比赛中不可或缺的执法成员，应该认真履行职责，发挥应有的作用。

（一）规则明确的第四官员协助内容

（1）监管队员替换程序，按照程序要求监控与管理。当第四官员接到比赛队要求替换队员的名单后，应按下列程序完成替换工作：

- 核查替补队员的资格，替补手续是否合乎要求。
- 检查替补队员装备是否符合规则规定。
- 待比赛停止时，通知助理裁判员，用规定信号向裁判员提示。
- 经裁判员允许，场上被替换下场的队员离场后，再允许替补队员进场。
- 记录替补相关队员的号码、时间。

（2）检查场上队员和替补队员的装备是否符合规则第四章的要求。

（3）在裁判员示意或同意后让场上队员重新进入比赛场地。场上队员因为受伤或装备调整等原因，经裁判员同意已处于比赛场地外，必须经过裁判员的同意才能重新进场。第四官员必须监管这一过程（图58）。

图58　第四官员监管处于场外的场上队员

（4）监管用于更换使用的比赛用球。每场比赛第四官员应管理好比赛备用球，赛前要对球的气压进行检查。比赛中裁判员认为需要使用备用球时，应及时提供，赛后应负责将球归还主办机构。

（5）展示补时时间。在各半场（包括加时赛）结束时，展示裁判员将要补足的最短补时时间。一般在每半场进行到43分钟左右时，裁判员用信号告诉第四官员应补时的时间，第四官员则根据裁判员的决定，在临近45分钟前几秒使用换人牌将补时的时间向比赛队及观众展示。

（6）将技术区域人员的不当行为告知裁判员。技术区域的球队官员必须对自己的行为负责，规则也明确了针对球队官员的纪律处罚相关条款；替补队员及替换下场的队员均应服从管理、遵守规则。第四官员应熟知有关条款，对技术区域内进行预防管理，提前介入，防止事态扩大，要将发生的不正当行为通知裁判员，由裁判员做出相应的纪律处罚。

（二）其他职责与工作内容

（1）执行比赛的有关规定。“有关规定”是指竞赛规程、裁委会及主办机构对比赛的有关规定和要求。因此，第四官员应事先认真学习和了解这些规定的内容，尤其涉及自己的工作，如替补队员人数、替补队员活动区域、替补席人数、技术区域管理等方面的规定，以便按规定执行工作。

（2）准备替补上场执法。第四官员在比赛前应将自己的裁判服装、鞋袜及执法用品准备齐全，在裁判员不能继续担任临场工作的情况下，按照赛前组委会的规定，及时上场担任比赛的裁判工作。

（3）根据裁判员的要求，负责赛场的管理工作。在裁判员的要求下，第四官员除了规则中明确的协助工作，一般还应做到：

- 根据规则的规定，协助裁判员控制比赛。发生在裁判员视线以外的犯规与不正当行为，根据事先约定的信号通知裁判员，如需协商应简明扼要，裁判员持有对比赛相关事实作出判罚的权力。
- 第四官员协助裁判员的其他工作。例如，比赛前，协助检查比赛场地；如有要求，提前60分钟收取、核对比赛双方队员名单；如有要求，配合比赛监督确认比赛队员资格；检查比赛队员装备是否符合规定和要求。比赛中，协助记录替补队员、进球队员、被警告或罚出场队员的号码和时间，以及场上发生的其他重大事件等情况。比赛后，协助核对记录内容及处理其他善后工作。

（4）报告比赛有关情况。在比赛结束后，第四官员应向有关机构提交裁判员和助理裁判员没有看到的任何不正当行为或其他事故的报告，并必须在赛后总结时对裁判员和助理裁判员的报告提出建议。

（三）注意事项

第四官员的工作是为场上裁判员积极创造良好的工作条件和环境，为比赛顺利进行做好服务及管理工作。因此，第四官员在工作中应注意以下几个问题：

（1）严肃认真。在执行任务之前，应认真学习规则、规程及有关规定和要求，熟悉本职工作内容。应参加赛前联席会议和裁判员召开的准备会，明确协助、配合的方法与要求。在执行任务过程中，应严格遵守竞赛规则、规程和纪律规定。

（2）眼勤腿快。在执行任务中要勤观察场内外的情况，一旦发现问题快速到位，将可能影响比赛的情况制止在萌芽状态。

（3）注意工作方法。在赛场管理工作中，应做到有礼有节，既要达到按有关规定进行管理的目的，又要避免与管理对象发生矛盾和冲突。虽然第四官员没有处罚的权力，但对于不服从管理和劝阻，严重违反赛场纪律的教练员、替补队员或其他场外人员，应通知裁判员或主办机构对其进行相应的纪律处罚。

四、附加助理裁判员

附加助理裁判员通常也称为“底线裁判员”。附加助理裁判员根据规则的要求协助裁判员管理与控制比赛，裁判员也可以要求附加助理裁判员履行更多的职责，需要在赛前明确配合方式。

（一）规则中提及的职责

附加助理裁判员需示意：

（1）当球的整体越过球门线，包括进球得分时。

（2）哪一队踢角球或球门球。

（3）在踢罚球点球时，守门员是否在球被踢出前离开球门线，以及球的整体是否越过球门线。

（二）其他可以履行的职责

附加助理裁判员的基本职责只是原来助理裁判员的部分职责，比赛中增设附加助理裁判员不是为了减轻助理裁判员的压力。附加助理裁判员可以帮助裁判员：

（1）对罚球区内外情况做出更好的判断（图59）。

（2）罚定位球时，减少犯规事件发生，如罚球区内的拉拽行为（图60）。

（3）更好地控制裁判员视线外区域（图61）。

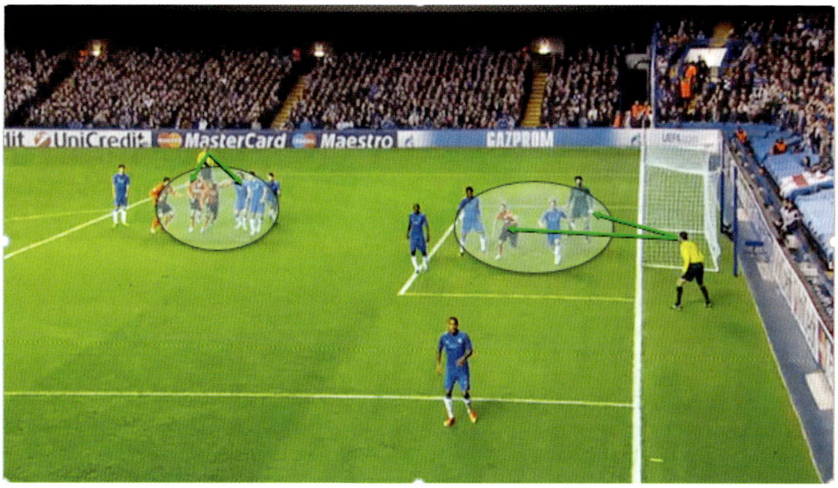

图59　做出更好的判断

图60　减少罚球区内的拉扯

图61　视线外区域的控制

（1）头、躯干或脚的任何部分在对方半场（图63），不包含中线，中线为双方所共有，不属于对方半场。

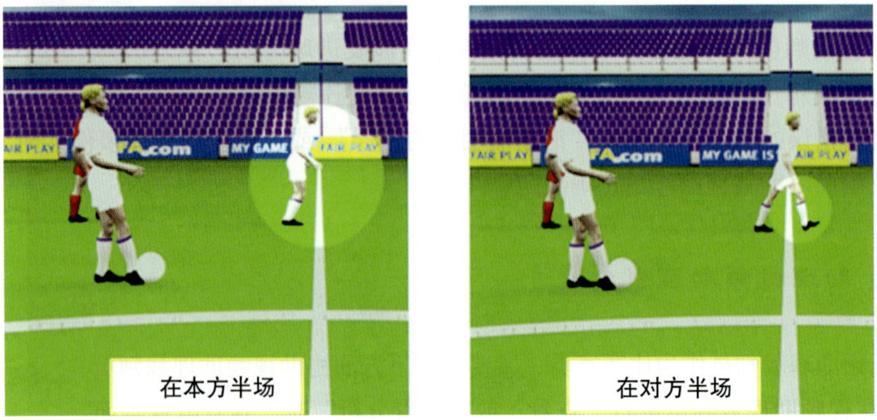

图63　在本方和对方半场

（2）头、躯干或脚的任何部分较球更接近于对方球门线（图64）；头、躯干或脚的任何部分较对方倒数第二名队员更接近于对方球门线，手臂不包含在内（图65）；所有队员包括守门员的手和臂部不在越位位置判定范围内（图66），手臂位置的认定参考手球犯规时手臂认定标准。需要提醒裁判员注意的是，通常守门员是倒数第一名队员，但在比赛中也会出现守门员位置提前，不是倒数第一名防守队员的情况。

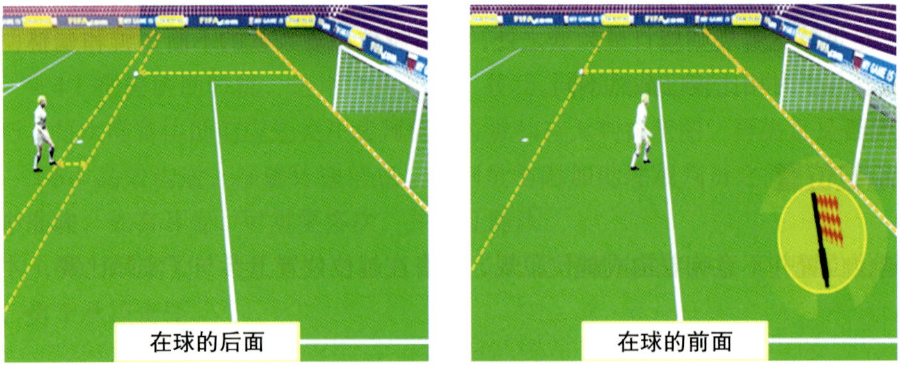

图64　在球的前面和后面

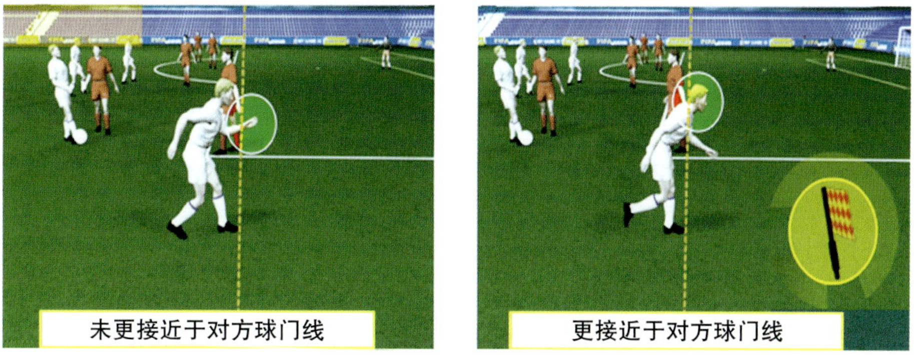

图65　更接近对方球门线

图66　手臂不包含在内

（3）在该队员与对方球门线之间，对方队员少于两人（图67）。

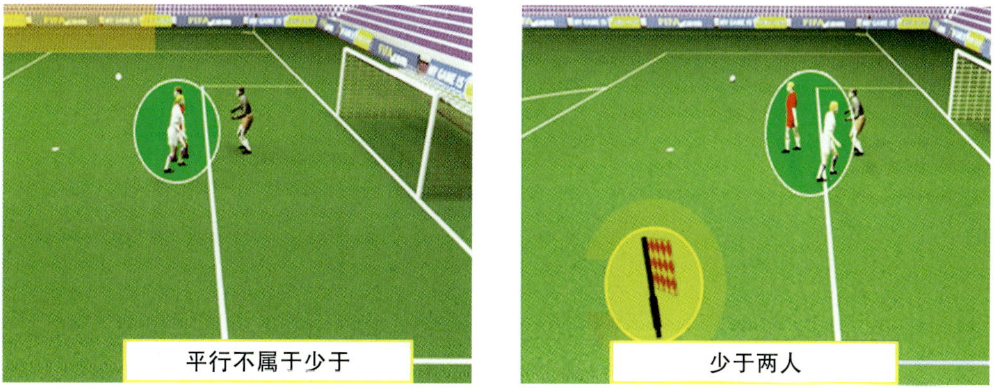

图67　对方队员不足两人

●平行于最后第二名对方队员不属于少于两人。

●平行于最后两名对方队员不属于少于两人。

符合上述全部三项条件即处于越位位置，若缺少其中任何一项，队员均不属于处于越位位置。

（二）判断越位位置的时间

通常触球部位与球会有很短但持续接触时间，同队队员传球或触球的一瞬间，是指使用传球或触球的第一接触时间，在这个时间点判断队员是否处于越位位置，而不是接球或触球的时间。

二、越位犯规

处于越位位置本身并不是犯规，只是可能构成越位犯规的前提条件，还要结合后续发展的过程及形成结果，才能判断是否构成越位犯规。

一名队员在同队队员传球或触球的一瞬间处于越位位置，该队员随后参与了实际比赛，才被判罚越位犯规。被认为参与了实际比赛的形式有三种：

（一）干扰比赛

在同队队员传球或触球后得球或触及球，从而干扰了比赛。

（1）处于越位位置的队员无论是有意识地控制球，还是下意识被动地触及球，只要和球有了接触，这就构成干扰比赛的越位犯规。

【示例一】队员A在越位位置触及同队队员踢过来的球，队员A干扰了比赛（图68）。

【示例二】队员A在越位位置没有触及到同队队员踢过来的球，队员A没有干扰比赛（图69），仅仅处于越位位置。

图68　干扰比赛

图69　没有干扰比赛（第一种形式）

【示例三】在同队队员传球的瞬间，队员A处在越位位置，队员B处在不越位位置，队员A和B都去追球，队员B先触到球，队员A没有干扰比赛，不构成越位犯规（图70）。

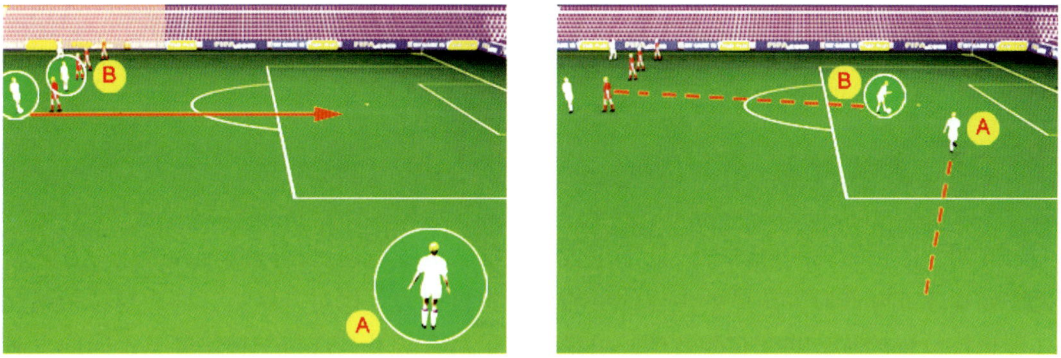

图70　没有干扰比赛（第二种形式）

（2）虽然暂时尚未控制球或触及球，但即将触及或控制球的结果明显。

【示例四】在同队队员传球的瞬间，队员A处在越位位置，并跑向球，同队队员和队员A构成明显传接关系，并且没有其他处在不越位位置的队友跑向球，在这种情形下，就可以判罚队员A越位犯规，没有必要等到队员A触及球再判罚（图71）。

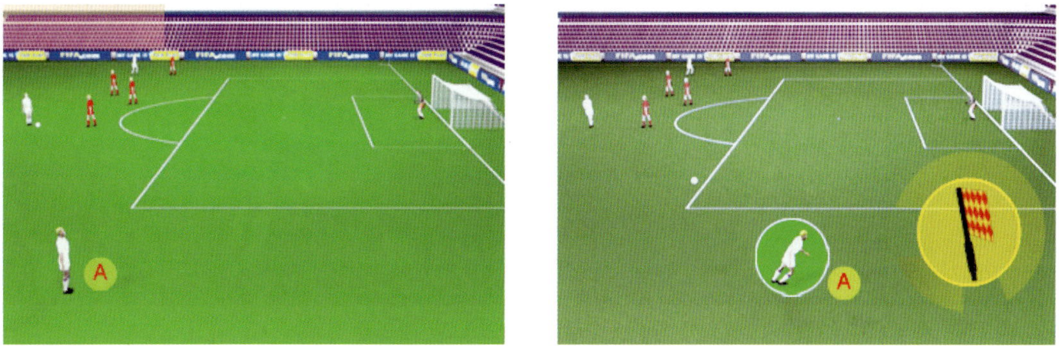

图71　干扰比赛

（3）未触及或控制球，随后也不可能触及或控制球的结果明显，且球出界，不用判罚越位犯规。

【示例五】在同队队员传球的瞬间，队员A处在越位位置，在球有可能被明显地踢出门线的情况下，队员A又不可能追到球，此时不用判罚队员A越位犯规，以球门球重新开始比赛（图72）。

图72　球门球重新开始比赛

（二）干扰对方

在同队队员传球或触球时，处于越位位置的队员随后通过不同的方式造成对方队员无法处理球或降低对方队员处理球的可能性，将被视为干扰对方队员，构成越位犯规。处于越位位置的队员并没有触及球，只是影响了对方队员，这与干扰比赛是不同的。通过以下方式妨碍对方队员处理球，或影响其处理球的能力：

（1）明显阻挡视线。

【示例一】在同队队员踢球的瞬间，队员A处于越位位置，并位于踢球的同队队员和对方守门员之间，他明显阻碍了守门员的视线，影响守门员处理球或处理球的可能性，构成干扰对方队员（图73）。

图73　干扰对方——阻挡视线

【示例二】在同队队员踢球的瞬间，队员A仅仅处于越位位置，他没有阻碍守门员的视线，也没做出影响守门员的动作，不构成干扰对方队员（图74）。

图74　仅仅处于越位位置，没有干扰对方（第一种形式）

【示例三】在同队队员踢球的瞬间，队员A仅仅处于越位位置，他没有阻碍防守队员B的视线，也没做出影响队员B的动作，不构成干扰对方队员（图75）。

图75　仅仅处于越位位置，没有干扰对方（第二种形式）

（2）与对方队员争抢球。

【示例四】在同队队员踢球的瞬间，队员A处于越位位置，没有阻碍防守队员B的视线，也没有触及球，但随后其跑向球与队员B形成争抢，构成干扰对方队员（图76）。

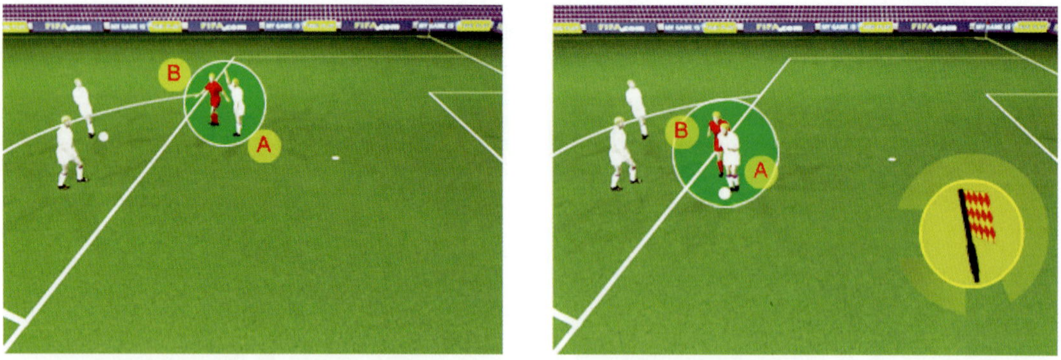

图76 干扰对方——参与争抢

【示例五】在同队传球的一瞬间，白衣队员A处于越位位置，随后其跑向球与对方争抢空中球，并没有触及到球，但其跳起与对方形成争抢，影响了队员B处理球，构成干扰对方队员（图77）。

图77 干扰对方——参与争抢

（3）有明显的试图触及近处来球的举动，且该举动影响了对方队员：

- 明显的企图。处于越位位置的队员动作意图明显，试图触及球，但并未触及到球。
- 距球近。试图触及球的队员距离球较近，这个距离很难量化，但通常球从其头上或身体或脚旁边经过，裁判员要结合足球运动的常识来认识“距球近”的含义。这和远距离跑向球参与争抢是不一样的。

- 影响对方队员。处于越位位置队员的明显企图和距离球只是可能犯规的基础条件，还要结合造成的实质影响，应切实影响到所涉及的对方队员对球运行路线的判断或其处理球动作的能力。

以上三项条件均应符合，才构成干扰对方的越位犯规。

【示例六】在同队队员A传球的一瞬间，队员B处在越位位置，球从他脚的旁边经过，其抬脚试图触及球，但并未触及球，队员B试图触球的动作影响了守门员处理球，构成干扰对方队员的越位犯规（图78）。

图78　干扰对方——试图明显

（4）做出影响对方队员处理球能力的明显举动。

●有身体接触的明显举动，影响了对方队员处理球。

【示例七】在同队队员A传球的一瞬间，队员B处在越位位置，并没有参与争抢，但其接触了试图去争抢球的对方队员移动，接触对方的动作不够成“阻碍对方行进”的犯规，但影响了对方队员处理球，构成干扰对方队员的越位犯规（图79）。

图79　干扰对方——有接触的明显举动

● 没有身体接触但做出明显动作，影响了对方队员处理球。

【示例八】在同队队员A触球的一瞬间，队员B处在越位位置，球紧贴身体一侧经过，试图躲避该球，虽并未触及球，但其躲避的动作影响了守门员处理球，构成干扰对方队员的越位犯规（图80）。

图80　干扰对方——未接触的明显举动

（三）获得利益

（1）如果球从球门柱、横梁、比赛官员或对方队员处反弹或折射过来，之前处于越位位置的队员触及球或干扰对方队员，构成获得利益的越位犯规。

【示例一】在同队队员A踢球的瞬间，队员B虽然仅处在越位位置，但其触到了队员A踢出后从守门员身上反弹回来的球，构成在越位位置获得利益（图81）。

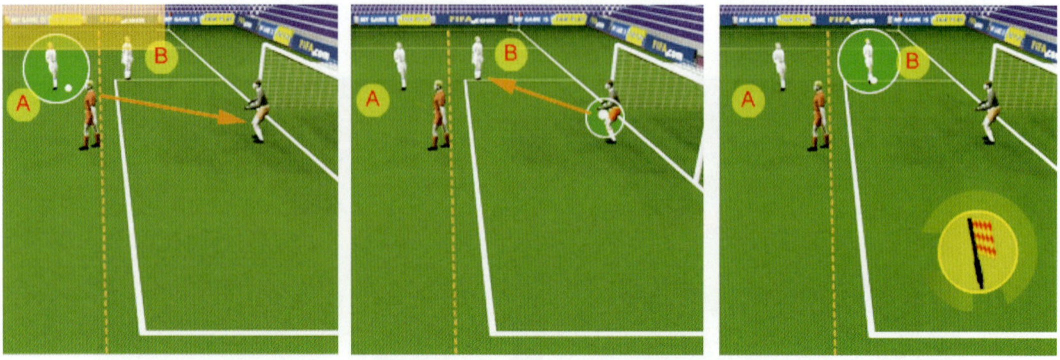

图81　在越位位置获得利益（第一种形式）

【示例二】在同队队员A踢球的瞬间，队员B处在越位位置，并触到了队员A踢出后从对方队员身上折射过去的球，构成获得利益的越位犯规（图82）。

图82　在越位位置获得利益（第二种形式）

（2）如果球从任一对方队员有意救球后而来，之前处于越位位置的队员触及球或干扰对方队员，构成获得利益的越位犯规。

“救球”是指队员用除手或臂部以外（守门员在本方罚球区内除外）的身体任何部位，阻止或试图阻止将要进入球门或极为接近球门的球。通常阻止射门为“救球”。

【示例三】在同队队员A射门的瞬间，队员B处在越位位置，守门员扑救出即将进入球门的球，随后原先处于越位位置的队员B触及球，构成获得利益的越位犯规（图83）。

图83　获得利益——守门员救球后越位位置队员触球

【示例四】在同队队员A射门的瞬间，队员B处在越位位置，守门员挡出距离球门很近的球，随后原先处于越位位置的队员B向前参与争抢，虽未触及球，但影响对方队员处理球，干扰对方队员，构成获得利益的越位犯规（图84）。

图84　获得利益——救球后干扰对方

（3）处于越位位置的队员在对方队员有意触球（任一对方队员救球除外）后参与实际比赛，不被视为获得利益的越位犯规。处于越位位置的队员在球从对方队员处反弹或折射过来后参与实际比赛，将被视为获得利益的越位犯规。

这两种情形的前置条件相同，在同队队员触球或传球的一瞬间，队友处于越位位置；这两种情形最后形成的情景都是处于越位位置的队员参与了实际比赛；只是因为在球的运行过程中，对方防守队员和球发生接触，对方防守队员的触球行为被视为“有意触球”还是“反弹或折射”，就会有两种截然不同的判罚决定。而“反弹”的确定较为清晰，因此区分“有意触球”和“折射”是非常有必要的（表1）。

表1　折射与有意触球的区分

	有意触及	折射
方向	队员向球移动	球向队员移动
判断	球在预料之中	球不在预料中（来球突然）
行为	是一个故意或蓄意行为	本能反应——试图踢球
时间	有足够时间触球	没有足够时间
身体	身体平衡并且准备好触球	首先要调整身体平衡
结果	球基本是被正确踢出	球从队员身体折射

【示例五】在同队队员A传球的一瞬间，队员B处于越位位置，球运行中，对方队员C判断球的运行路线，向球的方向移动，跳起后头顶球且触及球，球被原先处于越位位置的队员B得到，队员C的这一动作过程被视为“有意触及”，队员B不构成越位犯规（图85）。

图85　不犯规——防守队员有意触球

【示例六】同队队员A传球的一瞬间，队友B处在越位位置，球运行中，对方队员C因距离较近，来球从其身体一侧经过，队员C下意识本能地抬左脚触及球，球被之前处于越位位置的队员B得到，队员C的这一动作过程被视为“折射”，队员B构成获得利益的越位犯规（图86）。

图86 犯规——防守队员折射

三、不存在越位犯规的特殊情况

如果在越位位置直接接得球门球、角球、掷界外球不存在越位犯规，这是例外情况。

四、违规与处罚

（一）恢复比赛的方式与地点

如果出现越位犯规，裁判员判罚在越位犯规发生的地点踢间接任意球恢复比赛。如果从越位位置回到本方半场，越位犯规发生的地点就在这名队员的本方半场。除了球门区内的犯规，从规则的定义来讲，任何任意球都应该在犯规发生地点执行，同样也适用于越位犯规。

（二）离开比赛场地的场上队员

1. 防守队员离开比赛场地

防守队员处于“活动状态”，意味着将其作为判断攻方队员是否处于越位位置的考虑因素。

就越位而言，未经裁判员许可离开比赛场地的防守队员，如果由于惯性出场或受伤出场，应视为处于最近的球门线或边线上，防守队员视为“活动状态”。

如果直到比赛停止，或防守方已将球向中线方向处理且球已在防守方罚球区外，该名防守队员仍然没有返场，将不再视为处于“活动状态”。

如果这名防守队员故意离开比赛场地，企图“制造”对方队员处于越位位置，裁判员应允许比赛继续进行，在比赛下一个停止时，裁判员必须警告该名队员。

2. 进攻队员离开比赛场地

攻方队员意识到可能处于越位位置，为了表示不卷入实际比赛可以离开比赛场地或留在比赛场地外。

就越位而言，如果该攻方队员在随后比赛停止，或防守方已将球向中线方向处理且球已在防守方罚球区外之前，从球门线或边线重新进入比赛场地，并卷入实际比赛，应视其处于球门线或边线上。

未经裁判员许可故意离开比赛场地又擅自重新返场的攻方队员，如果不构成判罚越位，但从其位置获得了利益，裁判员必须警告该名队员；如果被判罚越位犯规，没有利用规则的漏洞获得了利益，则无须黄牌警告。

（三）在球网围合区域的攻方队员

如果球进球门时，一名攻方队员在球门柱之间的球门内保持不动，并无违规或犯规，进球必须视为有效，除非该名队员构成越位犯规，或违反规则第十二章条款，这种情况下进球无效，裁判员判罚在球门区内罚间接或直接任意球恢复比赛。

第五节　犯规与不正当行为

规则第十二章是足球竞赛规则的关键章节。现代足球比赛攻防节奏加快，争夺日趋激烈，身体接触频繁发生，裁判员在准确把握规则定义，理解规则精神的前提下，识别和区分合理动作与犯规、勇猛顽强与动作粗野、良好风格与不正当行为。既不能“倒地”就判犯规，也不能放任野蛮动作，坚持准确和严格执法，用准确合理的判罚保障比赛的顺利进行。

一、判罚任意球或罚球点球的条件

（一）违反规则发生时间

违反规则发生在比赛进行中是判罚任意球或罚球点球的时间条件，只有在比赛进行中的犯规或违规，才可能被判罚直接任意球或间接任意球或罚球点球。比赛停止时发生的犯规或违规，可以进行纪律处罚，但不能改变原先的比赛恢复方式。如果违反规则时间发生在比赛停止时，裁判员应按原来比赛停止时规则所要求的方式恢复比赛。

（二）违反规则的人员

除了场上队员外，替补队员、被替换下场队员、被罚令出场队员及球队官员违规或犯规，将被判罚任意球或罚球点球。规则第三章第7条中已有明确规定。

需经许可方能返场的处于场外的场上队员，擅自进场违反规则将被判罚任意球或罚球点球。规则第三章第8条中已有明确规定。

（三）违反规则发生地点

违反规则发生在比赛场地内或比赛场地外，都可能会被判罚任意球或罚球点球。比赛进行中，在场地外的场上队员、替补队员、被替换下场队员、被罚令出场队员及球队官员实施犯规或干扰比赛，犯规地点被视为在距犯规或干扰地点最近的边界线上。

规则对可判罚任意球或球点球的违犯人员、发生地点进行了新的解释，目的在于促使判罚结果更加合理，为更多人所接受。

二、判罚直接任意球的犯规

可判为直接任意球的犯规共有12类。规则将这12类犯规动作分为两组，第一组7类犯规动作，第二组5类犯规动作。第一组犯规动作的界定为，“如果裁判员认为，一名场上队员草率地、鲁莽地或使用过分力量犯有如下犯规，将判罚直接任意球”。这意味着裁判员在识别这组犯规动作的同时，还要判断动作的犯规程度，草率地或鲁莽地犯规或使用了过分的力量，不同的犯规程度需要执行不同的纪律处罚，要恰当地把握好这个尺度。

（一）第一组犯规动作

如果裁判员认为，一名场上队员草率地、鲁莽地或使用过分力量有如下犯规，将判罚直接任意球。

“草率地”表示队员在争抢时没有预防措施，缺乏注意力或考虑，这种情况不必给予纪律处罚。

“鲁莽地”表示队员的行为没有顾及可能对对方造成的危险或后果，这种情况必须被黄牌警告。

“使用过分的力量”表示队员使用了超出自身所需要的力量，危及了对方的安全，这种情况必须被红牌罚出场地。

在判断草率地、鲁莽地或使用过分力量动作犯规程度时，应该综合考虑动作的意图、争抢球的可能性、动作的强度（力量与速度）、动作的过程、争抢后的附加动作。

1. 冲撞

这是指用身体对对方队员使用的争抢动作，通常使用肩部或紧贴身体的上臂。

足球比赛允许合理冲撞。合理冲撞的行为是球在距离双方合理范围内，为了争取得到合理的位置或获得控球权，用身体接触，不再强调相对应的部位，只是不能使用张开的手臂和肘部，不允许草率地、鲁莽地或使用过分的力量进行冲撞。

队员在掩护球时，对方队员为了踢到球可以对其进行冲撞，但不得使用草率、鲁莽或过分的力量冲撞。

在该条款中，守门员并无特权需要受到特别的保护。规则曾规定“冲撞守门员”是犯规，但在1997年后，国际足球理事会在规则中取消了这一条款。裁判员在判断冲撞守门员是否犯规时，也应依照该条款的尺度，准确识别合理冲撞和冲撞犯规。

【示例一】球在红衣队员的控制下，白衣99号队员从侧后方使用身体冲撞对方背部，属冲撞犯规（图87）。

图87　抬起肘臂冲撞对方

【示例二】球在双方队员的合理控制范围内，为了控制球可以进行身体接触，只要不是草率地、鲁莽地、使用过分力量进行冲撞就不犯规（图88）。

图88　合理冲撞

2. 跳向

这是指队员在争抢球的过程中，向对方队员跳去，用身体在空中接触到对方队员。规则中的跳向不是垂直起跳，而是朝对方队员跳过去。

【示例一】当守门员准备接球时，对方99号队员在争不到球的情况下朝对方跳去，属跳向犯规（图89）。

图89　跳向守门员犯规

【示例二】紫衣队员在争抢球的过程中朝白衣队员跳过去，球被对方白衣队员头球顶出后，紫衣队员在空中接触到白衣队员的背部，属跳向犯规（图90）。

图90　跳向对方队员犯规

3. 踢或企图踢

这是指队员摆动下肢做出“踢”的动作后，使用腿或踝部接触对方的动作。

踢球是比赛中运用次数最多的动作，在激烈对抗的情况下，常会发生踢到对方队员的情形，因此裁判员需要关注此类动作，准确地观察与判断。所谓“企图”的概念是指已做出动作，只是由于其他原因没有造成身体接触。那么“企图踢对方队员”，就是指已做出踢人动作，只是由于自身原因没有踢到或因被踢者躲闪而未踢到，这种情况下仍应判罚直接任意球。

【示例一】双方队员在争抢球的过程中，白衣10号队员抢先将球踢出，红衣11号队员从侧面踢对方的小腿，属于踢人犯规（图91）。

图91　从控球队员侧面踢其腿

【示例二】守门员在罚球区内接高空球时将脚抬起，鞋钉踢到对方白衣队员手及脸部，属踢人犯规，应判罚球点球，并红牌将守门员罚令出场（图92）。

图92 守门员踢人犯规

4. 推搡

这是指队员用手或臂部持续接触对方，使对方移动失去位置。

【示例一】双方在抢球时，9号队员用手推倒对方队员，属推搡对方队员犯规（图93）。

图93　推对方队员犯规

【示例二】双方在争夺高空球时，15号队员用手推对方队员，属推搡对方队员犯规（图94）。

图94　推对方队员犯规

5. 打或企图打（包括用头顶撞）

这是指队员使用手或臂部或头部突然而又快速接触对方的身体或面部或头部，其行为容易造成对对方的伤害并引发群体冲突。

打或企图打并不意味着一定是严重犯规或暴力行为的发生。规则中的“打”和平时所说的“打人”是不一样的，规则对这类动作的性质有“草率地、鲁莽地或使用过分力量”三种不同程度的界定，因此当此类动作发生时，裁判员要判断其犯规程度，根据相应的规则规定给予纪律处罚。

需要提醒，“打或企图打”不能以“故意”或“无意”界定，即便有时“无意”打到对方队员，也可能是犯规。在识别过程中要注意以下几方面：

（1）“打”的意图：队员的目的是为了争抢球而需要保持身体平衡，将手臂等部位作为“工具”，还是作为攻击对方的“武器”。

（2）“打”所使用的部位：队员击打时使用手、臂部或者肘关节的坚硬部位，通常使用肘关节发生严重犯规或暴力行为的可能性大。

（3）“打”的力量与速度：击打的强度是否草率、鲁莽或过分，通常在挥摆时由前向后、由上向下，发生严重犯规或暴力行为的可能性大。

（4）“打”所击中的部位：击打在对方队员的眉骨处、颈部、面部或头部容易造成较为严重的伤害。如果队员的目的不是为了争抢球，故意用手或臂部击打对方或任何人的头或面部时，应视为暴力行为，除非使用的力量非常轻微，足以忽略。

（5）“打”的动作过程：是否有附加的二次动作，或是清晰的击打动作。

【示例一】红衣10号队员在跳起争抢球的过程中，摆动前臂击打对方队员的头部，属打对方队员犯规（图95）。

图95 打对方队员犯规

【示例二】白衣10号队员在向前运球的过程中，非法使用手臂，右手击打到对方队员的脸部，属打对方队员犯规（图96）。

图96　打对方队员犯规

6. 用脚或其他部位抢截

这是指队员使用脚或其他部位在地面或空中与对方队员对抗或争夺控球权的动作，通常是脚或腿先行，带动整个身体，用腿、脚或身体触到对方队员以对抗或获取对球的控制的行为。

队员在争抢球的过程中，除了不允许用手和臂部（规则有关规定除外）以外，用身体的其他部位都是允许的。在争抢球中使用抢截动作时，采用倒地的铲抢或没有倒地的其他抢截动作，裁判员对此应有准确的判断和恰当的判罚。裁判员应考虑以下四点：

（1）队员可以从对方的正面、侧面、背后进行抢截，只要目的是为了球，并且有抢到球的机会，动作的强度（速度和力量）在合理范围内。

（2）在触球前先触及对方队员，没有顾及对方安全或者使用过分力量触及对方队员，属于犯规，并可根据相应规则规定给予纪律处罚。

（3）触及球后触及对方队员，如果随后的动作由于自然惯性造成，动作强度在合理范围则不属于犯规。如果随后的动作不是正常技术动作的延续，是一种附加动作，则属于犯规。

（4）只触及球没有触及对方队员并不意味着没有犯规发生。如果在未顾及对方队员安全的情况下使用抢截动作，只是由于对方队员的及时躲闪没有触及人，也是犯规。

【示例一】红衣队员在倒地铲球的过程中，动作合理，先触及球，然后由于惯性触及向前的白衣队员，白衣队员倒地，不犯规（图97）。

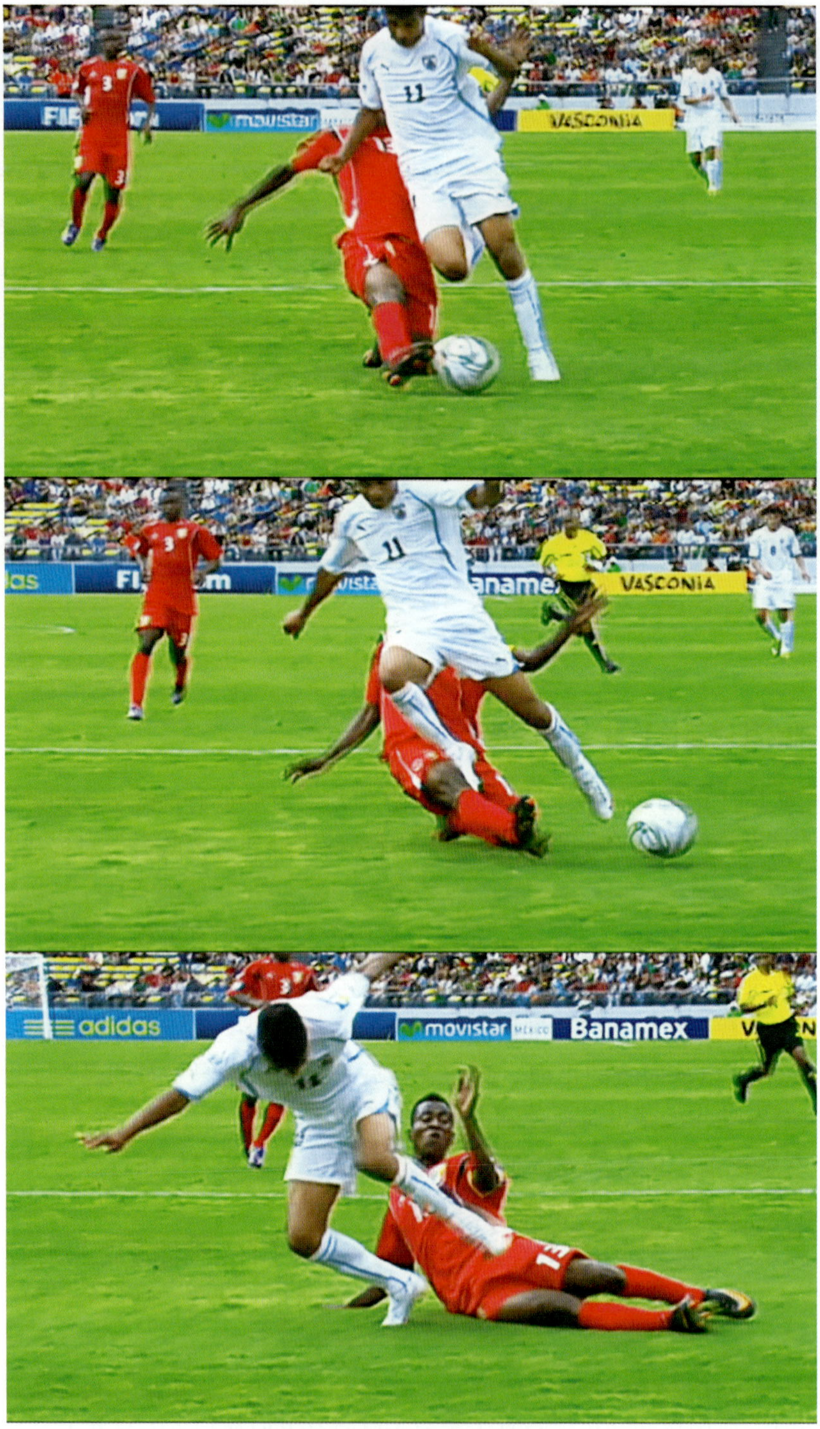

图97　铲球动作合理，不犯规

【示例二】队员带球突破，防守队员在拦截球的过程中，没有触及到球，用腿部触及到对方队员，属抢截犯规（图98）。

图98　从身后触及控球队员的抢截犯规

【示例三】双方队员在争抢球的过程中，红衣14号队员抢先将球传出，白衣队员倒地铲球，脚并没有离开地面，没有触及球，使用了鲁莽方式用鞋底直接触及到对方的脚部，属抢截犯规（图99）。

图99　使用鲁莽方式的抢截犯规

7. 绊摔或企图绊摔

这是指队员争抢球时，用腿、脚勾绊对方的下肢，或在争抢空中球时蹲伏，用身体使对方失去平衡而摔倒或几乎摔倒。

【示例一】红衣15号队员的右腿上抢，没有触及球，右腿绊到对方的左腿，使其失掉重心摔倒，属绊摔犯规（图100）。

图100 从侧面绊摔控球队员犯规

【示例二】守门员在做扑救球的过程中，没有接触球，却扑在红衣队员的腿部，使其失去平衡而摔倒，属绊摔犯规（图101）。

如果一个犯规（包括危险动作）存在与对手的身体接触，必须判罚直接任意球。

图101 守门员绊摔犯规

（二）第二组犯规动作

当第二组5类犯规动作发生时，裁判员应关注这些动作是否发生，而不是犯规的程度。只要这些动作发生就是犯规，不考虑动作是否明显或犯规的严重性。

如果场上队员实施如下犯规时，则判罚直接任意球：

1. 手球犯规（守门员在本方罚球区内除外）

这是指队员的手或臂部与球接触的犯规行为，但不是所有手或臂部接触球的行为都是犯规。

规则中已明确，在判定手球犯规时，臂部的上端边界定义为与腋窝底部齐平（图102），臂部上端边界以上触球不视为发生手球犯规。

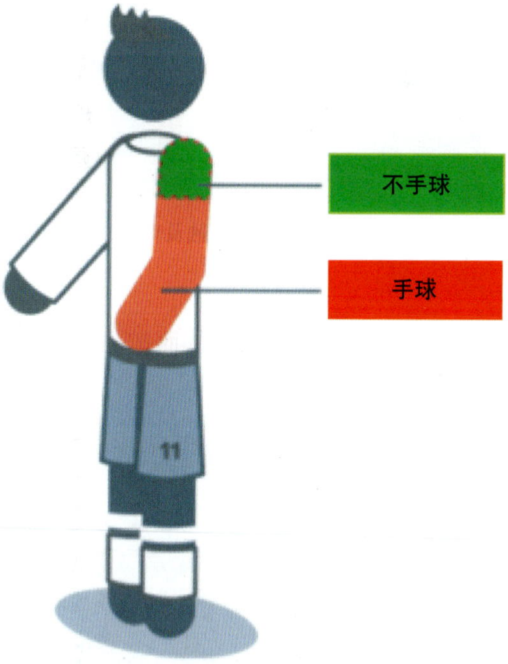

图102　手球的部位

（1）故意用手或臂部触球。例如，手或臂部向球移动的动作，属于手球犯规。

这也是之前所说的“故意手球”，队员有意识地、蓄意地用手或臂部触及球视为手球犯规；队员有意识地、蓄意地将手或臂部朝向球移动或移动到球的运行路线上视为手球犯规。

（2）当手/臂部触球时，其位置使身体不自然地扩大，属于手球犯规，即使有时队员的手/臂部触球并不是故意的。

使身体不自然地扩大，是指队员的手/臂部的位置并非此情形下其身体的动作形成的正当结果或合理位置。包括：

1）队员的手/臂部清晰地伸展高过肩部（图103），从而扩大了阻挡球的范围。

图103　高于肩上的手触及球，犯规

2）手臂清晰地伸展离开身体（图104），从而扩大了阻挡球的范围。

图104　伸展肩外的手臂触及球，犯规

但也有例外情况，如队员的手臂已经展开，而且无法预料球将会经附近的同队队员触碰后而来，则不犯规（图105）。

图105　手臂已展开，无法预料来球，不犯规

3）手臂处于地面或向地面移动，但动作的目的并非用于支撑身体（图106）。

图106　并非用于支撑身体的手臂触球，犯规

如果队员的手/臂部的位置在此情形下属于其身体的动作形成的正当结果或合理位置，则不属于不自然地扩大身体。包括：

1）队员的手/臂部靠近身体。“靠近身体”不是“贴紧身体”，规则对手球犯规的规定并不是让队员在争抢球时，把自己的手或臂部躲在身后，或紧贴躯干，导致比赛范围内的正常动作无法发挥而降低比赛的精彩性。所以队员的手或臂部靠近身体，适当地离开身体，但目的并不是为了扩大防守面积、起到更大阻碍物的作用，就不犯规（图107）。

图107　手臂靠近身体且未不自然地扩大，不犯规

2）由于身体的“自然”动作而造成手臂位置离开身体。此时队员的手臂虽然离开身体，但属正常移动的结果（图108），因为队员在做动作时不可能将手臂紧贴身体。就是在当前身体的动作下，其手或臂部所处的位置是可理解、可解释的，并且手或臂部向自己身体方向移动，试图避免与球的接触，则不犯规。

图108　手臂位置是正常移动形成的正当结果，不犯规

3）队员在运用身体其他部位主动处理球后，造成与球的接触。如防守队员在主动处理球的情况下，球触及高于肩部以上或以外的手或臂部，则不犯规（图109）。如何界定队员是否“主动处理球”很关键，视为“主动处理球”通常考虑：

- 意图：主动、故意或蓄意的，不是下意识本能的反应。
- 来球：对来球是有预料的。
- 身体：有足够的时间，身体做好准备。
- 位置：手臂位置处于肩上或肩外，但状态“自然”。
- 动作：完成接触球的动作，试图控制球或将球传出。
- 发展：对球接触身体后下一步的运行路线无法预估，且无附加动作。

图109　“主动处理”后球触及手臂，不犯规

4）处于地面或向地面移动，用以支撑身体。队员在倒地的过程中，手或臂部处于身体与地面之间，手或臂部向下的目的是为了获得支撑，手臂移动没有远离身体，没有纵向或横向展开，应视为不犯规（图110）。根据目前国内已统一的尺度，建议裁判员在判断这类情况时：

- 读懂队员的意图：手臂向下的目的。如果队员使用脚去争抢球，手臂向下的目的是为了支撑，避免身体直接接触地面，犯规的可能性小；如果队员在拦截球的过程中身体腾空，只是将身体作为障碍，手臂起到了超出比赛范围之外的更大障碍物作用，则犯规的可能性大。
- 识别手臂的状态：手臂移动和身体的距离。要注意队员的手臂移动距离是否远离身体，如果横向打开或纵向展开，触及球则犯规。

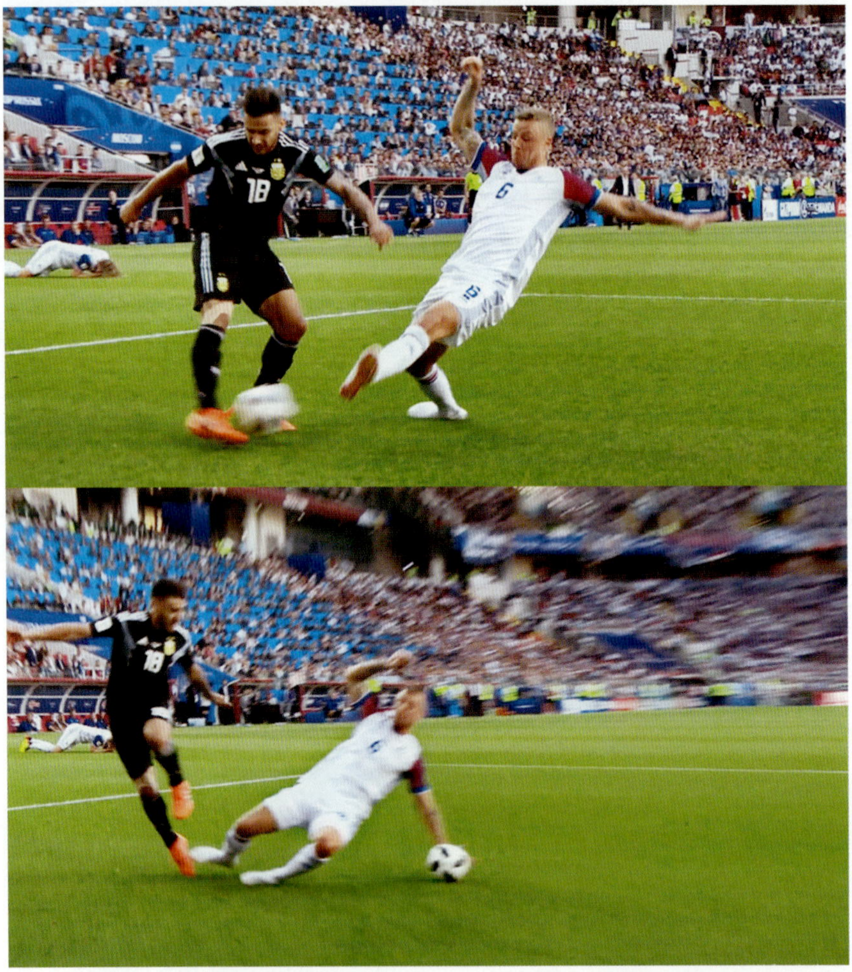

图110　手臂移动目的是为了支撑，不犯规

虽然国际足球理事会调整手球犯规概念的初衷是希望通过将焦点从“意图或干扰”（心理层面）转移到“结果或影响”（实际发生），从而改进原来容易引起困惑、争议的判罚，将很难解释与统一的手臂自然位置的概念以更实际的判断所取代：手或臂部的位置“使身体不自然地扩大”，即在正常的比赛范围之外手或臂部对球或对方造成一个更大障碍物的影响。初衷是“美好的”，但现实还是“残酷”的，“手或臂部的位置使身体扩大”还是很难回避“自然”或“不自然”的认定，因为“不自然地扩大”就犯规了，“自然扩大”就不犯规。因此，要结合队员完成动作的需要，判断足球运动常识中众人认可的“自然”或“不自然”。足球运动希望比赛官员根据自身的判断，判定队员在具体特定情形下，其手臂所处位置的“合理性”。

（3）以下情况，队员的手或臂部触球后造成了进球得分，即使是意外手球，也应视为手球犯规。

1）队员（包括守门员）手或臂部触球后直接进入对方球门得分。

足球不接受用手直接进球得分，即便有时攻方队员是偶然的、意外的手球，这一标准是对等的。手或臂部触球后直接进入对方球门得分视为手球犯规。

2）队员的手或臂部触球后，自己立即进球得分。

这里的“立即”并没有量化的评估指标，但通常指在短距离、短时间、较少的传递或盘带下，随即发生进球得分或创造进球得分机会。时间较长、球运行的距离、多次传递后再发生进球得分，如果之前只是“偶然手球、意外手球”，不能判罚为手球犯规。也就是只看手触球的动作本身并不构成犯规，但是因为后续的发展形成进球得分，才转换成手球犯规。

需要注意的是，队员意外手或臂部触球，然后其同队队员立即将球射入对方球门得分，不再视为手球犯规。此外队员意外手或臂部触球后创造了进球得分机会，只要不是立即进球得分，也不再判罚犯规。

（4）手球犯规后的纪律处罚。

判罚手球犯规后，还需要根据当时特定情况进行相应的纪律处罚。

1）出示黄牌警告的手球犯规：

- 队员手球犯规企图得分（不管进球与否）。此处的手球犯规不包括“意外手球”。
- 用手球犯规欺骗裁判员。
- 用手球犯规阻止向球门方向运行的球。“向球门方向运行”意味着是一次射门机会，而不是向球门方向的传球。
- 用手球犯规干扰或阻止有希望的进攻。
- 用手球犯规阻止进球未果。

2）红牌罚令出场的手球犯规：

- 用手球犯规阻止球进门。
- 破坏一个明显的得分机会。

此处红牌罚令出场的判罚不是针对队员手球犯规这一动作，而是针对通过不可接受的、不公正的干预行为破坏了一个必进之球或明显得分机会的后果。

此外，对守门员在本方罚球区外手或臂部触及球的严格限制与其他队员一样对待，并无特权。在本方罚球区内，守门员不可能因为手球有关联的违规方式招致被判罚直接任意球，但将被判罚间接任意球，通常不再追加纪律处罚。但是，如果是由守门员执行恢复比赛方式后，如守门员执行球门球或罚球区内的任意球，守门员在其他队员触球前违规二次触球（无论是否使用手或臂部），而且该违规行为阻止了一次有希望的进攻，或者破坏了对方的进球得分或明显的进球得分机会，则必须对守门员实施相应的纪律处罚，这里处罚的违规行为并非“手球犯规”，而属于“非法”二次触球的范畴。

2. 使用手臂等部位拉扯、阻止对方队员行动

拉扯犯规仅指队员通过接触对方队员身体或者装备的方式，阻止对方队员移动的违规行为。用手或臂部进行拉拽都是拉扯犯规。用手拉扯对方队员的身体、手臂或运动衣、短裤，用手臂夹住对方队员的身体或手臂都是比赛中常见的拉扯犯规。

（1）在罚任意球或角球时裁判员应高度重视罚球区内或附近的拉扯现象：

- 在比赛恢复前裁判员要口头劝告任何拉扯对方的队员。
- 口头劝告后、比赛恢复前如果有继续拉扯对方的队员，要出示黄牌警告。
- 一旦比赛恢复后，判罚有拉扯行为的队员犯规，由对方罚直接任意球或罚球点球，并追加相对应的纪律处罚。

（2）如果一名守方队员从罚球区外拉扯、阻止对方队员行动，并持续至罚球区内，裁判员必须判罚球点球。

（3）当一名队员通过拉扯、阻止对方队员行动，破坏有希望的进攻机会，裁判员应警告队员这种非体育行为。如果一名队员通过拉扯、阻止对方队员行动而阻止了一个明显得分机会，裁判员应将该队员罚出场。

【示例一】红衣队员在抢不到球的情况下，用手拉扯12号运球队员的短裤，属拉扯犯规（图111）。

【示例二】蓝衣8号队员从侧面用左手拉住对方白衣8号队员左臂，影响其继续向前移动，并致其摔倒，属拉扯犯规（图112）。

图111　拉扯短裤的犯规

图112　拉扯手臂的犯规

3. 咬人或向任何人吐口水

咬人是比赛中少见的行为，但确实曾经发生，为了进一步约束场上队员的行为表现，规则中增加了这一类犯规。

向对方队员吐口水是一种侮辱性的犯规，只要发生这种情况，不用考虑是否吐到人，或吐到什么部位，必须将该犯规队员罚令出场。如果在比赛进行中裁判员为此而停止比赛，则由对方在犯规地点踢直接任意球或罚球点球。

4. 在身体接触的情况下阻碍对方队员行进

阻碍对方队员行进是指当球并不在双方队员的合理争抢范围内，移动至对方的行进路线上以阻碍、阻挡、减缓或迫使对方改变行进方向，发生了身体接触，则判罚直接任意球。

【示　例】球在向出击的守门员方向运行，蓝衣4号防守队员移动到对方红衣10号队员的跑动路线上，阻碍其争抢球，并有身体接触，致10号队员倒地，蓝衣4号防守队员的行为构成“在身体接触的情况下阻碍对方队员行进犯规”，应判罚直接任意球（图113）。

图113　有身体接触的阻碍对方行进

5. 向球、对方队员或比赛官员扔掷物品，或用手中的物品触及球

过去手球犯规中“向球扔掷物品，或用手中的物品触及球”已删除。新条款结合其他投掷物品犯规，增加了如“向球、对方队员或比赛官员扔掷物品，或用手中的物品触及球”可以判罚直接任意球的犯规。过去守门员在本方罚球区内向球扔掷物品，或用手中的物品触及球的犯规，因视同手球犯规只能判罚间接任意球。现在这种犯规因构成直接任意球，就要被判罚球点球。

（三）规则第三章涉及的其他犯规行为

规则第三章第7条、第8条、第9条所涉及的返场，需经许可方可返场，但擅自进场的场上队员、其他擅自进场的替补队员、被替换下场队员、被罚令出场队员及球队官员干扰了比赛，造成比赛停止，则以直接任意球或罚球点球恢复比赛。

三、判罚间接任意球的犯规

可判为间接任意球的犯规共有8种，其中前5种针对所有场上队员，后3种针对守门员。针对守门员的3种犯规，其精神实质是为了加快比赛节奏，防止拖延时间。

（一）如果一名场上队员犯有如下行为，则判罚间接任意球

1. 以危险方式进行比赛

“以危险方式进行比赛”是指队员的动作目的是获得球或处理球，但动作方式有可能伤害对方队员或自己。构成此犯规的要素是发生在对方队员的附近，并阻止了对方因害怕受伤而去争抢球，这个行为仅仅在当对方队员受到影响作出回避反应时才形成犯规。

裁判员判断是否有伤害对方或自己的可能性时，应综合考虑以下因素：

（1）双方之间的距离。距离较远，可能性小；距离较近，可能性大。

（2）双方动作的方向。相同方向所做的动作，可能性小；相对方向所做的动作，可能性大。

（3）双方技术的合理性。何时用头、脚背、脚尖、脚底等，自有其合理性。一般来讲，技术动作合理，可能性小；技术动作不合理，可能性大。

（4）以危险方式进行比赛。队员之间没有身体接触，如果接触到身体，则构成可判为直接任意球或罚球点球的犯规。如果发生身体接触，裁判员一定要慎重考虑此接触较大程度上存在着不正当行为的发生。

（5）如果队员仅以危险方式参与比赛，裁判员不必采取纪律处罚。如果队员的方式未顾及对方安全或可能造成的结果，裁判员应警告犯规队员。如果队员以危险方式阻

止了一个明显进球得分机会，则构成红牌罚出场的犯规。

【示例一】绿衣队员准备头顶球，对方队员抬脚去踢球，这一动作对顶球队员的安全构成威胁，如果没有触及人，则判罚间接任意球恢复比赛；如果触及人，以直接任意球恢复比赛（图114）。

图114　抬脚过高，以危险方式进行比赛

【示例二】红衣队员准备踢空中球时，对方黄衣队员腾空跳起争抢球，可能伤害踢球的红衣队员，视为以危险方式进行比赛，应判罚间接任意球。如果脚触及对方队员身体，则由对方踢直接任意球（图115）。

图115　抬脚过高争抢球，以危险方式进行比赛

2. 在没有身体接触的情况下阻碍对方队员行进

“阻碍对方队员行进”的概念之前已阐述，没有身体接触发生的这种犯规，判罚间接任意球；如果犯规队员和对方队员有身体接触，则判罚直接任意球。裁判员在进行判罚时需注意：

（1）所有队员在场地内有选择自己位置的权利。本身处在对方进攻或防守路线上与移动去抢占对方的行进路线是不同的概念。

（2）用身体掩护球是允许的。队员根据战术需要将自己置于球和对方队员之间，只要将球控制在合理范围内，没有用手臂或身体阻止对方队员接近自己并不犯规。只要球在双方合理争抢的范围内，对方队员可以对掩护球的队员进行合理冲撞。

（3）用不合理的行为限制守门员移动是一种犯规。例如，在踢角球时，攻方队员故意站在守方守门员身前本身并不犯规，但在守门员移动后，如果该队员抢占守门员合理路线进行阻挡、妨碍，使守门员减慢前进速度或改变前进方向，该行为构成犯规。

3. 口头形式的违规

以语言表示不满，使用攻击性、侮辱性或辱骂性的语言或手势，或其他口头形式的违规行为。

场上队员在比赛进行中发生的这种口头形式或做出手势的违规行为，将被判罚间接任意球。但如果是比赛进行中需经允许方可返场的场上队员，擅自进场以口头形式的违规行为干扰了比赛，造成比赛停止，应以直接任意球恢复比赛，因为此时处罚的是其干扰比赛的行为。

4. 对守门员的犯规

在守门员发球过程中，阻止其从手中发球、踢或准备踢球。

这是指守门员持球后准备用手抛发球，或用脚踢发球，或在规定时间拍球准备踢球的过程中，对方队员上前阻碍干扰守门员的上述动作，企图获得不正当利益。队员阻止守门员从手中发球是一种犯规，当守门员从手中发球时，如果队员踢或企图踢球，裁判员必须判罚犯规。裁判员应尽量预见、避免这种容易引起报复的犯规发生。

5. 回传守门员的犯规

故意使用诡计用头、胸、膝关节的部位将球回传给守门员（包括任意球和球门球情况）以逃避规则相关处罚条款，无论守门员是否用手触球，如果是守门员故意发起，将受到处罚。

6. 其他形式的犯规

指犯有规则中没有提及的，又需裁判员停止比赛予以警告或罚令出场的任何其他犯规。

比赛中还可能存在《足球竞赛规则》中未提及的其他犯规或违规情况，如果裁判员对此进行警告或罚令出场，则由对方踢间接任意球恢复比赛。

（二）守门员在本方罚球内犯有以下行为时，则判罚间接任意球

1. 在发出球前，用手或臂部控制球超过6秒

出现这种情况应判守门员犯规，由对方踢间接任意球。当守门员利用手臂的任何部位接触球后，便可认为其已经控制球。此控制球包括守门员故意用手臂挡球，但不包括裁判员认为该球是意外地从守门员手臂弹出，或守门员做出扑救球后的情况。

下列情况视为守门员已经控制球，当守门员用手得到对球的控制时，对方队员不能对其进行争抢。

（1）球在其两手之间或在手和任何其他物品表面之间（如地面、自己身体）。

（2）当用张开的手控制球时。

（3）在向地面拍球或向空中抛球时。

2. 在发出球后、其他队员触球前，用手或臂部触球

当守门员用手控制球后，一旦将球置于地上或传出，即为进入比赛状态。只有其他队员触球之后，守门员方可再次用手触球，否则应判“第二次用手触球”犯规，但不包括守门员扑接球时手触球后无意脱手，球着地后再次用手触球。

3. 守门员的手或臂部违规触球

在下列情况下用手或臂部触球，除非守门员已经清晰地将球踢出或试图踢出：

（1）同队队员故意将球踢给守门员。规则中的“踢”是用脚或脚踝部位来完成的，出现故意将球踢给守门员，并且守门员用手触及球，这种情况应判守门员犯规，由对方踢间接任意球，但不包括同队队员由于没有掌握好技术动作而踢出的球意外落向守门员处，也不包括同队队员用头部、胸部和膝部、腿部等部位传球给守门员。

然而，如果裁判员认为队员利用规则而故意设置骗局以逃避规则的惩罚，如队员用脚将球挑起后再用头部顶给同队的守门员，此时无论守门员是否用手触球，这种情况不但应被判罚间接任意球，而且这名队员还要因犯有非体育行为被警告。队员用脚将球挑给同队另一队员，此队员用头部将球顶给同队的守门员，此时无论守门员是否用手触球，这种情况不但应被判罚间接任意球（此间接任意球的判罚地点不是守门员触球地点），而且还要对顶球队员出示黄牌警告。

（2）接同队队员直接掷来的界外球。出现这种情况应判守门员犯规，由对方踢间接任意球。这里讲的“直接”是指守门员和掷界外球的同队队员之间的关系，在他们之间没有其他场上队员触及过球，即使守门员用其他部位接到球后，再用手触及球同样也是犯规。

（3）除非守门员已经清晰地将球踢出或试图踢出。如果守门员明显地用脚去踢

（触球）或试图踢（未触球）同队队员直接掷来的界外球或故意回踢的球，目的是出球，但处理失误，在其他队员触球前，守门员可以用手触球，比赛继续。

四、纪律措施（处罚）

纪律措施包括劝诫（口头警告）、警告和罚令出场。黄牌表示警告，红牌表示罚令出场，红黄牌的纪律处罚必须写入比赛报告上报相关机构。

（一）裁判员有权执行纪律措施的时限

裁判员从进入比赛场地进行赛前场地检查开始，至比赛结束（包括踢罚球点球决胜）离开比赛场地前，包括中场休息、加时赛和踢罚球点球决胜期间，均有权执行纪律措施。如果比赛结束已经离开比赛场地，发生了需要纪律处罚的行为，无须再执行红黄牌，应写入比赛报告上报相关机构，由相关机构决定是否追加处罚。

（二）被执行纪律措施的对象

只可对场上队员、替补队员、被替换下场队员及球队官员出示红黄牌。

（三）被执行纪律措施的犯规发生地点

一名队员或球队官员，无论是在比赛场地内还是比赛场地外，犯有可被警告或罚令出场的违规行为，均将受到相应的处罚。裁判员在休息室、通道内也可以进行纪律处罚，不用出示红黄牌示意，但要将处罚结果通知本人和双方球队。

（四）延迟比赛恢复出示红黄牌

一旦裁判员决定对队员出示黄牌警告或红牌罚令出场，在处罚程序执行完成前不得恢复比赛。这里“裁判员决定”是指裁判员启动了处罚程序，已经将红黄牌掏出，这时防守队员的部分注意力已经在红黄牌的处罚上，此时裁判员允许恢复比赛，显然对防守方有失公平。

但是在裁判员执行纪律处罚程序之前，仅是其认为这是一个需要纪律处罚的违规行为，并没有掏出红黄牌启动程序，这时被犯规的球队快发任意球，并且出现明显进球得分机会，裁判员可以允许比赛恢复，在接下来下一个比赛停止时再执行纪律处罚；如果违规行为属于破坏对方明显进球得分机会的情况，无论进球与否只需出示黄牌警告即可；如果违规行为属于干扰或阻止对方有希望进攻的情况，无论进球与否都无须再出示黄牌警告；但如果犯规动作本身就是“鲁莽的”或“使用过分的力量”，同时干扰或阻止对方有希望的进攻或破坏明显进球得分机会，随后的比赛停止时，依然要执行之前动作本身相应的纪律处罚。

（五）有利条款运用后出示红黄牌

如果裁判员在出现可警告或罚令出场的犯规时，没有停止比赛而掌握有利，则必须在接下来比赛停止时执行之前的纪律处罚。如果违规行为属于破坏对方明显进球得分机会的情况，无论进球与否只需出示黄牌警告即可；如果违规行为属于干扰或阻止对方有希望进攻机会的情况，无论进球与否都无须再出示黄牌警告。

在出现严重犯规、暴力行为或可被第二次警告的犯规时，裁判员通常不应掌握有利，除非有明显的进球得分机会，并且这种机会是“非常清晰的”。裁判员必须在接下来比赛停止时将相关队员罚令出场，但如果该队员在比赛停止前触及球或与对方队员争抢球或干扰对方队员，裁判员则应停止比赛，将该队员罚令出场，并以间接任意球恢复比赛，如果该队员出现了更严重的违规，则判罚直接任意球或罚球点球。在执行过程中裁判员也要注意是否有“红牌减为黄牌”或“黄牌减为无牌”的“减罚”情况。

如果防守队员在罚球区外就开始使用手臂等部位拉扯、阻止对方队员行动，裁判员掌握有利，比赛继续进行，但若防守队员的犯规动作持续至罚球区内，这种情况裁判员必须判罚球点球。

（六）出示红黄牌后的情况

1. 在比赛开始前出示牌

如果首发上场队员或球队官员在比赛开始进入比赛场地前，犯有可被罚令出场的犯规行为， 裁判员有权阻止该名队员或球队官员参加比赛（参见第三章第6条）。如是首发队员被罚，不能就坐替补席，但出场人数不变，可从替补名单中替换1人，不计替补名额，但替补队员人数不能再增加；如是球队官员被罚，不能就坐替补席，球队官员名单不能调整，如是唯一的医生，可以在队员需要伤情评估或治疗时执行工作。

如果只是犯有可被黄牌警告的犯规行为，无须出示黄牌，且不带入比赛，赛后裁判员将其不正当行为写入报告上报相关机构。

2. 比赛开始后出示牌

队员或球队官员在同一场比赛第二次被出示黄牌警告时将被罚令出场，队员或球队官员被出示红牌必须离开比赛场地及其周边地区，并且不能替换。

3. 比赛结束后出示牌

如果队员或球队官员是第二次被警告，将再出示红牌。 该红牌对比赛并没有“立竿见影”的后果，但必须写入报告，如果有加时赛或踢罚球点球决胜负，该队员或球队官员不能参加。

五、可警告的犯规

（一）场上队员犯有下列8种情况应被出示黄牌进行警告

1. 延误比赛重新开始

指队员在比赛停止时，无论攻方队员还是守方队员，为达到拖延时间的目的，采用各种方式延误比赛恢复的行为。

裁判员对以下方式延误比赛恢复的队员必须予以警告：

（1）看着要掷界外球，但突然又将球交给同队队员掷球。裁判员在执行这一条款时，需要注意预判队员的意图，提前介入进行管理，有时更换掷球队员是一种定位球战术需要，即将掷球的队员手掷球距离较远，形成较好的进攻机会，这种情况下应允许。如果更换只是为了延误时间，裁判员必须予以警告，通常比赛中比分落后的队伍不会采用这种方式延误时间。

（2）被替换下场时拖延时间。规则已经做出调整，要求被替换下场的队员必须就近离场，队员必须遵守这一规定，裁判员应引导队员执行这一规定。

（3）过度地拖延比赛恢复。在掷界外球、踢球门球、踢角球或任意球时，踢球队员为了选择更佳的接应队友或是合理的战术配合，可以有适度的准备，但不应时间过长，尤其是为了拖延比赛时间。

（4）裁判员停止比赛后，故意将球踢走或拿走，引发冲突（图116）。裁判员已经鸣哨停止比赛或球已经明显出界，守方队员有意将球踢远或将球控制在手中，防止对方快发，延缓对方进攻，在这种情况下往往容易引起冲突，裁判员需及时介入。

图116　延误比赛恢复

（5）在错误地点踢任意球以造成重踢。队员明显知道罚球的地点错误，只是为了让裁判员进行管理，已踢出的球取回重踢，以此来拖延比赛恢复时间。

在出现上述情况时，裁判员要“透过现象看本质”，读懂队员的心理活动，提高预防意识，避免此类情况的泛滥和冲突的升级。

2. 以语言或行动表示不满

指队员使用口头语言、肢体语言、手势或行动质疑裁判员（包括其他比赛官员）的决定，表示不满。队员表示不满属于犯规，必须予以警告（图117），裁判员要警惕不满情绪的蔓延，防止裁判员权威受到挑战。规则未赋予球队队长特殊的身份和特权。

图117　用手势对裁判员判罚不满的队员

裁判员要辨别队员是受挫还是不满。足球比赛是紧张激烈的，队员的情绪有时短暂失控是对自己或本队失败的宣泄，是瞬间的爆发，并没有特定的指向性。裁判员针对这种情况要从比赛实际出发，理解队员的心情，采用口头劝告或眼神威慑与队员交流。但是，如果这种情绪宣泄使裁判员的威信受到损害，或是反复出现，则要警告此类犯规。

3. 未经裁判员许可进入、重新进入或故意离开比赛场地

进入比赛场地是指上场队员在比赛开始时由于某种原因未随队一同参加比赛，或替补队员未履行替补程序而加入比赛的情况。重新进入比赛场地是指场上队员由于受伤或调整装备而离场后未得到裁判员的信号即加入比赛的情况（图118）。

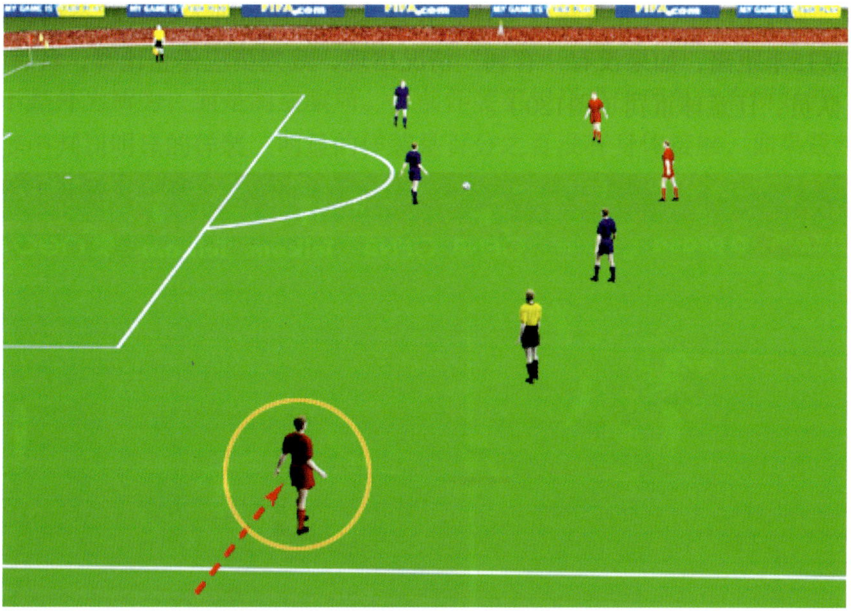

图118　未得到裁判员许可重新进入场地

4. 当比赛以坠球、角球、任意球或掷界外球恢复时，未退出规定的距离

不同比赛恢复方式要求对方队员遵守的距离是不一样的。在以坠球恢复比赛时要求其他队员退出至少4米；在以角球、任意球恢复比赛时，对方队员距球至少9.15米（图119）；以掷界外球恢复比赛时，对方队员距球至少2米。这种犯规行为的目的，一是为了拖延时间，二是为了降低角球或任意球的威力，违反此项规定将被黄牌警告。

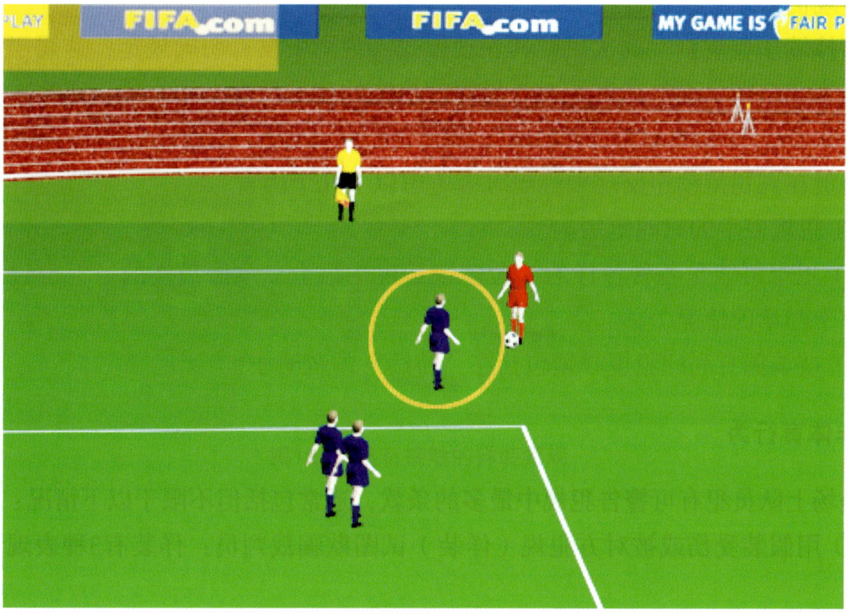

图119　防守队员距球9.15米

【示例二】攻方队员控球，守方队员的手轻触攻方队员的背部，攻方队员顺势摔倒，扩大被犯规的程度，企图欺骗裁判员获得罚球点球的判罚。这是佯装犯规，但不是明显的佯装犯规，可以允许比赛继续进行（图122）。

图122　夸大被侵犯程度的佯装犯规

【示例三】白衣队员在对方罚球区内，突破对方守门员时将球趟大，此时他将右脚伸至守门员手臂上，主动“挂靠”对方，企图制造被犯规的假象。这是佯装犯规，但也不是明显的佯装犯规，可以允许比赛继续进行（图123）。

图123　主动“挂靠”对方队员的佯装犯规

（2）比赛进行中未经裁判员同意与守门员互换位置（详见第三章）。场上队员经裁判员许可，在比赛停止时可以与守门员互换位置。如果比赛进行中裁判员发现一名场上队员未经许可与守门员互换位置，比赛应继续进行，在随后比赛停止时，一定要了解相关队员互换位置的时间，如在比赛中互换，出示黄牌警告相关的两名队员；如在中场休息（包括加时赛）、比赛结束后、加时赛或踢罚球点球决胜前互换位置，无须警告。

（3）以鲁莽的方式犯有可判直接任意球的犯规。判罚直接任意球的第一组7种犯规有程度之分。如果裁判员认为场上队员以鲁莽的方式犯规应被判罚直接任意球的7种犯规之一，必须予以黄牌警告。鲁莽是指犯规队员动作本身的性质，是根据队员动作的意图和强度以及对对手造成伤害的可能性等几方面因素来判断的。

（4）通过手球的方式干扰或阻止有希望的进攻。所谓有希望的进攻就是即将形成成功概率较大的进攻机会，也是以前所说的有效进攻机会。干扰有希望的进攻机会是用犯规或手球的方式影响机会形成或降低机会形成概率；阻止有希望的进攻机会是直接破坏或中断机会的形成。

这里处罚的是犯规后造成的后果，不是犯规动作的本身，甚至有时这样的犯规仅仅是可判为“以危险方式进行比赛”或“阻碍对方队员行进”等间接任意球的动作。裁判员在判断是否是有希望的进攻时应考虑：

- 犯规地点与球门之间的距离。
- 队员是否已经控制球。
- 队员是否有控制球的可能性。
- 比赛的方向。
- 参与防守的队员人数。
- 防守队员的位置。
- 参与进攻的队员人数。
- 进攻队员的位置。
- 被犯规队员的传球路线有多少。
- 犯规是否干扰或阻止了有希望的进攻机会。
- 犯规是否在本方罚球区内，目的是处理球干扰或阻止有希望的进攻机会。

（5）通过任何违规的方式干扰或阻止有希望的进攻，除非裁判员判罚球点球而且犯规的意图是争抢球或触球。

如果队员在本方罚球区内犯规被裁判员判罚球点球，并且干扰或阻止有希望的进攻，但队员是在争抢球的过程中有触球的可能性，目的是为了处理球，并且犯规动作不是推搡、拉扯等，在这种情况下，原本应被出示黄牌警告的队员，不再警告，除非犯规动作自身就是“使用了鲁莽方式”。

除犯规以外的违规行为同样可能干扰或阻止一次有希望的进攻（如在比赛恢复后“非法”二次触球等），所以此条款涵盖了所有的违规行为。手球除外，因其已出现在上一条款中。

（6）在意图争抢球或触球时出现犯规，破坏对方明显进球得分机会，并被判罚球点球。

如果队员在本方罚球区内犯规被裁判员判罚球点球，并且破坏对方明显的得分机会，但队员是在争抢球的过程中有触球的可能性，目的是处理球，并且犯规动作不是推搡、拉扯等，在这种情况下，原本应被红牌罚令出场的队员，只需被黄牌警告，除非犯规动作自身就是“严重犯规或暴力行为”。

（7）用手球的方式试图得分（无论进球与否）或阻止进球未果。现有规则中手球犯规的条款已做了调整，偶然或意外的手触球后因直接进球得分而转变成手球犯规，显然这样的手球犯规无须警告。需要警告的是故意手触球试图得分的非体育行为。

（8）在比赛场地上制造未经许可的标记。在规则第一章中已经明确了比赛场地上的标记，队员不能在场地上以各种方式标画其他未经许可的标记。

（9）在得到裁判员允许离开场地前踢球。比赛进行中，场上队员由于受伤或调整装备，经裁判员许可后离开比赛场地，在离开场地前又去踢球，对于对方球队是不公平的，并且容易造成冲突，属于非体育行为。

（10）表现出对比赛缺乏尊重。队员在比赛中要尊重规则、尊重足球运动常识或约定俗成的共识，如果缺乏尊重将属于非体育行为。例如，在罚球点球过程中，守方守门员拒绝站在球门柱之间的球门线中央，而站在球门柱旁的球门线上，虽然规则并未规定守门员在罚球点球前必须站在球门柱之间的球门线中央，但这种行为是对比赛的不尊重。

（11）故意施诡计用头、胸、膝等部位将球传给守门员（包括任意球情况），以逃避规则相关处罚条款，无论守门员是否用手触球。

规则明确规定，守门员不能用手触及同队队员故意用脚（脚踝以下部位）踢给他的球，队员已知晓这一规定，为了逃避这一规定的处罚，将球挑起后，自己或其他同队队员用头、胸、膝等部位将球传给守门员，属于非体育行为，裁判员应出示黄牌警告施诡计的队员，以间接任意球恢复比赛。

（12）在比赛中或在比赛恢复时用语言干扰对方队员。队员在比赛中或在对方执行比赛恢复程序时用语言影响对方队员，如大声叫喊、吓唬对方，属于非体育行为。

（13）庆祝进球时的非体育行为。当进球得分后，允许队员有欢庆的表现，但欢庆行为不能过分。正常的欢庆是允许的，但当表演设计舞蹈浪费过多时间时是不值得鼓励的，裁判员对类似情况要予以管理。

队员在进球得分后（无论进球是否有效）如果有下列表现必须受到警告：

- 攀爬周边的围栏，或以可能引发安全或安保问题的方式接近观众。
- 做出挑衅、嘲讽或煽动性质的动作或表现。
- 用面具或类似器物遮住头部或面部（图124）。

图124　用面具遮住头部

●脱去上衣或用上衣遮住头部（图125）。

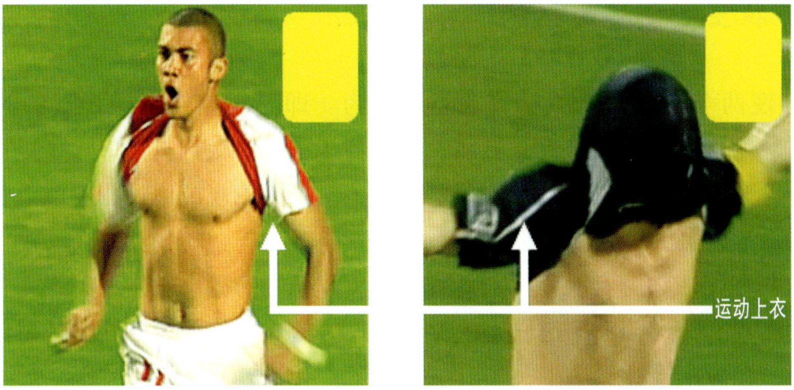

图125　脱去上衣或用上衣将头遮住

有些欢庆方式并不用警告，但要写入比赛报告，如取出护腿板展示上面的文字，或掀起上衣展示内衣上的信息。

队员离开场地庆祝进球的举动本身是不应该被警告的，但关键在于他是否尽快回到场内参加比赛。建议裁判员对队员进球后欢庆的方式有所预见，并用大家都能理解的方式处理好此类问题。

7. 进入裁判员回看分析区域

在使用视频裁判系统时，裁判员在回看分析区域进行“在场回看”时，场上队员不得进入该区域，就近的其他比赛官员可以协助管理。

8. 过分地做出要求回看分析（比划电视屏幕）的信号

在使用视频裁判系统时，比赛中出现一些争议情况，场上队员在和裁判员交流时不得用手比划电视屏幕的手势，但要注意有些比赛中的外籍球员因为语言的障碍问题，用手比划电视屏幕的信号，只要不过分，不是对裁判员表示不满，无须出示黄牌警告。

（二）替补队员或已替换下场的队员犯有如下行为时应被警告

（1）延误比赛恢复。
（2）以语言或行动表示不满。
（3）未经裁判员许可进入、重新进入比赛场地。
（4）非体育行为。
（5）进入裁判员回看分析区域。
（6）过分地做出要求回看分析（比划电视屏幕）的信号。

（三）独立可警告的犯规行为

如果出现两个独立的、可警告的犯规行为（即使发生在相距很近的时间或距离内），应进行两次警告（黄牌）。例如，一名队员在需要裁判员允许才可以进入比赛场地的情况下，未经允许进入场地，随后实施了一次鲁莽犯规或通过犯规或手球阻止了对方有希望的进攻机会等。

明确了当两种单独、有明显区别的可出示黄牌警告的犯规发生，犯规间存在相关联系，尤其是未经允许（当需要时）进入比赛场地，随后实施可警告的犯规时，裁判员应执行的程序。该原则同样适用于罚令出场的犯规。

六、罚令出场的犯规

场上队员、替补队员或已替换下场的队员犯有如下行为时，应被罚令出场，被罚令出场后，必须离开比赛场地周边区域及技术区域。

1. 手球犯规——破坏进球或明显得分机会

通过手球犯规破坏对方球队进球（图126）或明显的进球得分机会（守门员在本方罚球区内除外）。

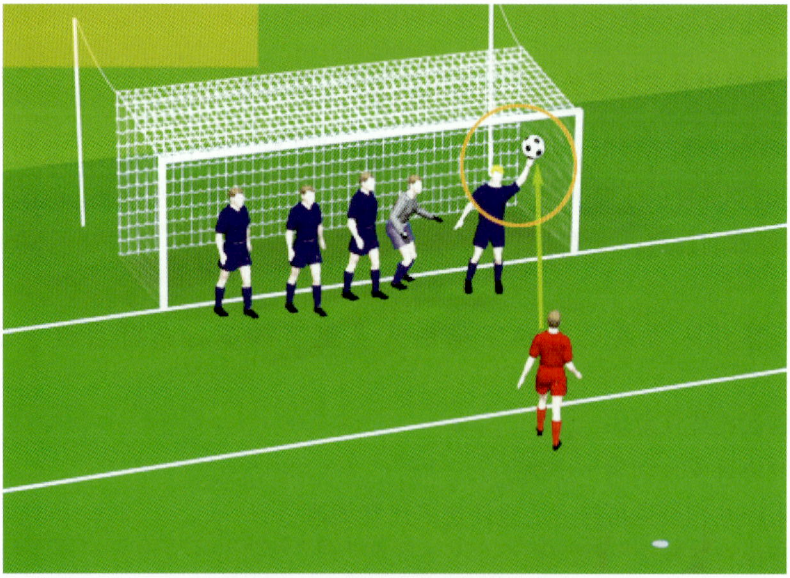

图126　手球犯规破坏对方的进球

2. 可判罚任意球的犯规——破坏进球或明显进球得分机会

通过可判罚任意球的犯规，破坏对方的进球或总体上朝犯规方球门方向移动的明显进球得分机会（本章下述“破坏进球或明显进球得分机会”中说明的相关情况除外）。

（1）构成破坏进球或明显进球得分机会犯规的考虑因素：

- 犯规发生地点和球门的距离：在距离上并没有量化的概念，通常认为距球门越近，威胁性越大。
- 比赛发展的大致方向：比赛的方向并不只意味着球门的方向。
- 掌握或控制球的可能性：队员已经控制球，或即将控制球。
- 守方的位置和人数：已经或即将形成面对只有最后一名防守队员的局面，尤其是空门的情况。

必须符合上述全部4个条件，缺一不可，才构成破坏进球或明显进球得分机会。

【示　例】当黄衣进攻队员运球接近对方罚球区时，被红衣防守队员从其身后推倒，因犯规地点接近球门，球在黄衣进攻队员的控制下，黄衣进攻队员和对方球门之间只有一名防守队员，形成一对一，所以该名红衣防守队员因破坏对方明显的进球得分机会而被罚令出场，并判罚直接任意球（图127）。

图127　破坏明显的进球得分机会

（2）不被罚令出场的例外情况。规则做出调整的目的在于避免球队受到双重处罚，导致人数上的不对等，因此当队员在本方罚球区内对对方犯规，犯规动作本身并不会被红牌罚令出场，仅是破坏了对方明显的进球得分机会，裁判员判罚球点球，如果是在意图争抢球时造成犯规，则警告犯规队员。除此之外的所有犯规（如拉拽、推搡、手球犯规、没有触球的可能性等情况），必须将犯规队员罚令出场。

另外，在出现破坏明显得分机会时，裁判员掌握有利，或是停止比赛后被犯规球队快发任意球，无论随后进球与否，在下一个比赛停止时，以非体育行为警告之前的犯规队员。

（3）视为罚令出场的特殊情况。场上队员、已被罚令出场的队员、替补队员或已替换下场的队员，未经裁判员许可进入比赛场地内，干扰了比赛或对方队员，并破坏对方球队进球或明显进球得分机会的行为，应视为可被罚令出场的犯规。

3. 严重犯规

比赛进行中，为了争抢球使用危及对方队员安全或使用过分力量、野蛮方式的抢截，应视为严重犯规。任何队员用单腿或双腿从对方队员正面、侧面或后面，用过分的力量或危及对方队员安全的蹬踹动作争抢球，是对对方队员故意施加的暴力性犯规行为，均视为严重犯规。

【示　例】红衣17号队员在与对方黄衣20号队员争抢球的过程中，先触及球，随后脚底附加上扬，使用鞋钉接触对方的腿部，使用了危及对方安全的抢截动作，视为严重犯规（图128）。

严重犯规的主要特征有以下几点：

（1）时间：在比赛进行中。

（2）地点：比赛场地内，或视为比赛一部分的暂时离场队员犯规在比赛场地外。

（3）目的：为了争抢球，并且有争抢到球的机会。

（4）对象：侵犯对方队员。

（5）性质：队员的犯规危及了对方队员的身体安全，使用了过分的力量或野蛮的方式。

（6）比赛恢复方式：判罚直接任意球或罚球点球。

在严重犯规发生时出现的有利情况裁判员不要再执行有利，除非立即有明显进球得分的机会。如果执行了有利，裁判员应在随后的比赛停止时将严重犯规的队员罚令出场。

图128　危及对方安全的严重犯规

4. 咬人或向任何人吐口水

咬人是比赛中非常少见的犯规，但确有发生，属于红牌罚令出场的犯规。吐口水是一种侮辱性的侵犯他人的行为，无论朝向任何人都必须被红牌罚令出场。

5. 暴力行为

队员的目的不是争抢球，而是对对方队员或同队队员、球队官员、比赛官员、观众或任何其他人，使用或企图使用过分力量或野蛮动作，无论是否与他人发生身体接触，应视为暴力行为。除此之外，队员的目的不是争抢球，而是故意用手或臂部击打对方队员，以及任何其他人的头或面部时，应视为暴力行为，除非他使用的力量非常轻微，足以忽略。

暴力行为的主要特征有以下几点：

（1）时间：发生在比赛进行中，也可能发生在比赛停止时，或比赛开始前及比赛结束后。

（2）目的：动作目的不是为了争抢球。

（3）地点：暴力行为可能发生在场内，也可能发生在比赛场地以外的地方。

（4）对象：侵犯的对象除对方队员外，也可能是同队队员、比赛官员、球队官员、观众或其他任何人。

（5）性质：使用过分的力量或野蛮的方式，犯规的表象是过分的、猛烈的、侵犯性的。

（6）比赛恢复的方式：

- 发生在比赛停止时，执行之前的比赛恢复方式。
- 发生在比赛进行中，执行任意球或罚球点球。

在暴力行为发生时出现的有利情况裁判员不要再继续执行有利，除非立即有明显进球得分的机会。如果执行了有利，裁判员应在随后比赛停止时将犯有暴力行为的队员罚令出场。

提醒裁判员，暴力行为常常导致场上发生群体冲突，因此裁判员必须努力阻止类似行为，主动予以干预。当发生群体冲突时，所有比赛官员应尽可能记录以下细节：

- 谁是最积极的参与者。
- 谁从远处跑过来。
- 谁从替补席上出来。

有暴力行为的场上队员、替补队员或被替补下场队员必须被罚令出场。

【示　例】绿衣5号队员经过摔倒在地的红衣队员时，目的不在争抢球，而是使用鞋钉恶意踩踏在其小腿上，视为暴力行为（图129）。

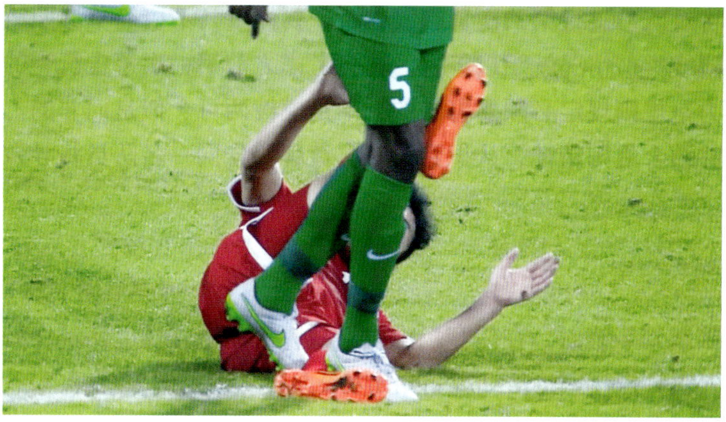

图129　故意踩踏对方腿部的暴力行为

6. 使用攻击性的、侮辱性的或辱骂性的语言或手势

【示　例】辱骂裁判员（图130），或对观众做出侮辱性的手势等，必须红牌罚令出场。

图130　辱骂裁判员

7. 在同一场比赛中得到第二次警告

这是针对同一队员而言。裁判员在第二次警告这名队员时，应先出示黄牌，再出示红牌将其罚令出场。

第二章 裁判方法

掌握规则理论知识是裁判工作的基础。在比赛实践中执行规则的相关条款，贯彻规则的理念与精神，保障比赛的顺利进行，需要裁判员掌握规范有效的工作方法，即裁判方法，它包括跑动选位、团队合作、裁判信号、判罚犯规、红黄牌使用、有利条款、工作程序，以及裁判员评估等内容。

第一节 裁判员的跑动与选位

一、裁判员跑动与选位的重要性

现代足球运动发展对裁判员的工作提出了更高的要求，其责任更为突出。裁判员要为提高比赛质量、促进技战术的发展、保护双方运动员的健康尽守职责。因此，裁判员必须提高控制比赛的能力及判罚的准确性。积极地跑动、得当地选位是提高控制比赛能力及判罚准确性的重要因素之一。

裁判员的跑动与选位还体现出一名裁判员的风度，那种跑动迟缓、选位不当而经常影响比赛的裁判员，会给人们留下一种不舒服的感觉，会引起运动员的不满，降低运动员对裁判员的信任感，为裁判员执法带来一定的困难。

现代足球朝着技能、体能和心智能等方面全面发展，片面强调技能或体能的时代已经结束。攻守平衡、整体而快速的攻守，是现代足球运动的发展趋势之一，这种“快”对裁判员的执法工作提出了更高的要求。

1. 耐力好

足球场地大，比赛持续时间长，根据历年统计材料证明，一场比赛裁判员的跑动距离一般为9700 ~ 12900米，世界杯裁判员一场比赛跑动距离为11000 ~ 12000米。这说明一名裁判员要完成一场比赛的裁判任务必须具有良好的耐力基础。裁判员除了具有一般耐力之外，还必须具有良好的速度耐力，因为现代足球攻守转换频繁，需要裁判员连续往返冲刺，如果没有良好的速度耐力是难以紧紧跟随球的发展变化的。同时，在紧张而激烈的比赛中裁判员往往容易产生疲劳，致使其注意力分散，影响判罚的准确性。

2. 速度快

现代足球的特点突出体现在“快”字上，队员的跑动速度以及比赛中攻守转换速度加快，双方争夺更加激烈，犯规次数增多，这种情况对裁判员速度的要求也相应提高。如果裁判员没有良好的速度素质，不能跟随球的发展变化及时到位，往往会在关键时刻或关键问题上失误，出现不必要的纠纷，影响比赛顺利进行。这些问题使得裁判员必须加强自身的冲刺跑能力，或爆发性的跑动能力。

3. 预见性

预见性就是预知比赛的发展进程。对于裁判员而言，预见比赛的发展就是能提前知道或猜测比赛的下一个焦点在哪里，通俗地讲，就是球会去哪儿。一般来说，可能会出现争议的情况大部分都与球密切相关，这就要求裁判员能了解比赛、阅读比赛，在赛场上不仅仅要熟记足球竞赛规则，更应了解双方球队的阵型和打法，以及一些重点运动员的特点。例如，梅西擅长带球突破，在突破后会遭到对方队员的侵犯，这就要求重点关注其过人之后的犯规情况；而内马尔等运动员非常喜欢佯装被侵犯，这也需要重点关注在疑似发生犯规时是否真的产生了身体接触。就现阶段而言，大多数裁判员的“预见”往往跟不上球的速度，因为裁判员的跑动是根据球的移动而移位的，是被动的。如何变被动为主动，这就要求裁判员要提高预见的准确性，随时提醒自己“哪里、哪里去”，即预见球的发展方向和区域，提前跑动。如果提前0.5秒，裁判员就可提前跑动几米，这样就可以弥补速度慢的缺点，就可以变被动为主动。例如，某队员在后场持球，此时他周围没有对方队员对其形成逼抢，同队队员在前场活动，此时裁判员应主动向前场可能传球落点的区域跑动，而不是等待该名队员传球后再被动地移位。

4. 选好位

裁判员具有预见性就可以紧随球的发展，与球保持适当的距离，但这不等于裁判员能看清楚双方队员的动作。比赛中经常出现观众在看台上看到运动员的犯规动作，而裁判员没有看到。裁判员与运动员的距离比观众近，为什么还看不到，显然这主要是裁判员选择的位置不当，由于与双方队员的重叠，而影响了裁判员的观察。裁判员不仅仅要与球保持适当的距离，更重要的是选择好的位置与视角，即整体视野。再如，某队员被对方队员侵犯，但同队队员已经形成了非常好的进攻机会，此时裁判员却判罚了犯规而未掌握有利原则，这也是裁判员观察视野不佳造成的。裁判员在赛场上不仅需要执行规则，更要运用规则以保证比赛的高质量。这要求我们在了解、阅读比赛的基础上，进一步理解比赛、读懂比赛，这样才能游刃有余地掌控比赛，圆满完成比赛任务。

裁判员的选位要做到：一快、二勤、三防止。

一快：裁判员反应要快。

二勤：裁判员脚步移动要勤。

三防止：裁判员在移动中要防止与双方队员位置重叠。

二、裁判员的跑动方法与跑动路线

（一）跑动方法

裁判员的跑动方法可分为正面跑、侧面跑、倒退跑（图131）。无论采用哪种跑动方法，其基本的要求是始终面向球，因为双方队员争夺的焦点是球。一般情况下，裁判员在球的进攻方向后面时采用正面跑；裁判员在球的进攻方向前面时采用倒退跑；裁判员在球的进攻方向侧面时采用侧面跑。由于场上情况变化无常，裁判员的跑动方法也要随之变化。一般来说，裁判员在赛场上会采用“等、抢、绕、让、跟”5种跑位方法（图132）。“等”就是等球，指的是裁判员已在球前预判到球的发展方向而站在原地或短距离移动，等待和观察球向其所在的位置或其他位置发展。“抢”是指抢位跑，一

图131　正面跑、侧面跑、倒退跑

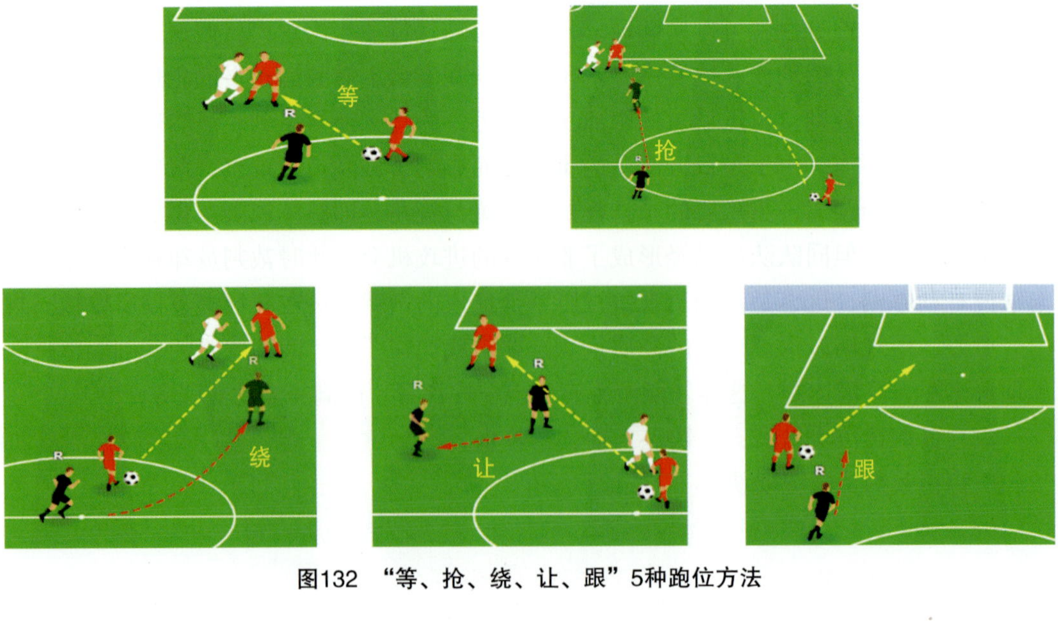

图132　“等、抢、绕、让、跟”5种跑位方法

般是在距球较远或无压迫传球时，需要高速运动以尽可能接近球所在的位置而提前移动。“绕”指的是当位置被阻挡时，采取横向或前后快速撤出跟进的跑动，以便取得更好的观察角度。“让”和“跟”在比赛执法时很常见，当位置选择不当，处于队员争抢或传球路线上时，应及时采用“让”的方法，避让路线，避免干扰比赛。最后的“跟”就是跟踪跑，这是在比赛中最常使用，也是最基本的跑位方法。

（二）跑动路线

目前国内外均采用对角线裁判制，基本要求如下：

- 裁判员的位置保持在球的左侧后方距球10～15米，与助理裁判员保持密切的联系。
- 裁判员所选的位置避免与双方队员的位置重叠。
- 裁判员不应影响队员的活动与传球路线。
- 裁判员要快速通过中场。

对角线裁判制是沿球场的对角线方向活动，但并不意味着裁判员的活动不能离开这条线，而应根据不同情况采用不同的跑动路线。根据目前国内外的不同跑动路线可以归纳为4种，即大S形跑（曲线）、跟踪跑、小S形跑（折线）和直线跑。

（1）大S形跑（图133）。这种跑动路线使裁判员保持在球的左侧后方与助理裁判员保持密切联系，球在进攻方向的左侧发展时能与球保持较近的距离。采用这种跑动路线，一般情况下先向前插入不多，裁判员基本上不会影响运动员的活动和传球路线。但当某队快速反击时往往距球较远。球在右边发展时，裁判员向右路靠近较少，因此，往往距球较远，一旦在右路判罚犯规后不易及时到位。

图133 大S形跑

（2）跟踪跑（图134）。这种跑动没有固定的路线，裁判员是以球和比赛发展区域为中心进行跟踪，其最大优点是始终与球保持较近的距离。但当球由右路向左路转移时，裁判员不能始终面向助理裁判员并与其保持联系，有时也容易影响队员的活动和传球路线。这种跟踪跑对体能要求相当高，也是现代裁判常用的方法。

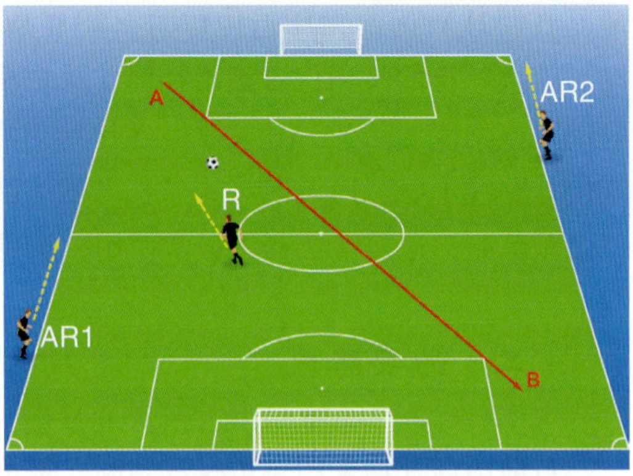

图134　跟踪跑

（3）小S形跑（图135）。这种跑动路线使裁判员与球保持较近的距离，球在中路或右路发展时能在球的左侧后方保持与助理裁判员的联系，球在左路发展时裁判员往往背向助理裁判员。采用这种跑动路线，裁判员可根据球的发展提前插到其运行的前方，球发展到罚球区内能及时跟上。小S形跑比较节省体能。

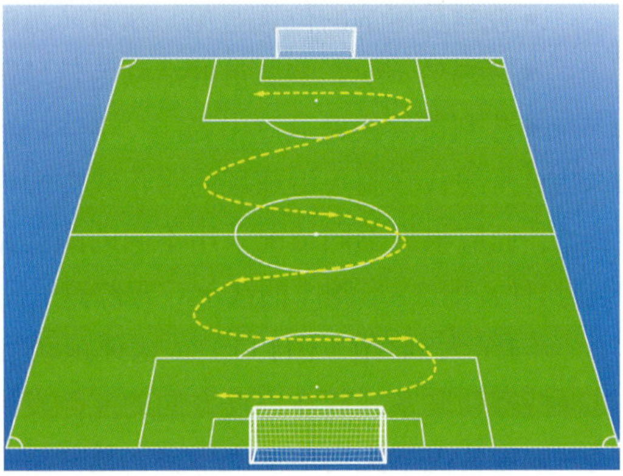
图135　小S形跑

（4）直线跑（图136）。这种跑动与小S形跑大体相似，裁判员的跑动基本上是处于两个罚球区之间的直线活动，对左右两路都保持较近的距离，因此，对左右两路的情况观察较清楚，一旦判罚后能及时到位，避免不必要的纠纷。由于是处于两个罚球区之间的活动，因此，裁判员能把握罚球区内的判罚。

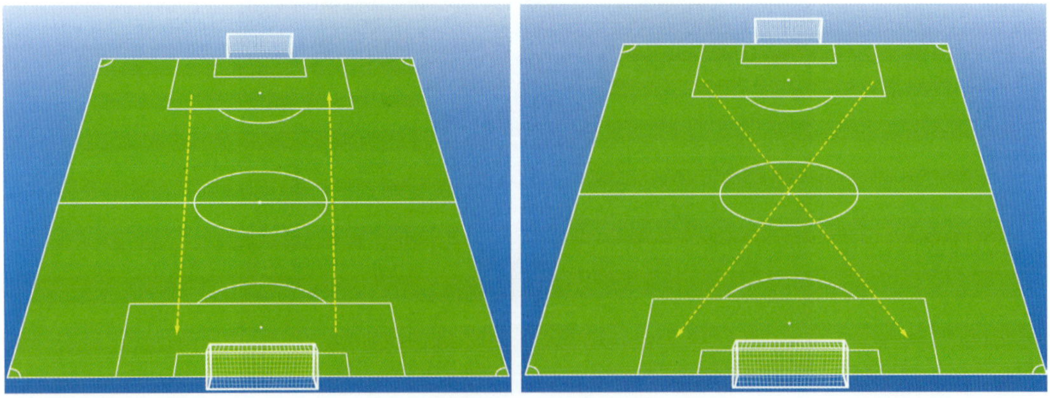
图136　直线跑

直线跑较节省体力，但球在左路发展时往往背向助理裁判员。现代足球运动对裁判员跑动提出更高的要求，但是由于裁判员的年龄、身体及训练水平始终与运动员存在一定差距，因此，从足球运动发展来看，小S形跑和直线跑是比较适宜的，采用也较多。

现在每支球队都有自己的技术风格与战术特点，应变能力也很强，他们往往在比赛中根据不同对象改变自己的打法。因此，裁判员不能一成不变地采用一种跑动路线来执行一场比赛，也应具有应变能力，根据不同的打法与特点采用不同的跑动路线。例如，某队采用长传为主的打法，裁判员可采用直线跑或小S形跑；某队以短传为主，稳扎稳打，层层推进，裁判员可采用跟踪跑等。总之，裁判员的跑动路线也要随着不同情况而有所改变。

裁判员在选择跑动路线时也应考虑场地、气候及本人体力状况而有所变化，如果在气候炎热、比赛场地地势高、裁判员体力差的情况下，则应采用较为节省体力的跑动路线。

（三）提高判罚后跑动与选位的能力

现代足球运动的发展要求裁判员具有较强的控制比赛的能力，这种能力由多种因素组成，判罚后的跑动与选位是其中之一，而且还是较为重要的因素。因为现代足球比赛大多采用全面进攻和全面防守的打法，造成局部区域人数上优势，因此，双方身体接触增多，争夺更为激烈，队员之间冲突加剧，而这种冲突往往发生在某队员犯规后、双方队员脱离接触前，所以，在某队员犯规时，裁判员如能及时到达犯规地点采取一定措施，使双方队员尽早脱离接触，即可避免事态的发展，减少不必要的纠纷，使比赛正常连续地进行。

下列情况裁判员应及时到达犯规地点：

（1）队员动作粗野或带危险性犯规时。

（2）比赛中，双方犯规次数增多，比赛气氛紧张，出现侵人犯规时。

（3）在罚球区附近守方犯规时。在罚球区附近攻方罚任意球，攻守双方为了计较罚球地点而发生磨擦是常有的事。裁判员若能及时到位，并明确指出罚球地点，组织好守方退至9.15米处，尽快恢复比赛，可避免不必要的纠纷。

（4）罚球区内守方犯规被判罚球点球时。

（5）在罚球区内双方人数较多，争夺激烈，当裁判员鸣哨判罚犯规后。

（四）裁判员常规跑动与选位

（1）比赛开始前：裁判团队带领双方队员从中线处入场，在握手和挑边仪式结束后，比赛官员跑位如图137所示。

（6）前场任意球：裁判员在图中R的位置上（图142），注意防守方筑起的“人墙”周围是否有犯规发生，并及时进入罚球区关注比赛发展；助理裁判员AR2注意越位犯规发生的同时，还要根据球的发展及时冲向球门线观察是否进球。

图142　前场任意球裁判员的选位

（7）中后场附近的任意球：裁判员应该根据球队和球员的技战术特点进行分析，选择较为兼顾的“中立位置”（图143），做好两手准备。中后场附近任意球若是采用长传球的方式，裁判员要判断好球的方向和落点提前移动选择最佳观察位置，助理裁判员要重点关注越位犯规的发生；若是采用快速短传球的方式，裁判员要积极快速跟进到球所发展的区域，助理裁判员要随后卫线的前提或后撤紧跟越位线。

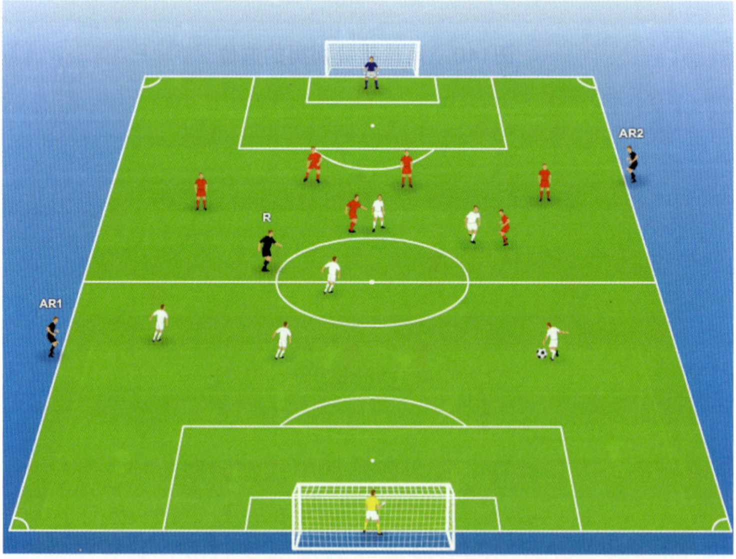

图143　中后场任意球裁判员的选位

（8）罚球点球：常规比赛时间内，除守门员和主罚队员外，其他队员都要站在罚球区和罚球弧外，守门员站在球门线上，裁判员站在罚球区左侧（图144）。若进入踢罚球点球决胜阶段，站位如图145所示。

图144　罚球点球时裁判员和队员的选位

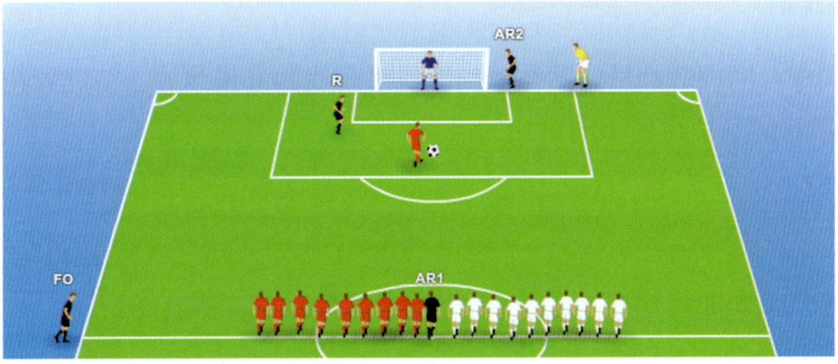

图145　踢罚球点球决胜时裁判员的选位

（9）坠球：比赛中需要以坠球方式恢复比赛时，建议裁判员将自己置于队员和其对手球门之间（图146）。

图146　坠球时裁判员的选位

第二节　助理裁判员的跑动与选位

一、助理裁判员跑动与选位的重要性

助理裁判员跑动与选位有一定难度，尤其要求助理裁判员与场上队员保持齐平时，往往会由于助理裁判员的一步之差或选位不当，造成判断上的失误而影响比赛的胜负。

二、助理裁判员跑动与选位的方法和要求

（一）选位方法

1. 比赛停止时

（1）球门球：助理裁判员应站在球门区线平行线的延长线处，待球放在该区域内，快速移动到越位平行线延长线处（图147）。

图147　球门球时助理裁判员的选位

（2）角球：助理裁判员应站在角旗杆后，观察球是否放在角球区内，守方队员是否退出9.15米（图148）。

图148　角球时助理裁判员的选位

（3）掷界外球：攻方近端掷界外球时助理裁判员要确定掷球地点，而后迅速选择观察越位线，同时还要注意球进入场内后附近的队员有无犯规或相互触球再次出界，由哪一方掷界外球（图149）。

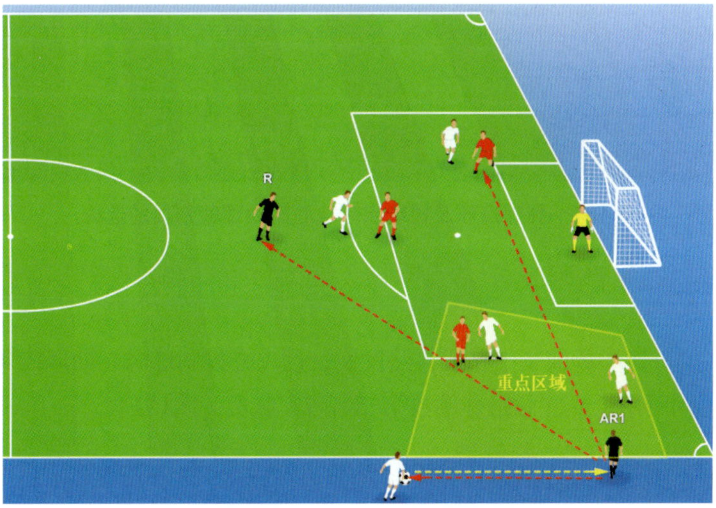

图149　掷界外球时助理裁判员的选位

（4）任意球：攻方在罚球区附近的任意球，助理裁判员应主要观察越位（除裁判员另有要求外），同时还要注意在这一刻是否有快攻配合，高度集中注意力，选好越位平行线。射门后球是否进球门或出球门线，判断进球、球门球或角球要及时到位（图150）。

图150　任意球时助理裁判员的选位

（5）罚球点球：助理裁判员应站在罚球区线与球门线交会处，既可观察守门员是否提前移动，同时也可观察球弹横梁或球门柱时是否越过球门线（图151）。

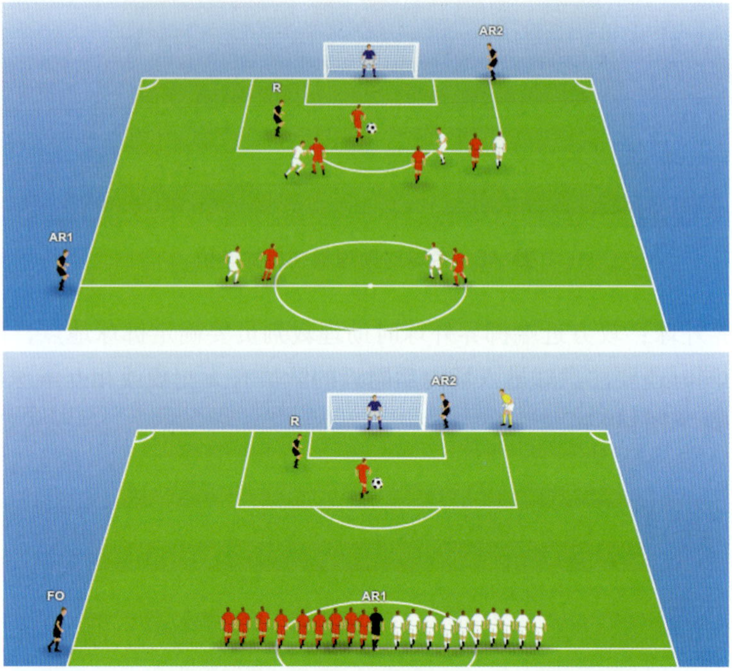

图151　罚球点球及罚球点球决胜时助理裁判员的选位

2. 比赛进行中

（1）球在另一侧半场前场中路或右路发展，且攻方控制球时，助理裁判员应左转45°以增大观察面，同时用余光注意跟好倒数第二名防守队员（图152）。

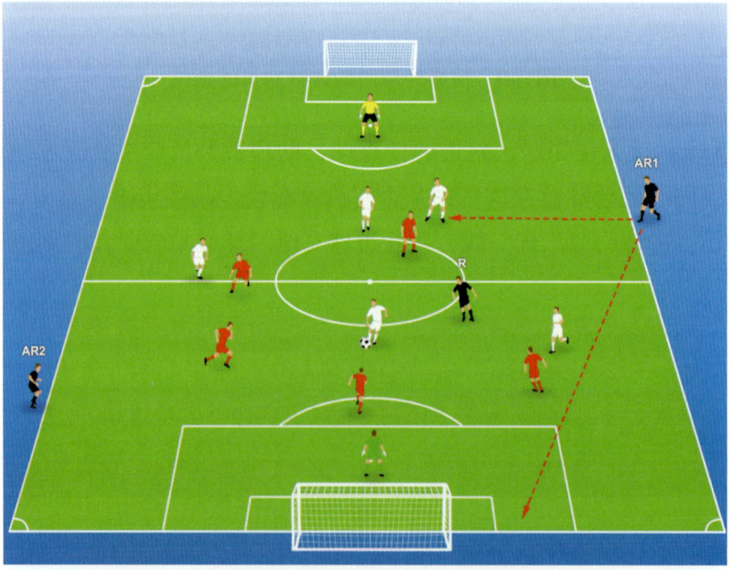

图152　球在中路或右路发展时助理裁判员的选位

（2）球在另一侧半场前场左侧发展，且攻方控制球时，助理裁判员应左转90°，正面观察球是否出界，同时还应跟好倒数第二名防守队员（图153）。

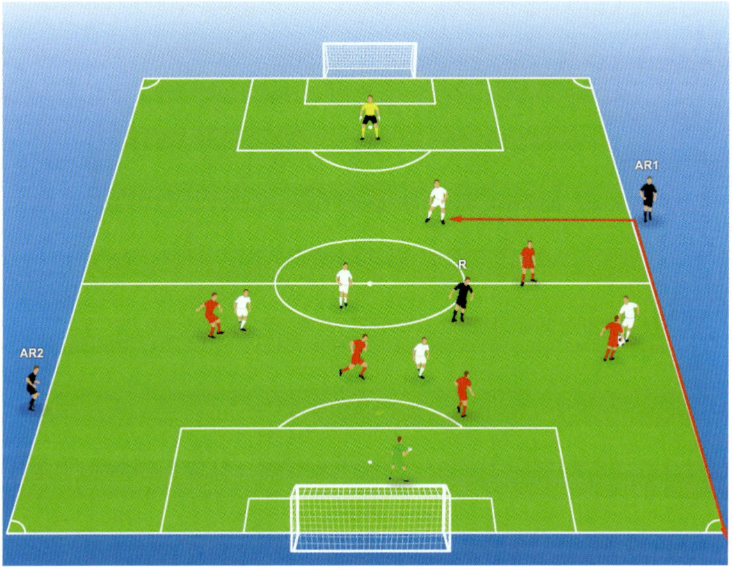

图153 球在前场左侧发展时助理裁判员的选位

（3）近端进攻变为防守时，助理裁判员应及时选好越位平行线，同时预判攻方将采用的进攻方法，如快速反击打身后，判断是否有队员越位，同时快速跟进观察守门员是否出击在罚球区边缘用手触球，以及前锋下底时球的整体是否越出球门线（图154）。

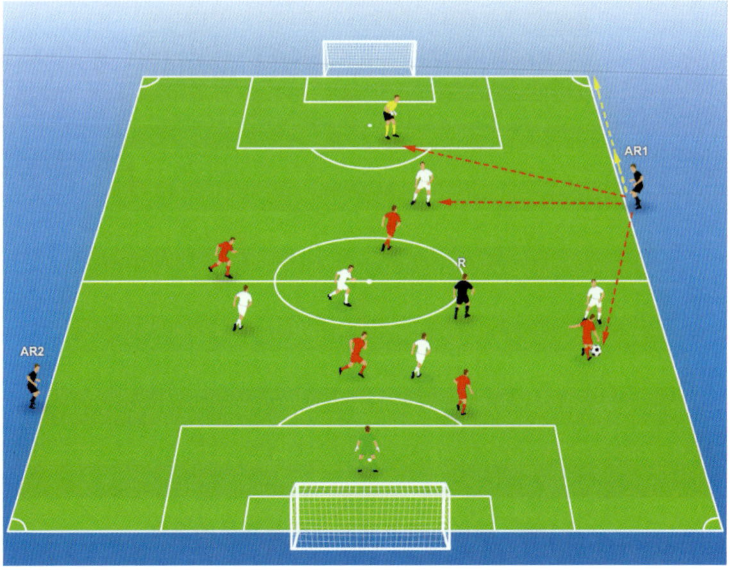

图154 球在近端由攻转守时助理裁判员的选位

（4）中远端进攻变为防守时，助理裁判员应及时选好越位位置，观察攻方进攻路线（左中右），因此身体位置也应随球的发展变化而改变，但以增大观察面为主（图155）。

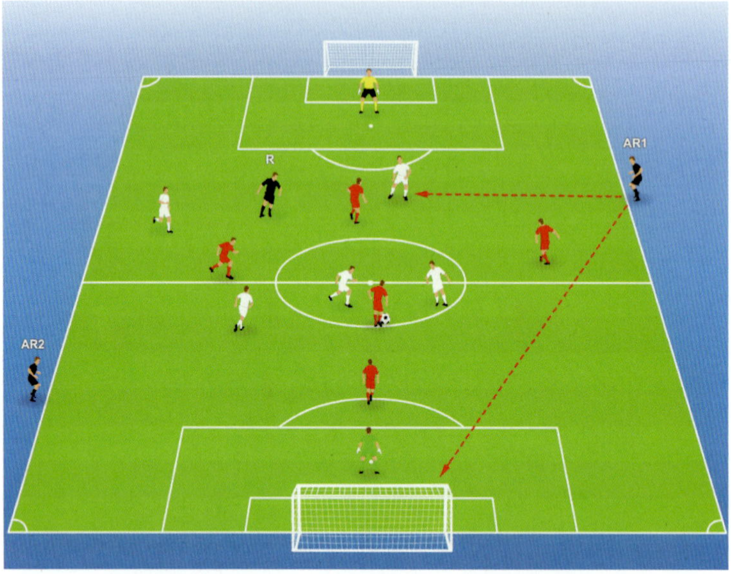

图155　球在中远端由攻转守时助理裁判员的选位

（5）近端攻方在右路边线附近可能传球又可能被守方抢截或出界时，助理裁判员应以观察越位为主（图156）。

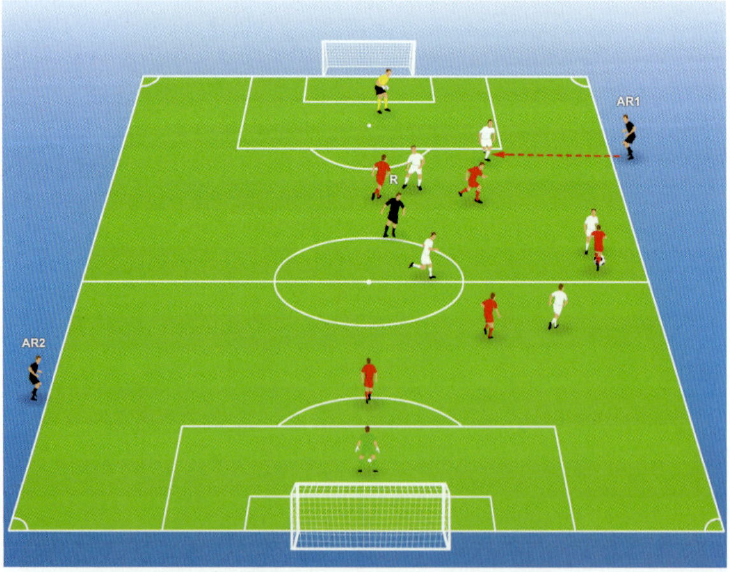

图156　球在近端发展时助理裁判员的选位

（二）选位要求

（1）速度要快：
- 奔跑速度要快；
- 侧面跑、倒退跑速度要快；
- 反应速度要快。

（2）预见性要强：预判球将要发展的位置。

（3）选好位置：
- 便于观察越位；
- 便于观察球是否出界或进球门；
- 便于协助裁判员执行规则。

助理裁判员在选位观察时要抓主要矛盾，即注意观察越位与球是否进球门。

（4）观察面要宽：
- 角度是最重要的，要积极移动随时保持与倒数第二名防守队员平行；
- 根据实际情况调整与球的距离；
- 助理裁判员要始终将裁判员、球及倒数第二名防守队员放在视野中。助理裁判员观察面如图157所示。

图157 助理裁判员的观察面要宽

三、助理裁判员常用的跑动方法

1. 侧滑步跑

两脚平行站在边线外，向右侧做侧滑步时，以左脚蹬地使身体向右侧移动，左右脚依次着地完成一次向右侧的移动。向左侧做侧滑步时，蹬地脚相反。在比赛中后卫平行站位时适用这种跑动（图158）。

图158　助理裁判员的侧滑步跑

2. 交叉步跑

（1）前交叉步跑：以左脚为例，两脚平行站立，左脚向右脚右前方迈一小步，右脚随后向右侧迈一大步，依次循环。

（2）后交叉步跑：以左脚为例，左脚向右脚右后方迈一小步，右脚随后向右侧迈一大步，依次循环。

（3）前后交叉步跑：以左脚为例，分别做一次前交叉和一次后交叉即完成一次交叉步。此动作适用于后卫与前锋造越位与反越位。

助理裁判员的交叉步跑如图159所示。

图159　助理裁判员的交叉步跑

3. 正面跑

与面向相同的方向跑动（图160）。速度适中，这种跑动适用于守方踢球门球时，球放在球门区内，用正面跑的方法跑至罚球区延长线，当球踢出罚球区后继续跑向最后第二名防守队员的平行位置。

图160　助理裁判员的正面跑

4. 后退跑

即倒退跑动（图161）。速度不要求很快，主要是为了观察面前的情况。这种跑动主要用于攻方中端或同侧远端的掷界外球，即观察掷球时是否违例，并观察双方队员再次触球时是否球出界或犯规情况。

图161　助理裁判员的后退跑

5. 冲刺跑

以最快的速度、最短的时间跑到位（图162）。这种跑动多用于攻方的个人突破、防守反击打身后、边路下底传中及远射，这些情况下采用冲刺跑跟进，以便于观察球是否出边线、球门线及是否球进球门。此外，守方造越位快速压上时，采用冲刺跑以保证与倒数第二名防守队员平行。

图162　助理裁判员的冲刺跑

无论采用哪种方法跑动，都要根据场上情况合理运用，且手旗贴紧身体，不要随意摆动。

第三节　比赛官员的信号

足球运动的不断发展给裁判工作带来了新的挑战，为适应现代足球运动发展需要，足球裁判员的执裁工作也有了新的变化。本节将阐述在现代足球比赛中，涉及各类比赛官员在执裁时的使用“信号”，帮助读者和从业人员了解和掌握相关知识和技能。

一、裁判员的声音信号

足球竞赛规则第五章中明确阐述：每场比赛由一名裁判员掌控，他有全部权力执行与比赛相关的竞赛规则。在掌控比赛的过程中，为避免使用语言所引发的沟通障碍，造成不必要的误解和时间浪费，用信号代替裁判员的语言传递判罚信息是一种简单、易行的方式。因此，学会使用各种信号，是裁判员合理掌控比赛、引导比赛顺利进行的关键技能。

裁判员借助工具发出声音作为提示，指令运动员的行为在比赛中是否合理及被许可。裁判员的声音信号通常是以操作“哨子”发出声音的方式完成的。

（一）需要鸣哨的几种情况

（1）常规时间及加时赛比赛开始（上、下半场）、进球后重新开始比赛时需要鸣哨。

（2）裁判员令比赛停止时需要鸣哨。

（3）比赛重新开始时需要鸣哨：

- 罚球点球时。
- 踢任意球时，裁判员为组织防守队员退出规定距离，示意进攻队员在踢任意球时，需听从裁判员鸣哨后方可踢球恢复比赛。

（4）比赛在规定时间段内结束时（常规时间及加时赛）需要鸣哨。

（5）因下列原因停止比赛后重新开始：

- 出示红、黄牌后。
- 处理受伤队员后。
- 替换队员后。

除上述几种情况外，如果球出边界线或进入球门后造成比赛停止，以及掷界外球、踢任意球、球门球、角球、裁判员坠球等重新开始比赛时可不必鸣哨。

（二）鸣哨的种类及要求

1. 示意哨声

- 中圈发球。裁判员的哨音应洪亮，持续时长应保持在一段时间范围内，以达到提示所有人员进入比赛状态的目的。
- 阶段比赛结束。裁判员的哨音应呈现出高低错落的“波浪式”间隔音调，通常以两短一长的形式完成，具有“如释重负”的表现特征。
- 重新开始比赛。裁判员的哨音应根据赛场环境状况调节音量，尽可能达到让场上较多队员能够接收到声音信息的标准。
- 纠正及提示。裁判员的哨音应呈现出短促的“爆发式”间隔音调，以达到提示运动员引起注意的目的。

2. 判罚哨声

- 一般犯规。裁判员的哨音应清脆有力、强弱适中，表现出裁判员判罚犯规的坚决性和果断性。
- 严重犯规。裁判员的哨音应洪亮并在一段时间内保持音量分贝，传递出裁判员对犯规行为的一种认知态度。

（三）鸣哨的注意事项

（1）切忌用哨过频。首先，过多、琐碎的哨声会制造出“嘈杂”的周边环境，使人易产生烦躁心态，从而形成对立情绪；其次，频繁的鸣哨会降低其使用价值，裁判员的“权威性”易遭受质疑和挑战。因此，少用精吹、合理使用应是裁判员把握的方向。

（2）考虑使用范围。足球比赛具有场地大、人数多的特点，裁判员在决定鸣哨时应充分考虑使用距离。通常情况下，哨音所产生的音量分贝应适宜，能够达到准确传递信号即可。

（3）科学使用哨声。哨声被用作替代语言进行交流的方式。哨声响起的时刻、持续的时间、音量的强弱、间隔与节奏等都有不同的寓意。裁判员科学使用哨声，在某种程度上是对外传递信息、表明态度的一种技能。

二、裁判员的示意信号

裁判员借助肢体做出不同动作，示意运动员下一步的比赛行动及方式。裁判员的示意信号通常以上肢做出手势表示。

（一）手势的种类与要求

（1）直接任意球：单臂侧平举，指示踢球方向（图163）。

（2）间接任意球：单臂上举，掌心向前（图164）。此手势通常持续到球踢出后，并被场上其他队员触及或球离开比赛场地，或明显不可能直接得分时。

图163 直接任意球

图164 间接任意球

（3）角球：单臂45° 斜上举，掌心向下，指向角球区（图165）。此手势在应用过程中应把握同侧原则，切忌异侧使用。

图165 角球

（4）球门球：单臂45° 斜下举，掌心向下，指向球门区（图166）。通常情况下以左侧手臂示意信号。

（5）有利：单臂前伸（图167）、双臂前伸（图168），掌心向上微微翻起，指向进攻方向。

图166　球门球

图167　单臂有利

图168　双臂有利

（6）罚球点球：单臂前伸，用手指指向罚球点（图169）。通常情况下以“食指”示意。

（7）纪律处罚：单手持牌，面向被处罚对象，将红黄牌举过头顶（图170）。

图169　罚球点球

图170　纪律处罚

（8）查看：一手捂耳，另一手臂张开（图171）。通常情况下，伸出的手臂用于隔离队员并保持与队员之间的距离。

（9）回看分析：双手做出电视屏幕示意信号（图172）。

图171　查看

图172　回看分析

（二）手势信号的注意事项

（1）手势信号应清晰、明确、一目了然，根据比赛环境和判罚的重要程度决定信号的持续时间。

（2）手势信号应按照要求规范使用，每个手势被用作传达不同信息，应有明显的区别，切忌混合使用。

（3）手势信号在使用过程中应考虑周边环境，避免在人群中示意，以预防：一是造成外部人员观察不清；二是手势动作易误伤队员；三是避免与情绪失控队员发生身体接触。

（4）手势信号在足球竞赛规则中已被明确规定，它是足球比赛中的通用信号，在全世界范围内被普遍使用，切忌自创，以避免传递错误信息引起误解。

三、助理裁判员的旗示信号

助理裁判员、第四官员、附加助理裁判员作为其他比赛官员，应在裁判员的领导下履行职责。为能够更好地协助裁判员管理和掌控比赛，根据职责分工，分别使用各自的工具做出示意信号，但最终的决定必须由裁判员做出。

助理裁判员借助手旗作为提示，示意队员下一步的比赛行动及方式。

（一）旗示的种类与要求

（1）界外球：面向场内，手部持旗45° 斜上举，指示界外球发出方向。右手表示攻方球队掷界外球（图173），左手表示守方球队掷界外球（图174）。

图173　攻方界外球

图174　守方界外球

（2）角球：面向场内，右手持旗斜下方指向近端角球弧（图175）。应尽可能做到靠近角球弧位置完成旗示。

（3）球门球：面向场内，右手持旗前平举，指向踢球门球的球门区（图176）。应尽可能做到靠近球门线位置完成旗示。

图175　角球

图176　球门球

（4）协助判罚：面向场内，手部持旗上举并晃动手中旗帜，待裁判员令比赛停止后，持旗45° 斜上举，指示发球方向。右手示意守方球队犯规（图177），左手示意攻方球队犯规（图178）。旗帜晃动时应做到快速且幅度不易过大。

图177　攻方发球

图178　守方发球

（5）替换队员：面向场内，双手持旗位于两端，待比赛停止后，用双手将旗横举过头顶位置，示意某队请求换人（图179）。

图179　替换队员

（6）越位犯规：面向场内，右手持旗上举，待裁判员令比赛停止后，持旗45° 斜前下举，示意近端越位；持旗前平举，示意中端越位；持旗45° 斜前上举，示意远端越位（图180）。

a.右手持旗上举　b.近端越位　c.中端越位　d.远端越位

图180　越位犯规

（二）旗示信号的注意事项

（1）旗示信号应清晰、明确、一目了然，根据比赛环境和判罚的重要程度决定信号的持续时间。

（2）在做出旗示信号时，身体应保持站立停止状态，切忌在运动中完成示意动作。

（3）在做出旗示信号时，助理裁判员应与裁判员目光交流，确保判罚结果的一致性。

（4）因特殊情况，手旗需要更换至另一只手完成示意动作时，应在腰部以下位置完成交换动作。

（5）旗帜看上去就像手臂的延伸，示意动作时应保持肩、臂、手、旗尽可能位于一条直线，切忌提肩、曲肘、勾手。

四、第四官员的示意信号

比赛期间，协助裁判员监管队员替换程序、展示每个半场结束时需要补足的最短补时时间，是第四官员的两个重要职责。第四官员借助换人牌作为提示，示意工作内容。

（一）使用换人牌的工作内容及要求

（1）替换队员：面向场内，双手持换人牌两端，待比赛停止后，用双手将换人牌举过头顶位置，示意某队请求换人（图181）。可通过旋转身体，增大换人牌的示意角度，使两侧观众能够看到展示内容。

（2）补时：通过举换人牌的形式示意补时时间，工作内容与要求同替换队员。

图181　举牌示意

（二）举牌示意的注意事项

（1）举牌时应做到清晰、明确、一目了然，根据比赛环境和被替换下场队员的出场速度决定示意的持续时间。

（2）在进行替换程序前，应与裁判组成员有语言和行动上的交流。当替换程序结束后，再次与裁判组成员确认替换结束。

（3）临近某一阶段比赛结束时，当替换队员和补时在那一时间段内同时发生时，应观察和判断比赛形势，依据两者的重要程度，规划优先顺序，合理分配时间。

（4）在举牌示意换人时，通常绿色数字代表替换入场队员，红色数字代表替换离场队员。补时则用显著颜色数字示意。

（5）在举牌示意的过程中，要兼顾替补席和赛场上发生的任何事件，做好第四官员应尽的职责。

五、附加助理裁判员的示意信号

为确保在关键区域、关键位置、关键判罚上做到准确，增设附加助理裁判员，通过借助其手中的示意工具做出提示，协助裁判员进行判罚。通常以手旗的手柄作为示意工具来协助判罚。

（一）使用示意工具时的工作内容及要求

（1）面向球门与场地方向，左手持工具指向中圈，示意球的整体越过球门线，包括进球得分时。

（2）面向场地，左手持工具指向临近一侧的角球区或球门区，示意应由哪一队踢角球或球门球。

（3）在罚球点球时，面向球门，保持视线与两球门柱呈一条直线，左手持工具，通过信号示意守门员是否在球被踢出前离开球门线，以及球是否越过球门线。

（4）如在裁判工作中配有耳麦系统和震动手柄，只有在判断球是否越过球门线，包括得分时用手柄指向中圈示意，其他任何事件将以通话和震动提示的方式进行。

附加助理裁判员的示意信号如图182所示。

图182　示意信号

（二）使用示意工具时的注意事项

（1）利用工具示意信号时应清晰、明确、一目了然，根据比赛环境和判罚的重要程度决定信号的持续时间。

（2）在做出示意信号时，身体应保持站立停止状态，切忌在运动中完成示意动作。

（3）应根据附加助理裁判员的跑动路线和位置要求，在规范的地点做出示意信号。

（4）在做出示意信号时，附加助理裁判员应与裁判员目光交流，确保沟通顺畅。

（5）在有电子通讯系统（耳麦、震动手柄）时，附加助理裁判员可通过语言的形式提示裁判员，语言表达应清晰准确，并做到多次重复。

第四节　准确判罚犯规

准确的判罚是足球裁判工作的核心，是公平、公正的体现，传递了足球运动所倡导的精神，是足球运动良性发展的有力保障，维护了规则的严肃性和裁判员的权威性。准确的判罚就是裁判员依据规则规定，结合足球运动的常识和规则的精神，对比赛中发生的所有情况做出相应的处理与判罚。准确和严格是紧密相关的，严格不是从严、从重，“严格”是不折不扣地执行规则的明确规定，严格是准确的补充，准确是严格的前提。严格准确的判罚会使比赛激烈而有序，会给双方运动员充分发挥技战术水平提供良好的平台，给裁判工作创造平稳的环境，使困难的比赛开局后变得平稳有序而又不失精彩。

犯规判罚准确与否的标准来自规则的有关条款规定。但规则不可能将比赛中可能发生的情形全部涵盖，在发生规则并没有明确规定的情形时，需要裁判员结合足球运动的常识和规则的精神，做出合情合理的处理与判罚，这也是规则中多处提及的“裁判员认为”，也可以称之为“裁判员的自由裁量权”，但这种“自由裁量权”不能无限放大。国际足联、亚足联及中国足协在培训、评估裁判员过程中，都使用了与规则基本原则和理念精神相一致的特定事件分析要素，用于帮助提高裁判员临场判罚的准确性。本节分析的犯规是规则第十二章中所提及的相关的难点与重点内容。

一、犯规程度

犯规程度是指规则第十二章构成判罚直接任意球的第一组犯规的严重程度。这组7类动作的前提是“裁判员认为，如果队员草率地、鲁莽地或使用过分力量实施下列犯规，将判给对方踢直接任意球”。因此，裁判员在对“撞、跳、踢、推、打、抢、绊”这7种动作进行判罚时，不仅要判断动作的意图、分析争抢球的可能性、考虑动作的强度（力量与速度），还要观察动作的结果及争抢后的附加动作，恰当地把握“草率地、鲁莽地或使用过分力量”这个犯规程度（表2），判罚犯规并予以相应的纪律处罚。

表2　犯规程度概念

类别	程度	定义
不犯规	1 2	合理的争抢
草率地	3 4	争抢时没有预防措施，缺乏注意力或考虑
鲁莽地	5 6 7	不顾及其行为可能对对方造成的危险或带来的后果
使用过分力量	8 9 10	使用了超过其自身所需要的力量，危及了对方的安全

（一）不犯规

足球比赛中身体接触频繁、对抗激烈，队员在实施这组动作时，只要裁判员认为队员不是“草率地”“鲁莽地”或“使用过分力量”进行比赛就不犯规。针对这组犯规，建议裁判员在判断动作犯规与否时应考虑以下因素：

（1）队员在触球后与对方队员的接触是否合理。

（2）队员是否使用合理的动作冲撞对方。

（3）队员争抢球时的动作是否合理。

（二）草率地

“草率地”表示队员在争抢时没有预防措施，缺乏注意力或考虑。如果判罚犯规为“草率地”行为，这种情况下不必给予纪律处罚。建议裁判员在判罚犯规为“草率地”行为时应考虑以下因素：

（1）队员有无合理触球的机会。

（2）队员在做出争抢动作时是否缺乏注意力和考虑。

（3）队员在做出争抢行为时是否缺乏预防措施。

（4）争抢动作应被认定为合理的还是草率的行为。

（三）鲁莽地

“鲁莽地”表示队员的行为没有顾及可能对对方造成的危险或后果。如果队员以这种方式进行比赛，必须给予黄牌警告。建议裁判员在判罚犯规为“鲁莽地”进行比赛时应考虑以下因素：

（1）队员的行为是否罔顾可能对对方造成的危险。

（2）队员的行为是否罔顾可能对对方造成的后果。

（3）队员争抢动作的速度和力量如何。

（4）队员使用身体的什么部位接触对方。

（5）接触到对方身体的什么部位。

（四）使用过分力量

“使用过分力量”表示队员使用了超出自身所需要的力量，危及了对方的安全。这种情况必须被红牌罚令出场。建议裁判员在判罚犯规为“使用过分力量”时应考虑以下因素：

（1）队员在争抢时是否表现出明显的恶意。

（2）队员的争抢是否危及对方安全。

（3）队员在争抢时是否对对方使用野蛮动作。

（4）抢截时的出脚方向。

（5）队员从对方的正面、侧面还是背后蹬踹。

（6）队员在抢截时是否使用了鞋钉。

（7）接触到对方身体的什么部位。

第一组犯规1～7类动作纪律处罚如图183所示。

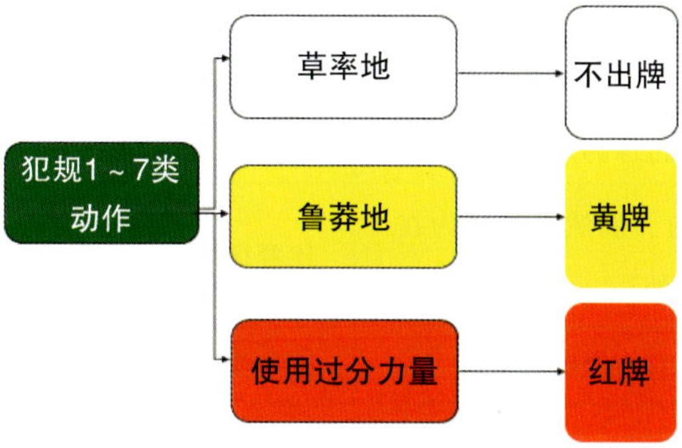

图183 犯规程度纪律处罚

（五）严重犯规

比赛进行中，为了争抢球使用危及对方队员安全或过分力量，以及野蛮方式的抢截，应视为严重犯规。任何队员用单脚或双脚从对方队员正面、侧面或后面，用过分力量或危及对方队员安全的蹬踹动作争抢球，是对对方队员故意施加的暴力性犯规行为，均视为严重犯规。建议裁判员在判罚严重犯规时应考虑以下因素：

（1）队员是否使用过分力量并危及对方安全。

（2）发生身体接触时队员是否以争抢球为目的。

（3）队员将手臂当作“工具”还是“武器”。

（六）暴力行为

队员的目的不是争抢球，而是对对方队员或同队队员、球队官员、比赛官员、观众或任何其他人，使用或企图使用过分力量或野蛮动作，无论是否与他人发生身体接触，应视为暴力行为。除此之外，队员的目的不是争抢球，而是故意用手或臂部击打对方队员，以及任何其他人员的头或面部时，应视为暴力行为，除非他使用的力量非常轻微，足以忽略。建议裁判员在判罚暴力行为时应考虑以下因素：

（1）在不以争抢球为目的的情况下，队员是否试图对对方使用过分力量或野蛮动作。

（2）击打对方头部或脸部的力量是否非常轻微。

（3）队员是否向球、对方或比赛官员扔掷物品。

（4）队员是否在比赛场地外对同队人员犯规。

严重犯规与暴力行为既有相同特性，也有不同之处（表3），从临场判罚效果的角度，两者并无差异，都是红牌罚令出场，但裁判员在赛后的比赛报告中必须如实陈述红牌的原因上报相关机构。通常（相关纪律处罚规定应明确），如果是严重犯规将被相关机构追加停赛至少1场，如果是暴力行为将追加停赛至少2场。因此，裁判员在报告中必须实事求是地填写是严重犯规还是暴力行为。

表3 严重犯规与暴力行为的划分

	严重犯规	暴力行为
时间	比赛进行争抢球的过程中	比赛进行中或停止时、比赛开始前或结束后
地点	比赛场地内、偶然出场视为在最近边界线处	比赛场地内、比赛场地外
目的	为了处理球且有触球的机会	不是为了争抢球
对象	侵犯对方场上队员	对方队员、同队队员、比赛官员、球队官员、观众或任何其他人员
性质	使用过分力量、野蛮方式	使用过分力量、野蛮动作、故意击打头或面部

（七）危险方式比赛

“以危险方式比赛”是指队员的动作目的为了获得球或处理球，但动作方式有可能伤害对方队员或自己。建议裁判员在判罚是否以危险方式比赛时应考虑以下因素：

（1）队员的争抢是否将对方置于危险境地。

（2）队员的行为是否存在造成他人或自己受伤的危险。

裁判员在比赛中既要引导比赛顺利进行，也要保护足球运动的健康发展和队员的安全，正确区分草率的、鲁莽的和使用过分力量的犯规，教育并惩罚犯规队员，通过对足球运动的理解，准确观察动作的接触点、使用的部位和接触到对方的部位，通过动作的速度和力量大小判断动作的犯规程度。

二、手球犯规

规则中规定了只有守门员在本方罚球区内才享有用手触球的权利，其他队员不能使用手或臂部处理球，所有人也知晓不是所有用手或臂部接触球的行为都是犯规，但哪些手球被视为犯规，哪些手球不视为犯规，一直存在争议。《2019—2020足球竞赛规则》颁布之前，规则中规定“故意手球”才是犯规，“无意手球”则不犯规，在判断队员是否“故意”用手触球上出现了不同的理解，难以界定队员的主观意图，导致了许多困惑、矛盾和争议。

在这种情况下，国际足球理事会对规则中手球犯规的有关条款进行了调整。将原来规则条款“故意手球”的措辞调整为“手球犯规”，将是否判罚犯规的关注点从“意图”（心理上）转移到“结果/影响”（实际上）。重新措辞主要遵循了下列原则：

- 足球运动不能允许使用手或臂部进球得分（即使是意外手球）。
- 足球运动应处罚通过手或臂部触球而获得控球权或者明显得利（如直接进球得分或立即造出进球得分）的队员。
- 队员倒地时，手臂处于身体与地面之间以支撑身体，属于自然动作。
- 手或臂部如果高于肩部，则很少属于“自然的”位置。队员将手或臂部处于这样的位置，是属于“冒风险”的行为，包括在倒地滑行时也是如此。
- 如果球从队员自己的身体，或从距离很近的另一名队员（无论哪方）而来，接触了队员手或臂部，这种情况下的手臂触球通常是无可避免的（注：此条指自然位置的手或臂部）。

在新的手球犯规措辞下，裁判员除了准确掌握规则原文条款的相关规定，在实际判罚中还应注意以下几方面：

（一）对足球运动的理解

1863年在讨论制定第一本足球竞赛规则时，对是否可以使用手或臂部处理球出现不同的观点。一家名为布莱克希斯（Blackheath）的学校因不同意废除用手抱球及踢外胫这两款规则而退出，并于1871年参与组建英式橄榄球联合会（Rugby Football Union）。足球竞赛规则演变至今，关于手球的措辞虽在不同阶段进行过调整，但对手球不犯规的判罚上持谨慎态度。

（二）使用清晰的考虑因素

在判断“手球”是否犯规并执行纪律处罚时，裁判员应综合考虑下列因素：

（1）队员是否故意用手或臂部接触球，包括手或臂部向球移动？

（2）队员是否使用手或臂部使身体不自然地扩大去阻止传球？

（3）队员是否企图用手球犯规进球得分？

（4）队员是否通过手球犯规阻止了一个进球？

（5）队员是否通过手球犯规阻止了一个明显进球得分机会？

（6）队员是否使用手或臂部使身体不自然地扩大去阻止直接射门？

（7）队员是否试图用手球犯规阻止一个进球未果？

（8）当球触及手或臂部，队员获得控制权，是否立即进球得分？

（9）当球触及手或臂部，队员获得控制权，是否立即创造一个进球得分机会？

（10）即使是意外，是否直接用手或臂部进球得分？

（11）当手或臂部使身体不自然地扩大时，手或臂部是否触球？

（12）当手或臂部处于肩上或肩外时，是否用手或臂部触球？

（13）在主动处理球后，来自队员的头部或身体（包括脚）的球是否直接触及手或臂部？

（14）来自很近的其他队员的头部或身体（包括脚）的球是否直接触及处于不自然扩大的手或臂部？

（15）当队员倒地时，手或臂部处于身体和地面之间以支撑身体，且手臂移动未离开身体横向或纵向展开，球是否触及手或臂部？

（16）球击中队员的腋窝底部以上还是以下部位？

（三）自然位置或动作

如果队员的手臂靠近身体，显然这是一个自然位置。如果在具体特定情形下，队员因为其身体的自然动作造成手臂位置离开了身体，也应被认定为处于自然位置。当队员摔倒时，将手臂处于身体和地面之间以获得支撑，这是很自然的，但是支撑时手臂横向或纵向展开，使手臂位置离开身体扩大（形成更大的障碍物），则是非自然或不公平的，并且队员需要承担这样做的风险。

（四）附加动作

队员的手或臂部接触球时如果有多余附加的动作，并不是惯性使然，被判罚手球犯规的可能性较大。

（五）冒风险

队员必须明白，当他们的手或臂部处于某个位置而使其离开身体的位置扩大了，会有被判罚的风险。手或臂部伸展高于肩部很少是一种“自然”的位置，除非是在主动处理球的情况下，并且手或臂部在那样的位置，队员同样需要 “承担风险”。

（六）例外情况

如果队员在主动处理球后球触及自己或附近的同队队员的手或臂部，不构成手球犯规。此外，规则虽然没有提及，但结合对足球运动的理解及手球犯规的其他规定，在主动处理球的情况下，手或臂部触及球将不视为手球犯规，应该只针对守方队员，不包括攻方队员类似情况下的手触球。

（七）攻方手球的概念

足球运动不接受手或臂部触球后直接进对方球门得分（即使意外），同样也不接受队员从自己的手或臂部触球后获得控球权（即使意外），然后立即进球得分。意外手球后，自己或同队队员创造进球得分机会，不再视为手球犯规。

三、战术犯规

足球战术是比赛中为了战胜对手，根据主客观的实际所采用的个人和集体配合的手段的综合表现。但战术的运用必须在规则的框架下实施，必须遵守规则的相关规定。规则中并没有战术犯规的明确分类，如果队员带有非法战术目的实施犯规动作将被予以相应的纪律处罚。

（一）非体育行为中被警告的战术犯规

所谓有希望的进攻，就是即将形成成功概率较大的进攻机会，也是以前所说的有效进攻机会。干扰有希望的进攻是以犯规或手球这种方式影响了机会形成或降低了机会形成概率；阻止有希望的进攻是直接破坏或中断了机会的形成。目前被黄牌警告的非体育行为中与干扰或阻止有希望的进攻有关的犯规有如下两条：

一是通过手球的方式干扰或阻止有希望的进攻。阻止有希望的进攻机会英文为“stop promise attack”，为了便于记忆，通常取3个英文单词的首字母，将该战术犯规简称为“SPA”。

二是通过任何违规的方式干扰或阻止有希望的进攻，除非裁判员判罚球点球而且犯规的意图是争抢球。

这里判罚的是违规后造成的后果，不是违规动作本身，甚至有时这样的违规仅仅是可判为“以危险方式比赛”或“阻碍对方队员行进”等间接任意球的动作。裁判员在判断是否干扰或阻止有希望的进攻时应考虑以下因素：

（1）犯规地点与球门之间的距离。

（2）队员是否已经控制球。

（3）队员是否有控制球的可能性。

（4）比赛发展的大致方向。

（5）参与防守的队员人数。

（6）防守队员的位置。

（7）参与进攻的队员人数。

（8）进攻队员的位置。

四、罚球区内的事件

进入对方罚球区意味着更加接近对方球门，进球得分的可能性相对就会增加。在本方罚球区内犯有可被判罚直接任意球的犯规将被判罚球点球，罚球点球进球得分的概率很高，防守队员面临被判罚的风险，进攻队员则竭力创造机会。罚球区内的一些违规行为将被判罚间接任意球，罚球区内的间接任意球对球门也构成一定的威胁。另外，规则对罚球点球中双方违规的处罚进行了修订，如此一来，罚球区是攻守双方争夺的焦点区域，裁判员在罚球区内的判罚也是众人关注的关键判罚事件。罚球区内事件的判罚准确与否，对裁判员引导比赛顺利进行有着至关重要的意义。

（一）罚球点球的判罚

可能被判罚球点球的规则相关规定已进行了部分变更，在规则第十二章第4条“犯规与不正当行为出现后的比赛恢复方式”中已进行了较为详细的阐述，这里只对比赛进行中场上队员在本方罚球区内犯有构成判罚直接任意球犯规的有关判罚展开分析与讨论，建议裁判员从如下几个方面考虑：

1. 选位——距离和角度

在攻方已经进入阵地进攻、裁判员接近罚球区的情况下，要选择好观察的角度，不断调整步伐，并敢于深入罚球区，尽量将观察的角度保持在看清可能发生犯规动作截面的有效角度内。反击的情况下，裁判员要高速冲刺，接近可能发生犯规的地点。注意，在冲刺过程中，保持良好的观察角度至关重要。

2. 动作的细节——犯规或不犯规

足球比赛中队员之间的身体接触较为频繁，虽然在罚球区内防守队员会更加谨慎，具有规避被判罚的风险意识，但终将需要解除攻方对本方球门的威胁，实施防守动作，发生身体接触。裁判员要看清整个动作的实施过程，识别是否构成判罚直接任意球的犯规，通常考虑动作的意图、争抢球的可能性、动作的强度、动作的过程及争抢后的附加动作。需要提醒的是裁判员通过看清细节，对造成攻方队员倒地或几乎倒地的原因要有准确判断。

此外，如果一名守方队员从罚球区外拉扯、阻止对方队员行动，并持续至罚球区内，裁判员必须判罚球点球。

3. 纪律处罚

球点球判罚后，裁判员也不能忽视可能追加的纪律处罚。

（1）必须黄牌警告的情况：

- 以鲁莽方式进行比赛。
- 在意图争抢球或触球时出现犯规，破坏对方明显得分机会。
- 不是为了争抢球或触球出现犯规，干扰或阻止对方有希望的进攻。
- 通过拉扯、推搡、手球犯规的方式，干扰或阻止对方有希望的进攻。

（2）必须红牌罚令出场的情况：

- 严重犯规、暴力行为。
- 不是为了争抢球或触球出现犯规，破坏对方明显得分机会。
- 通过拉扯、推搡、手球犯规方式，破坏对方明显得分机会。

4.“百分之百”地确认

罚球区内判罚球点球的犯规，裁判员应该“百分之百”地确认，否则应让比赛继续进行。百分之百确认的犯规应该是清晰的，不是小小不言、模棱两可、可判可不判的。

5. 团队合作

规则要求裁判员与其他比赛官员合作管理比赛，并且除候补助理裁判员外，当其他“在场”比赛官员的观察角度比裁判员更好时，需提示裁判员发生的犯规和违规情况，因此裁判员出现罚球点球的错漏判时，其他比赛官员需协助。但同样要注意，裁判员发生的错漏判应是清晰的、明显的，协助的其他比赛官员也要百分之百地确认，通过赛前准备会约定的信号通知裁判员。

（二）佯装

佯装是指队员假装被犯规，目的是欺骗裁判员获得不正当的利益，判罚任意球或球点球，或使对方受到纪律处罚。

佯装有3种表现形式，一是没有身体接触，假装被侵犯；二是有身体接触，但夸大被侵犯的程度，如轻碰即倒，或夸大受伤的程度；三是主动“制造”被犯规，如主动用腿或脚去“挂”对方队员，真正倒地的原因不是受外力所为，而是制造骗局。目前佯装犯规泛滥的现象已有所好转，建议裁判员在比赛中判罚明显的佯装。通常明显的佯装是百分之百没有身体接触，但裁判员依然可以根据比赛的需要判罚其他的佯装犯规。裁判员在临场判罚明显的佯装时要考虑以下因素：

（1）相关队员之间是否有接触。

（2）队员是否企图欺骗裁判员。

（3）队员是否通过佯装赢得一个任意球。

（4）队员是否通过制造犯规或假象获得不正当的利益。

（三）其他违规

（1）坠球：停止比赛时，如果球在罚球区内或最后触球点在罚球区内——坠球给守方守门员。

（2）如果守门员明显地踢或试图踢同队队员直接掷来的界外球或故意回传的球，目的是出球，但处理失误，在其他队员触球前，守门员可以用手触球。

（3）任意球：当球被踢且明显移动，则比赛开始——不必等球离开罚球区；对方队员必须处在罚球区外且距离球至少9.15米直到比赛开始。同样的改变也适用于球门球（规则第十六章）。

（4）球门球：当球被踢且明显移动，则比赛开始——不必等球离开罚球区；对攻方队员的移动和意图保持警惕和关注很重要，不允许“轻挑”球，然后头顶球回传给守门员，如果守门员发起，重踢球门球，并黄牌警告守门员。

五、提高判罚准确性的要素

（一）熟练掌握和运用规则

1. 掌握规则中犯规概念

规则从1863年制定禁止持球跑动，禁止踢、拌摔，禁止用手拉拽对方，禁止用手传球给对方或用手从地面持球，发展到现在完整独立的规则第十二章，其有关条款历经岁月沧桑，不断完善，展示了国际足球理事会严谨的态度和科学的方法。作为一名裁判员，必须掌握规则核心章节之一的“犯规与不正当行为”内容。

2. 运用足球运动常识和规则精神

竞赛规则不可能对比赛中所有情况进行界定，裁判员在比赛中有时会遇到规则并没有明确规定的情况，处理这些情况时首先必须遵循规则，其次要结合足球运动常识和规则的精神判罚。

虽然有时不同裁判员的认知、执法经历和对运动的理解存在个体差异，但足球运动的常识（Common Sense）是相对统一的，足球是有着悠久历史、尊重传统的运动，是讲究流畅、追求表演的运动，是公平对等的运动。足球竞赛规则的变更与修订，遵循的是保护健康和安全、确保公平和诚信等原则，以增强普适与包容，提高观赏性和吸引力，改进行为和形象，以及探索科技助力。

“裁判员认为”在规则和裁判员指南中被多次引用，裁判员可以基于自己对规则的理解和对足球运动的认识，恰当地运用规则，这是足球有别于其他运动项目的重要体现。裁判员只有掌握、理解足球运动和规则的精神，正确运用“裁判员认为”这一要素，才能引导比赛顺利进行。

运用规则要合乎情理。这里所讲的“情”是指实际情况，“理”是指足球规则。两者不是一对矛盾，而是不同视角的有机结合。实际情况是客观存在的，在足球比赛中纷繁众多。如比赛的性质、比赛的气氛、比赛的激烈程度、比赛进行的时间段、比赛中情况发生的区域、比赛结果对其他队的影响、比赛双方的历史背景和心理状态、循环赛或淘汰赛进行到哪个阶段等，不胜枚举。客观存在决定了人们的主观意识，如此众多的现象难免产生不尽相同的认识。足球规则是统一的，而规则的尺度是可以调整的。这是因为规则中冠以了“裁判员认为”“草率地、鲁莽地或使用过分力量”等文字。如果将尺度分为较松、中等、较紧三个档次，何时调整为哪个档次要根据比赛的实际情况。调整的尺度同样应坚持使比赛双方对等的原则。运用规则是否合乎情理，是以比赛的正常、顺利、流畅为标准的，是顾及大多数人的认同的。

掌握犯规的概念，领会足球运动的常识和规则精神，只是裁判员临场判罚的基础。由于足球比赛人数多、场地大、时间长、干扰杂等特点，主客观上增加了裁判员临场判罚犯规的困难，因此对裁判员的其他方面提出了更高的要求。

（二）心理素质的要求

持重稳健、精神敏捷的气质，以及自信果断的性格是裁判员在判罚犯规过程中的保障环节。无论比赛有多么困难，裁判员都应勇敢面对。队员犯规不会因为裁判员的懦弱而不再出现，场面混乱不会因为裁判员的迟钝而变得有序，裁判员的威信不会因为他的自负而得到拥护。良好的心理素质不是一朝一夕形成的，而是在长期的实践中不断锤炼、不断完善的。在实践过程中，裁判员的心理应避免下述因素的影响。

1. 人为因素

不能受球队官员、队员、观众的影响；不能受主客场、球队强弱等因素的影响；也不能受明星队员、明星教练员的影响。规则面前人人平等，在裁判员眼中只有不同服装颜色的两支队伍。

2. 比赛时间、场上比分等因素

比赛由始至终都应保持稳定的心理，出现任何犯规情况都要依据规则敢于判罚。场上出现比分变化时，裁判员在心理方面不能有变化，不能出现在判罚尺度上对领先球队严格，对比分落后球队宽松的情况。

3. 错漏判因素

裁判员在比赛中出现错漏判在所难免，不能有补偿的心理，应集中精力在下一个犯规判罚上。

（三）选位的要求

选位是看清犯规动作的基础。选好角度，距离近，不影响队员的跑动和球的运行，一般在球的左侧后方，将球、队员和助理裁判员置于自己的视野范围内。长传早移动，短传别卷入。只有具备良好的体能和意识才能适应当今快节奏的足球比赛。

1. 角度要好

裁判员应使自己与争抢球的双方队员之间尽可能形成一个三角形，观察犯规的截面，避免处于三点一线；在观察中要点、面结合，攻守双方兼顾；并始终将球置于自己的视野之内。

2. 距离要近

裁判员在不干扰队员和球的发展情况下，应尽可能接近观察比赛，理想的判罚距离以10米左右为宜，当然还要视具体情况而定。在队员密集的区域距离要近些，在队员较少、场面清晰的区域则不必太近；在双方队员形成胶着状态、无法突破或球无法传出时距离近些，在有可能形成突破或球即将转移时则不必太近等。

3. 位置调整

足球比赛的场面瞬息万变，裁判员的位置也要因此随机应变，不断调整观察的位置。裁判员的脚步应随时准备移动，不可任其惰性，长久站定，尤其当体力下降后更要保持警惕。实在来不及移动脚步时，也可采用调整身体姿势侧身观察。球的落点附近是裁判员选择理想位置的区域。

（1）当球被触及时，裁判员就要判断落点，并向落点附近移动。要根据球的方向、力量和速度，以及中途有无被挡的可能等进行判断。裁判员的眼睛不要随着球在地面或空中移动，而要及早观察落点附近的情况。 .

（2）当球还未被触及时，裁判员应预见持球队员有可能传球的方向和落点，做好向那里移动的准备。可根据持球队员的技术动作、同伴的接应位置，以及持球队的战术特点、防守方的位置空当等进行预见。裁判员的眼睛在持球队员处于不可能发生犯规的情况下不必总是盯着球，应经常选择时机扩大视野，回头观察身后的情况。当预计与现实接近时，这种意识上的准备有利于裁判员的及早到位。

（四）阅读比赛能力的要求

足球比赛千变万化，任何微小细节稍有处理不当，有时就会发生一些导致比赛失控的事件，这些事件的发生大多是有前兆的，突然爆发的事件极少。引发这些事件的前兆有可能微不足道，不容易被察觉，但其蛛丝马迹总会通过不同的方式表现于有形或无形中，裁判员不能总是致力于事件发生后的反应处理，要提高事件发生前的防范意识，提高阅读比赛的能力，让困难消失在萌芽阶段或降低比赛的难度。

1. 解读队员心理，预见其心理变化

足球比赛充满激情，激情来源于队员多种多样的情绪，而有些情绪可能导致犯规。所以，解读并预见队员心理情绪的变化，有利于裁判员及时判罚和引导比赛。通常队员在比赛中会出现以下一些情绪变化：

（1）报复。当队员自己或队友被犯规后，有可能产生报复心理，此后当对方队员持球时，裁判员应注意队员上前抢截的过程中是否带有报复情绪。

（2）恼羞成怒。当队员出现无谓的失误，被对方队员合理地抢截球后，有可能恼羞成怒，裁判员应注意其是否采用某些不正当的小动作以挽回“面子”。

（3）兴奋。比赛机会少的年轻队员上场后有可能急于展示自己，动作频率快，表现得较为兴奋，有可能出现犯规。队员踢进一球后兴奋不已，适当的庆祝是允许的，但裁判员应留意队员因兴奋过度而造成的拖延时间或做出的不雅举动。

（4）冤屈。队员可能对裁判员的判罚不认同，而感到冤枉委屈，裁判员对此可做出理解的表示，或伴以适当的安抚方式，避免其做出不理智的举动。

（5）无所顾忌。比赛临近结束，或比赛中比分差距大，败局难以挽回，纪律制裁也收效甚微。此时裁判员应警惕落后方队员因无所顾忌而做出“破罐破摔”的举动。

当然有时导致队员情绪变化的原因不是单一的，可能由于外界刺激、自身原因等综合因素诱发而情绪波动。

2. 解读比赛技战术，预见技术动作、战术行为的发展

足球技战术丰富多彩，队员在运用时是有一定规律可循的，由于不同的背景条件使用了不恰当的技战术就有可能造成犯规。

（1）不同类型队员犯规的预见。如果从技术型和力量型的角度预见队员的犯规动作，则技术型队员多采用手部的推、拉，以及脚部的绊等较为隐蔽的动作；而力量型队员则多采用冲撞、踢、跳向、抢截等幅度较大的动作。

（2）不同争抢球条件下队员动作的预见。比赛是为了争取胜利，取胜要视进球的多少，进球首先须得到球。所以，对球的争夺——控制与反控制成为比赛的焦点。裁判员观察队员争夺球的动作与球之间的关系，是预见其动作是否有犯规可能的依据之一：

- 控制球者犯规的可能性小，反控制球者犯规的可能性大。
- 距球近者犯规的可能性小，距球远者犯规的可能性大。
- 距球同等距离时，动作快者犯规的可能性小，动作慢者犯规的可能性大。
- 目的对球的动作犯规的可能性小，目的不是对球的动作犯规的可能性大。

（3）不同实力队伍犯规的预见。如果队伍的整体实力不如对方，或队员的实力不如对应位置的对方队员，该队及该队员就可能抢先采用“杀伤战术”，企图抑制对方技战术的发挥。

3. 解读比赛背景，预见比赛困难

一场比赛的重要性、双方的历史渊源、媒体炒作、观众情绪、胜负变化、裁判员的错漏判等因素都有可能对比赛发展产生一定的影响，增加比赛的难度。因此，裁判员要分析比赛的不同背景情况，对可能出现的困难做好充分的思想准备和详尽的应对方案。以下一些情况容易对比赛的发展、难度有一定的影响：

- 比赛的重要性：如比赛牵涉到名次之争（夺冠或降级）、出线与否。
- 双方的历史渊源：如国家德比、城市德比，或在历史上双方曾有过节。
- 观众情绪高涨，或观众用语言、行动刺激挑衅队员时。
- 场上比分出现变化后：如危险的“2∶0”现象，落后一队扳回一球后，势必会使比赛气氛发生变化。
- 比赛中发生群体冲突后：如队员出现非体育行为、严重犯规或暴力行为等犯规时。
- 裁判员出现了“错漏判”后等。

（五）团队合作的要求

裁判员队伍是足球比赛中的第三支队伍。裁判员的错漏判也是比赛的一部分，有时裁判员不可能突破身体的极限去做不可能的判断，但是足球比赛又要求裁判员尽量不出错，个人的能力总是有限的，团队的力量却是无穷的。规则指南对裁判员、助理裁判员和第四官员的团队合作有了明确的指示，对不同情况下配合的原则、方法都有了进一步明细的要求。裁判组在比赛中要勇于承担责任，相互信任、换位思考，除了掌握裁判员指南中明文规定的规范配合方法，还要针对比赛中可能出现的特殊情况事先约定好一些联络信号，增强团队合作的默契。

（六）判罚方式（管理技巧）的要求

判罚方式是指裁判员判罚后的一系列行为举止。控制比赛、使比赛顺利进行是裁判员判罚犯规的目的。这需要队员的理解、认同与合作。规则是统一的，尺度是对等的，而判罚方式可以根据不同对象、不同背景有所区别。同一个判罚的不同方式可能会产生不同的反应。裁判员应善于根据需要使用不同的判罚方式以达到预期的效果。判罚方式主要体现在裁判员的哨声、手势、表情、语言、目光、姿态、跑动等方面。裁判员运用不同的判罚方式应考虑以下几个方面。

1. 教育与惩罚

裁判员的判罚方式应在判罚过程中表明规则的精神，起到一定的教育与惩罚作用。例如，对粗野伤人的犯规，哨声洪亮略长，表情严峻，目光凝视犯规者；对一般性的犯规，则哨声干脆短促，向前跑动，带动被犯规方尽快恢复比赛。

2. 控制与引导

心态不平衡往往会引发事端，因此要求裁判员在正确裁决的过程中运用恰当的方式方法控制队员的情绪，防止事态扩大。例如，判罚粗野伤人的犯规后，迅速跑到犯规地点，隔开双方，并设法让被犯规方看出裁判员对此类犯规是严惩不怠的，同时适当关心其伤势，鼓励其继续投入比赛。如果被犯规方也做出报复性的犯规举动，使双方争执起来，则应一面注意观察、一面迅速排解争执，待局面缓和、情绪冷静后，依照犯规发生的顺序，先后处罚双方犯规队员。

3. 树立权威

足球竞赛规则是足球比赛的法规，它的权威性是保证比赛顺利进行的基础。这个权威性的法规是由裁判员“被任命具有全部权力去执行与比赛有关的竞赛规则”所体现的。因此，裁判员在正确执行规则时运用恰当的方式方法对权威性的树立起着重要作用。例如，比赛很激烈，气氛较为紧张，双方犯规不断，此时裁判员应考虑时机，选择在一个明显犯规的判罚后，用适当的语言及手势警示双方冷静下来，严格遵守规则。再如，对于队员的隐蔽性犯规，裁判员在判罚后可适当地模仿该犯规动作，一方面使他人清楚违反的是哪条规则，另一方面也令犯规队员了解裁判员的洞察力是不可低估的。

综上所述，要想做到准确判罚犯规，裁判员应精通规则条款，运用足球运动的常识和规则精神，锤炼执法的心理素质，加强跑动选位，提高阅读比赛能力，重视团队合作，掌握有效的判罚方式。

第五节　提高判罚越位犯规的准确性

对于临场裁判来讲，越位无疑颇具争议和难度，其具有的特殊性导致在比赛中往往产生巨大的争议。

近年来，国际足球理事会和国际足联不断对越位规则进行补充和完善，甚至引入视频助理裁判（VAR）系统辅助临场裁判做出准确的判罚。即便如此，所谓毫厘之间（体毛级）的越位争议依然存在，因此作为场上的执法者，很有必要认真研读越位规则、透彻理解规则条款，临场执法中快速移动、找准观察位置，集中注意力的同时分配好注意力，做到人球兼顾，这样才能在执法中做到准确、公正，减少错、漏判所导致的争议。

一、深入理解规则条款，谙熟构成越位犯规的条件

“处于越位位置并不意味着构成越位犯规”。在比赛实践中，队员处于越位位置的情形并不少见，但只要其未参与实际比赛则不符合应被判罚越位犯规的条件，即此情况下队员仅仅处于越位位置，并不构成判罚越位犯规的条件。

构成越位犯规的条件如图186所示。

图186　构成越位犯规的条件

（1）“处于越位位置”。队员处于越位位置的条件在规则中已有详尽说明，需要注意的是队员与球齐平、与对方倒数第二名队员或最后两名队员齐平均不是处于越位位置，此外规则还列举了3种队员即使处在越位位置也不存在越位犯规的特殊情况，即队员直接接得球门球、掷界外球、角球不存在越位犯规。

（2）“同队队员传球或触球的一瞬间”，是指传球或触球时的第一接触点。当脚（也包括其他有效身体部位）和球接触时，尽管过程非常短暂，但是仍可细分为脚即将触球、脚和球接触、球即将离开脚面3个阶段，如图187所示。为了更精准地判定触球的一瞬间，特将“脚和球接触”确定为“第一触球点”，这种情况更多适用于视频助理裁判员（VAR）的查看，同时这样细致的规定也使规则变得更加严谨。

脚即将触球　　脚和球接触　　球即将离开脚面

图187　传或触球的时间

（3）“参与了实际比赛”，是指队员参与到以球为中心的比赛情景当中，其参与实际比赛的方式有3种，即干扰比赛、干扰对方队员、获得利益。这3种参与实际比赛的方式是判罚处于越位位置的队员越位犯规的重要依据。

二、厘清干扰比赛、干扰对方队员、获得利益的判罚依据

当处于越位位置的队员参与实际比赛中时，必须区分清楚该队员是以什么样的方式参与了实际比赛，是干扰比赛、干扰对方队员还是获得利益，如图188所示。

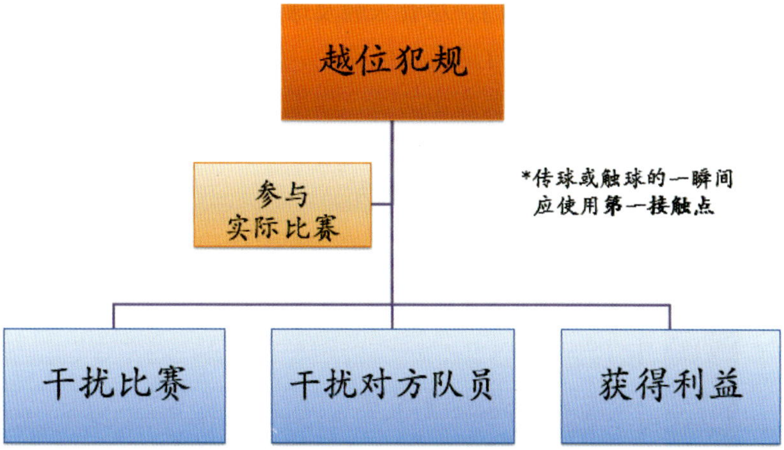

图188　参与现实比赛

（1）“干扰比赛”，是指在同队队员传球或触球后得球或触及球。

首先要判断队员是否处于越位位置。若同队队员传球或触球的一瞬间队员确实处于越位位置，此时并不意味着应立即判罚越位犯规，必须运用“等和看”的技巧，因为这种情况下球有可能被防守方获得，甚至被不处于越位位置的同队队员获得。其次，只有当处于越位位置的该队员得到球或触及球时才满足了干扰比赛的条件，此时才应判罚越位犯规。

干扰比赛判罚越位犯规时，应遵循图189所示程序。

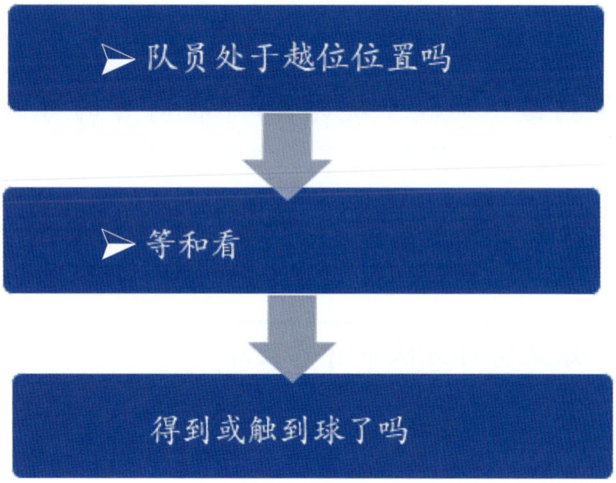

图189　干扰比赛的判罚程序

（2）“干扰对方队员”。在处于越位位置的队员参与实际比赛的过程中往往会出现干扰对方队员的情况，此时必须分清该队员是以何种方式干扰了对方队员。例如，处于球的线路上阻碍了守门员的视线，从而影响了守门员处理球的能力；和对方队员争抢球；于守门员身前伸脚抢点射门，尽管未触及球但其动作影响了守门员扑救球的能力；虽然表示不要球，但移动到防守队员的线路上，阻挡了防守队员处理球等。这些都符合干扰对方队员的相应条款。需要指出的是，如果队员仅仅是向球的方向移动，在此期间并未有任何影响对方的举动，则不应被认为干扰了对方队员。

干扰对方队员的4种情况，如图190所示。

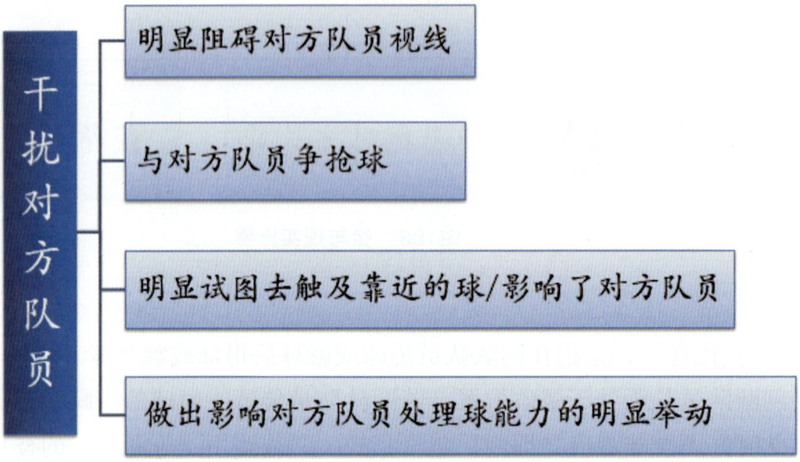

图190　干扰对方的四种情况

（3）“获得利益”特指球从球门柱、横梁、比赛官员或对方队员处反弹或折射，或者从任一对方队员有意救球后而来。在此情况下之前处于越位位置的队员以触球或干扰对方队员的方式参与了实际比赛，则判罚“获得利益”的越位犯规，如图191所示。

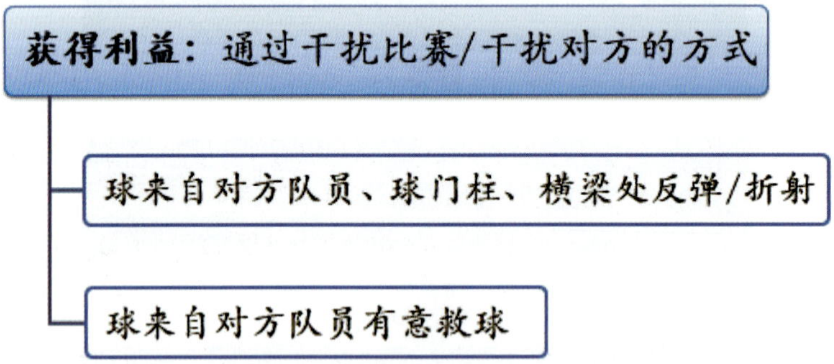

图191　获得利益的越位犯规

在“获得利益”的规则条款中有如下阐释，即“处于越位位置的队员在对方队员有意触球或故意手球之后得球，不被视为获得利益，除非对方球员属于主动救球”。因此，应注意区分何为折射、何为有意触球。如果防守队员的动作是一种本能的反应则应视为折射；如果防守队员的动作是主动处理球则应视为有意触球。此外，球的速度、人和球之间的距离，以及防守队员是否能控制自己的身体去完成动作也是考虑的因素。

总之，对于越位犯规的判罚一定要厘清判罚的依据，是依据“干扰比赛”判罚的越位犯规，还是“干扰对方队员”抑或是依据“获得利益”判罚的越位犯规，只有依据规则的条款逐项分析、判断，这样的判罚才能做到有理有据，也才能减少比赛中越位犯规的判罚所带来的争议。

三、助理裁判员位置和观察角度的重要性

对于助理裁判员来说，掌握越位规则的条款仅是准确判罚越位犯规的前提条件，在实际比赛中出现更多的往往是对队员是否处于越位位置的判断。由于攻守双方的位置总是处于动态的变化当中，这给助理裁判员判断在传球的一瞬间进攻队员是否处于越位位置带来了极大的困难。实践证明，助理裁判员的位置保持与守方倒数第二名队员齐平有利于做出准确的判断，如图192、图193所示。

图192 助理裁判员正确的位置

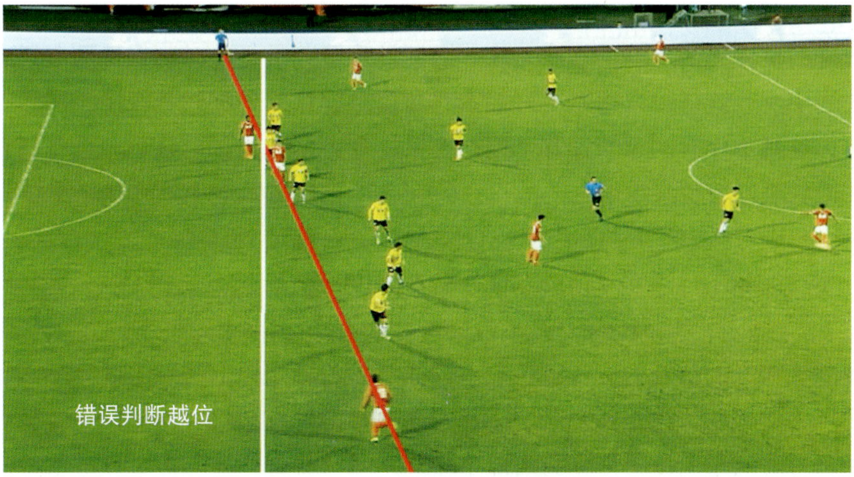

图193 助理裁判员错误的位置

规则实践指南要求“助理裁判员的位置必须与守方倒数第二名队员齐平，或当球较守方倒数第二名队员更接近于球门线时才与球齐平”。因此，助理裁判员的位置既不能靠前，也不能拖后。大量事实证明，不在齐平的位置观察到的攻守双方的相对位置往往是错误的，因此将导致对越位位置的判断错误（图194、图195）。

图194　助理裁判员位置错误错判越位犯规

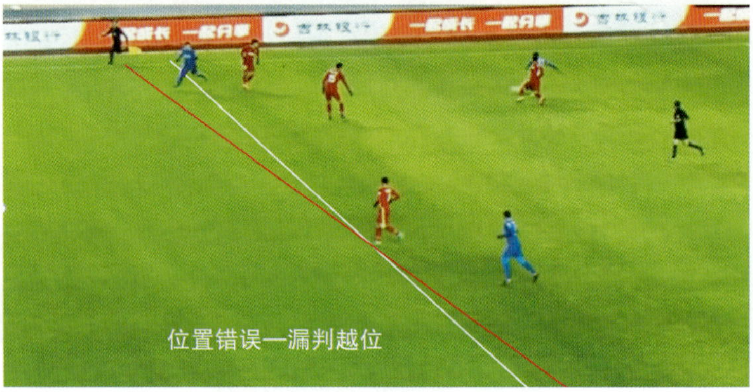

图195　助理裁判员位置错误漏判越位犯规

有了好的位置还需要好的观察角度，因此助理裁判员必须时刻保持面向场内（即使是在移动当中），这样可以得到更好的观察角度。建议助理裁判员在短距离移动时多运用侧滑步，这样不仅有利于快速移动保持齐平于守方倒数第二名队员，也有利于保持面向场内，得到更好的观察角度。

四、观察越位时注意力的集中、分配和转移

心理学认为人的注意力有四种特质，即注意力的稳定性、注意力的分配、注意力的转移和注意力的广度，这是衡量一个人注意力好坏的标志。对足球比赛中的助理裁判员来说，注意力的前三项特质具有实践指导意义。

（1）注意力的稳定性是指一个人在一定时间内，比较稳定地将注意力集中于某一

特定的对象与活动的能力。现代足球比赛中，比赛双方攻防转换频繁，某一队上一秒由守转攻，可能下一秒又由攻变守了，因此对助理裁判员来说任何时候都必须保持注意力的集中，否则一刻的松懈将有可能造成严重错、漏判。

（2）注意力的分配是指一个人在进行多种活动时能把注意力平均分配于活动当中。足球比赛中由于越位规则的特殊性，判断越位位置是在同队队员触球的一瞬间而非接球的时刻，这就要求助理裁判员既要注意传球队员的触球又要同时注意另一（或多名）队员是否处于越位位置，因此注意力的分配就显得尤为重要，只关注“越位线”而不知道球何时传出或者看到传球后再找“越位线”都会导致判断错误，因此必须做到“人球兼顾”，将人和球放在同一视野之内将有助于准确判定越位。

（3）注意力的转移是指一个人能够主动地、有目的地及时将注意力从一个对象或活动调整到另一个对象或活动。现实比赛中，当攻方控球时并不会局限于某一区域的传球，而是会充分利用场地的宽度，对助理裁判员而言，近端、中间、远端都会不断有攻守双方队员位置的变化，因此不能将注意力长时间集中于某一区域，而应在远、中、近之间不断转换，只有这样才能准确找到守方倒数第二名队员并与之齐平。图196a、b即是由于助理裁判员注意力过度集中于中路，而忽略了远端回撤的防守队员导致错判越位的实例。

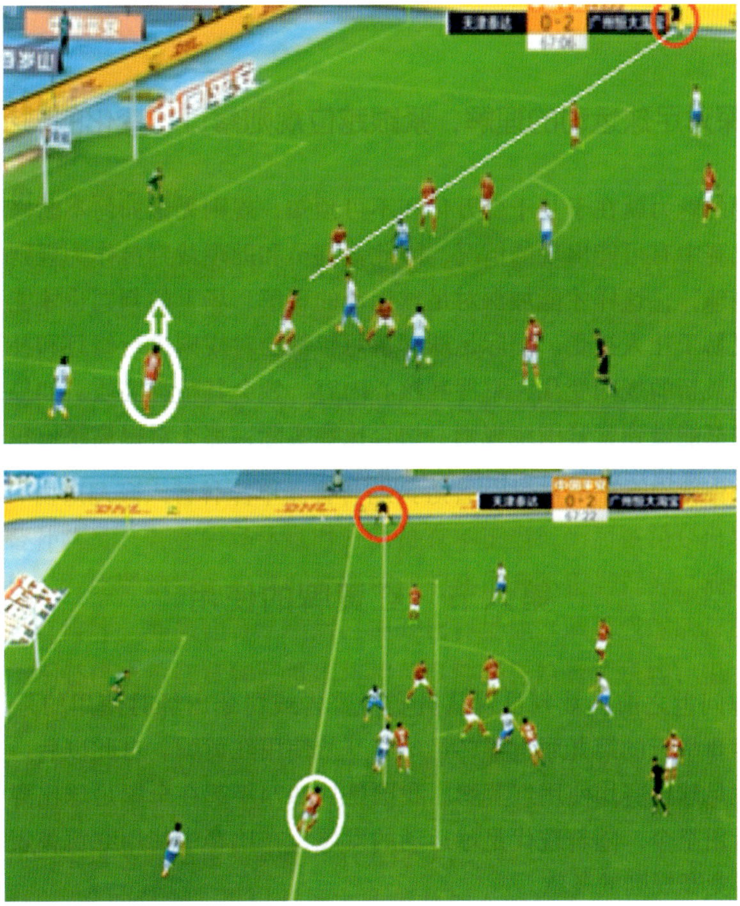

a

b

图196　注意力集中中路，忽略远端防守队员

下场队员出示红黄牌。如果列入比赛名单中的球队官员犯有不正当行为时，也可对其进行警告或罚令出场，并出示红黄牌。

2. 提高跑动选位和团队合作能力

出示红黄牌是否准确，在一定程度上反映了裁判员的执法水平。要提高使用红黄牌的准确性，在临场执法中必须注意积极跑动，选好位，切实做到“距球近、角度好、看得清”，这样才能准确果断判罚。同时要加强与助理裁判员的密切配合，赛前认真研究合作内容、方法，尤其是在“死角”区域及裁判员背后的“盲区”，一旦发生队员犯规时如何协作的方法。

3. 善于掌握队员的心理状态

比赛的性质、场上气氛、执法水平、观众情绪、胜负变化等状况，对队员的心理状态有着深刻的影响。裁判员如能透过现象及时了解队员的心理状态，那么对提高出示红黄牌的准确性有着重要的作用，切忌机械执法，意气用事。

4. 坚决排除外界干扰

随着足球运动职业化的发展，竞争越来越激烈，比赛胜负的影响很大。观众、队员以及其他人员往往通过各种方式干扰裁判员执法，对裁判员的压力明显增大。有的裁判员由于心理上承受不了外界的压力，结果把已经拿出来的红黄牌又放回口袋，或者在叫喊声中又违心地出示了红黄牌。这种情况必然削弱使用红黄牌的作用和它的严肃性，应引以为戒。富有自信心和独立见解是每一名优秀裁判员的基本品质。

在实践中要想提高使用红黄牌的准确性，必须要自信心强、有根有据、掌握时机、合乎情理，这四要素要有机结合、融会贯通方能充分发挥红黄牌的积极作用。总之，裁判员在行使警告与罚令出场的职权时，须有原则性和灵活性，合情又合理，二者缺一不可。

三、使用红黄牌的要求

1. 准备工作要详尽

红黄牌的规格应以清晰可见和使用方便为原则。通常由薄型塑料卡制成，颜色以鲜红和桔黄为宜，规格一般为8厘米×11厘米。裁判员上场前，应检查自己是否携带红黄牌，并且尽量将红黄牌分别放置于记录卡的两边插袋内，或裁判服的两个口袋中，避免执行中出现漏带或出示错误的被动局面。

2. 决定判罚后行动要果断

裁判员决定对队员给予警告或罚令出场时，应区别情况，采用令队员走过来或裁判员主动跑向前的方法，以有利于维护裁判员的威严和教育队员，不宜机械地采用固定的方法。

对队员出示红黄牌，也要快慢结合，出示前裁判员认为有必要教育一下时，语言必须中肯简短；对严重犯规和暴力行为等容易引起群体冲突的罚令出场犯规出示红牌要快，裁判员无须与处罚对象对话，应让其尽快离开场地。

3. 出牌手势要规范

严格采用国际足联统一规定的规范手势出示红黄牌（手持牌子下角，单臂伸直上举），切勿将红黄牌直接指向队员的脸部或胸部，否则有损裁判员的风度，也容易引起不必要的冲突。个别裁判员经常喜欢采用摸口袋假装出牌的做法吓唬队员，这不是一种好的控制比赛的方法。

4. 保持恰当的距离

凡出示红黄牌时，裁判员与队员要保持一定的距离（2米左右），不宜太远，也不宜过近，交代清楚，既教育犯规队员，也教育其他队员，同时还可避免因队员对判罚不满而企图抢牌的现象。

不宜在人群中出示红黄牌，否则队员及场外的其他人员看不清被警告或罚令出场的对象，也容易发生队员因对判罚不满而造成围哄、拉扯裁判员的现象。在这种特殊的情况下，裁判员应避开人群，令被罚的队员单独过来后再予以教育与处罚。

5. 出示牌要记录

无论出示红牌或黄牌，裁判员都应及时记录被罚队员的号码、事实和犯规的时间，以便赛后向主办机构做出书面报告。一般情况下，多是先出示红黄牌，后记录，但有时候也可以先记录，后出示红黄牌。无论采用哪种方式所用时间切忌过长，应尽快恢复比赛。

记录使用红黄牌的情况，最好采用简便的符号与速记文字，以减少比赛停顿的时间，同时要核对被警告队员的号码，以免搞错对象，发生第二次被警告的队员未被罚令出场的错误。

凡比赛中裁判员出示了红黄牌，赛后均应在规定的时间内向主办机构做出书面报告。裁判员的书面报告是纪律委员会（或仲裁委员会）对犯规行为及其后果做出处理的基本文件。因此裁判员的报告书一定要写得真实可靠、简明扼要，无须做多余的文字修饰，使用规则规范语言描述动作，不得带有个人感情色彩。

6. 恢复比赛要鸣哨

凡出示红黄牌后，在进行记录时裁判员应尽量将球控制在身边，以免发生意外，只有在出示红黄牌及记录完毕后，才可以鸣哨指示恢复比赛。在未鸣哨重新开始比赛之前，队员不得擅自发球，一旦发现违犯上述规定的情况，裁判员应及时制止，如将球射入球门，则无效。

7. 出示红黄牌的特殊情况

（1）掌握有利。如果裁判员在出现可警告或罚令出场的犯规时，没有停止比赛而掌握有利，则必须在接下来下一个比赛停止时执行之前的纪律处罚。如果违规行为属于破坏对方明显进球得分机会的情况，无论进球与否只需出示黄牌警告即可；如果违规行为属于干扰或阻止对方有希望进攻机会的情况，无论进球与否都无须再出示黄牌警告。

在出现严重犯规、暴力行为或可被第二次警告的犯规时，裁判员通常不应掌握有利，除非有明显的进球得分机会，并且这种机会是“非常清晰的”。裁判员必须在接下来下一个比赛停止时将相关队员罚令出场，但如果该队员在下一个比赛停止前触及球或与对方队员争抢球或干扰对方队员，裁判员则应停止比赛，将该队员罚令出场，并以间接任意球恢复比赛，如果该队员出现了更严重的违规，则判罚直接任意球或球点球。

（2）任意球快发。一旦裁判员决定对队员出示黄牌警告或红牌罚令出场，在处罚程序执行完成前，不得恢复比赛。这里“裁判员决定”是指裁判员启动了处罚程序，已经将红黄牌掏出，这时防守队员的部分注意力已经在红黄牌的处罚上，此时裁判员允许恢复比赛，显然对防守方有失公平。

但是在裁判员执行纪律处罚程序之前，仅是裁判员认为这是一个需要纪律处罚的违规行为，并没有掏出红黄牌启动程序，这时被犯规的球队快发任意球，并且出现明显进球得分机会，裁判员可以允许比赛恢复，在接下来下一个比赛停止时执行纪律处罚；如果违规行为属于破坏对方明显进球得分机会的情况，无论进球与否，只需出示黄牌警告即可；如果违规行为属于干扰或阻止对方有希望进攻的情况，无论进球与否，都无须再出示黄牌警告；但如果犯规动作本身就是“鲁莽的”或“使用过分的力量”，同时干扰或阻止对方有希望进攻或破坏明显进球得分机会，随后的比赛停止时，依然要执行之前动作本身相应的纪律处罚。

（3）判罚球点球。判罚球点球后，裁判员也要注意是否有“红牌减为黄牌”或“黄牌减为无牌”的“减罚”情况。

（4）处罚准备出场护理的犯规队员。如果犯规队员受伤，需要出场护理，但之前的犯规将被黄牌警告或红牌罚令出场，裁判员必须在该队员离开比赛场地前出示红黄牌。

四、出示红黄牌的易犯错误

（1）心慈手软，降格处理。

（2）感情用事，盲目滥用。

（3）存放不当，牌子落地。

（4）装模作样，吓唬队员。

（5）准备不足，乱中出错。

（6）态度生硬，方式欠雅。

（7）观众叫喊，不亮也亮。
（8）场合不好，对象不清。
（9）记录有误，牌子出错。
（10）掏记甚慢，停顿过长。
（11）尚未离场，比赛开始。
（12）赛后报告，马虎了事。

五、特殊情况下的红黄牌使用

（1）在同一场比赛中，同一名队员被第二次警告时，裁判员应先出示黄牌，紧接着再出示红牌，以示该队员是第二次警告而被罚令出场。

（2）裁判员没有发现队员犯规，但经助理裁判员信号提示并核实后，根据规则与犯规事实，裁判员仍可对犯规队员予以警告或罚令出场。

（3）踢任意球时，守方队员至少距离球 9.15米，包括前后左右。凡经提醒后仍坚持不退出或在球踢动前提早侵入9.15米范围内者，裁判员应对其予以警告。一旦出现几名队员同时违反上述规定时，裁判员应对领头者予以警告，不要同时对几名队员实行“集体”警告。

（4）裁判员判罚犯规后，队员故意将球踢向远处，是一种不正当行为，应予警告，但不宜非得令该队员将球捡回。

（5）裁判员将队员罚令出场，该队员拒绝离场时，裁判员应通知该队队长负起管理本队队员的责任，否则从裁判员宣布时起，中断比赛超过5分钟，即作罢踢论处。

（6）比赛停止时，队员犯规或犯有不正当行为，裁判员在予以警告或罚令出场后，原来重新开始比赛的方法不变。

（7）在裁判员同意替换队员后，一旦完成替补程序，替补队员进入场地，就不再是替补队员。此时该队员严重犯规，裁判员将其罚令出场，不允许其他替补队员替补，也不准刚替换下场的队员重新参加比赛。

第七节 有利条款的运用

“有利”条款出现在《足球竞赛规则》第五章、第十二章中，是由足球比赛的特点决定的，也是“确保足球比赛的精彩与流畅”这一规则精神实质的现实体现。运用有利条款，也是足球竞赛规则对裁判员执法的客观要求。

一、运用有利条款的意义

首先，由于足球比赛场地大，对抗性强，球队的进攻机会往往是通过双方队员对球权的激烈争夺、攻防频繁转换后才能获得，一次好的进攻机会和射门得分机会对球队来说十分难得。裁判员在把握判罚犯规尺度的前提下，应尽可能地鼓励和保护双方球队创造出的一些有利于进攻和射门得分机会，这样才能符合球队追求比赛胜利的需要。

其次，足球比赛中对抗和争夺贯穿于始终，犯规情况时有发生，裁判员对一些未影响控球方利益的犯规不做判罚，能够起到使比赛更加连贯和流畅的作用。

最后，足球比赛是一项充满着激烈身体对抗和变化无常的运动，对抗和变化给足球比赛带来激情，透射出足球比赛本质的美。裁判员过多地对争夺和拼抢进行干预，对一些一般性犯规进行判罚，使“对抗”转为“平和”，将“无常”转为“有序”，将使足球比赛失去激情，失去它本质的美，从而也就失去了足球运动真正的观赏价值。

为保证足球比赛在一定的规则范围内有序进行，同时又不违背足球竞赛规则的基本精神，保护足球比赛的精彩、流畅和激情，所以要求裁判员在比赛过程中必须适时、准确地运用好“有利”条款。

运用好“有利”条款，必须建立在裁判员准确的规则理解、动作识别和良好的比赛阅读之上，它是裁判员综合执法能力和执法水平的一个重要标志。

二、有利条款解析

（1）在《足球竞赛规则》第五章“裁判员的权力与职责”条款中，关于“有利”的明确规定：

“当犯规或违规情况发生时，被犯规或违规的一队能从有利原则中获益，则允许比赛继续。如果预期的有利没有在那一时刻或随后几秒内出现，则判罚最初的犯规或违规”。

有利条款是裁判员在规则允许的范围内，针对某种犯规或违规行为，运用和掌握判罚与否的执行标准，避免做出对犯规队有利的判罚。当被犯规队存在有希望的进攻或进球得分机会，如当控球队员被犯规，但该队员或同伴并没有失去控球权，仍能继续比赛，且构成有希望的进攻机会或进球得分机会时，裁判员应掌握有利，让比赛继续。

此外，裁判员还要根据预期的有利局面是否真正形成，而采取下一步的行动。如果有利局面在那一刻或随后的几秒内没有形成，裁判员则要判罚最初的犯规。通常情况下，“随后的几秒”以2～3秒掌握为佳。

（2）在《足球竞赛规则》第十二章，“犯规与不正当行为”中的“3.纪律措施”条款中，有关于“有利”的明确规定：

- “如果裁判员在出现可警告或罚令出场的犯规时，没有停止比赛而掌握有利，则必须在随后比赛停止时执行该警告/罚令出场。但如果该违规行为属于破坏对方明显进球得分机会的情形，这种情况下，则以非体育行为警告相关队员；但如果该违规行为属于干扰或阻止了有希望的进攻，则不警告违规队员。”
- “在出现严重犯规、暴力行为或可被第二次警告的犯规时不应掌握有利，除非有明显的进球机会。裁判员必须在随后比赛停止时将相关队员罚令出场，但如果该队员触球或与对方队员争抢或干扰对方队员，裁判员则停止比赛，将该队员罚令出场，并以间接任意球恢复比赛，除非该队员出现了更严重的违规。”

- “如果防守队员在罚球区外就开始使用手臂等部位拉扯、阻止对方队员行动，并持续至罚球区内，裁判员必须判罚球点球。”

“有利”条款的掌握和运用，并不意味着裁判员对队员犯规行为的纵容。裁判员运用和掌握有利后对属于纪律处罚的犯规行为，应严格按照规则的规定，在随后比赛停止时进行处罚。因“破坏明显进球得分机会”而应该被罚令出场的犯规行为，如果其犯规程度仅仅是草率地犯规，裁判员在掌握有利后，则可按非体育行为进行处罚，警告相关队员。

对严重犯规、暴力行为和可警告的第二次犯规，裁判员均不应该掌握有利，在随后比赛停止时应将相关队员罚令出场，除非有明显的进球机会。

在出现这种明显进球机会情况下掌握有利，裁判员在执行完相应的纪律处罚后，恢复比赛的方式应特别注意：一旦该犯规队员在裁判员掌握有利后，又去触击球或与对方争抢或干扰对方队员，即便没有犯规，裁判员都应停止比赛，将该队员罚令出场，并以间接任意球恢复比赛。当然，如果队员与对方的争抢是草率的犯规，或更为严重的犯规，则应以直接任意球方式恢复比赛。

三、运用有利条款时考虑的因素

1. 犯规的严重程度

保护队员身体健康是裁判员执行和贯彻规则精神，正确运用有利条款的底线。无论队员的目的是对球还是对人，一旦使用过分力量与对方队员争抢，势必会给对方队员身体造成伤害。因此，规则中明确要求，对严重犯规、暴力行为发生时出现的有利情况，裁判员不要再掌握，除非有明显的进球得分机会。裁判员应在比赛停止时将对严重犯规和暴力行为的队员罚令出场。

2. 掌握控球权——整个球队获利，而不仅仅是个人控球

被侵犯的一方掌握控球权是裁判员考虑掌握有利的先决条件。但掌握控球权，并不意味着一定会形成有利局面。例如，仅仅是在原地控球、在对方压迫的情况下控球或将球向本方后场传递，或因同队队员被犯规而受伤，没有意愿继续持球进攻，被侵犯的一方并未因掌握球权而获得利益，此时判罚此前的犯规效果更好。因此，裁判员在考虑是否掌握有利时，更应将整个球队是否获得利益，即是否能形成对球队有利的进攻局面和机会放在首位，不仅仅是被侵犯队员个人控制球。

3. 位置——在哪个区域

一般来说，越是接近对方球门，掌握有利的效果越好。在控球方的后场出现控球队

员被侵犯，由于距离对方球门远，不易形成明显的有利进攻局面，且下一步的进攻发展也具有不确定性，在这种情况下裁判员不宜掌握有利。如果在中场控球队员被侵犯，裁判员应根据攻守双方队员的人数、攻方控球队员及其同伴之间传球线路的多少，以及形成明显进攻机会的可能性等方面进行考量，酌情掌握有利。如果在进攻方前场，尤其是罚球区附近，由于距离对方球门近，进攻方形成有效进攻和射门的机会大幅增加，此时裁判员应大胆掌握有利。

不过，现阶段由于罚球区附近的任意球也是进攻球队一种重要的进球得分手段，因此多数球队还是乐于主罚在对方罚球区附近的任意球，这种情况下，判给被侵犯的一队任意球产生的球队利益或许会更大。

4. 有希望立即发动进攻的机会

控球队员被犯规后，在随后几秒内，如果存在以下情况和局面：一是被侵犯的控球队员仍存在射门的机会和可能时；二是被侵犯的控球队员仍存在多种向前传球线路时；三是被侵犯的队员继续控球，其身前有较大纵深和宽阔区域时；四是被侵犯队员附近有其同伴能继续控制球并形成继续进攻的局面时。这些情况对进攻球队来说，都属于有希望立即发动进攻的机会，裁判员应尽量掌握有利。

5. 气氛 / 比赛的激烈程度

裁判员在比赛中掌握有利，还需要考虑对比赛的掌控和球队获得利益之间的平衡。如果比赛气氛好，双方队员在比赛中的动作目的都是争抢球权，比赛对抗程度不高，裁判员能有效地控制和管理比赛。这种情况下，裁判员可以充分考虑掌握有利，给予被犯规一方更多的进攻机会，使比赛更加精彩流畅。相反，如果比赛双方队员的争抢动作粗野，对抗激烈，比赛态度情绪化，即便是一般性的犯规动作，被犯规队员也极易产生报复心理和报复行为，势必导致比赛局面更加复杂，给裁判员的比赛管理和控制带来更大的难度。因此，在这种情况下，裁判员应优先考虑对犯规动作的准确判罚，减少有利的掌握，以利于对比赛局面的掌控。

四、运用有利条款的要求

1. 视野

当发生犯规时，裁判员首先要瞬间观察犯规地点周围。其次目光要紧跟着球的发展方向，尤其是球向裁判员视野以外的方向发展。

2. 预见性

当犯规发生时，裁判员应判断被犯规队员受侵犯的程度，即是否能继续比赛，同时预见下一步的发展形势，即是否能够形成更有利的进攻和得分机会。对犯规动作和下一步的比赛发展做出评估，有时被犯规队员在意的是对方受到及时的惩罚，有时队员追求的是一次进攻的延续。

3. 果断性

根据比赛的形势，裁判员应快速、果断地做出决定，即判罚犯规还是继续比赛。

4. 手势信号

裁判员在比赛中掌握有利后必须做出明确的手势。手势代表裁判员的决定，如果没有手势的表示，容易使旁观者产生误解，认为裁判员漏掉了对犯规队的判罚。使用有利手势，表示裁判员对先前的犯规动作已做出认定，只是这一时刻在掌握有利。有利的手势分为单臂前展和双臂前展两种。

5. 延迟鸣哨

裁判员延迟鸣哨，以手势示意比赛继续进行，是确保控球方在被犯规的情况下能获得实际进攻机会的关键。延迟鸣哨可以为裁判员在队员犯规动作出现时赢得对后续比赛发展做出观察和判断的时间，确保有利局面取得实际效果。

第八节　比赛官员的临场工作程序

现代足球运动飞速发展，比赛竞争日趋激烈，这就需要比赛官员在比赛临场工作程序上更加规范、统一和有效，严格按照赛前、赛中和赛后的工作要求执行，确保每一场比赛任务顺利圆满完成。

一、接到执法比赛裁判任务

比赛官员在接到裁判员委派官的任务指派后，认真收集比赛相关资料，按照如下方面做好准备工作。

（一）了解比赛双方队伍情况

比赛官员要通过网络、日常关注和咨询其他裁判员，了解比赛双方的信息。

（1）双方队伍的技战术打法。

（2）双方队伍历史战绩和球迷关系情况。

（3）双方重点队员的突出特点。

（4）双方队伍的积分和排名情况。

（5）双方队员红黄牌和停赛情况。

（二）体能准备

目前，足球运动的发展对裁判员体力上的要求极高，这就要求裁判员必须始终保持科学的锻炼和培养良好的生活习惯，才能适应足球裁判员工作的体能要求。为了达到这一目标应注意以下几点。

1. 提高裁判员的职业意识

（1）养成良好的生活习惯，提高自我约束力，做到不吸烟、不酗酒，始终保持旺盛的精力和充沛的体力。

（2）合理安排本职工作和家庭生活，保证训练计划高标准、高质量完成。

2. 制订科学的锻炼计划

（1）制订合理的长期体能训练计划。根据自身年龄、身体机能状况和伤病情况，并结合比赛的需求，制订行之有效的训练计划和内容。

（2）制订有针对性的短期训练计划。根据比赛周期特点，不断调整训练内容和强度。赛季前，训练运动负荷要循序渐进，内容搭配要合理，逐步提高身体机能，进行体能储备；赛季中，要调整好身体状态，以最佳体能迎接每一场比赛任务。

3. 定期参加地区裁判员体能训练活动

（1）提高训练动力。体能要通过长期枯燥的训练才能达到高水平比赛的要求，通过参加集体训练活动，了解自己的训练成果，增强信心、提高动力。

（2）提高体能水平。通过参加集体训练，了解自己体能的短板和不足，再进行有针对性的训练，不断突破自我，提高水平。

（3）良好的调剂。通过参加集体训练，相互交流训练体会、经验和成果，增进友谊，促进良性竞争。但要减少对抗性的比赛，防止意外伤病。

（三）业务准备

近年来，足球竞赛规则进行了多方面的修订和补充，制定的新条款更趋于合理，内容更加简洁明了。它是保证执法工作顺利进行的理论基础，每一位比赛官员都要结合规则做好以下方面的准备工作。

1. 理论方面

（1）认真学习国际足球理事会颁布的最新《足球竞赛规则》。

（2）重温中国足协每年初制定下发的本年度各级赛事裁判工作要点。

（3）注意收集和关注中国足协裁委会评议组对争议判罚的统一解释及相关结论。

（4）学习接受执法任务比赛的相关竞赛规程。

2. 实践方面

（1）积极报名参加全国各级足球比赛的裁判员执法实践工作。

（2）主动参加本地区的各项足球比赛的竞赛活动，在到达赛区前尽可能完成本地区比赛执法实践1～2场。

（3）在日常体能训练时，多采用在足球场地上进行跑动和选位的实践训练。

3. 视频学习方面

（1）观看高水平裁判员执法的比赛录像，进一步熟悉规则，收集战例，统一认识，及时进入角色。

（2）回看自己执法比赛的录像，找出优点和不足，形成自己的执法风格，便于尽快融入比赛。

（3）在电脑上做国际足联制作的最新视频练习题，提高识别犯规动作和处理问题的能力。

（四）心理准备

比赛官员要有充分的赛前心理准备，以饱满的自信心、良好的自我控制能力和正常的心态执行比赛任务。比赛官员还要学会随时有效调节心理状态，进行积极自我心理活动，加强自我控制能力和自信心，排除一切消极的心理因素。要保持良好的心理状态，做好充分的赛前心理准备。比赛官员应做到以下几个方面。

1. 建立赛前良好的心理动机

（1）调节心理状态。正确分析比赛级别、观众人数和主客场等因素，避免过度兴奋或紧张。

（2）提高自我控制能力。处理好重视与轻视、出色与无过、自信与自负、本职与表演等关系，提高自信心。

（3）排除一切消极的心理因素。积极巩固已有的冷静、沉着、自信、专注、坚定等心理因素，排除和克服焦躁、慌张、迟疑、涣散等消极情绪。

2. 学习体育运动心理学，掌握基本的心理学常识

（1）了解人类感观、知觉、表象、记忆、想象和思维等心理活动。

（2）逐步培养自己的稳定、恒常的心理品质。

（3）具备较强的意志、智能、性格和气质等心理状态。

（2）根据裁判监督和裁判组总结的情况及观看录像发现问题。
（3）根据发现的问题进行细致的研究分析，找出解决办法。
（4）请裁判监督和优秀裁判员帮助解决问题，论证自己的解决办法。
（5）归纳最终的有效解决办法，便于在以后的比赛中执行，避免重复犯错误。

（三）个人对比总结

裁判员能力和水平的提高，都是在不断总结自我、完善自我的前提下进行的。因此，进行个人对比总结非常重要。通过与自己对比、与他人对比，找出自己的优点和不足，更有利于通过实践固化优点、改正缺点，达到真正提高的目的。

1. 与自己之前的比赛总结进行对比

（1）把共同的优点进行固化，逐渐形成自己的执法风格。
（2）把共同的不足之处进行重点分析，找出屡次出现问题的真正原因，避免再次出现。
（3）把新出现的问题进行专题研究，找出原因及时改正。

2. 与高水平裁判员执法的比赛进行对比

（1）发现高水平裁判员的优点，便于自己在以后的比赛中借鉴。
（2）用自己的优点进行对比，看到自己的优势和不足。
（3）用自己的不足之处进行对比，学习高水平裁判员是如何处理问题的，找出更有效的解决办法。
（4）发现高水平裁判员的不足之处，以便自己不犯类似错误。

比赛官员的临场工作程序规范化至关重要，每名裁判员只有严格按照每场比赛的临场工作程序执行，才能确保每场比赛顺利圆满完成，确保每一年的职业联赛规范有序进行，确保中国足球持续蓬勃发展。

第九节　团队合作

当下，世界高水平足球运动由于各种资本的投入、高科技的使用、有针对性选材和先进训练理念的更新，使比赛朝着更加灵活、快速、全面对抗的方向发展。无论是国际足联（FIFA）主办的传统赛事，还是各大洲职业联赛，从参赛方技战术的表现、比赛的激烈程度等方面都可以看出明显的变化。

毋庸置疑，比赛官员的工作难度随着世界足球运动的快速发展而不断增加，争议手球判罚、疑似越位进球，以及错、漏判罚球点球或进球等影响比赛比分或结果的情况在国内外赛场屡见不鲜。

为适应比赛、满足全球日益发展的高水平赛事需要，国际足联从1996年开始从三个方面改进目前主流依然是非职业化的裁判工作，目的是更好地为足球赛事服务，提高裁判整体执法水平。

一是增加助理裁判员的权限和职责。众所周知，标准足球场7000多平方米的面积主要靠裁判员管理和控制很难做到十全十美，故国际足联从1997年开始将巡边员（Linesmen）名称改为助理裁判员（Assistant Referee）。不仅是更改了巡边员的名称，在1997年《足球竞赛规则》中进行了历史性改动，增加了助理裁判员的职责和权限，并明确规定，助理裁判员应依据竞赛规则协助裁判员控制比赛。2001年《足球竞赛规则》助理裁判员的职责内容又有了新的修订和补充。

二是增加其他比赛官员。2012年欧足联首先在当年的欧锦赛比赛官员中加入两名附加助理裁判员（Additional Assistant Referee）获得成功，随后在欧冠等赛事中，附加助理裁判员成为“标配”。亚足联在2017年的亚冠1/4比赛中开始引进附加助理裁判员，赛后得到参赛俱乐部和媒体好评。2018年，国际足联俄罗斯世界杯成功使用视频助理裁判。

三是高科技产品在足球比赛中的运用。比赛官员之间使用电子通讯设备（BP旗/耳麦系统）；开发球门线技术系统（GLT）判断球是否进门；经过批准的电子录像即时回放系统（视频助理裁判－VAR）使用。

一、团队合作的目的和意义

裁判员的团队合作是指裁判组在临场比赛实践中为了实现比赛顺利进行的目的，按照规则的要求、事先的约定，结合规则理念和运动精神，处理比赛情境的共同合作过程。通过默契的团队合作，可以在比赛中避免明显错判、漏判；有效避免严重或恶性事件发生；使裁判员的判罚更加准确、合理；使裁判员能更好地控制比赛，充分体现公平、公正；使比赛更加流畅，欣赏度更高。

二、团队合作的原则

（一）预见

对裁判组其他成员可能出现的情况要有预见，换位思考，面对可能出现的困难要有预见的意识，同样也要有预防的措施。团队合作应该是互相的，应该建立在平级的框架之上，诚然裁判员有最后的决定权力。

（二）规范

规则中比赛官员实践指南中提及了一些常规情况下的团队配合方式，裁判组要执行这些统一规范的配合方式，但其不可能涵盖比赛所有需要团队合作的情形，裁判员要在准备会上进一步明确实践指南中未提及但可能对比赛走势产生重大影响的团队配合方式。

（三）信任

裁判组是个团队，是足球场上的第三支队伍，彼此之间要信任，并尊重自己的伙伴，即使不久之前他在所有人面前纠正了你的判罚。同时要有勇气纠正自己的判罚，自然而真诚地表达自己的歉意。

（四）明确

裁判组对准备协助的情况要清晰明确，确保提供的信息准确无误，不能模棱两可。在非常确定的情况下纠正同伴的判罚，比赛才会受益，才会实现团队合作的真正价值。

（五）关键

裁判组之间的团队合作是必要的，但要注意时机，不是看到就立即决定协助，要注意判断其他比赛官员是否需要协助。不需要裁判员已经做出了判罚决定，助理裁判员再举旗示意，以期达到增强判罚说服力的错误理念。频繁过度的协助将降低当事比赛官员的威信，需要提醒的是，团队合作不是锦上添花，而是雪中送炭。

三、团队合作的方法

（一）使用电子信号旗

蜂鸣信号仅仅是用在需要引起裁判员注意时的一种附加信号，该信号在越位、裁判员视线外的犯规和难以判断的球出界或进球的情况发生时能起到一定作用。

（二）使用电子通讯设备（耳麦）

在配备电子通讯设备的情况下，裁判员在赛前需要和助理裁判员沟通，明确提出恰当地使用通讯系统的时机或代替身体信号等方面的建议。

（三）运用旗示技巧/信号

助理裁判员的旗子必须处于展开状态，并对裁判员时刻保持醒目，这意味着旗子通常要握在靠近裁判员一侧的手中。给出信号时，助理裁判员必须停止跑动，面向场内，用目光和裁判员交流并从容地举旗示意（不要犹豫，也不要夸张）。旗子看上去就像助理裁判员手臂的延伸。同时要求助理裁判员在举旗时不能一味追求快，要注意准确，有时需要采用“等和看”的技巧，观察情况的发展，避免冒旗。

（四）身体语言/动作

一般情况下，助理裁判员不应使用明显的手势信号，但在某些情况下，谨慎的手势信号可以起到协助裁判员的作用。无论裁判员还是助理裁判员，或是第四官员的手势信号都应有明确含义，并应在赛前准备时达成一致。

（五）语言交流

通过耳麦或是当面交流，力求语言简练，将事情经过用简洁、正确的词汇准确告知裁判员，并提出自己的建议。交谈时间要短，次数要少。

（六）VAR（视频助理裁判）

视频助理裁判员作为比赛官员，仅当裁判员在涉及进球/未进球、罚球点球/不是罚球点球、直接红牌（不包括第二次警告），或裁判员在对违规球队执行警告或罚令出场时出现处罚对象错误的决定中，出现“清晰而明显的错误”或“严重的遗漏事件”时，使用视频回放画面协助裁判员做出正确决定。

四、团队合作的内容

（一）开球

（1）比赛开始前，助理裁判员需要再次检查球门网是否符合要求。
（2）清点本半场内参赛队队员人数。
（3）与本方半场倒数第二名防守队员站位齐平。
（4）确认计时表、电子信号旗（如有）、耳麦（如有）工作正常。
（5）与裁判员目光对视、等待开球并观察可能出现的情况。

裁判员应站在开球队半场内中圈附近、球的左侧后方，一方面观察球是否合法开出，另一方面保持与处于守方半场的助理裁判员面向联系。无论有无附加助理裁判员，其站位如图197所示。

图197　开球时的团队合作

（二）球门球

裁判员应站在中圈附近，在观察双方队员的同时关注助理裁判员。

踢球方半场助理裁判员必须先观察球是否放在球门区内，如果球未放在正确的位置，助理裁判员不要移动并用目光与裁判员交流并举旗示意。当球正确放在球门区内，无论是守门员还是倒数第二名防守队员踢球门球，助理裁判员都必须选择观察越位线的位置。

守方半场助理裁判员应站在与本方半场倒数第二名队员齐平位置，协助裁判员观察球踢出后的发展及可能出现的犯规情况。

如果有附加助理裁判员，助理裁判员应选择与越位线齐平的位置，而附加助理裁判员选择球门线与球门区线相交的位置观察球是否放在罚球区内。如果球没有放在正确的位置上，附加助理裁判员必须与裁判员沟通。踢球门球时团队合作如图198所示。

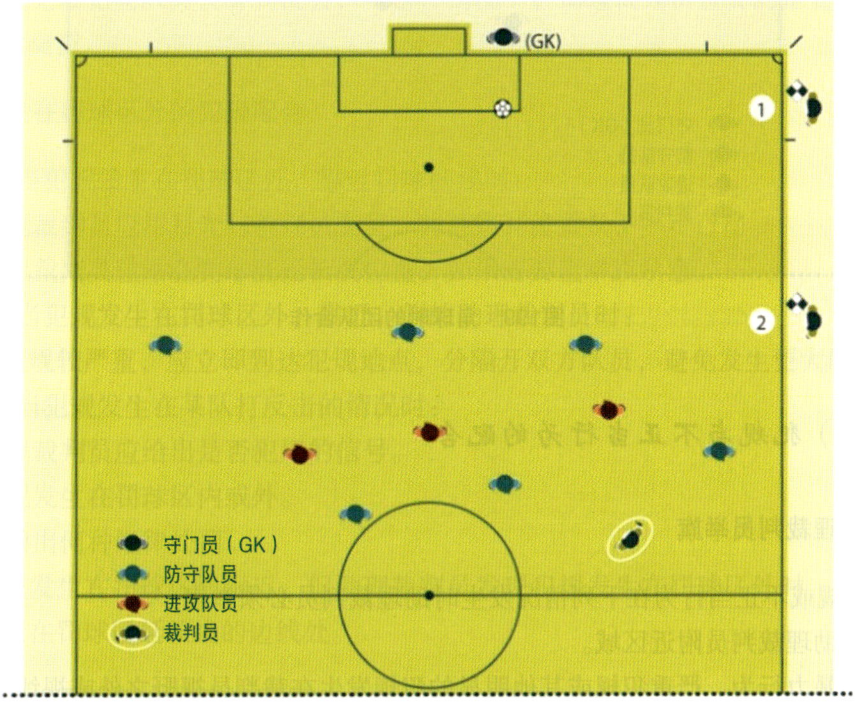

图198 球门球时的团队合作

（三）角球

当踢角球时，裁判员在踢角球所在半场面对球门的罚球区左侧区域选择自己便于观察的位置。裁判员负责管理远端角球区可能发生的问题，近端角球区由助理裁判员协助裁判员管理。

踢角球所在半场的助理裁判员根据裁判员的配合要求，应站在球门线延长线的角旗后面，不能影响踢角球的队员，且必须观察球是否正确摆放在角球区内；守方队员在球踢出前是否遵守9.15米距离规定；球踢出后在运行中是否在空中越出球门线，以及球踢出比赛开始后可能发生的犯规或球进门情况。

另一名助理裁判员站在中线附近，与该半场倒数第二名队员平行，注意观察守方踢出的球和可能的长传反击情况出现。踢角球时团队合作如图199所示。

另一名助理裁判员与倒数第二名防守队员平行，注意守门员将球救出后可能发动的快速反击。

2. 踢罚球点球决胜

（1）裁判员的位置，如图204所示：

裁判员应站在罚球区内，与罚球点平行的延长线和球门区线之间。

- 控制管理踢罚球点球决胜前的准备。
- 监控守门员和主罚队员违规情况。
- 确认助理裁判员（或附加助理裁判员）进球或守门员违反规则的信号。

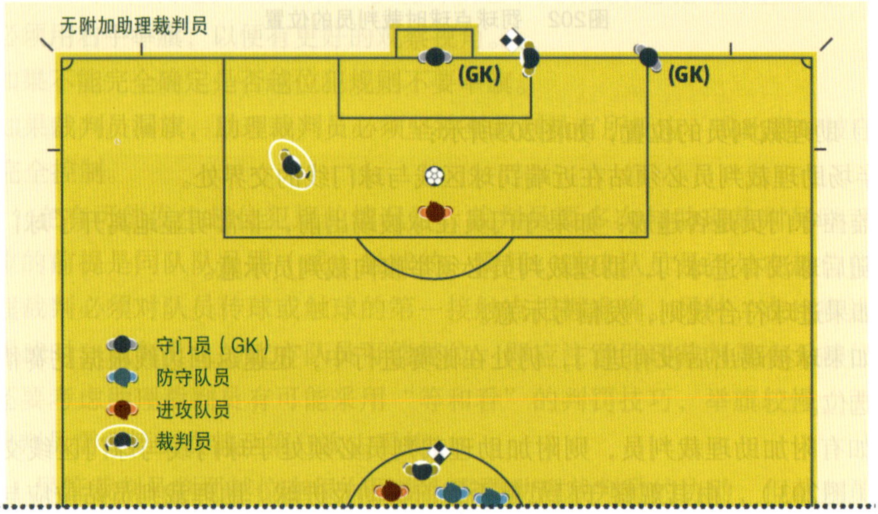

图204　踢罚球点球决胜时裁判员的位置

（2）助理裁判员的位置，如图205所示：

一名助理裁判员必须站在球门线与球门区线相交的位置，另一名助理裁判员必须站在中圈控制队员。如果有附加助理裁判员，则两名附加助理裁判员处于球门线与球门区线的两个交叉位置，分别位于球门两侧。如果使用球门线技术，则此处只需要一名附加助理裁判员。此时，第二附加助理裁判员与第一助理裁判员应监控中圈内的队员，第二助理裁判员和第四官员应监控技术区域。

- 监控守门员是否违规：如果守门员在球被踢出前，非常明显地离开了球门线且随后球没有进门，助理裁判员必须举旗向裁判员示意。
- 当球明显越过球门线，必须用目光和裁判员交流，不用做出任何附加动作。
- 当球已经进球门，但看上去球的整体是否越过球门线并不是很清楚时，必须举旗示意裁判员，随后确认球进门。

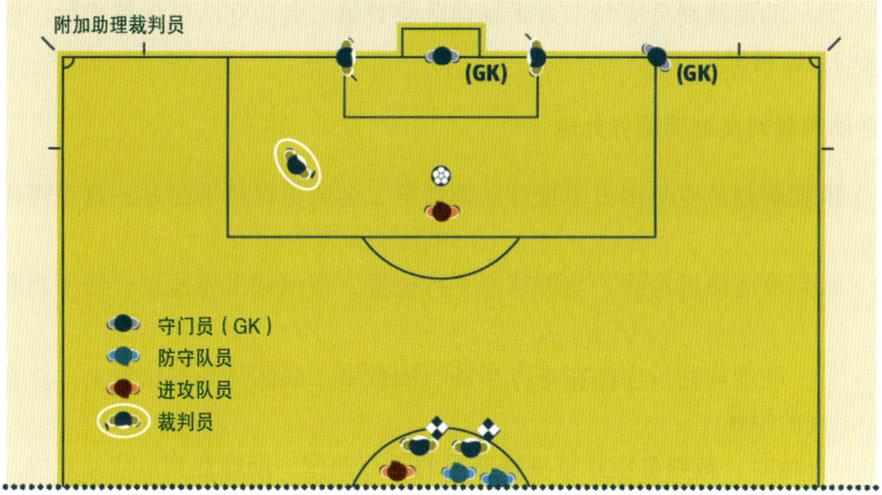

图205 踢罚球点球决胜时助理裁判员的位置

（八）替补队员

（1）当替换队员时，第四官员必须通知助理裁判员。

（2）助理裁判员在下一次比赛停止时必须给裁判员信号。

（3）有第四官员执行替补程序时，助理裁判员不必到中线处。

（4）如果没有第四官员（或者同一时间有多名队员需要替换时），助理裁判员可移动到中线处，协助完成替补程序。裁判员必须等助理裁判员回到位置后再重新开始比赛。

（九）掷界外球

当球的整体越过边线时：

- 如果靠近助理裁判员一侧——直接示意掷界外球的球权归属。
- 如果在助理裁判员远端，且球权归属明确——直接示意掷界外球的球权归属。
- 如果在助理裁判员远端，且球权归属不明确——助理裁判员必须举旗示意裁判员球已离开比赛场地，并与裁判员目光交流，跟随裁判员的示意信号。

1. 在助理裁判员近端掷界外球

（1）助理裁判员应与本方半场球队倒数第二名队员保持平行并注意观察比赛是否重新开始。

（2）裁判员应推进至距掷球地点平行的位置，指示球出界地点，观察掷球队员是否犯规及球掷出后的发展情况。

（3）另一助理裁判员应与本方半场球队倒数第二名防守队员保持平行，以便观察可能出现的反击情况。

2. 在助理裁判员远端掷界外球

（1）助理裁判员应与本方半场球队倒数第二名队员保持平行并注意观察比赛是否重新开始。

（2）裁判员应接近边线，与掷球点平行位置，指示球出界地点，便于判断掷球犯规情况。

（3）另一助理裁判员应站在本方半场与倒数第二名队员齐平位置上，注意裁判员身后可能出现的犯规。

在掷界外球时，裁判员应注意掷球队员的手部动作，助理裁判员应注意掷球队员的脚步动作有无违规问题。

（十）任意球

1. 中场附近的任意球

（1）裁判员应站在便于观察犯规情况并能与助理裁判员保持联系的位置上。

（2）助理裁判员应站在与守方倒数第二名防守队员平行的位置上，这样既便于观察球踢出后可能发生的越位，又能在攻守转换时观察其他犯规情况。

2.接近守方罚球区外的任意球

（1）右侧边路任意球

裁判员应站在球的左侧前方（图206）：

- 观察球踢出前人墙情况。
- 观察球踢出后的犯规情况。
- 所处位置的观察角度应避免与助理裁判员重叠。

近端助理裁判员应与倒数第二名防守队员保持平行：

- 观察越位情况。
- 如果是直接射门，待球踢出后迅速跑到球门线处，观察球是否进门或越出球门线。

另一助理裁判员也应与倒数第二名防守队员保持平行：

- 便于观察攻守转换时可能出现的越位。
- 其他有可能出现的犯规情况。

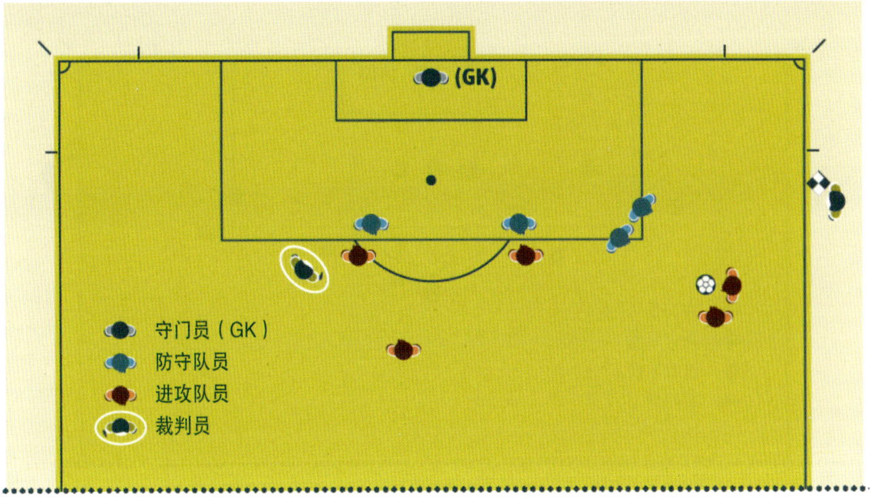

图206　右侧边路任意球裁判员、助理裁判员的位置

（2）助理裁判员附近，接近球门线的任意球

裁判员应站在与球门线平行的罚球区线的远端附近：

- 观察球踢出后的犯规情况。

近端助理裁判员应与倒数第二名防守队员保持平行：

- 可以进场协助“9.15米”人墙的管理，裁判员必须等其回到边线后，再给出重新开始比赛的信号。
- 观察越位情况以及球踢出前人墙情况。
- 如果是直接射门，待球踢出后迅速跑到球门线处，观察球是否进门或越出球门线。

另一助理裁判员也应与倒数第二名防守队员保持平行：

- 便于观察攻守转换时可能出现的越位。
- 其他有可能出现的犯规情况。

（3）中前场的任意球

裁判员应站在球的左侧前方（图207a、b）：

- 观察球踢出前人墙情况。
- 观察球踢出后的犯规情况。
- 所处位置的观察角度应避免与助理裁判员重叠。

近端助理裁判员应与倒数第二名防守队员保持平行：

- 观察越位情况。
- 如果是直接射门，待球踢出后迅速跑到球门线处，观察球是否进门或越出球门线。

另一助理裁判员也应与倒数第二名防守队员保持平行：

- 便于观察攻守转换时可能出现的越位。
- 其他有可能发生的犯规情况。

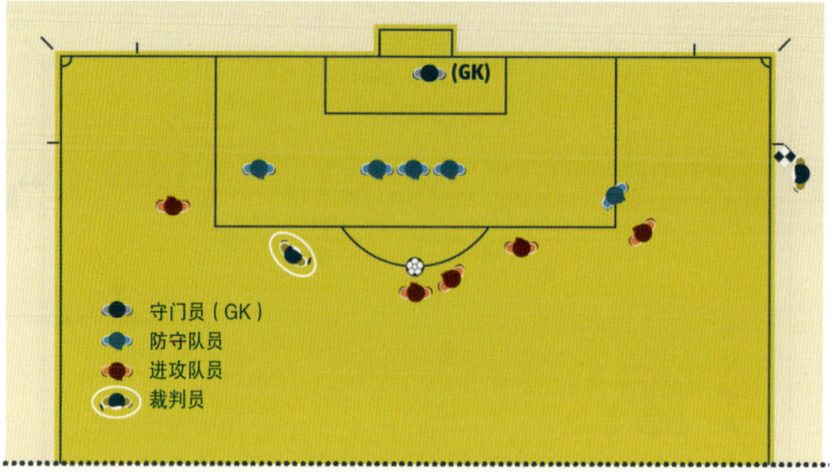

a

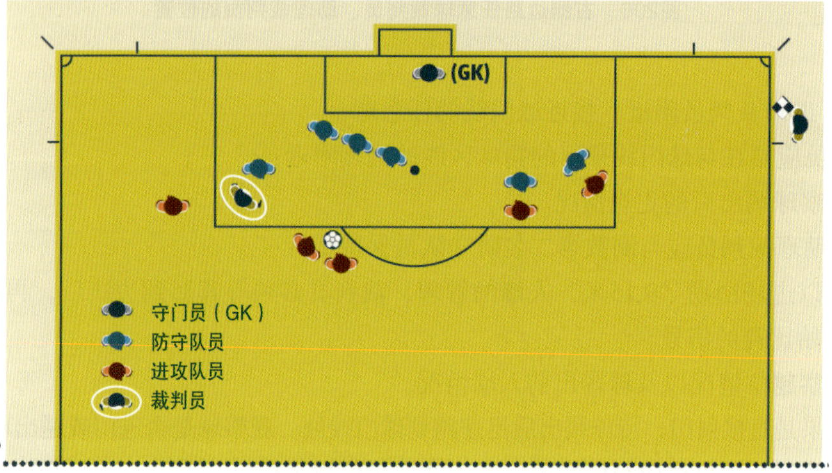

b

图207　中前场任意球裁判员、助理裁判员的位置

（4）左侧边路任意球

裁判员应站在球的右侧后方（图208）：

- 观察球踢出前人墙情况。
- 观察球踢出后的犯规情况。
- 所处位置的观察角度应避免与助理裁判员重叠。

近端助理裁判员应与倒数第二名防守队员保持平行：

- 观察越位情况。
- 如果是直接射门，待球踢出后迅速跑到球门线处，观察球是否进门或越出球门线。

另一侧助理裁判员也应与倒数第二名防守队员保持平行：

- 便于观察攻守转换时可能出现的越位。
- 其他有可能发生的犯规情况。

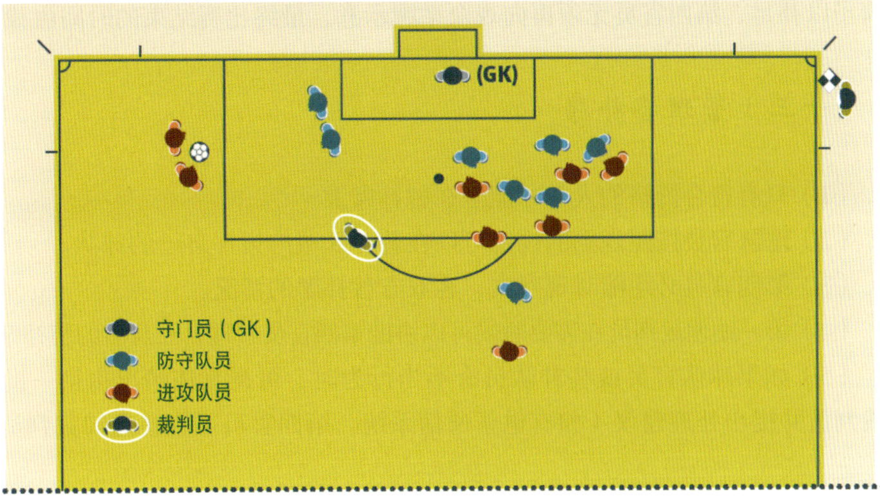

图208 左侧边路任意球裁判员、助理裁判员的位置

（十一）受伤队员

当场上出现受伤队员时，第四官员应立即关注受伤队员一队的替补席，防止该队队医或其他人员未经裁判员允许擅自进入场内。同时，应等待裁判员的信号以便让医生和担架及时进场。如果有队员经允许到场外接受治疗，要随时给予关注，防止其擅自进场。其他比赛官员在得到裁判员同意后，可以检查受伤或流血的队员经过包扎后是否符合重新进场的规定，以及在场外接受临时治疗的队员经检查合格得到裁判员的信号后，允许让其重新进场比赛。

（十二）比赛时间的配合

上下半场即将结束前，通常在43分钟左右，由裁判员根据比赛实际情况，依据规则规定决定补时时间，并用信号通知第四官员。

第四官员在看到裁判员示意后，应回复确认，在临近45分钟前10秒钟左右将比赛补时时间举牌面向观众显示（图209）。

图209 第四官员举牌显示补时时间

在补时时间内，因故损失的比赛时间裁判员仍可以

酌情予以补足，第四官员无须再向观众举牌示意，最终比赛结束的时间由裁判员决定。

（十三）管理替补席

（1）只有符合资格的人员才能坐在替补席上。

（2）球队官员按照规则的规定可以在替补区域内指挥自己的球队。

（3）第四官员必须随时观察主、客双方替补席的情况。

（4）第一助理裁判员在需要时候可以协助第四官员管理自己身后的替补席。

（5）如果球队官员或替补队员有不当行为时，可视具体情况由第一助理裁判员通知裁判员并提出处理建议（如有电子通信系统，第四官员可直接通知裁判员）。

（十四）突发事件

当场上发生多名队员冲突的突发事件时，靠近一侧的助理裁判员和附加助理裁判员可以进场协助裁判员管理比赛。

另一侧的助理裁判员、附加助理裁判员及第四官员应观察和注意发生事件的情况，并密切关注替补席上球队官员和替补队员的表现，记下事件发生的经过，便于向裁判员和组委会提供翔实的信息和处罚建议。

当涉及纪律处罚事宜时，在某些情况下助理裁判员或附加助理裁判员可以用赛前协商好的常用信号或手势与裁判员沟通即可。

当需要与其他比赛官员面对面商议时，应及时商议（助理裁判员可以进入场内2～3米），说话时要面向场内，以避免其他人员听到商议内容并利于观察场内的队员（图210）。

图210　裁判员与其他比赛官员面对面商议

五、关于团队合作的考虑因素

（1）助理裁判员或附加助理裁判员是否比裁判员距离该事件地点更近。

（2）助理裁判员或附加助理裁判员观察该事件的视野是否比裁判员更好。

（3）裁判员观察事件的视野是否比助理裁判员或附加助理裁判员更好。

（4）助理裁判员提供给裁判员的信号是否清晰明确。

（5）裁判员是否在助理裁判员提供信号前就做出了决定。

（6）比赛事件是否发生在裁判员视野之外。

（7）助理裁判员或附加助理裁判员是否提示裁判员任何不正当行为发生。

（8）是否应该有一名比赛官员能看到事件的发生。

（9）如果其他比赛官员没有看到该事件，第四官员是否应该介入干涉。

（10）是否因缺乏专注度而导致团队配合出现问题。

（11）对于任何不正当行为，助理裁判员或附加助理裁判员是否提示了裁判员。

（12）当助理裁判员的注意力集中在球是否离开比赛场地时，裁判员是否应注意队员“上半身”的行为或手/臂部的身体接触。

（13）裁判员或助理裁判员在距离事件地点如此距离的情况下做出的判罚是否令人信服。

六、团队合作的建议

（1）裁判员要勇于担当责任。

（2）赛前准备会一定要清楚、明确各自分工和配合方法。

（3）比赛中选位和移动要积极、主动，任何时候要尽可能将其他比赛官员放在视野范围内。

（4）从比赛开始到结束，对其他比赛官员提供的信号迅速做出反应。

（5）遇有突发事件发生时，四（七）位一体，相互帮助、相互保护、相互鼓励，以完成比赛任务为首要目的。

无论国际还是国内赛场，团队合作应确立裁判员的核心位置，其他比赛官员要有服从、服务和积极、主动配合的意识，以比赛顺利完成为最终目标，那样才能顺利、圆满地完成裁判执法任务。

第十节　裁判员的评估指导

速度更快、压迫更强、空间更小、强度更大、战术更灵活是当今引领现代足球运动不断发展的潮流和趋势。众多先进的思想和理念推动足球运动训练与比赛朝着高质量的方向快速发展，运动员的个人能力和集体表现得到了全面提高，促使比赛内容更加丰富、比赛对抗更加激烈、比赛场面更加精彩和刺激。新趋势下，足球裁判工作也受到了前所未有的挑战，比赛官员（包括“在场”比赛官员，即裁判员、助理裁判员、第四官员、附加助理裁判员、候补助理裁判员、“视频”比赛官员，即视频助理裁判员、助理视频助理裁判员）在临场工作中会经常面临困难的抉择，针对这些问题，能够试图通过裁判监督的指导与帮助后得到破解，将对比赛官员的快速成长起到积极的作用。

对比赛官员在比赛中的工作表现做出客观、公正、真实的评估，不仅能够指导和帮助他们快速提高业务工作能力和水平，还有利于对比赛官员进行科学管理，建立并形成相对统一的裁判工作思想及行动。与此同时，通过观察发现和挖掘那些具备发展潜质的可塑之才，为裁判队伍梯队建设提供人才保障。经验告诉我们，一名好的裁判监督应有能力查找比赛官员在全面发展的过程中自身所不能察觉和感受不到的东西，并通过教育和指导让他们得到改善，进而不断提高。

本节将重点介绍有关比赛官员在比赛执裁过程中涉及评估指导方面的专业知识，旨在帮助从事裁判教育和培养工作的各级、各类裁判讲师、裁判监督、裁判长能够学习和掌握正确的知识，选择和运用正确的方法规范地完成此项工作。

一、评估在场比赛官员的目的与意义

（1）向裁判管理部门提供关于在场比赛官员表现的准确信息报告。

（2）判断在场比赛官员执行《足球竞赛规则》的统一性和一致性，确保在场比赛官员正确诠释《足球竞赛规则》。

（3）观察在场比赛官员的执裁表现，并对他们的工作情况做出准确的评估，以口头和书面的形式对在场比赛官员进行执裁评价。

（4）全面考察在场比赛官员的整场比赛执裁表现，根据评估内容和标准进行客观、真实、有效的评估，给出合理的评估分数。

（5）采用积极的方式鼓励在场比赛官员，让他们增强自信心和勇气。

（6）帮助他们认识到自身的特点及优势，向他们提供有价值的改进（改善）信息。

（7）挖掘和发现有发展潜质的年轻裁判员，根据他们的工作表现，推荐参与适宜的比赛，按照能力和特点逐步将在场比赛官员进行分类。

（8）分析关键比赛事件，以确定可适用于场地实践课或用于培训需求的教学材料。

二、评估在场比赛官员的内容

（一）裁判员评估内容

1. 技术运用

（1）对《足球竞赛规则》运用的一致性和正确性，识别判罚犯规的准确性。

（2）正确使用红黄牌，恰当的纪律处罚。

（3）阅读比赛的能力，具有预见性的主动预防意识。

（4）对比赛流畅性的掌握，恰当运用有利条款。

（5）团队配合默契、配合技巧和有效性。

（6）信号使用（哨声/手势/语言）的规范性。

（7）需要将技术区域人员驱逐离场的情况。

（8）其他。

2. 管理比赛能力与战术策略运用

（1）比赛控制（对足球运动的理解能力）。
（2）队员管理（识别队员的个性行为）。
（3）比赛管理（恰当的程序和战术策略效果）。
（4）受伤管理（战术策略及合理运用条款精神）。
（5）重新恢复比赛管理（恰当的程序和战术策略效果）。
（6）时间管理（战术策略及合理运用条款精神）。
（7）替补席管理（识别替补席人员的个性行为及战术策略效果）。
（8）其他。

3. 移动与选位

（1）比赛进行中的位置（角度、距离）。
（2）成“死球”状态下的位置（恰当地有利于再次选位准备）。
（3）整场比赛的耐力水平（符合比赛需求）。
（4）爆发性短距离内移动能力（预见性调整位置）。
（5）爆发性长距离冲刺能力（随时跟上比赛节奏）。
（6）运用各种跑动方式（灵活性、协调性）。

4. 个性展示

（1）个人风格特点。
（2）注意力集中和抗干扰能力。
（3）身体外观印象。
（4）突发事件的处理程序、方式和效果。
（5）信号及肢体语言的使用，具有自信、冷静、沉着的表现力。
（6）其他。

（二）助理裁判员评估内容

1. 技术运用

（1）越位判罚（对越位条款的理解及运用正确性）。
（2）球门线疑似进球情况的判罚（观察位置与肢体语言信号）。
（3）协助犯规（对犯规动作识别的一致性和准确性）。
（4）界外球、球门球、角球判罚正确性（当球出界时清晰规范指明方向）。
（5）团队配合默契、配合技巧和有效性。
（6）其他。

2. 移动与选位

（1）比赛进行中选位与移动（紧跟越位线）。
（2）比赛停止时的选位（恰当地有利于再次选位准备）。
（3）对比赛发展的预判（肢体语言展现出预见性）。
（4）爆发性短距离内移动能力（预见性调整位置）。
（5）爆发性长距离冲刺能力（随时跟上比赛节奏）。
（6）运用各种移动方式（灵活性、协调性）。

3. 团队配合

（1）突发事件发生时对裁判员的协助。
（2）需要时协助裁判员控制比赛及提供发生在裁判员视线以外的事件。
（3）需要将技术区域某人员驱逐离场的情况。
（4）其他。

4. 个性展示

（1）个人风格特点。
（2）注意力集中和抗干扰能力。
（3）身体外观印象。
（4）突发事件的处理程序、方式和效果。
（5）信号及肢体语言的使用，具有自信、冷静、沉着的表现力。
（6）其他。

（三）第四官员评估内容

1. 赛前准备工作

（1）熟悉第四官员工作程序。
（2）了解比赛用具的质量要求。
（3）积极主动协助裁判员做好赛前的各项检查工作。
（4）做好赛中需要的文书工作准备。
（5）其他。

2. 赛中表现

（1）协助裁判员——罚令出场/不罚令出场情况。
（2）协助裁判员——技术区域人员驱逐离场情况。
（3）突发事件发生时对裁判员的协助。
（4）需要时协助裁判员控制比赛及提供发生在裁判员视线以外的事件。

（5）积极着手处理替补席可能发生的情况。
（6）正确的换人程序。
（7）受伤协助管理情况。
（8）其他。

3. 赛后信息提供

（1）准确无误核实队员名字、时间、事件性质。
（2）认真协助裁判员完成裁判员报告表。
（3）回收比赛用具。

三、评估在场比赛官员的方法

（一）了解裁判员与裁判监督的关系

以裁判员为中心，裁判监督是裁判员的评估者、指导者、招募者、教练者。裁判监督要将自己置身于裁判员的角度中，去理解裁判员为什么这么做。确定在比赛中影响裁判员判罚的因素，以及裁判员在场上的表现是否具有显著的能力差异。作为裁判监督更需要为裁判组在执裁工作的各个方面提供支持、建议和指导。

（二）评估一场比赛，裁判监督的工作流程

完成一场裁判监督工作，具体包括以下4个步骤。

1. 观察

观察裁判员在比赛中的管理情况。例如，关键事件的处理对比赛是否产生良性的影响或有效的引导；观察裁判员控制比赛的表现及规则运用的情况；观察比赛中影响在场比赛官员难度等级的相关事件。

2. 记录

记录比赛中的重要时刻，并分析这一时刻事件发生的时间、地点及过程。例如，警告、罚令出场、犯规判罚与否、组织程序正确与否、越位情况、团队合作等。在特别事件中，观察裁判员的个性、肢体语言等，将这些情况记录下来并有自己的初步看法，在半场或全场结束的时候形成自己的观点。

3. 反馈

在赛后总结中，不能只是简单地反馈判罚结果正确与否，还要分析裁判员执行规则的能力、技巧和采取的策略等方面；在与裁判组进行反馈时，要观察他们表现出的回

应、态度、学习和吸收能力，判断他们是否敢于深刻剖析自己、敞开思想以及对反馈意见的接受程度。

4. 提供准确报告

裁判监督的评估要具备一致性。所有比赛的标准报告格式要规范统一，比赛关键事件的认定标准要统一；对关键比赛事件的判断与评价要真实，报告中的观点需要具体的战例支撑，并做一个明确的说明与建议，以提高裁判员的执裁水平。

（三）评估在场比赛官员的依据

1. 对在场比赛官员比赛难度等级的认定

- 比赛事件判断/决定的数量：很少或许多。
- 事件类型判断/决定的等级：预期的/困难—导向性—决定性/非常困难。
- 在场比赛官员在比赛中遭遇的这些事件/或情况必须是由队伍/队员制造出来的，而并非是裁判员自己制造出来的。
- 对于两名助理裁判员来说，难度等级应是不同的，这取决于每位助理裁判员面临的事件判断/决定的数量以及事件难度程度。
- 比赛难度等级要考虑比赛的实际情况，整场比赛过程中观察在场比赛官员对比赛需求的反应。
- 如果比赛因裁判员失误或控制不力而成为一场艰难的比赛，则必须考虑低于预期的表现。
- 对在场比赛官员比赛难度等级的认定，应特别关注关键比赛事件的决定（表4）。

表4　关键比赛事件的种类

罚球区事件	判罚球点球正确/不正确；漏判罚球点球
罚令出场事件	严重犯规与暴力行为判罚正确/不正确/漏判； 罚球区外破坏明显得分机会的判罚正确/不正确
进球/未进球事件	判定进球正确/错误；判定不进球正确/不正确
越位——涉及进球事件	判罚越位进球正确/不正确；判罚不是越位进球正确/不正确

2. 对在场比赛官员执裁表现的观察要点

- **关注**在任何影响比赛走势的关键时刻的决策，在场比赛官员是否具有主动性或预防性的意识。
- **判断**在场比赛官员对比赛气氛变化和需求的反应。

- **观察**在场比赛官员面对困难情况的决策，以及对后续判罚决定（个性）的一致性和勇气是否受影响。
- **分析**在场比赛官员对新规则的理解和运用是否合理。

3. 对在场比赛官员评分应考虑的要素

（1）判罚决定正确还是错误。

（2）判罚决定是预期的，困难的，非常困难的或决定性、导向性的（表5）。

表5 事件困难等级定义

预期的	一个正常/预期的关键比赛事件，是此级别的裁判员应做出的一个正常/预期事件的决定/判罚，以及裁判员所采取的行动是否正确
困难的	一个需要裁判员做出高于正常/预期的关键比赛事件的决定/判断，以及裁判员所采取的行动是否正确
非常困难的	一个非常困难识别出的关键比赛事件，需要特殊的技巧妥善处理。必须考虑许多因素以确保做出的决定/判断是正确的，以及裁判员所采取的行动是否正确
决定性、导向性的	关键比赛事件，裁判员无论判罚正确与否都将影响比赛胜负关系。比赛是平局（当然很多情况由于是净胜球直接影响名次/晋级）或比赛接近尾声

4. 确认在场比赛官员比赛难度应注意的问题

在场比赛官员执裁一场比赛的难度等级与最终打分有密切联系，应当考虑比赛场上可能会影响裁判员判罚的具体情况（表6）。如果比赛由于裁判员的错误判罚或者缺乏控制而演变成了高难度的比赛，那通常认为裁判员的表现很差。评分时应注意，一场比赛在开始阶段是艰难的，之后由于裁判员的出色表现，才使得两队的表现回归正常，应该认为裁判员的表现为优秀。

表6 在场比赛官员难度等级说明

低难度	低难度的比赛无法测试裁判员的执裁能力。例如，比赛水平差或两队实力悬殊；大多时间内比赛处于无身体对抗；几乎没有几次犯规情况；比赛节奏慢；一方或双方放弃比赛；或比赛结果已无关大局
中难度	85%的比赛将被认为是正常的难度等级，并将为这个级别的在场比赛官员提供一个正常的能力测试。在场比赛官员受到的挑战是他/她处理的比赛的标准级别，队员和球队官员的行为大多是公平的。可能会有一些关键比赛事件
高难度	一场高难度的比赛，对裁判员来说，是一场非常艰难的比赛。裁判员要做出许多困难的关键比赛事件的决定。比赛气氛一直都很紧张，比赛对抗持续激烈。队员和球迷表现得不够公平，也不够热情。有很多冲突（场上和场下）

- 必须做出对临场比赛官员比赛难度等级的认定。
- 关键比赛事件可能会影响整个裁判员执裁表现的最终分数。
- 请记住，我们正在评估整体执裁表现，而不仅仅是关键比赛事件。
- 用您出色的经验来判断高于预期（非常好）、符合预期（好的）或低于预期（差的）的执裁表现（表12）。
- 保持一致性评估。对于完全相同的执裁表现，对年轻裁判员评估要比有经验的裁判员评估更详细。
- 裁判员做出一个错误的重要判罚决定，并影响了整场比赛的胜负关系，裁判员的得分在任何情况下不考虑比赛难度程度，得分不应该高于7.4。
- 得分为8.0意味着比赛官员的执裁表现符合预期的标准。

表12　综合评估执裁表现定义

高于预期	在所有的决定中都能体现出非常好的技能。这个表现是最好的教学实践模板，可以作为一个高标准的基准，是其他裁判员追随和渴望实现的目标
符合预期	在所有的决定中都能体现良好的裁判技能。在这个级别的比赛中，裁判员良好表现是意料之中的。可能会有一些小的或明确的提高改进方面供裁判员在未来的比赛中考虑
低于预期	建议裁判员在未来的比赛中大幅度提高执裁表现，并在执行规则上需要纠正重大的错误决定

四、赛后反馈工作的重要性

（一）赛后反馈工作的重要意义

裁判监督的工作责任是通过提高裁判员的表现来发挥裁判监督的作用，赛后反馈是监督工作的一项重要任务。应与裁判人员建立信任和尊敬，搭建公平的平台，提高裁判员的专业技能。作为裁判员的学习榜样，裁判监督应耐心与裁判员交流和分析他们的表现细节。用比赛记录澄清在比赛中发生的任何重大事件，包括裁判员可能从中受益的指导内容。通过自身经验和专业知识为裁判员提供有帮助性的建议和改进方法。在裁判监督的帮助和鼓励下裁判员不断进步，而这种进步是明显的，那么裁判队伍就会多出一名优秀的裁判员，这名裁判员就会有更好的发展和更好的执裁表现。裁判监督做出的整场比赛分析和建议的结构应该有助于裁判队伍的整体改进，这就是真正发挥和履行裁判监督的责任和作用。

（1）裁判监督的工作责任是通过提高裁判员的表现来发挥裁判监督的作用。

（2）应与裁判员建立信任和尊敬，搭建公平的平台，提高裁判员的专业技能。

（3）作为裁判员的学习榜样，裁判监督应耐心与裁判员交流和分析他们的表现细节。

（4）用比赛记录澄清在比赛中发生的任何重大事件，包括裁判员可能从中受益的指导内容。

（5）通过自身经验和专业知识为裁判员提供有帮助性的建议和改进方法。

（6）裁判监督做出的整场比赛分析和建议的结构应该有助于裁判队伍的整体改进。

（二）赛后反馈工作的组织方法

（1）裁判监督要将管理技巧运用到反馈工作的过程中，组织一次高质量的总结反馈活动。

（2）总结反馈的地点应该相对舒适和私密，在有效时间内达到反馈效果。

（3）与裁判组商定时间进行赛后总结交流，确保所有裁判人员参与。

（4）根据所记录的笔记（优先考虑），总结关键点，重要的部分不要遗漏。

（5）使用评估报告表的基本结构进行分析。

（6）真实和公开的反馈，在讨论过程中，任何时候都不能透露与比赛官员表现有关的分数。

（三）赛后反馈工作的技巧和技能

（1）为裁判人员提供表达自己意见和鼓励他们自我分析的机会。

（2）赞同裁判人员的任何积极行动，通过给予鼓励激发他们的参与意识。

（3）裁判监督应鼓励对话，并确保讨论的要点与报告一致，裁判监督应注意2～3个肯定和需要改进的事例，在赛后讨论时将这些事例传达给裁判员。

（4）先肯定和表扬，然后再提一些需要改进的方面，但要确保你的结论是肯定和积极的。

（5）当分析一个关键判罚事件时，将它分割成可以掌控的小事件并清晰地指出发生了什么，它对比赛的影响和这个判罚/或行动是否正确（关键事件往往可以改变比赛走势）。

（6）裁判监督应具有很高的人际关系能力，并将这些能力运用到工作中，特别是当裁判人员遇到了一场非常有难度的比赛后，裁判监督进行反馈时需采取一些策略。

（7）根据比赛中的实际事件，给出清晰准确的具体建议。在与裁判团队合作中，提供解决方案和替代方案。

（8）裁判监督不要贬低裁判员，不要“吹毛求疵”。应多做有建设性的事，多发现一些积极层面的东西。

（9）裁判监督采用的反馈方式不能是命令的方式，应采用更多的支持方式。

（10）裁判监督应避免在总结反馈时做出所有的决定，应正确引导裁判员发现问题，积极寻求解决办法。

一名好的裁判监督应该对裁判个体和其自身都能产生积极影响。

五、评估报告撰写要求

（一）裁判监督报告的构成

裁判监督应遵照各级足协裁委会的要求，执行统一规范的评估标准完成报告。

（二）提交裁判监督报告的目的

（1）增强裁判监督的作用和价值。

（2）使在场比赛官员的评分达到统一。

（3）在规定的标准下给在场比赛官员评分以反映他们的表现和任务的难度等级。

（4）使用各级足协提供的评估系统或表格，在比赛结束后规定的时间内提交报告。

（5）在报告中提供具体、准确和简短的事例，以支持报告中的评论。

（6）通过评估裁判员的执裁表现，真实地反映裁判监督自身专业经验和评估能力。

（7）利用自身经验和专业知识提供有帮助的建议和改进方法。

（8）让所有被独立评估后的裁判员能够在以后开始自我分析和学习进步。

（三）撰写评估报告的具体要求

（1）裁判监督必须独立完成报告，不得受第三者影响。

（2）裁判监督应写出两个或最多三个优点和改进点（如有必要），应根据比赛的实际情况确定优先级。

（3）无论是优点还是改进点，应以比赛中发生这些事件的时间、看到的内容来支持自己的观点。

（4）比赛结束后，裁判监督应与裁判组简要分析整体表现，特别是出现在报告中的事例应让裁判组知晓（优点和改进点）。

（5）如果可能，对关键判罚事件或关键决策定论，必须在之后的比赛录像分析、取证来完成最后的报告定论。

（6）如果没有比赛录像或不能确定事件的最终判罚定论，可在报告中注明提请评议或转更高层级专业人士共同讨论。

（7）在明显影响表现和最终评分的事件上，应注解清晰并有时间的参考点。

（8）利用你的经验提供如何改进表现的建议，以激励他人并对其产生积极影响。

（四）撰写评估报告中常见的问题

（1）时间从来都不是问题，要真实地判断和评价。

（2）认真分析归纳优先等级，不要对小事过于紧张，避重就轻。

（3）识别比赛关键事件并有定论，不要避而不谈或含糊不清。

（4）即使事件类别相同，但每一次发生的具体情况和因素都不同，不要复制粘贴。

（5）使用专业术语，这样给出的建议能够被理解和重视。

（6）避免判断性陈述与比赛录像的证据相冲突，特别是关键判罚事件。

（7）对重要的评估缺少时间支撑及描述不清。

（8）支撑评估分数（偏高或偏低）的论点不足缺乏依据。

找到错误很简单，但是给出如何提升表现的建议就不那么简单了。不要只做找到错误的人，要做一名有影响表现的人！

第三章　裁判实践训练

第一节　裁判员实践训练方法

一、裁判员的基本手势与移动

练习1

方法：

每次两名裁判员分别练习。

（1）练习者倒退跑至下一标志桶站定，并给出间接任意球手势。

（2）练习者正面跑至下一标志桶站定，并给出直接任意球手势。

（3）练习者侧滑步至下一标志桶站定，并给出界外球手势。

（4）练习者正面跑至下一标志桶站定，并给出间接任意球手势。

（5）练习者侧滑步至下一标志桶站定，并给出间接任意球手势。

（6）练习者正面跑向下一标志桶，并在跑动中给出有利手势（双手手势）。

（7）练习者正面跑向下一标志桶，并在跑动中给出有利手势（单手手势）。

（8）练习者做完一组后回到起点，循环练习。

上述练习如图211所示。

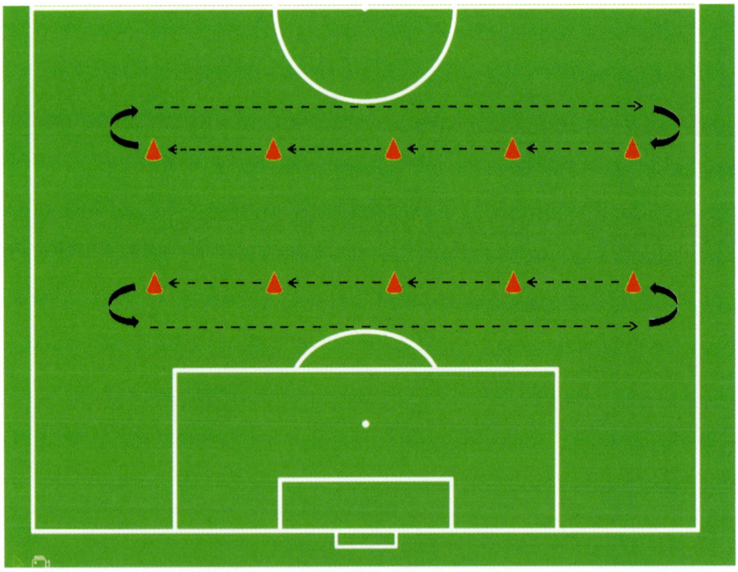

图211

练习2

方法：

每次两名裁判员分别练习。

练习如图212所示，按照线路进行移动，并做出相应的手势。

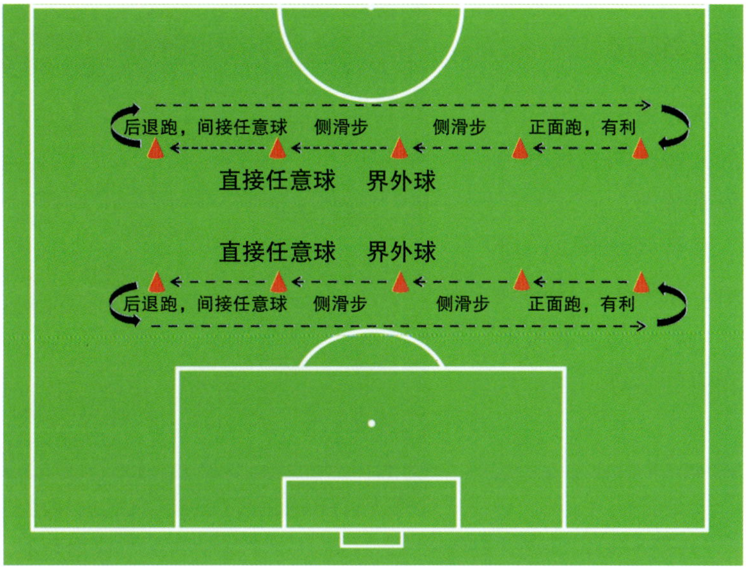

图212

练习3

方法：

每次两名裁判员分别练习。

练习如图213所示，按照①～⑤的顺序进行移动，并做出相应的手势。

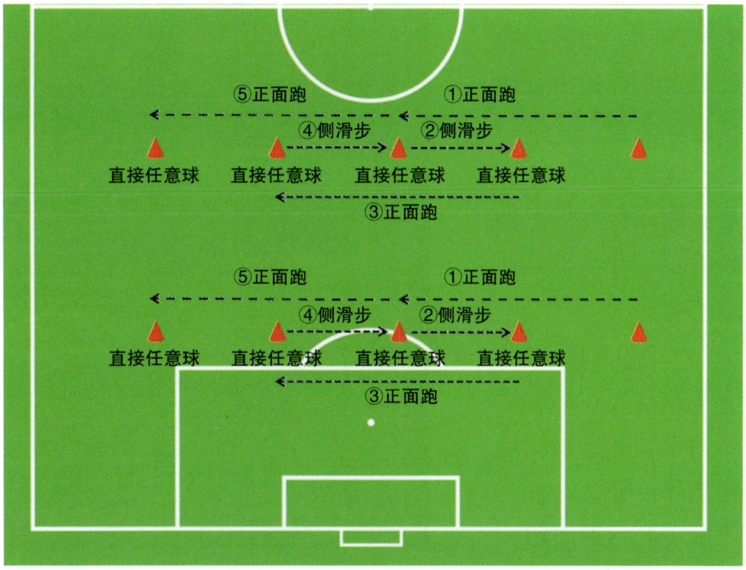

图213

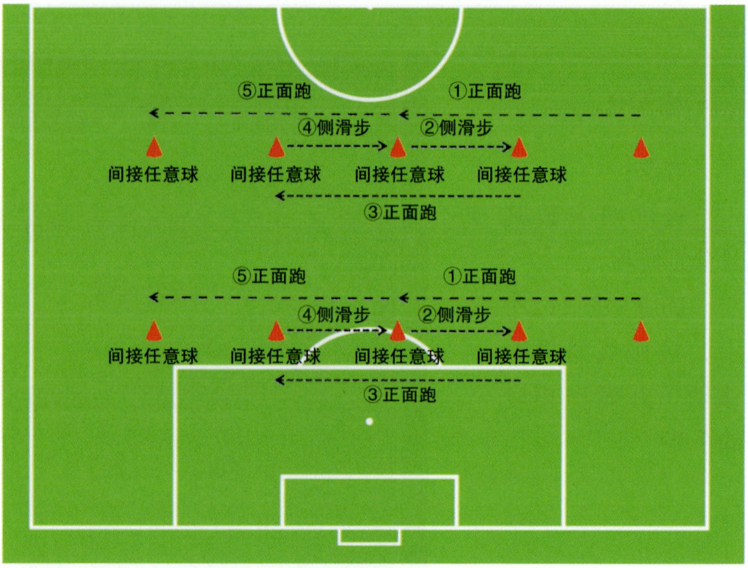

图214

练习4

方法：

每次两名裁判员分别练习。

练习如图214所示，按照①～⑤的顺序进行移动，并做出相应的手势。

练习5

方法：

（1）正面跑：交叉跑动，在标志桶处站定，并给出直接任意球手势。

（2）侧滑步：交叉跑动，在标志桶处站定，并给出界外球手势。

（3）倒退跑：交叉跑动，在标志桶处站定，并给出间接任意球手势。

（4）正面跑：交叉跑动，并在跑动中给出有利手势。

上述练习如图215所示。

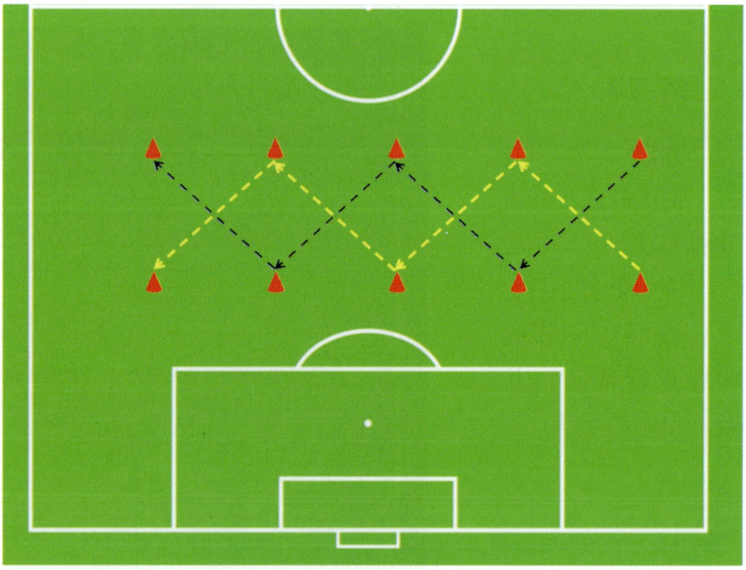

图215

二、提高裁判员的移动与观察

练习1

方法：

（1）3人一组，一人在中间自由移动，两人沿边线移动。

（2）中间人在自由移动过程中，边线两人始终保持与中间的人在一条线上。

（3）边上两人各自手持红牌、黄牌，当边上人员出示黄牌时，中间的人与之互换位置；当边上人员出示红牌时，中间的人与另一边上人员互换位置。

上述练习如图216所示。

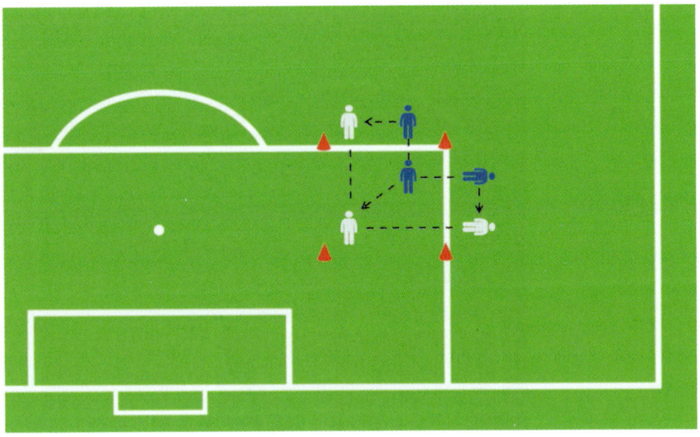

图216

变换方式：

（1）练习方法同上，分两组各自练习。

（2）练习中听到讲师鸣哨后，两组中间的人互换位置到另一组进行练习。

上述练习如图217所示。

要求：抬头观察、反应迅速。

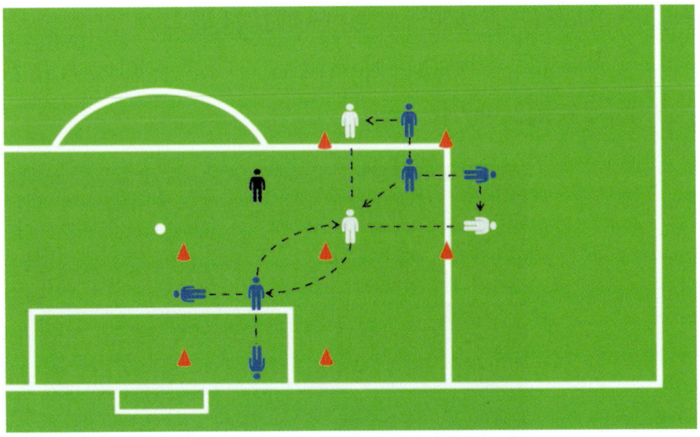

图217

练习2

方法：

（1）边上3人手持红黄牌在标志桶处站定，中间一人持哨自由移动。

（2）当中间的人面向某一边上人移动时，该边上人立即出示红/黄牌，此时，另外两边上人任意出示红牌、黄牌。

（3）当边上一人出示红/黄牌后，中间人要观察另一侧边上人出示的牌，若看到两侧出示一样颜色的牌时给出有利手势；若两侧出示不同颜色的牌时鸣哨判罚犯规。

上述练习如图218所示。

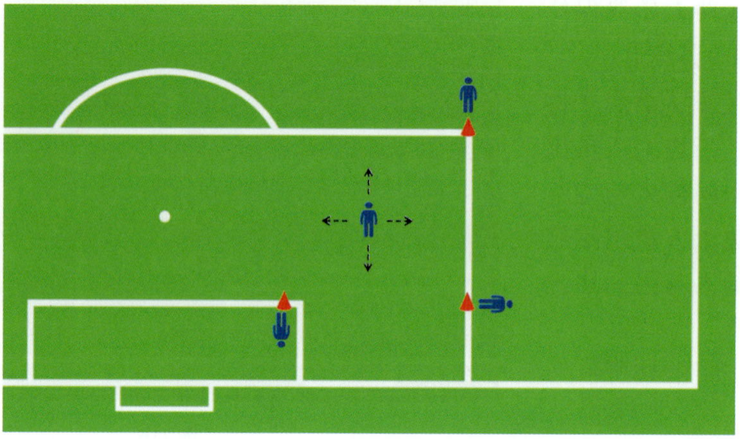

图218

要求：注意给牌、有利的动作姿态。

变换方式：

（1）练习方法同上，分两组各自练习。

（2）练习中听到讲师鸣哨后，两组中间的人互换位置到另一组进行练习。

练习如图219所示。

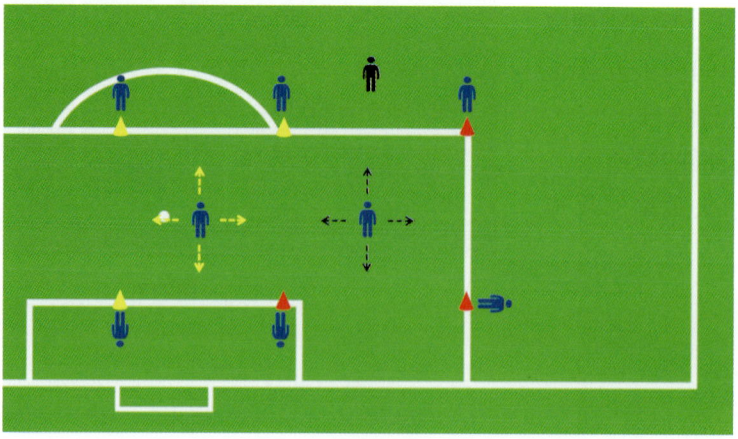

图219

练习3

方法：

（1）练习方法类似方形传抢。

（2）4人在边上任意传球（包括对角传球），中间人跟随球快速移动并尽量避让球的运行路线。

练习如图220所示。

要求：运用多种跑姿，保持适当的距离。

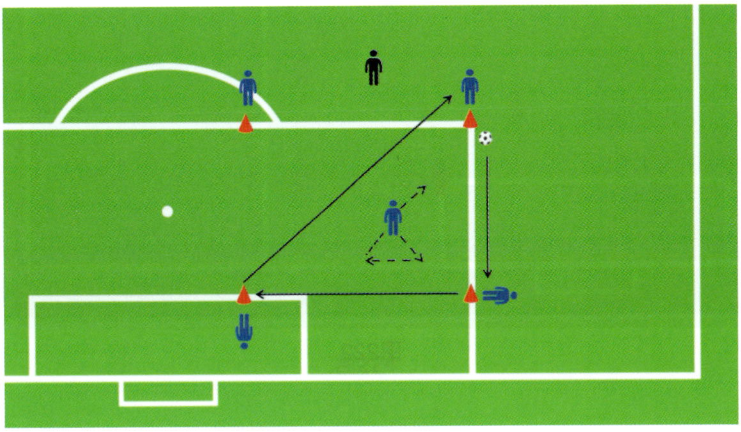

图220

练习4

方法：

3人一组，其中两人进行有球一对一攻防练习，另一人作为裁判员在攻方身后不断移动，寻找好的观察角度。

练习如图221所示。

要求：多运用侧滑步移动。

图221

练习6

方法：

（1）移动线路如图226所示。

（2）蓝色队员持红/黄牌沿黄色标志桶横向移动，至下一标志桶时站定，在身前给出红/黄牌；红色队员持哨沿红色标志桶移动，当看到蓝色队员给出红/黄牌时，快速斜向移动寻找角度，当看到出示牌的颜色时及时鸣哨并喊出黄/红牌。

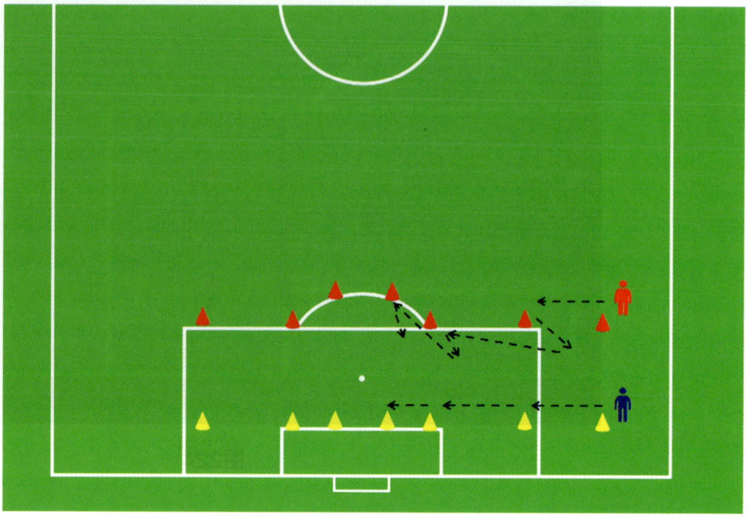

图226

要求：移动快速、反应迅速。

变换方式：

（1）移动线路如图227所示。

（2）蓝色队员持红/黄牌沿黄色标志桶横向移动，至下一标志桶时站定，在身前给出红/黄牌；跟在其身后的持旗助理裁判员快速斜向移动寻找角度，当看到裁判员给出红/黄牌时，用不同手上旗协助犯规后给出方向；红色队员持哨沿红色标志桶移动，当看到蓝色队员给出红/黄牌时，快速斜向移动寻找角度，当看到出示牌的颜色时及时鸣哨并喊出黄/红牌。

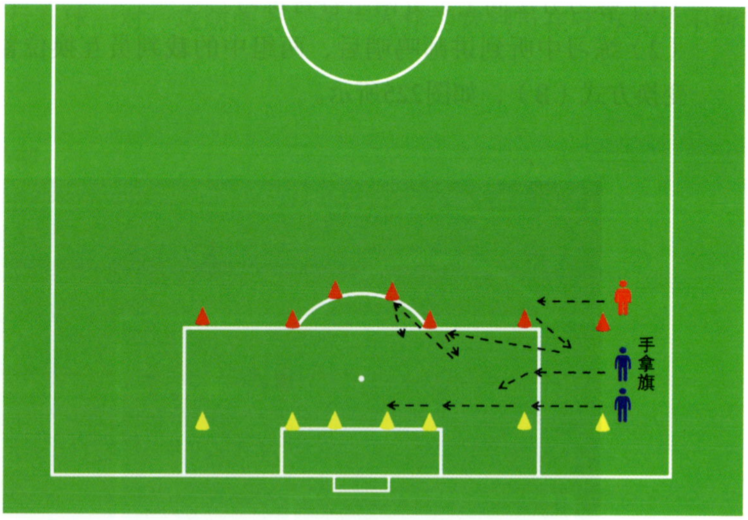

图227

练习7

方法：

（1）练习形式如图228所示。

（2）讲师脚踩向某一颜色标志桶时，裁判员和助理裁判员快速移动到相应颜色的标志桶。

当讲师踩向下一个颜色标志桶，裁判员和助理裁判员快速移动到下一相应颜色的标志桶。如此往复练习。

要求：合理分配注意力，反应迅速、起动快。

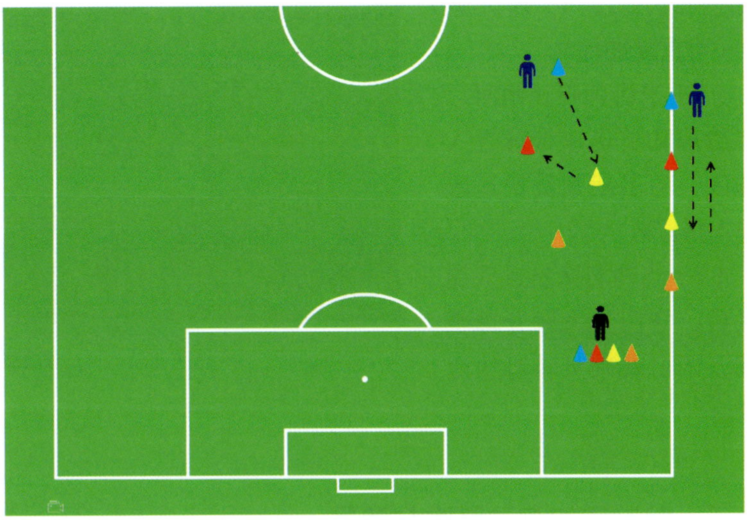

图228

练习8

方法：

（1）5人一组，其中3人三角形进行传球，相距10米，如图229所示。

（2）裁判员根据传球的方向及时调整位置。

（3）讲师给出手势，助理裁判员举越位旗，裁判员鸣哨示意越位（可重复进行）。

（4）当讲师鸣长哨时，持球队员迅速带球进入罚球区，裁判员快速跟进进入罚球区。

（5）当队员进入罚球区后，守门员大脚开球至中场，裁判员转身快速跟进。

要求：移动迅速，及时调整位置，随时观察助理裁判员的旗示。

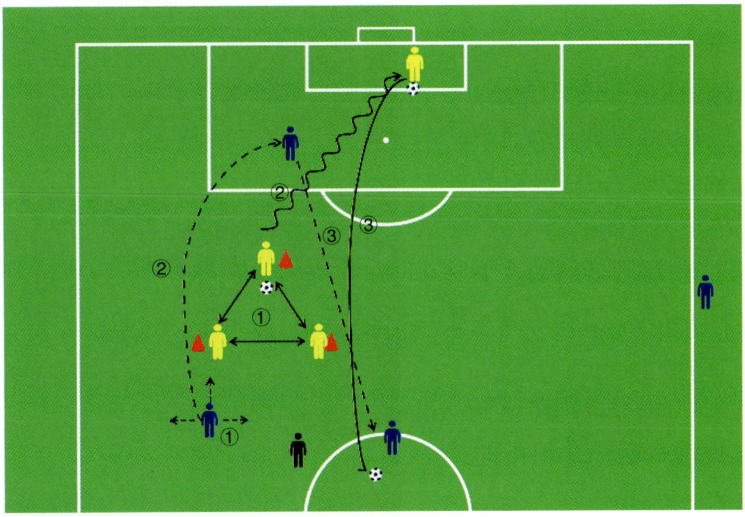

图229

变换方式：

（1）增加一组进行练习。如图230所示。

（2）当讲师鸣两声短哨时，两名裁判员互换位置。此时，讲师给出手势，助理裁判员举越位旗，裁判员鸣哨示意越位（可重复进行）。

（3）当讲师鸣长哨时，两名持球队员迅速带球进入罚球区，两名裁判员快速跟进进入罚球区。

（4）当两名队员进入罚球区后，守门员大脚开球至中场，两名裁判员转身快速跟进。

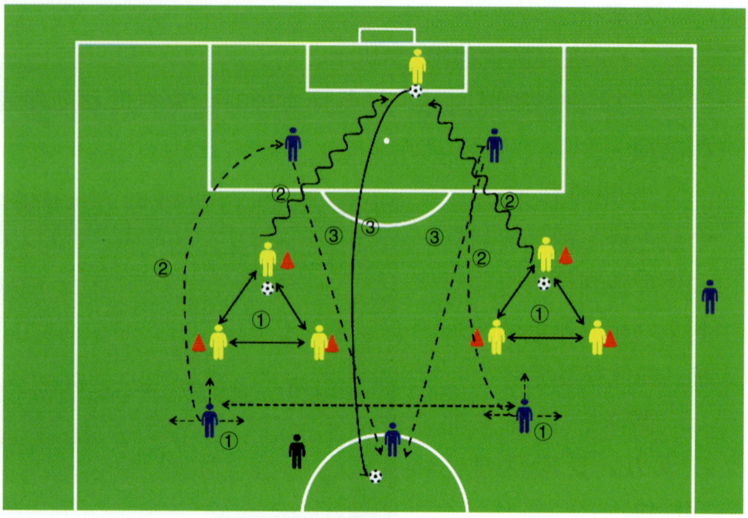

图230

三、裁判员的跑动路线与信号

练习1

方法：

跑动路线如图231所示。

（1）练习者跑动至下一标志桶时站定，并给出界外球手势。

（2）练习者跑动至下一标志桶时站定，并给出直接任意球手势。

（3）练习者跑动至下一标志桶时站定，并给出间接任意球手势。

（4）练习者在跑动至下一标志桶的过程中，给出有利手势。

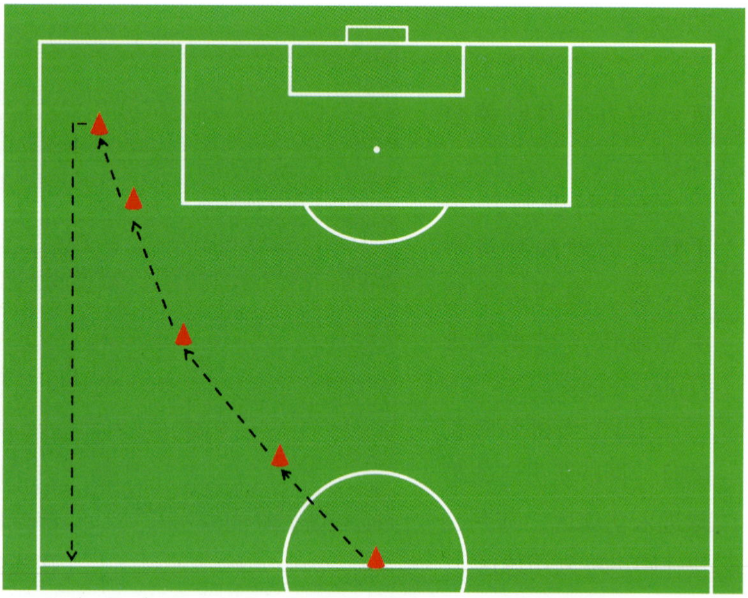

图231

以上练习，可在不同标志桶旁用左右手（界外球、任意球）、单手或双手（有利）交替给出信号。

变换方式：

跑动路线及方式如图232所示。

（1）练习者跑动至下一标志桶时站定，并给出界外球手势。

（2）练习者跑动至下一标志桶时站定，并给出直接任意球手势。

（3）练习者跑动至下一标志桶时站定，并给出间接任意球手势。

（4）练习者在跑动至下一标志桶的过程中，给出有利手势。

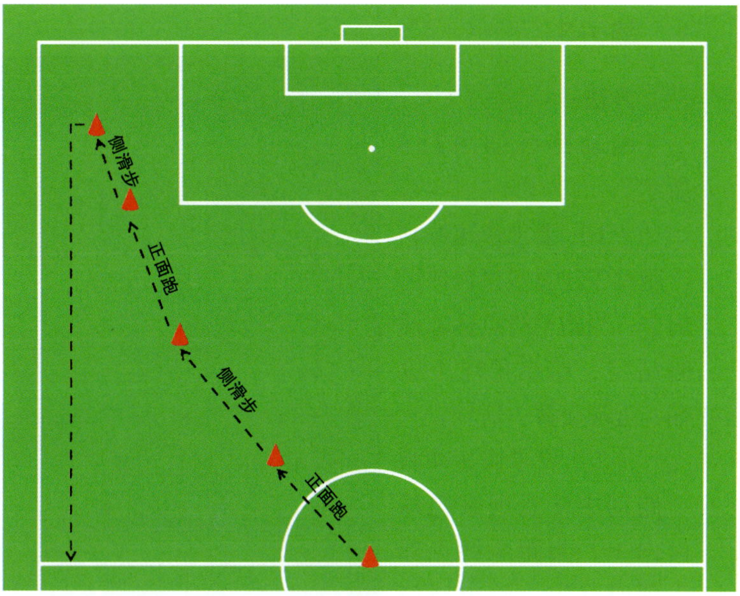

图232

以上练习，可在不同标志桶旁用左右手（界外球、任意球）、单手或双手（有利）交替给出信号。

练习2

方法：

跑动路线及方式如图233所示。

（1）练习者跑动至下一标志桶时站定，并给出界外球手势。

（2）练习者跑动至下一标志桶时站定，并给出直接任意球手势。

（3）练习者跑动至下一标志桶时站定，并给出间接任意球手势。

（4）练习者在跑动至下一标志桶的过程中，给出有利手势。

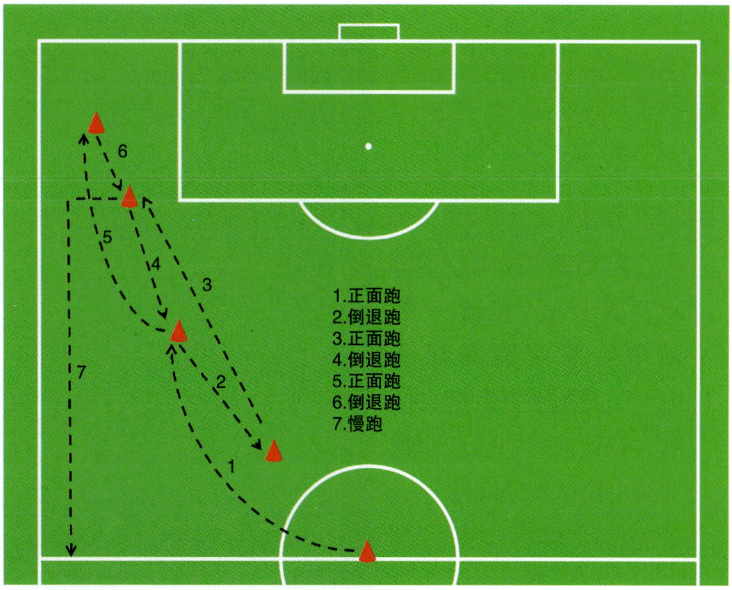

图233

以上练习，可在不同标志桶旁用左右手（界外球、任意球）、单手或双手（有利）交替给出信号。

练习3

方法：

跑动路线如图234所示。

（1）要求快速冲刺（跑动中注意观察罚球区内），当跑至终点标志桶时站定，给出角球（远端、近端交替）信号。

（2）要求快速冲刺（跑动中注意观察罚球区内），当跑至终点标志桶时站定，给出球门球信号。

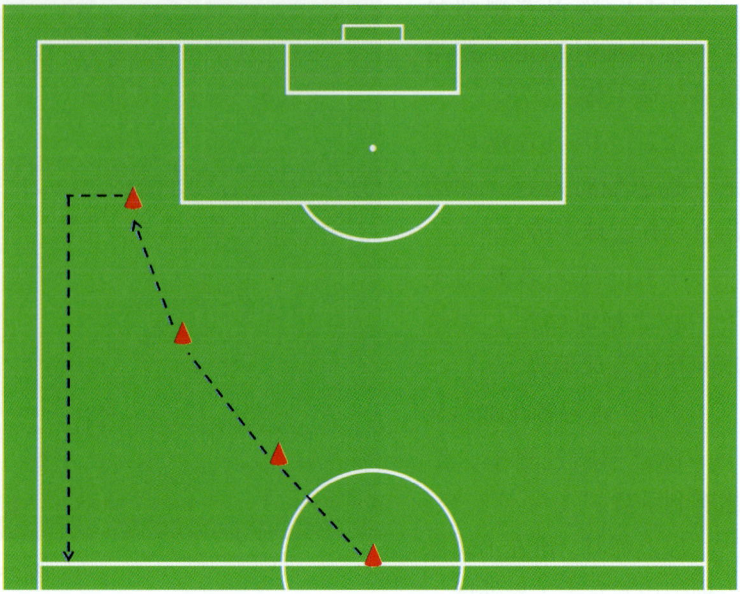

图234

练习4

方法：

跑动路线如图235所示，要求快速跑动（跑动中注意观察罚球区内），当跑至终点标志桶时，快速向点罚球点冲刺并给出罚球点球信号。

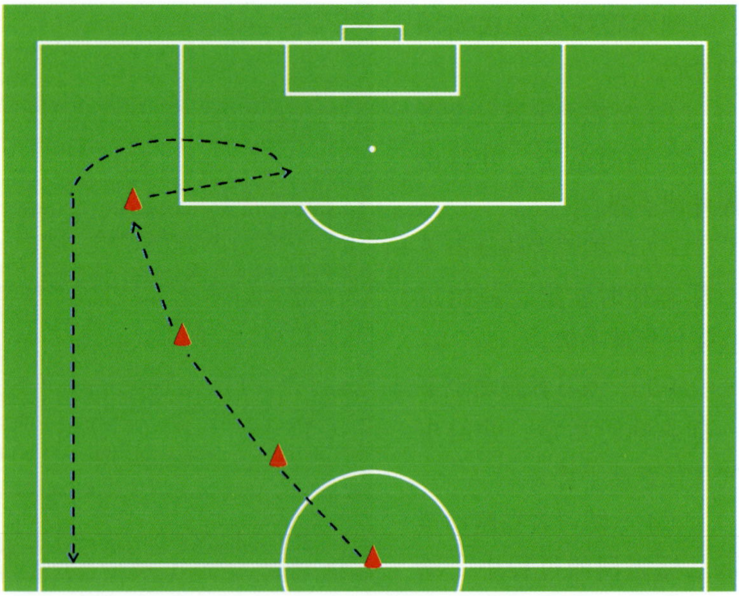

图235

练习5

方法：

跑动路线如图236所示，沿罚球区前进行移动。

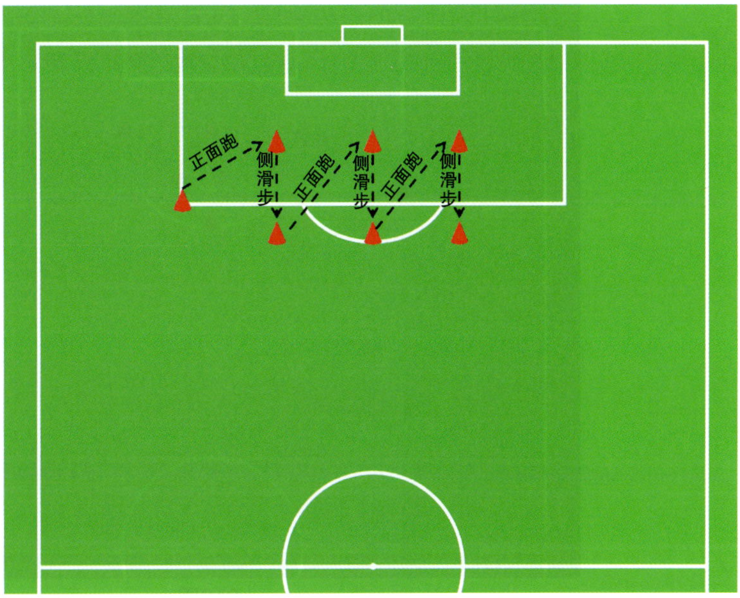

图236

变换方式（A）：

跑动路线如图237所示，沿罚球区前进行移动。

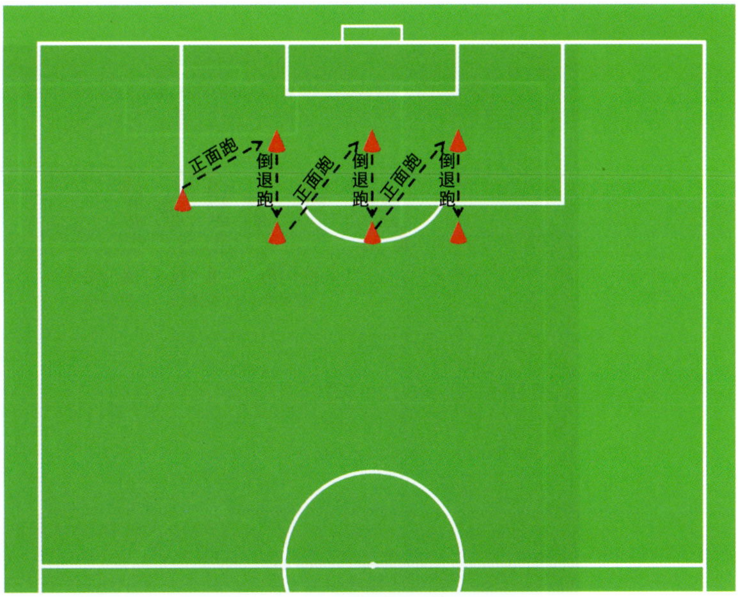

图237

练习8

方法：

（1）跑动方法及线路如图242所示。

（2）裁判员跑到另外一半场后，沿罚球弧跑动时注意观察罚球区内情况。

要求：注意跑动的节奏，合理分配注意力，观察助理裁判员的方向。

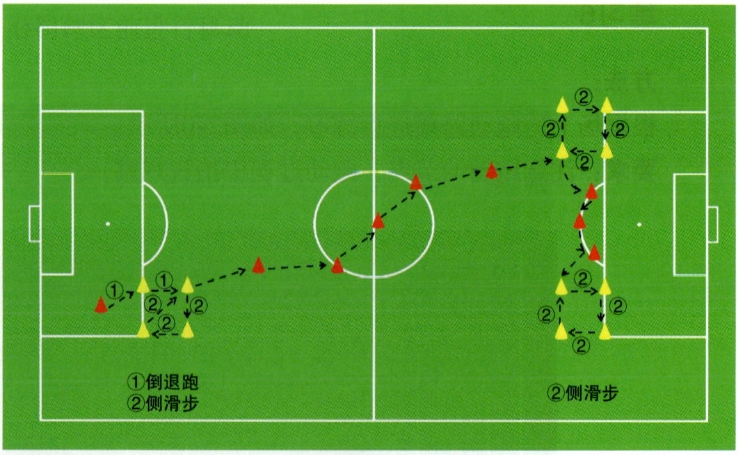

图242

四、助理裁判员的旗示与移动

练习1

方法：

两人一组练习，沿5个标志桶移动结束后，慢跑回到起点，循环练习。如图243所示。

（1）右手持旗，正面跑至下一标志桶后，站定、右转、右手给出界外球旗示。

（2）右手持旗，正面跑至下一标志桶后，站定、右转、在下方将旗换至左手给出界外球旗示。

（3）右手持旗，侧滑步至下一标志桶后，站定、右手给出界外球旗示。

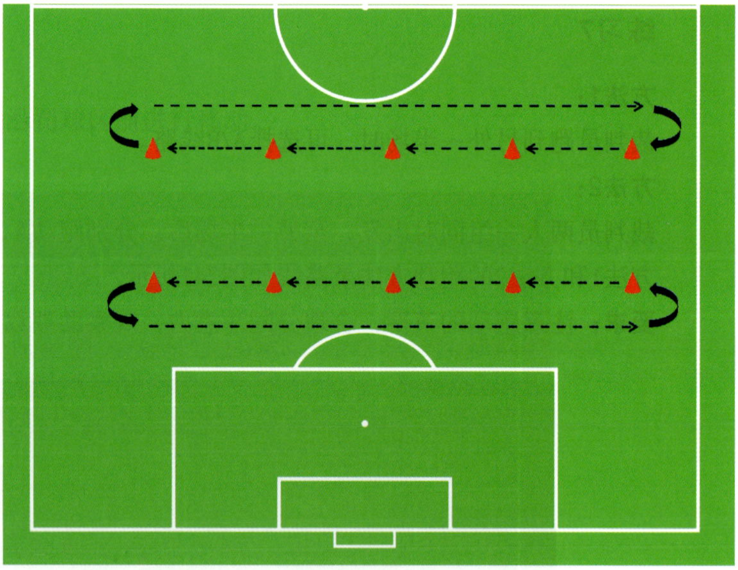

图243

（4）左手持旗，侧滑步至下一标志桶后，站定、左手给出界外球旗示。

（5）左手持旗，倒退跑至下一标志桶后，站定、左转、在下方将旗换至右手给出界外球旗示。

（6）左手持旗，倒退跑至下一标志桶后，站定、左转、左手给出界外球旗示。

练习2

方法：

两人一组练习，沿4个标志桶移动结束后，慢跑回到起点，循环练习。如图244所示。

（1）右手持旗，移动方法如图所示，至下一标志桶后，站定、转身至正面，右手给出界外球旗示。

（2）右手持旗，移动方法如图所示，至下一标志桶后，站定、转身至正面，左手给出界外球旗示。

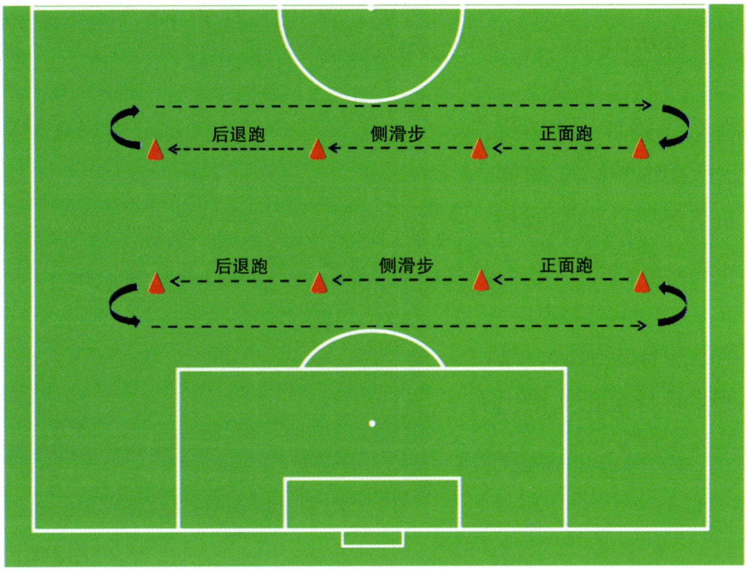

图244

练习3

方法：

两人一组练习，跑动线路如图245所示，沿5个标志桶移动结束后，慢跑回到起点，循环练习。

（1）右手持旗，保持正面跑动，至下一标志桶后，站定、转身至正面给出界外球旗示。

（2）右手持旗，侧滑步至下一标志桶后，站定、转身至正面给出界外球旗示。

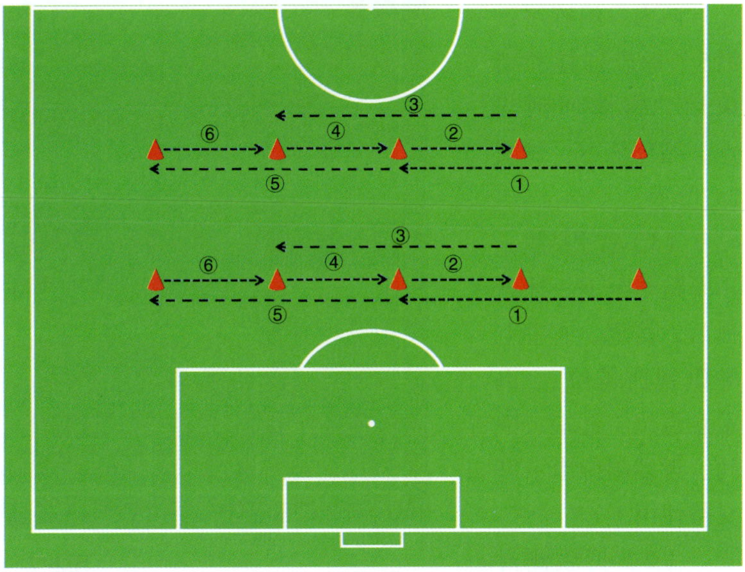

图245

练习4

方法：

两人一组练习，跑动线路如图246所示，沿5个标志桶移动结束后，慢跑回到起点，循环练习。

● 右手持旗，至下一标志桶后，站定、转身至正面给出界外球旗示。

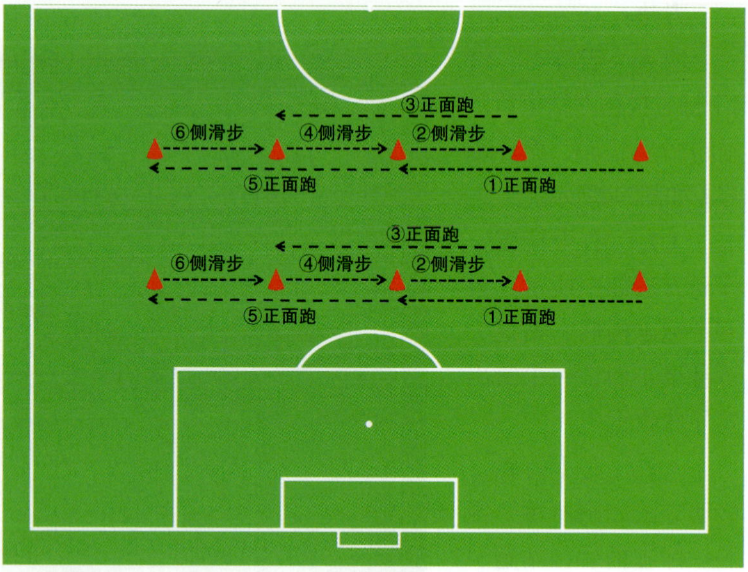

图246

练习5

方法：

两人一组练习，沿5个标志桶移动结束后，慢跑回到起点，循环练习。如图247所示。

（1）右手持旗，正面跑动至下一标志桶后，站定、右手上举旗判罚越位， 再示意越位（远端、中间、近端越位旗示可交替使用）。

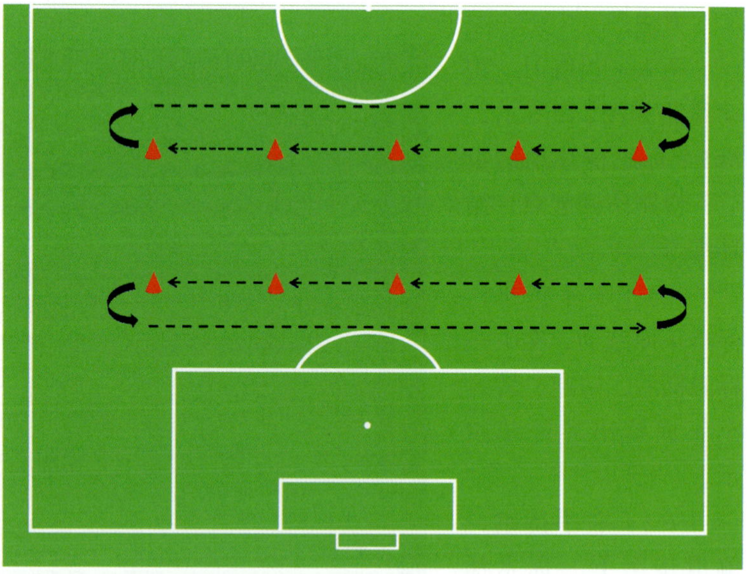

图247

（2）持旗侧滑步至下一标志桶后，站定、右手上举旗判罚越位，再示意越位（远端、中间、近端越位旗示可交替使用）。

练习6

方法：

两人一组练习，移动路线如图248所示。沿5个标志桶移动结束后，慢跑回到起点，循环练习。

● 持旗侧滑步至下一标志桶后，站定、右手上举旗判罚越位，再示意越位（远端、中间、近端越位旗示可交替使用）。

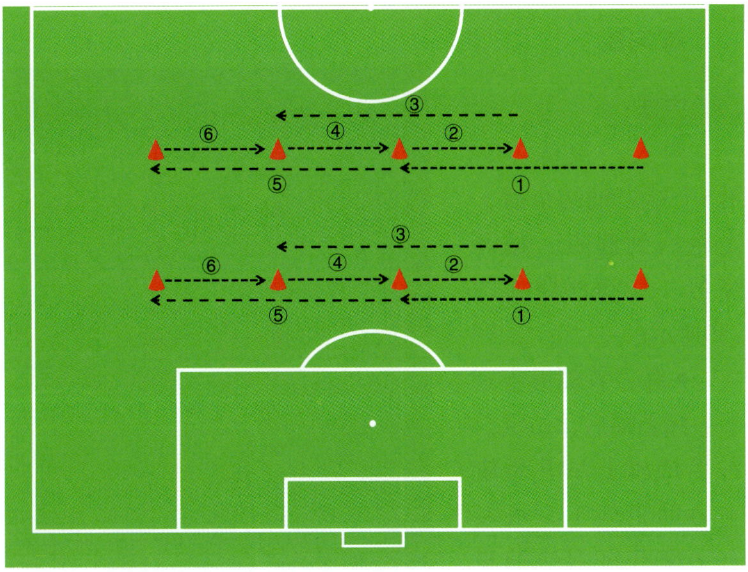

图248

练习7

方法：

两人一组练习，移动线路如图249所示。沿5个标志桶移动结束后，慢跑回到起点，循环练习。

（1）左手持旗，正面跑至下一标志桶后，站定、左转、右手持旗给出角球旗示。

（2）侧滑步至下一标志桶后，站定、右手持旗给出角球旗示。

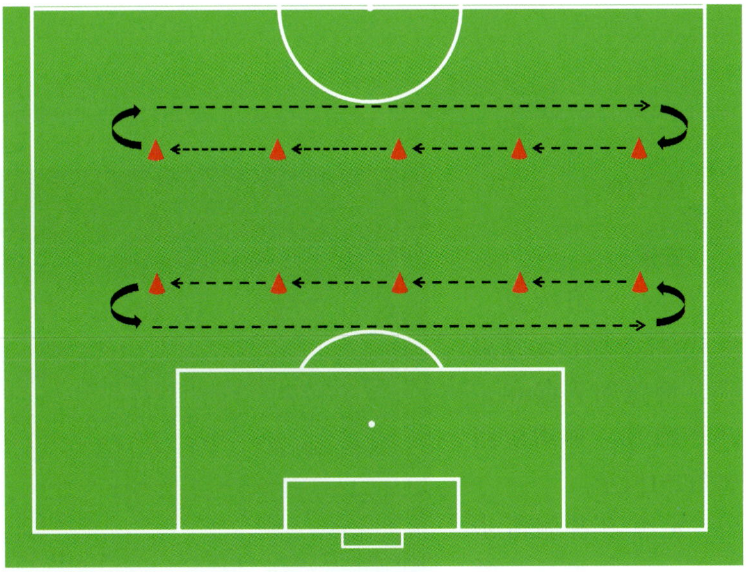

图249

（3）正面跑至下一标志桶后，站定、左转、右手持旗给出球门球旗示。

（4）侧滑步至下一标志桶后，站定、右手持旗给出球门球旗示。

（5）侧滑步至下一标志桶后，站定、右手持旗上举并晃旗（协助犯规），可左右手交替练习协助犯规旗示。

练习8

方法：

两人一组练习，沿5个标志桶结束后，慢跑回到起点，循环练习。移动线路如图250所示。

● 练习者侧滑步至下一标志桶后，站定、右手持旗上举并晃旗（协助犯规），可左右手交替练习协助犯规旗示。

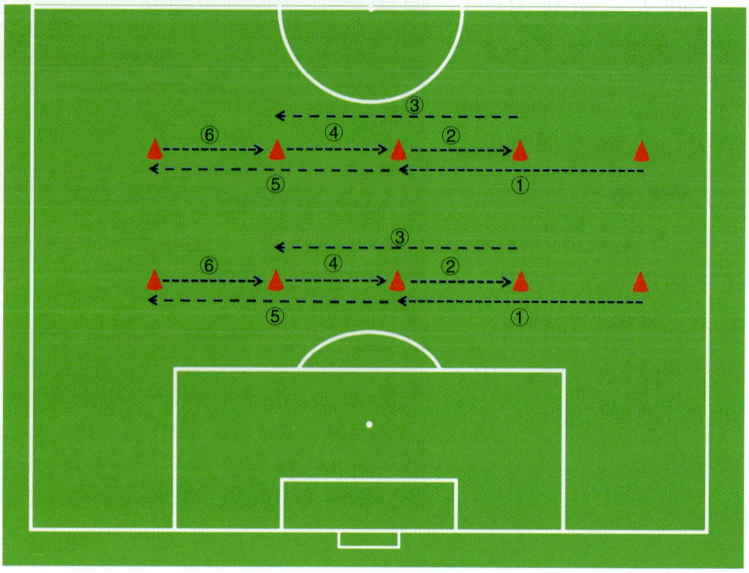

图250

练习9

方法：

两人一组练习，沿5个标志桶移动结束后，慢跑回到起点，循环练习。移动线路如图251所示。

● 练习者侧滑步至下一标志桶后，站定、双手持旗上举示意换人。

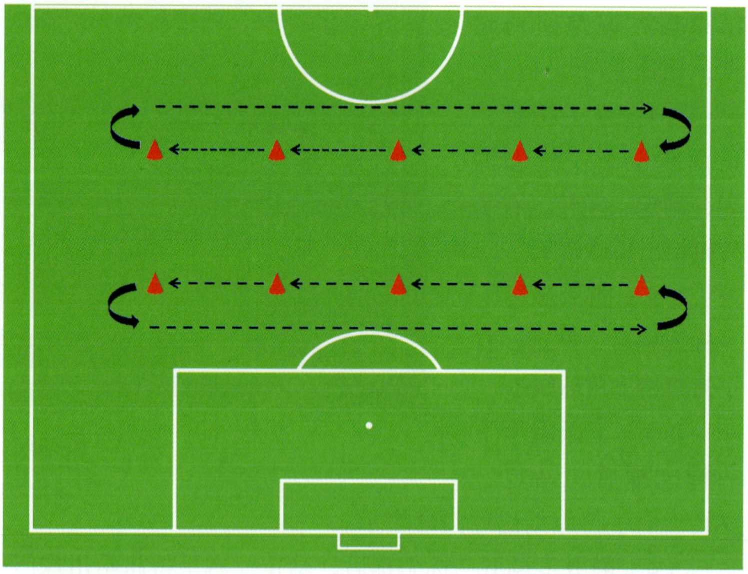

图251

五、助理裁判员的越位判断

练习1

方法：

A、D助理裁判员以黄衣队员作为防守队员，B、C助理裁判员以红衣队员作为防守队员。

队员在限定区域内沿箭头方向来回变速移动。练习形式如图252所示。

（1）4个助理裁判员跟着最后一名防守队员移动。

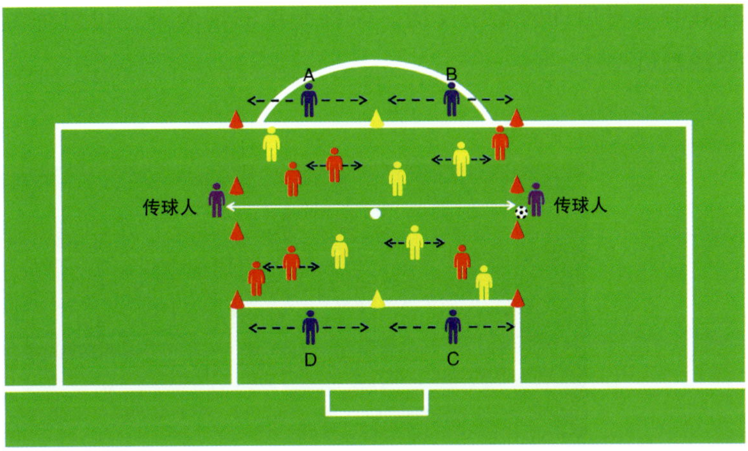

图252

（2）随着练习的进行，可加入2名传球人，当球传到对面时，若助理裁判员发现有队员处于越位位置，则上举旗示意越位（跑动中的队员不要拦截球）。

练习2

方法：

A、B助理裁判员以黄衣队员作为防守队员，C、D助理裁判员以红衣队员作为防守队员。

每名助理裁判员右边的方向为球门线方向，左手边方向为中线方向。练习形式如图253所示。

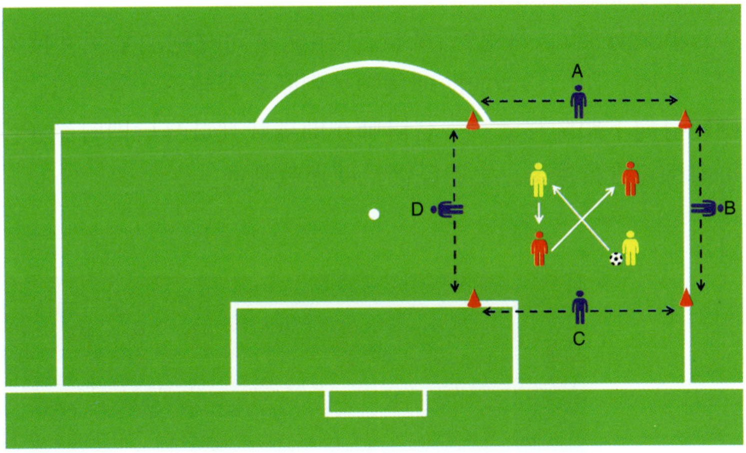

图253

（1）中间4人在场地内自由移动，不断用手向同队或对方队员抛球，4名助理裁判员位于场地四周跟随最后一名防守队员移动，当看到处于越位位置队员接到同队队员传球时，则举旗判罚越位。

（2）随着练习的进行，圈内可增加2~4名队员进行传接。

练习3

方法：

练习形式如图254所示。

当两队员跑动至交叉位置时，讲师将球传出。此时，跟随移动的助理裁判员判断是否越位，若越位，则上举旗示意。若不越位，则转身向下跟随移动。一名讲师在助理裁判员身后即时给予反馈。条件允许的情况下，可对练习进行摄像，之后反馈给助理裁判员。

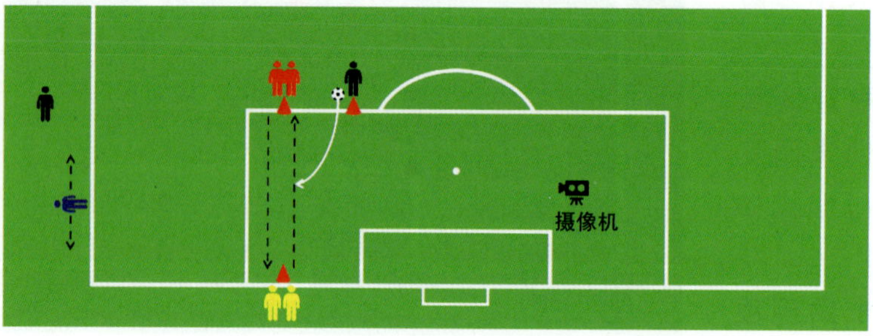

图254

练习4

方法：

练习形式如图255所示。

队员分3组，每组2名队员，3组队员同时跑动至交叉位置时，讲师将球传向任意一组。此时，跟随移动的助理裁判员判断是否越位，若越位，则上举旗示意。若不越位，则转身向下跟随移动。一名讲师在助理裁判员身后即时给予反馈。条件允许的情况下，可对练习进行摄像，之后反馈给助理裁判员。

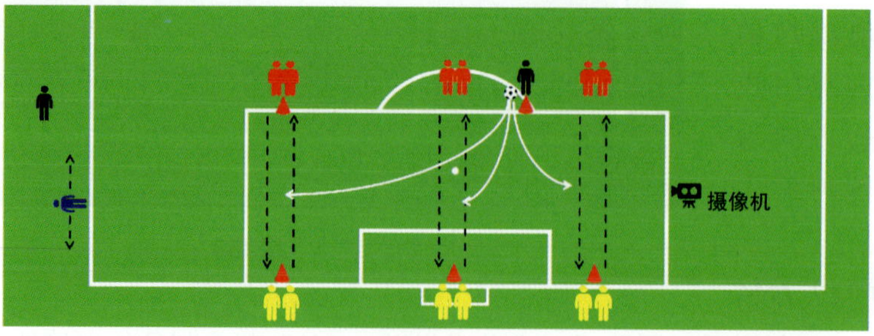

图255

练习5

方法：

练习形式如图256所示。

攻守双方队员移动中可相互交换位置，攻方队员可提前移动至守方队员身后。讲师将球传出后，跟随移动的助理裁判员判断是否判罚越位犯规。攻方队员接到球后也可相互进行传球，直至完成射门。在此过程中，助理裁判员仍需跟随移动，并判断是否越位犯规。

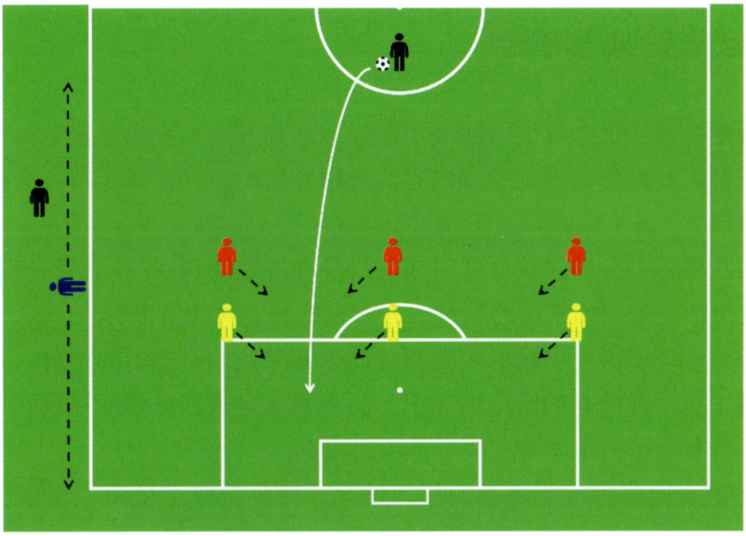

图256

第二节　相关章节示范演练

一、示范演练的教学目的

本节对《足球竞赛规则》实际运用进行场地演练，重点突出实际比赛中裁判员技巧运用的方法。在实践演练中熟悉足球竞赛规则，领会其精神实质，掌握足球裁判员工作技巧。

一个统一的教授《足球竞赛规则》的方法，将使学员的理解和运用有较大程度的提高。用课程的形式对学员提供训练，帮助他们达到执法当地足球比赛水平和裁判工作的要求。

二、示范演练的教学内容

（1）比赛场地检查。
（2）检查球气压。
（3）挑边、坠球演练。
（4）球的整体是否越过球门线。
（5）球出界的判断与恢复方式演练。

三、示范演练的教学措施

训练课程能否成功很大程度上取决于教学方式和方法。如果想让学员充分理解规则及其运用，讲师需要具备清晰的授课内容，选用合适的教具器材和精心选择实际场景来实现演练的效果。

裁判员实践课程部分的建议授课时间，讲师在规划实践课时可根据当地的情况对建议的时间进行灵活变通，如学员的数量、教学设施和器材的情况等。

训练中的许多环节需要学员的实践参与，以加深他们对规则的理解，并帮助他们认识和熟悉裁判工作。在所有的实际训练中，一定要指定裁判员和助理裁判员，并且不断变化角色，使所有学员初步体验这两个角色的职责。

裁判员在执法比赛时可能遇到的任何情况，讲师都应尽量演示出来。如要求学员在场上带着自信执法，那么就必须明白任何事件都需要判断。在这个事件发生之前就应该根据实际情景有一定的预见性，因此，要在实践训练中突出每个练习情景的知识关键点。

讲师应该用富有想象力的办法使学员参与进来。始终牢记，整个课程的目的是让学员做好充分准备，在他/她第一场执裁赛中带着自信和实践能力，以及足够的知识和基本技能控制足球比赛。

四、示范演练的教学方法

（一）检查比赛场地

1. 实践目的

（1）掌握检查场地的方法及范围。
（2）比赛场地出现不符合标准的场地标识、尺寸时应如何采取行动。
（3）熟悉比赛场地内所有标线和区域的名称及其作用。

2. 实践内容

（1）了解检查场地的时间。裁判员到达场地，按照要求在规定的时间内检查场地，这样有很多时间可以去矫正问题。在开赛前20分钟再次检查球网，比赛进行中随时发现可能出现的安全隐患。

（2）第一次检查场地要检查场地的外观，长度要超过宽度，标线是否清晰可见（球门线、边线、中线、罚球区、罚球点）。

（3）场地表面是否符合安全要求，其表面应没有任何东西或附属物（球门、球门网、旗杆），以及凹凸不平。

（4）所有标线的宽度相同，同样，球门柱和球门横梁与球门线的宽度一致。

（5）球门及球门网的检查事项。球门（包括可移动式球门）必须牢固固定在地面上。球门柱、球门横梁（不超过12厘米）必须由经批准的材料制成，形状可为正方形、矩形、圆形或椭圆形，球门立柱和横梁可由这 4 种基本形状进行组合，且不具危险性，但必须是白色，使用绳子替代断裂的横梁是不准许的。

（6）了解其他辅助线和角旗杆的作用。在角球区标线外侧外延边线和球门线做一个9.15米的标记，以确保防守队员在规定的位置。不良能见度较小时，如何使用备用角旗杆以帮助裁判员识别区域。

（7）角旗杆的精确位置及相关尺寸要求。必须在比赛场地各角竖立高度不低于 1.5 米（5 英尺）的平顶旗杆。可在中线两端、边线外不少于 1 米（1码）处竖立旗杆。

（8）技术区域的大小和位置，可以根据体育场的情况做适当改变。技术区域的范围是指从替补席两侧向外1米及向前延伸至距边线1米的区域。

（9）了解商业广告板的位置及限制要求。

（10）示范检查场地惯用的方法。怎样用步子测最小距离以确保标线是正确的。

3. 重点提示

（1）强调检查场地的目的，为参赛者提供安全的比赛环境非常重要。

（2）不符合规定的标记，什么人可以纠正。

4. 指导建议

（1）标准的场地检查应由讲师讲解，并指出实地检查的重要性。

（2）比赛场地的检查应当在一个标准的球场和球门位置正确的场地上进行。

（3）学员应识别出球场的特殊区域（中圈、罚球区、球门区等），并学会如何用步伐测量出最短距离以确定球场标识区域或标线是否准确。

（4）检查的时候，请学员解答球场上特殊区域的用途，以此加深他们对课前预习所获知识的理解。

（5）如果没有合适的场地，讲师应利用现代化教具（平板电脑）模拟场地并解释场地的标识和尺寸。

（6）在比赛场地内制造未经许可标记的队员，裁判员在比赛进行中发现此类情况应如何处理。

（7）介绍一些偶然事件，如球门移位、断裂，以及球网破损的检查和处理方法等。

（二）检查球气压

1. 实践目的

（1）怎样识别符合比赛要求的足球。

（2）懂得如何和什么时间检查球的质量。

2. 实践内容

（1）裁判员的职责是确保所有比赛用球必须符合规则第二章的要求。

（2）作为第一次检查比赛用球，球的外观应该是圆形，用双手按压判断球压（软硬度）。

（3）重量在比赛开始时为410～450克，可使用自己的判断（一定高度球自然落地）。

（4）球压应对队员没有任何危险，按照地理位置、球员年龄了解对球压的要求。

（5）球标志的检查及哪些标志和图案可以出现在比赛用球上。

（6）只有裁判员有权在比赛中更换确实不符合标准的比赛球。

3. 重点提示

（1）强调检查球的目的，为参赛者提供安全的比赛环境非常重要。

（2）不符合规定质量的球，谁有权更换。

4. 指导建议

（1）标准球检查应由讲师指导，并指出如何和为什么实地检查球非常重要。

（2）球的检查练习应准备多个不同颜色、大小、材质的球，这些球有符合标准的，也有不符合标准的，以证明不是所有的球都可以接受。

（3）学员分小组活动，让他们检查球和讨论测量、条件和任何危险因素，以及如何选定一个比赛用球。

（4）检查的时候，请学员解答球的质量和测量标准，以此加深他们对课前预习所获知识的理解。

（5）介绍一些偶然事件，如球场多出一球的处理方法，或雪天应考虑选择球的颜色等。

（6）小组活动内容：

- 球的标准尺寸、重量和压力。

- 尺寸核对方法。
- 球的形状和颜色。
- 制造球的材料。
- 比赛用球如何决定。
- 比赛前和场上检查球的方法。
- 在半场和比赛结束时将比赛用球收回。
- 什么情况会有危险发生。

（三）挑边、坠球演练

1. 实践目的

（1）理解如何使用抛硬币的方法决定比赛开始的正确程序。

（2）正确运用规则替换不符合要求的比赛用球。

2. 实践内容

（1）裁判员职责之一是比赛开始前需通过抛硬币，猜中的一队决定进攻方向或选择开球。

（2）了解比赛中哪些重新开始的比赛需要进行挑边。

（3）只有裁判员有权决定是否再次抛硬币决定比赛开始的程序（意外落入泥地等）。

（4）如何识别比赛用球出现质量（坏球）和危险性问题。

（5）了解坏球更换的程序和示范坠球动作。

（6）比赛中还有哪些情况，需要停止比赛，根据规则精神以坠球恢复比赛。

（7）判断坠球程序出现的违规情况与如何进行相应处罚。

3. 重点提示

（1）坠球时裁判员的位置应为后续比赛发展做好准备，避免处在有可能被球击中，以及干扰比赛或队员的位置。

（2）罚球区内坠球应坠给守门员，罚球区外在最后一次触球的地方坠球给最后一次触球的球队队员。

（3）所有坠球情况，其他所有队员（包括双方队员），必须距离坠球地点4米以上直至比赛恢复。

4. 指导建议

（1）挑边、坠球演练非常具有实践性，应由讲师指导并指出如何和为什么实践练习非常重要。

（2）讲师应向学员示范抛硬币和坠球动作，然后学员练习。在不同区域的坠球应当指明裁判员处于恰当位置的重要性。

（3）这节课非常有实践性，讲师需要精心选择符合实际比赛坠球违规的场景达到演练的效果。

（4）学员分小组活动练习抛硬币和坠球，并相互学习和指出问题。

（5）学员小组讨论比赛中坏球识别及哪些情况需要暂停比赛以坠球重新开始。

（6）在整个实践过程中，应请学员解答违规坠球的情况和处罚办法；另外，还有哪些情况需要停止比赛以坠球恢复，以此加深他们对课前预习所获知识的理解。

（7）介绍一些偶然事件，如坠球时裁判员所处的位置或许被球击中、干扰比赛、干扰球员、不利于后续比赛发展等。

（四）球的整体是否越过球门线

1. 实践目的

（1）如何识别球的整体越过球门线。

（2）了解球进球门或未进球门应如何采取行动。

2. 实践内容

（1）球越过球门线进入球门，裁判员和助理裁判员的位置要求。

（2）如何判断球的整体与球门线外沿没有重叠。

（3）选择最佳位置观察球是否整体越过球门线。

（4）当明显进球或未进球时应采取的下一步行动。

3. 重点提示

（1）球越过球门线进入球门，裁判员和助理裁判员处于最佳位置进行判断至关重要。

（2）判断球进门是球的整体与球门线的外沿没有重叠。

（3）注意力高度集中，快速做出反应。

（4）如何使用惯常的身体语言和配合技巧，展示球是否进门这一判断结果。

4. 指导建议

（1）判断球的整体是否越过球门线的练习，应由讲师指导并指出如何和为什么实地练习非常重要。

（2）判断球的整体是否越过球门线的练习，应当在标准球场和球门位置正确的场地上进行。

（3）这节课非常有实践性，讲师需要精心选择符合实际比赛的场景以达到演练的效果。

（4）学员应在正确的位置做出判断，并了解在不同位置做出的判断误差。

（5）判断球的整体是否越过球门线的练习应当准备多个球，这些球有明显进入球门的，也有压线的，以证明清晰、明显的球进门时的位置。

（6）练习过程着重观察学员的关注力和反应能力。

（7）在练习过程中，请学员解答球进门与未进门应采取的行动，以此加深使用惯常的身体语言或旗示展示判断结果的重要性。

（8）在练习过程中，讲师要不断灌输并帮助学员熟悉作为裁判员的实际要求，以初步体验裁判员和助理裁判员这两个角色的职责作用。

（9）介绍一些偶然事件，例如，冒旗或球进入球门又回到球场的判断和处理方法等。

（五）球出界的判断与恢复方式演练

1. 实践目的

（1）如何识别球的整体越过边界线。

（2）正确掌握旗示运用的技巧。

2. 实践内容

（1）判断球越过边界线助理裁判员的位置要求。

（2）如何判断球的整体越过边界线。

（3）掷界外球方向、球门球、角球旗示技巧运用。

（4）当球越出边界线或未越出时应采取的下一步行动。

3. 重点提示

（1）正确判断球出边界线助理裁判员位置是否正确至关重要。

（2）球的整体与边界线的外沿没有重叠。

（3）注意力高度集中，快速反应方向。

（4）旗示规范，正确做出标准旗示动作。

（5）如何使用惯常的身体语言和配合技巧，展示球是否出界这一判断结果。

4. 指导建议

（1）判断球的整体越过边界线的练习，应由讲师指导并指出如何和为什么实践练习非常重要。

（2）判断球的整体越过边界线的练习，应在标准球场或适当的区域进行。

（3）这节课非常有实践性，讲师需要精心选择符合实际比赛的场景以达到演练的效果。

（4）学员应在正确的位置做出判断，并了解在不同位置做出的判断误差。

（5）判断球的整体是否越出边界线的练习应当准备多个球，这些球有明显越出边界线的，也有压线的，以证明清晰、明显的球越出边界线时的位置。

（6）练习过程中着重观察学员的反应能力及是否在判断之前做出准备的预见性动作。

（7）在练习过程中，请学员解答球越出或未越出边界线应采取的行动，以此加深使用惯常的身体语言或旗示展示判断结果的重要性。

（8）在练习过程中，讲师要不断灌输并帮助学员熟悉作为裁判员的实际要求，以初步体验裁判员和助理裁判员这两个角色的职责作用。

（9）介绍一些偶然事件，如冒旗或球越出边界线又回到球场的判断和处理方法等。

第四章　视频助理裁判员（VAR）手册概要

第一节　视频助理裁判员概述

在2010年世界杯外围赛法国对爱尔兰的比赛中，法国队亨利的手球助攻帮助法国队获得2010年南非世界杯决赛阶段比赛的入场卷。此外，在2010年世界杯决赛阶段英格兰对德国的比赛中，英格兰队弗兰克·兰帕德打入一粒进球而被裁判员否决。这些本该由裁判员或助理裁判员解决的问题却出现了明显的错误，导致了不公正的比赛结果，使人们对足球运动未来发展中的“公正性”这一核心价值产生了质疑。这些事件促使足球界开始寻求一种解决方案，以防止未来出现类似的错误。

一、视频助理裁判员的发展历程

2015年10月，国际足联率先审议了由荷兰足协提出的使用“视频助理裁判员（VAR）”的提议。国际足球理事会（IFAB）作为全球制定和修订《足球竞赛规则》的唯一决策机构，在2016年3月5日召开的国际足球理事会第130届年度成员会议上，通过了“针对改变比赛走势的明显错漏判事件进行视频协助”的现场试验项目。世界各地多个国家相继参与了这项现场试验项目，2017年10月中国足协也加入该项现场试验项目。

经过一年的视频协助现场试验，2018年3月，国际足球理事会在第132届裁判年度成员大会上通过了在足球比赛中正式使用VAR技术的决议，并将视频助理裁判内容正式纳入《足球竞赛规则》。2018年国际足联俄罗斯世界杯中，国际足联正式启用了“视频助理裁判员（VAR）”技术，并取得了巨大成功。

目前，世界上已有很多国家的顶级足球赛事使用“视频助理裁判员”这项技术，包括欧洲五大联赛。欧足联在2019年的欧洲冠军联赛上，启用了视频助理裁判技术。中超联赛在2018赛季也正式使用了这项技术。

二、什么是视频助理裁判员

视频助理裁判员（Video Assistant Referee），读作V-A-R，也被称为“视频助理裁判”，通常由现役顶级裁判员担任，通过回放视频向裁判员提供信息，协助裁判员纠正改变比赛走势的清晰、明显的错误（或遗漏的严重事件）。“VAR”也可指视频助理裁判员协助裁判员执法的工作系统和技术的总称。

三、目标与理念

视频助理裁判员技术是继球门线技术后的又一新兴裁判执法辅助手段，其目的在于帮助裁判员纠正那些有可能改变比赛走势和结果的重大判罚决定中存在着的“清晰且明显的错误”和“遗漏的严重事件”，以确保足球比赛的最终结果不会因裁判员执法工作的重大失误而丧失公平性。

使用视频助理裁判员不是以追求“所有判罚都要100%的准确”为目标，因为很多判罚决定是主观性的，显然这个目标不可能达到。如果以此为目标将破坏足球运动最为核心的比赛流畅性、释放的激情与氛围。

使用视频助理裁判员是为了给足球运动带来更多的公平，因此，仅限用于改变比赛走势的情景，以避免过度地打断比赛。视频助理裁判的理念是“最小的干预，最大的收益”。

四、视频助理裁判员的教育与培训

毫无疑问，“视频助理裁判员”这项新技术的使用，为足球运动的健康持续发展指明了新的方向，那就是“公平的足球比赛”带给人们一个“美好的足球运动”。同时，它也为广大足球界人士和球迷提供了重新审视足球运动的巨大想象空间，以及众多的讨论话题。为了使足球运动在新技术条件下不受更多的负面影响和干扰，国际足球理事会提出了“最小的干预，最大的受益”这一基本理念。同时，为了确保视频助理裁判这项新技术在全世界范围内得到规范、正确、一致的使用，国际足球理事会与国际足联制定了“援助实施与审核项目”（Implementation Assistance and Approval Programme，IAAP），对使用或有意向使用视频助理裁判员技术的洲际联合会、国家协会或赛事方提供支持、评估与最终审核，最大限度地保证视频助理裁判员技术的使用不会给足球运动带来更大的负面影响。援助实施与支援项目包括“初期考虑”“合作备忘”“筹备与训练”“审核流程”“监管”五个步骤。国际足球理事会与国际足联将在这五个步骤中全程参与，严格监控视频助理裁判员技术使用的每一个环节。其中，涉及比赛官员教育与培训的“筹备与训练”阶段至关重要。

一场比赛能否正确使用视频助理裁判员技术，主要从以下三个方面进行考量：一是回看分析事件的准确性；二是回看分析的数量及时长；三是回看分析对比赛流畅性和氛围的影响。围绕这三个方面对在场比赛官员（裁判员、助理裁判员和第四官员）和视频比赛官员（视频助理裁判员和助理视频助理裁判员）进行大量的教育和培训是保证比赛中正确使用视频助理裁判员技术的关键。

比赛官员的教育与培训包括理论、实践、场外实践、在线实践、在场真实比赛等多个环节，每个培训环节都包括不同的训练主题。这些训练主题涵盖了视频助理裁判员操作规范理论、设备操作实践、视频助理裁判员操作流程、团队的沟通与交流、在场比赛官员的临场实践要求等相关内容。

在比赛官员的教育与培训过程中，国际足球理事会和国际足联将对教育培训的计划与方案、教育培训的组织与实施、训练的结果进行评估、现场指导与监控，并及时做出反馈。只有当参与VAR项目的所有裁判员、视频助理裁判员、助理视频助理裁判员均完成了所有培训项目与内容的训练，并提供受训证明，以及得到国际足球理事会和国际足联的审核确认后，国际足球理事会和国际足联才会批准该比赛官员具备在使用VAR技术的比赛中担任比赛官员的资格。

第二节　视频助理裁判员遵循的原则及操作程序

一、遵循的原则

视频助理裁判员应最大程度地遵循《足球竞赛规则》的原则及理念进行规范操作。

在足球比赛中使用视频助理裁判员应基于若干原则，任何使用视频助理裁判员的比赛都必须遵循这些原则。

（1）视频助理裁判员作为比赛官员，可独立调用其所需要的比赛画面，且仅在有关以下各类事件的判罚存在“清晰、明显的错误”或“遗漏的严重事件”时，方可协助裁判员：

- 进球/未进球。
- 罚球点球/不是罚球点球。
- 直接红牌（不包括第二次警告/黄牌）。
- 纪律处罚对象错误（裁判员对违规球队执行警告或罚令出场时错认了受处罚队员）。

（2）裁判员必须先做出决定。不允许裁判员“不做任何决定”，而后利用视频助理裁判员再做决定；对于疑似犯规的情况，裁判员在做出比赛继续的决定后也可以进行回看分析。

（3）除非回看分析充分表明裁判员做出的最初决定是“清晰、明显的错误”，否则不得更改该判罚决定。

（4）只有裁判员可发起“回看分析”；视频助理裁判员（和其他比赛官员）只可向裁判员建议发起“回看分析”。

（5）无论是基于视频助理裁判员提供的信息，还是裁判员执行了“在场回看分析”后，最终决定必须由裁判员做出。

（6）回看分析流程没有时间限制，准确性比速度更重要。

（7）在回看分析过程中，队员及球队官员不得围堵裁判员，以试图对回看分析进程和最终决定施加影响。

（8）在回看分析过程中，裁判员必须保持“可见”状态，以确保该环节的透明性。

（9）如果某一事件发生后比赛继续进行，裁判员随后对该事件进行了回看分析。在事件后续阶段执行/需要执行的任何纪律处罚不得撤销，即使最初的决定发生了改变（因阻止有希望的进攻机会或破坏明显进球得分机会而执行的警告/罚令出场除外）。

（10）如果比赛停止又随之恢复后，除纪律处罚对象错误或涉及暴力行为、吐口水、咬人或极具攻击性、侮辱性和/或辱骂性动作的潜在红牌事件外，裁判员不得执行“回看分析”。

（11）《足球竞赛规则》及视频助理裁判员操作规范决定了事件前后可回看分析的时间阶段。

（12）视频助理裁判员会自行“查看”每一情景/决定，无须教练员或队员申请进行“回看分析”。

二、回看分析改变比赛走势的决定/事件

裁判员只能就涉及四类改变比赛走势的决定/事件，得到视频助理裁判员的协助。无论何种情况，只有在裁判员已经做出（第一个/最初）决定（包括示意比赛继续）后，或某一严重事件被遗漏/未被比赛官员察觉时，方可使用视频助理裁判员。

除非裁判员最初的决定是“清晰、明显的错误”（包括裁判员根据其他比赛官员提供的信息做出的任何决定，如越位），否则不得更改。

如果存在潜在的“清晰、明显的错误”或“遗漏的严重事件”，可以进行回看分析的决定/事件类别包括：

1. 进球/未进球

（1）攻方球队在进攻发展阶段或形成得分时违规（手球、犯规、越位等）。

（2）在进球前球已离开比赛场地。

（3）进球与否。

（4）在罚球点球时，守门员和/或主罚队员违规；或者任何一方的其他队员提前进入（限制区域），并在球从球门柱、横梁或守门员处弹回后，直接卷入比赛。

2. 罚球点球/不是罚球点球

（1）进攻方在形成罚球点球事件之前的进攻发展阶段违规（手球、犯规、越位等）。

（2）在事件发生前球已离开比赛场地。

（3）犯规的地点（罚球区内或外）。

（4）错判罚球点球。

（5）漏判可判罚球点球的犯规。

3. 直接红牌（不包括第二次警告/黄牌）

（1）破坏明显进球得分机会（尤其要考虑犯规位置及其他队员位置）。
（2）严重犯规（或是鲁莽抢截）。
（3）暴力行为、咬人或向其他人吐口水。
（4）使用攻击性、侮辱性和/或辱骂性动作。

4. 纪律处罚对象错误（红/黄牌）

如果裁判员判罚犯规后，出示红/黄牌时错认了受处罚队员，可通过回看分析确认；犯规行为本身不得进行回看分析，除非其涉及进球、罚球点球事件或直接红牌。

在实际比赛中，除了上述四种可以进行回看分析的决定/事件外，不得回看分析其他任何决定，无论错误有多明显，视频助理裁判员不得就其他决定协助裁判员，除非是对四类涉及可回看分析的事件发起了回看分析。

《足球竞赛规则》已经明确不得在恢复比赛后更改此前比赛恢复方式的决定，因此，比赛恢复方式的决定不得回看分析，除非在明显错误的执行规则后，导致进球或罚球点球，并会造成重赛，如主罚队员在罚球点球时二次触球后得分。

三、“清晰、明显的错误”界定

视频助理裁判员根据对比赛中涉及改变比赛走势的有关事件和裁判员做出的最初决定进行查看和分析后，建议裁判员进行“回看分析”，是视频助理裁判员干预比赛的主要表现方式。

按照“视频助理裁判员操作规范”的规定，比赛中只有当裁判员的最初决定出现了“清晰、明显的错误”时，视频助理裁判员才能进行干预。国际足球理事会对什么是“清晰、明显的错误”做出了如下界定：

（1）几乎所有人（包括队员、教练员、媒体、球迷等）都同意，那是个明显的错误。这里“明显的错误”是指没有争议或仅有一点点争议。

（2）当裁判员看到视频后，立即就会改变原来的决定。如果裁判员看到视频助理裁判员提供给他的视频画面后，仍然无法迅速判断出自己最初做出的决定是否是错误的，那么，这个最初决定就不属于“清晰、明显的错误”。

四、视频助理裁判员操作程序

视频助理裁判员操作程序，包括裁判员做出初始决定、查看、回看分析、裁判员做出最终决定四个阶段（图257）。

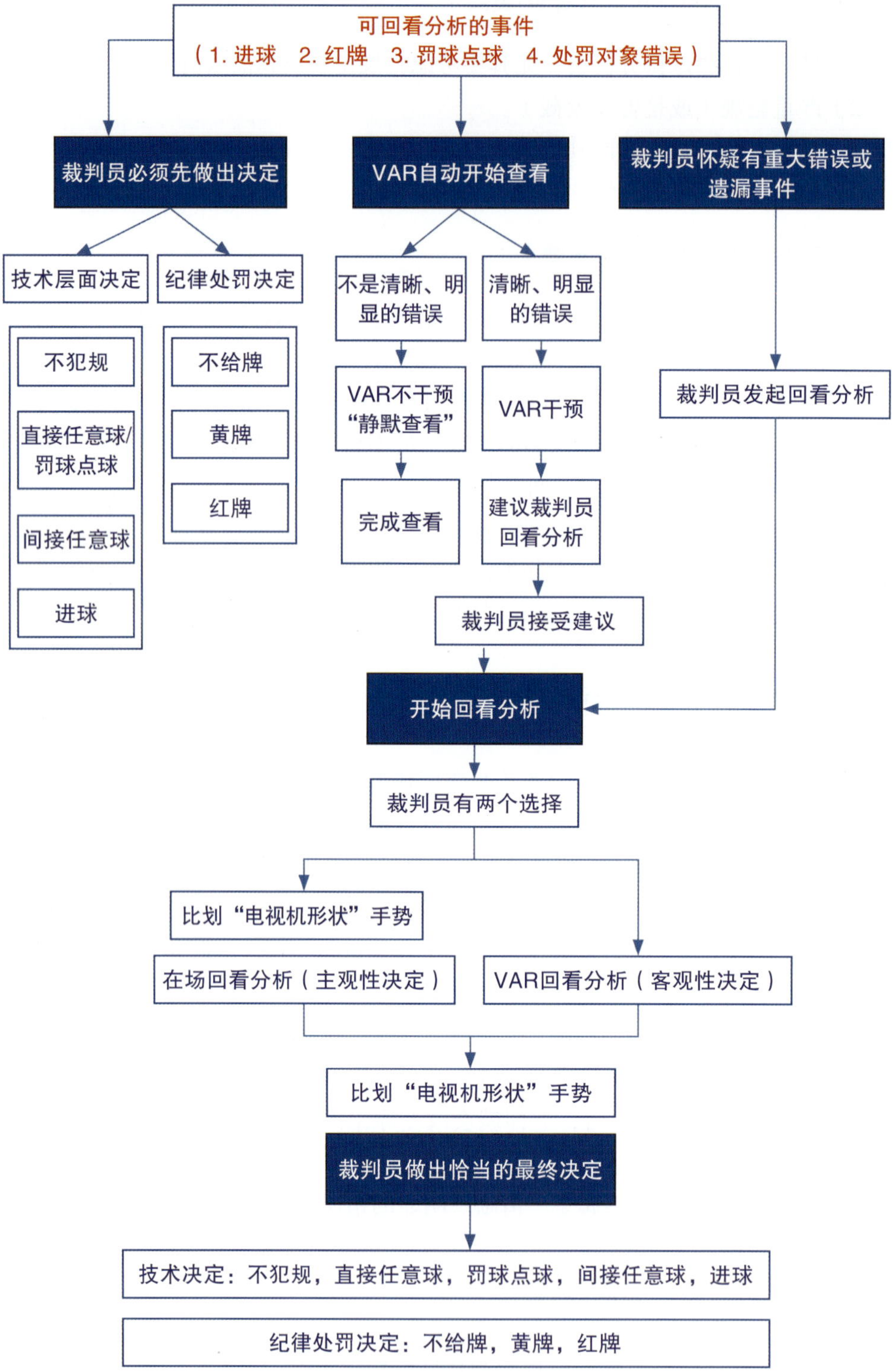

图257　视频助理裁判员操作程序

1. 裁判员做出初始决定

（1）裁判员和其他比赛官员必须先做出初始决定（包括任何纪律处罚），就像没有视频助理裁判员一样（“遗漏”的事件除外）。

（2）不允许裁判员及其他比赛官员先“不做任何决定”，这会让执法工作显得“不坚决/不果断”。

（3）裁判员是唯一做出最终决定的人，视频助理裁判员与其他比赛官员一样，只可协助裁判员。

（4）在犯规发生后延迟举旗/鸣哨的情况，仅适用于队员即将完成射门得分或已经清晰地向对方罚球区内/方向跑动这样非常明显的进攻发展情景。

（5）如果助理裁判员在犯规发生后延迟举旗，其必须在：

- 进球、罚球点球或破坏明显进球得分机会的红牌事件发生后，或
- 进攻方获得角球、任意球、掷界外球或在初始进攻（控球进攻阶段）结束后仍拥有控球权时举旗示意。

2. 查看

（1）视频助理裁判员利用不同的机位角度和回放速度，通过电视镜头画面自行“查看”每一潜在或实际发生的进球（“潜在的进球”：如果球越过球门线，但裁判员/助理裁判员未观察到/做出了错误的判断，即未引入球门线技术的比赛）、罚球点球或直接红牌的决定/事件，或纪律处罚对象错误情况。

（2）视频助理裁判员可“查看”常速和/或慢速画面，但一般来说，只在判定客观性事实时使用慢速画面，如犯规/队员的位置、有身体接触的犯规，以及手球的接触部位、球出界（包括进球与否）等；在判定犯规“程度”或手球“有意无意”时，应使用常速画面。

（3）如果“查看”表明未出现“清晰、明显的错漏判”或“遗漏的严重事件”，通常视频助理裁判员无须与裁判员联络——此流程为“静默查看”；但有时视频助理裁判员向裁判员确认未发生“清晰、明显的错漏判”或“遗漏的严重事件”，可帮助裁判员/助理裁判员管理好队员/比赛（图258）。

图258　裁判员与视频助理裁判员联络

（4）如果因“查看”需延迟恢复比赛，裁判员需以手指耳麦，另一手臂外展的方式明确示意。该示意信号需要保持到“查看”完成后，以表明裁判员在此阶段正在接收信息（可能来自视频助理裁判员或其他比赛官员）。

（5）如果“查看”表明有可能出现“清晰、明显的错漏判”或“遗漏的严重事件”，视频助理裁判员将此信息（而非判罚决定）告知裁判员，由裁判员决定是否发起“回看分析”。

3. 回看分析

图259　裁判员比划“电视机形状”手势

（1）当视频助理裁判员向裁判员提供有关事件的视频信息，建议裁判员回看分析时，或裁判员做出初始决定后，怀疑遗漏了某一严重事件时，裁判员必须以明确的“电视机形状”手势（电视屏幕方框），表明发起“回看分析”（图259）。

（2）如果比赛已经停止，则裁判员需延迟恢复比赛。

（3）如果比赛还未停止，则裁判员在比赛发展至中立区域/情景（通常是双方均无进攻机会）时停止比赛。

（4）在做出最终决定前，裁判员自行前往裁判员回看分析区域观看视频回放，视频助理裁判员向裁判员描述视频回放的有关情况——此为“在场回看分析（OFR）”。通常适用于主观性决定，如犯规动作的程度、是否构成越位犯规、手球的考量（位置、意图等）。其他比赛官员仅在特殊情况或裁判员的要求下，方可观看比赛视频画面。

（5）裁判员凭借个人认知、视频助理裁判员提供的信息、其他比赛官员必要时的参与做出最终决定——此为“视频助理裁判员回看分析（OVR）”。通常适用于客观性决定，如犯规或队员位置（越位）、身体接触位置（手球/犯规）、地点（罚球区内外）、球出界等。如果能够帮助裁判员管理好队员/比赛，或使判罚（如在比赛尾声出现的改变比赛走势的关键性决定）更具说服力，也可对客观性决定进行在场回看分析。

（6）裁判员可要求调取不同的摄像机位画面/回放速度，但一般来说，只在判定客观性事实时使用慢速画面，如犯规/队员的位置、有身体接触的犯规，以及手球的接触部位、球出界（包括进球与否）等。而在判定犯规“程度”或手球“有意无意”等情形时，应使用常速画面。

（7）对于涉及进球、罚球点球及破坏明显进球得分机会的红牌决定/事件，必要时应回看分析直接导致决定/事件出现的进攻发展阶段，这可能包括进攻方如何在开放式比赛中获得控球权。

（8）《足球竞赛规则》不允许在比赛已经恢复后更改比赛恢复方式的决定（角球、掷界外球等），因此，不得对比赛恢复方式的决定进行回看分析。

（9）如果比赛停止又随之恢复后，裁判员只能针对纪律处罚对象错误，或潜在涉及暴力行为、咬人，或极具攻击性、侮辱性和/或辱骂性动作的罚令出场犯规进行回看分析，并执行相应的纪律处罚。

（10）回看分析流程应尽可能高效完成，但最终决定的准确性比操作速度更重要。某些复杂情况涉及多个需回看分析的决定/事件，因此，对回看分析流程没有时长的限制。

4. 做出最终决定

（1）当回看分析流程完成后，裁判员必须比划“电视机形状”手势，并传达最终决定。

（2）裁判员随即执行/更改/撤销任何纪律处罚（必要时），依据《足球竞赛规则》恢复比赛。

五、回看分析的时间段

视频助理裁判员应把握好纠正裁判员明显错、漏判的时机，避免不恰当地干扰比赛，尤其是在对可回看分析事件前后的回看阶段进行准确的界定，即确认事件发生“前”多久可以进行回看分析、回看分析阶段的初始点在哪儿。同样，事件出现后多久可以回看分析也需要确定。

1. 操作流程从何时开始，比赛哪一阶段可以进行回看分析

只有在比赛停止时，方可发起回看分析。

出现潜在的可回看分析事件后（如未判罚球点球或“遗漏的严重事件”），如果比赛仍在进行，裁判员只有在双方球队均无希望进攻的“中立区域/情景”停止比赛，以发起回看分析。

如果某一队形成了较好的进攻态势或处于进球得分的节点，比赛应继续，直到出现“中立区域/情景”。

《足球竞赛规则》不允许裁判员在比赛停止又随之恢复后，更改（比赛恢复方式的）决定。因此，只有裁判员恢复比赛前，方可对某一事件发起回看分析，除非是涉及暴力行为、吐口水、咬人，或极具攻击性、侮辱性动作的红牌事件，则可以在任何时间进行回看分析。涉及纪律处罚对象错误，错认了被判罚犯规一队的受处罚队员而出示红/黄牌，也可以在任何时间进行回看分析。

2. 控球进攻阶段

事件发生前可回看分析的实际阶段取决于事件的类别：

（1）红牌（破坏明显进球得分机会除外）和纪律处罚对象错误——只对事件本身进行回看分析。

（2）进球、罚球点球或破坏明显进球得分机会事件——在进球、罚球点球事件或破坏明显进球得分机会的犯规发生前，可回看分析的阶段为“控球进攻阶段”是从形成进球、罚球点球事件或破坏明显进球得分机会的犯规的进攻发展起点开始，如果相关时，则以该阶段如何从开放式比赛中获得球权为开始。

（注：“开放式比赛”是指双方均有机会控球的比赛局面。）

控球进攻阶段“确定”了进球、罚球点球或破坏明显进球得分机会事件发生前可回看分析阶段的起点。认定控球进攻阶段的一项重要基本原则是直至攻方球队获得球权前，对方队员始终有控球的“自由权”，因此，在失去球权前，任何“遗漏”的犯规不具有关联性。这就意味着，一旦攻守双方发生了控球权的转化，之前所有遗漏的犯规都无须再进行回看分析。

视为进攻球队已经控球的情况：

- 执行恢复比赛程序后获得球权。
- 从双方均未控球的“开放式比赛”中获得球权。
- 从对方“失去”球权后（如传球失误、解围等）获得球权。
- 与对方争抢球后获得球权。

如下情况不视为明显控球：

- 救球、折射或反弹，并未形成控球。
- 解围球并未被同队队友获得或控制。

如果攻方球队是因为在“开放式比赛”中犯规而获得球权，只针对如下情况可对进球、罚球点球或破坏明显进球得分机会发起回看分析：

- 犯规发生在进攻阶段期间或起始点，且
- 未判罚犯规是裁判员“清晰、明显的错误”。

认定“进攻发展阶段”的起点为主观判断，需要裁判员判定攻方球队何时开始明显向对方罚球区/球门移动。球向对方罚球区相反的方向传递并不意味着控球进攻阶段的结束。控球进攻阶段也可能会在攻方球队完成一段时间（较长的）“控球”后出现。

如果守方球队在进攻阶段触球或处理球，这并不意味着“控球进攻阶段”自动结束，新的“控球进攻阶段”开始。控球进攻阶段在如下情况结束：

- 向前的移动停止（在罚球区内/附近除外）。
- 守方球队获得了对球的“在控制内的掌握”，即守方队员：
  - 在无压力的情况下“解围”球。
  - 明显控球并带球移动或进行传递。

3. 一次判罚决定或事件发生后多久可以停止比赛进行回看分析

《足球竞赛规则》第5章明确：“裁判员（……）意识到自己决定错误，而比赛已经恢复（……），则不可更改判罚决定。”这表明比赛一旦恢复，则不得更改比赛恢复方式的决定。例如，角球踢出后形成进球，而电视回放表明，本应该是球门球，则最初角球的判罚决定不得更改。此款同样适用于所有恢复比赛方式的类别，如掷界外球、任意球等。

尽管错误的掷界外球、任意球、角球等造成进球的结果看上去“不公平”，如果每一个可能形成进球或罚球点球的潜在错误都需要回看分析，则足球运动将受到毁灭性的打击。从观众和队员的反应来说，确认进球有效前都要查看掷界外球或角球是不实际且具有潜在风险的。

通常情况，除非是对《足球竞赛规则》严重执行错误，否则不得对错误的比赛恢复方式发起回看分析，如踢任意球时球未放定，或掷界外球违规等，因为它们不属于改变比赛走势的事件，且应该由比赛官员判定。

同样，在比赛恢复后，不得执行“遗漏的”纪律处罚，除非是涉及暴力行为、吐口水、咬人和极具攻击性、侮辱性或辱骂性的动作。此类纪律处罚没有时间限制，但如果在执行纪律处罚前，比赛已经停止又随之恢复，则恢复比赛对此类犯规并不适用。纠正纪律处罚对象错误，即错误的队员得到红/黄牌也没有时间限制。

六、视频助理裁判员团队

视频助理裁判员操作流程涵盖不同角色及职责人员的参与。他们身处不同的工作环境，从其所处的位置与其他人沟通交流。比赛中参与“视频助理裁判”工作的所有人员构成“视频助理裁判团队”，主要由“在场”比赛官员、“视频”比赛官员、“其他”视频助理裁判官员组成。

1.“在场”比赛官员

“在场”比赛官员包括裁判员、助理裁判员、第四官员。

他们应像比赛没有使用视频助理裁判员一样进行执法，按照《足球竞赛规则》的规定，履行各自的职责。

2.“视频”比赛官员

“视频”比赛官员包括视频助理裁判员、助理视频助理裁判员。

（1）视频助理裁判员

- 裁判员的主要联络人。
- 他利用“实时”和回放画面，自行“查看”每一潜在的可回看分析事件，如存在涉及四类可回看分析事件的“清晰、明显的错误”或“遗漏的严重事件”时，告知裁判员。
- 当裁判员决定进行“回看分析”时，协助裁判员选择最合适的回放角度和速度。
- 可协助裁判员做出判罚决定，但视频助理裁判员不做任何决定。

（2）助理视频助理裁判员是视频助理裁判员的助手，主要从以下方面协助视频助理裁判员：

- 当视频助理裁判员忙于“查看”或“回看分析”时，关注“实时”画面。
- 协助视频助理裁判员与裁判员进行对话，尤其是当视频助理裁判员忙于“查看”

第五章 专题报告

专题一 足球裁判职业道德素质教育

影响足球比赛胜负结果的因素复杂，任何一次场上的微妙变化都有可能左右整个比赛的局势。裁判员看似微小的错漏判能够影响比赛的走势，因此，裁判员的哨虽小但责任重大。

竞赛规则中的一些条款是需要“裁判员认为”的，这就需要裁判员结合规则的理念和足球比赛精神，尽自己最大的能力，做出最合适的判罚决定。因此，足球比赛需要裁判员具备良好的职业道德素质。

一、职业道德素质教育的目的和意义

职业道德教育是裁判队伍稳定健康发展的动力，是裁判业务和人才培养的生命线，是实现各项裁判工作的中心环节。只有筑牢职业道德底线屏障，裁判队伍才能良性发展。职业道德不能代替裁判业务，脱离了职业道德的裁判业务不可能健康地发展。裁判人才培养在提高裁判员业务能力的同时，实现职业道德教育和提高业务能力协调发展，切实做到两手抓，两手硬。只有职业道德过硬，业务提高才有价值。

只有不断认识和学习足球运动基本知识，了解和掌握足球运动的功能，才能进一步挖掘和开发足球运动的价值。当前，应牢牢抓住发展足球运动的大好时机，坚持以《中国足球改革发展总体方案》的内容和精神为指导思想，加快落实足球人才培养计划，将足球裁判人才培养和培训工作纳入重点工作内容，科学、全面、细致地培养出一批优秀足球裁判人才，在不断满足国内各级赛事裁判工作需求的基础上，争取在世界足球裁判的“舞台”上具有一定的竞争力。在足球裁判人才培养的过程中，要牢牢把握“德育为先”的教育思想，将德育工作真正纳入裁判员培训体系中，通过相对专业和系统的教育内容，让全体裁判员懂得提高自身修养的重要性，以培养出德才兼备的专业人才为最终目标。

二、职业道德素质教育的构成

足球裁判作为足球运动项目中的一个重要群体，是践行和维护公平竞赛的重要元

素。一名足球裁判，在其成长的过程中，需要接受全面的素质教育，其中职业道德素质教育尤为重要。教育和学习，既是促进裁判员自我发展的需要，也是满足行业及社会对高素质人才的需要。

素质教育作为人才培养过程中的一个重要组成部分，是人在成长和发展过程中必不可少的教育环节，已被广大教育者和受教育者普遍认同和接受。不同行业的从业者，根据自己所从事的工作内容应具备相应的职业素质。所以，抓好素质教育不仅可以解决教育活动过程中的基本观念和作用，而且有利于促进人的全面发展。

道德是人们共同生活及其行为的准则和规范。道德不是法律或规律，它是人们生活在不同时代下，在人与人、人与集体的交往中所表现出来的善与恶、美与丑、荣与辱等行为，是按时代的观念和社会规范，给一个人鉴别出来的行为表现的结论。

职业道德是人们在从事某项职业时，在工作、交往及其行为是否合乎本职业的准则和规范。不同职业的要求和准则不同，它们的规范行为也有差异，结合其行业的特点形成一个行业的道德规范、道德意识和道德标准。

足球裁判职业道德是在从事足球裁判活动过程中，自觉遵守国家法律法规及行业规章制度；严格执行足球竞赛规则内容和条款；努力维护公平竞赛的体育精神；在实践工作中，认真履行“严肃认真、廉洁公正、严格准确”的工作方针。

道德教育作为众多素质教育中的一个核心内容，是引导受教育者树立正确的世界观、人生观和价值观，培养吃苦耐劳、艰苦奋斗、自力更生、奋发向上的优良品质，克服“个人主义、拜金主义、享乐主义”，在新时代、新形势下学会用“科学、客观、唯物”的观念武装自己的思想和头脑。我国古代教育家孔子在《论语》中有过“德育为先”“志于进修”的表述，可见道德教育的地位和重要性。

足球裁判职业道德教育是指通过教育的方式，引导和帮助裁判员确立正确的工作目标及方向； 建立行业道德意识、思想和标准；培养裁判员学习并掌握本专业领域内的业务知识、行为规范、基本准则，形成自觉遵守的良好习惯。

在新时代、新形势下，我国裁判员的德育工作应以坚定“四个自信”为宗旨，紧紧围绕政治理论教育、思想教育、形势与政策教育、道德与行为规范教育、法制教育为核心内容开展。在道德与行为规范教育过程中，在遵循行业规律，突出教育功能，不断丰富和完善职业道德素质教育内容和形式的同时，立足于从年轻一代抓起，努力培养出一批适应时代发展和行业需求的专业人才。

三、职业道德素质教育的特征

足球裁判职业道德素质教育活动，是在坚持深入了解和研究行业自身特征的基础上开展的一项有针对性的教育活动。

（一）内容的广泛性和全面性

在开展足球裁判职业道德素质教育活动中，首先要明确教育目标，即让更多的受教育者明确学习的目的和意义，通过学习和培训，建立和完善自身素质，达到能够胜任工作需要的标准。

一个足球裁判员的培养过程是漫长的，在其成长的道路上会遇到诸多坎坷和挑战。随着人生阅历和工作经历的不断丰富，从最初的年少轻狂、自命不凡，到傲骨磷磷、老成持重，在每个时期、每个阶段裁判员对自己所从事的裁判事业都有不同的认识和表现。为能够更好地把握裁判员的成长动态，及时了解和掌握裁判员的思想活动及行为表现，针对不同人群做到科学分析、精准把控，在合理选择教育内容的基础上，坚持“因人施教、因材施教”的教育方式。因此，足球裁判职业道德素质教育的内容应做到广泛性和全面性。

为确保能够使受教育者在不同时期、不同阶段接受和掌握相关知识，教育者应具备和掌握广泛的专业知识、丰富的教育经验，以及灵活、多变的教育方法。

（二）过程的艰巨性和长期性

足球运动是一个市场化程度较高的体育运动项目，为充分发挥足球运动的功能和价值，各级地方政府结合本地区的优势，因势利导地推出扶持和发展足球运动的相关政策，一大批企业和投资人怀揣着极大的热情加入投资足球的序列，以求从中获取最大利益。在投资足球活动的过程中，当投资与回报发生不平衡关系时，一些人的“投机”思想油然而生， 目标直指裁判队伍，想方设法地通过各种渠道，运用各种形式围猎裁判队伍，部分裁判员未能坚守住自己的道德底线，继而滑向罪恶的深渊。此类事件的发生严重影响了中国足球的健康发展，玷污了中国体育形象，伤害了广大人民群众的感情，败坏了社会风气，影响了社会稳定，给中国足球裁判队伍的形象造成了极大的负面影响。因此，在开展足球裁判职业道德素质教育的过程中，教育者和受教育者应了解目前裁判队伍所面临的窘境，摆正心态、警钟长鸣，用积极的态度对待教育过程，通过反复学习和思考，不断提高自身的职业道德素质和修养，用实际行动扭转他人对足球裁判的不良印象，重塑裁判队伍健康形象。

裁判员的成长道路是漫长的，每个阶段的思想活动和行为表现都有所不同，应在科学研究的基础上，坚持不懈、持之以恒地在裁判队伍中开展职业道德素质教育活动。

（三）方法的专业性和针对性

在开展足球裁判职业道德素质教育活动中，应在全面了解和掌握足球裁判行业特征和业务特点的基础上，突出教育方法的专业性和针对性。

1. 足球裁判的行业特征

（1）特定的时代背景，激发参与足球裁判工作人员众多。2015年3月，国务院发布《中国足球改革发展总体方案》，方案中将发展足球运动纳入经济社会发展规划，实行“三步走”战略的主要目标加以阐述，极大地刺激了足球市场的繁荣发展，同时，也激发了人们参与足球活动的热情。随着各项赛事活动的不断增加，参与足球裁判工作的人群像“雨后春笋”般出现。

（2）赛事活动多，裁判人员需求量大，培训工作艰难。为满足各地日益增长的赛事活动需求，地方业务主管部门及赛事主办单位通过各种方式和渠道招募足球裁判人员，足球裁判人数在原有基础上快速增长，逐渐形成了一支庞大的裁判队伍。与此同时，具备培训条件的机构也加大了对裁判人员的培训力度。在培训过程中，受参与动机、身体条件、学习能力等因素影响制约，决定了培训工作的艰难性。

（3）参与裁判工作人员成分多样，教育工作难度大。裁判人数的增加势必会导致队伍人员成分的复杂化。目前，我国裁判队伍的人员组成遍及各个行业，年龄分布在16～60岁，文化程度为高中至研究生学历。当不同年龄、不同性别、不同地域、不同阶层、不同文化的裁判人员为了一个共同的爱好聚集在一起，给裁判队伍增添活力的同时，也给教育工作增加了难度。

（4）培养周期漫长，行业内部竞争激烈。因运动项目特征和特点的需要，足球裁判的工作内容、要求和环境不同于其他体育项目，它是一项极具挑战性的工作，需要裁判员具备较高的综合素质。在足球裁判员成长的道路上，为更好地挖掘人才、培养人才、使用人才，在培养的过程中，各地方业务主管部门对裁判员采取分级管理和使用的方式。在晋级的过程中，根据业务需要制定不同等级的考核标准，具备条件的裁判员要通过多项考试合格后才能晋升到上一级别的裁判序列中。使用过程中，在综合考虑多方因素的基础上，合理安排裁判工作任务。因此，裁判员的培养周期相对漫长，导致行业内部的竞争越发激烈。

（5）受关注度高、工作责任大。基于足球运动的功能和价值带来的积极因素，为大力推广和普及足球运动，近年来，由政府主导、部门协调、全社会积极参与足球运动的新格局正在逐步形成。参与人数、竞赛规模、市场开发力度、媒体传播效应等呈现逐步上升的趋势。人们对足球运动的关注程度有增无减。

裁判员作为足球运动项目中的一个基本元素，肩负着推广和普及足球运动知识，教育和引导参与者遵规守纪，提高足球运动竞技水平，维护足球市场健康环境，稳定社会公共秩序等重任。因此，裁判员在工作中所担负的责任重大。

2. 足球裁判的业务特点

（1）权威性。《足球竞赛规则》第五章明确阐述，“每场比赛由一名裁判员掌控，他有全部权力去执行与比赛相关的竞赛规则”。裁判员依据《足球竞赛规则》和

"足球比赛精神"所做出的决定必须得到无条件的尊重，其权威性不容挑战。

裁判员不仅是《足球竞赛规则》的实际执行者，也是"足球比赛精神"的捍卫者。他在场上所做出的每一个决定都是规则条款和精神的直接代表。由此可见，在一场足球比赛中其身份和地位的权威性。

（2）专业性。《足球竞赛规则》涉及17章、79节、约380项条款，裁判员要在牢记规则内容和条款的同时，还要在场上熟练运用。众所周知，与绝大多数体育项目不同，足球运动是一项身体对抗激烈的体育项目。据权威职业裁判组织调查发现，在一场足球比赛中，裁判员需要做出约245次决定，其中约200次是对身体接触后是否构成犯规的判断，这意味着裁判员每场比赛约22秒就要做出一次决定，在如此短的时间内果断、准确、恰当地做出正确决定，对于一名裁判员来讲，没有扎实的专业知识和娴熟的专业技能作保障是很难胜任此项工作的。

（3）艰辛性。在足球比赛场上，裁判员所面临的困难是多方面的。第一，"胜王败寇"的传统观念，在很大程度上刺激了人们对追求胜利的渴望。足球比赛的胜负往往产生于"伯仲之间"，裁判员将承受责任压力。第二，对于规则的理解和认识，很多人是在带有个人立场的情况下去解读和遵守，裁判员将承受信任压力。第三，比赛双方对抗激烈，比赛进程变幻莫测，场上形势瞬息万变，突发事件层出不穷，裁判员将承受环境压力。第四，比赛过程中，双方运动员、球队官员、球迷等会以各种方式干扰裁判员的执裁工作，裁判将承受心理压力。第五，在场地大、时间长、人数多、攻防节奏快的情况下，裁判员要承受体能压力。

（4）挑战性。科学技术是生产力，是推动了人类社会发展的重要源泉。当今社会，科学技术日益渗透到社会物质生活和精神生活的各个领域，成为建设现代文明社会的重要基石。将科学技术运用到现代足球运动训练、比赛和管理中，不仅提高了足球运动的竞技水平，也增加了比赛的观赏性，同时，也给足球裁判工作带来了前所未有的挑战。

涉及思想道德教育的方法很多，选择什么样的方法开展此项活动，组织者和教育者应在研究制订教育计划的过程中，充分考虑行业特征和业务特点，有针对性地选择教育方式，采取行之有效的教育方法，在科学运行的基础上，最终实现教育目的，完成教育目标。

（四）措施的适用性和科学性

我国足球裁判队伍的职业化程度与一些成熟行业相比仍然有较大的差距，就其裁判工作领域内错综复杂的现象，造成在开展职业道德教育过程中的每个环节都十分艰难。在充分考虑足球裁判员的行业特征和职业特点的基础上，结合裁判队伍现状，在制定落实教育方针时，应有"与时俱进"的时代思想，坚持"以人为本，面相大众"的宗旨，针对实际工作存在的问题和现象，以实事求是的态度，采取多措并举、全面考量、综合评价的方式，逐步实现科学教育、科学管理、科学评价的目标。因此，在开展足球裁判职业道德素质教育的过程中，各项措施都要围绕适用性和科学性的原则制定。

四、职业道德素质教育的内容

足球裁判员职业道德素质教育内容要紧紧围绕道德教育和职业素质教育两个方面展开。

（一）道德教育内容

道德教育内容要以中国特色社会主义理论体系——马克思列宁主义、毛泽东思想、邓小平理论、三个代表重要思想、科学发展观、习近平新时代中国特色社会主义思想为基础，坚持弘扬中华民族优良传统，努力实现中华民族伟大复兴为主题开展。足球裁判行业道德教育内容主要体现在以下三个方面。

1. 政治理论教育

（1）要以中国特色社会主义理论体系内容为核心。深入学习和领会理论体系的重要意义和价值，形成以理论体系为指导，坚定不移地走中国特色社会主义道路，推动社会体制、经济、文化等事业的不断发展，实现人民对美好生活向往的最终目标。

（2）要坚持抓好形势与政策的教育和学习，学会运用唯物主义的观点、立场、方法分析现实社会生活中的各种现象，用积极的态度和发展的眼光分析各项方针政策的时代背景和重大意义。

（3）要使受教育者在建立正确的“世界观、人生观、价值观”的基础上，树立为中国特色社会主义现代化建设服务，满足广大人民群众需求，推动足球运动事业不断发展的服务宗旨和意识。

2. 思想教育

通过开展足球活动，可以促进参与者的爱国主义、集体主义、社会主义情怀，让人们在参与的过程中分辨美与丑、爱与恨、善与恶、强与弱。足球运动作为众多体育活动中的一项，可以充分发挥其自身的功能和价值，让参与者在活动中得到教育。足球裁判作为足球活动的参与者，就其工作性质的重要性而言，加强从业人员思想教育尤为重要。

开展爱国主义教育内容应紧紧抓住先进事迹、先进人物的杰出案例，特别是行业内部的典型事迹，从源头展开分析和讨论。把回顾历史和展望未来有机结合，从裁判人员内部中形成以老育新、以老带新的教育模式。

开展集体主义教育内容应让受教育者明确，倡导集体主义要从正确处理个人、集体、国家之间的利益关系出发，消除损人利己的思想，坚持发扬奉献精神。在裁判行业内部形成坚决抵制拜金主义、享乐主义、极端个人主义的思想。

开展社会主义教育内容应紧跟时代发展的需要，对受教育者进行坚持党的领导和中国特色社会主义道路教育，明确党的基本路线和方针，确立正确的政治方向，自觉维护社会稳定和行业发展，对年轻一代裁判员的社会主义思想教育应随着时代的发展贯穿始终。

3. 行为规范教育

以《中国足球协会裁判人员行为规范》条例内容为基础，对全体裁判人员进行职业道德素质教育。

（1）思想忠诚坚定。热爱祖国，忠于足球裁判事业，不忘初心、牢记使命，永葆对足球裁判工作的热情和奉献精神。

（2）严守职业道德。恪守裁判人员的职业道德，清正廉洁、刚正不阿、拒腐防变、谨言慎行，自觉抵制各种可能影响公平公正执法的现象和行为。

（3）公平公正执法。保持良好体能状态，展现优秀执法能力，维护公平竞赛精神。以事实为依据，以规则为准绳，坚持公平公正执法，坚决执行竞赛规则。

（4）积极学习实践。积极参加各类裁判业务学习，努力提高自身执法工作水平，及时更新竞赛规则知识，准确掌握最新规则精神和执法要领。主动学习，反复实践，持续进步。

（5）规范工作程序。严格执行竞赛相关工作程序，完善赛区各项裁判工作，保证赛区裁判工作的规范、严谨、高效，保障赛事顺利圆满。

（6）严格工作纪律。严格遵守国家各项法规，以及中国足协、竞赛主办方的工作纪律和相关要求，严格执行组织程序，保守行业秘密，杜绝跑风漏气，未经许可不以中国足协裁判人员身份接受媒体采访或以各种形式评论中国足球裁判工作。

（7）树立行业正气。为人正直、正人正己，团结裁判队伍，加强团队意识和大局观，向裁判行业内和社会各领域传播正能量，树立裁判人员的良好形象和裁判行业的清正风气。

（8）促进足球运动发展。以公平公正的执法工作服务赛事、运动队、运动员和公众，传播公平竞赛精神，促进足球技战术发展，展现足球运动魅力。

（9）加强自身修养。在赛区工作中保持良好文明礼仪和团队形象，在日常工作生活中加强学习，提高综合素质和个人修养，展现裁判人员良好的精神风貌。

（10）争当社会楷模。在个人工作中积极进取，努力进步，维护社会公德，争当道德楷模。保障自身工作、生活、家庭及裁判事业协调发展、共同进步。

（二）职业素质教育内容

职业素质教育内容要以坚持培养“高、精、尖”的专业技术人才为导向，针对行业需要，展开职业素质教育活动。

1. 专业学习

（1）加强裁判专业理论知识学习，熟练掌握《足球竞赛规则》的内容及精神。熟练运用足球裁判方法，不断提高使用的技能和技巧。

（2）加强体能锻炼，针对个体差异，科学制订训练计划，采取行之有效的训练方法，全面提高身体素质。

（3）针对裁判工作需要，拓展学习领域，将相关学科知识运用到裁判实践工作中。

2. 实践工作

（1）裁判员执裁工作时应从思想、身体、心理等方面，在赛前、赛中、赛后做好充分的应对准备，树立克服一切困难的决心和信心，确保顺利完成裁判工作任务。

（2）比赛过程中应充分发扬团队协作的集体主义精神，裁判员应有高度的责任心和担当意识，在确立“以我为主”的基础上，与其他比赛官员紧密配合。

（3）通过正当渠道和方式，收集裁判工作技术数据及信息，总结裁判实践工作经验，撰写裁判工作心得体会。

（4）善于观摩、学习，虚心听取他人意见和建议，取他人之长，补己之短。

3. 个人生活

（1）培养良好的个人生活习惯。从事业的角度出发，克服和杜绝不利于裁判工作发展的缺点和“陋习”。

（2）依靠劳动勤劳致富。在有条件的情况下，逐步提高和改善生活条件和生活环境。

（3）善于学习科学养生。健康的生活方式可以延长裁判工作年限。

4. 社会交往

（1）学会善于交流和沟通，利用正当的渠道及合法的方式传递心声。

（2）在交往的过程中，要明辨“是非”，做到有理、有利、有节，坚持传递正能量。

（3）要有严于律己、宽以待人的胸怀和气量，本着相互理解、相互信任的态度，共同创造和谐环境。

五、职业道德素质教育的过程

道德观能力发展与受教育的程度、社会交往、工作环境等因素息息相关。基于足球裁判的行业特征和业务特点，引用美国哈佛大学教授劳伦斯·科尔伯格（Lawrence Kohlberg）的理论，将足球裁判员道德观的形成划分为道德遵循前期、道德遵循期、道德遵循后期三个阶段。

（一）道德遵循前期

道德遵循前期包含两个取向，即避罚服从取向和相对功利取向。通常这两种取向出现在年轻裁判员群体中。

1. 避罚服从取向

年轻裁判员刚步入裁判行业，对行业的了解尚处于一个朦胧阶段。在管理者和教育者的要求下，年轻裁判员的行为符合行业可以接受的规范。此时，所谓的正确就是遵从某一“强权”人士的指令，而不服从就会受到惩罚。他们深知不服从会招来的后果。

2. 相对功利取向

随着对行业的不断了解，年轻裁判员会出现这样的思维模式，认为做出某一行为的原因是为了带给自己乐趣。这种以乐趣为出发点的道德选择是以我为中心的目的建立的。此时，年轻裁判员意识到，作为“强权”人士所做出的决定并非是唯一正确的答案。在他们通过自己的方式确认正确答案后，以我为中心的思想逐渐巩固形成，“膨胀”行为逐渐出现，最后易偏离正确的发展轨迹。

（二）道德遵循期

道德遵循期包含两个取向，即寻求认可取向和顺从权威取向。通常这两种取向出现在成年裁判员群体中。

1. 寻求认可取向

随着时间的推移，在进入裁判行业一段时间后，对行业环境有了一定的客观认识。如果要想保持在行业内部的长期存在，其个人行为要做到能够被同行认可和接受。此时，裁判员所注重的是如何积极表现的行为并谨慎地观察周围人的反应。然后，他们会从两者之间做出选择：要么改变不符合群体标准的行为，要么甘愿背离群体标准并承担一切相应的后果。

2. 顺从权威取向

趋于行业正常运转的需要，维护行业秩序、遵守行业制度、保护行业利益、尊重行业权威是非常重要的。如若不然，行业就会处于无政府状态。人们要通过遵守规矩，才能改变那些特立独行的人，这也是人们在长期参与社会生活中建立的生存之道，裁判行业也不例外。随着裁判员工作和生活阅历的不断增加，他们的智商和情商也在不断提升，对裁判行业的认知程度也在不断加深。

（三）道德遵循后期

道德遵循后期包含两个取向，即社会契约取向和普遍伦理取向。通常这两种取向出现在成熟裁判员群体中。

1. 社会契约取向

当裁判员步入成熟阶段并取得一定成就后，他们开始关注他人的福祉，会自觉接受和养成某些大众所达不到的、小众的道德原则。他们不再去刻意追求名利，用积极向上的态度去争取和获得尊严。他们可以通过自身的行为去影响其他人，让所有人都有尊严，都得到尊严。这是一个高度自觉的、自治的、有原则、有信念的道德阶段。

2. 普遍伦理取向

部分裁判员随着社会阶层和地位的改变，当步入一个高层次的管理者和教育者的时候，他们的道德意识和行为更应体现在珍惜生活、安贫乐道的人道主义原则上。这是裁判员道德意识和行为的最高境界。

以科尔伯格理论为基础，分析和研究足球裁判员道德观的形成过程，在开展裁判员职业道德素质教育的过程中，应做到以下几点：

（1）裁判员职业道德素质教育活动应贯穿裁判员成长历程的各个阶段，涉及各个时期。

（2）要充分了解和掌握裁判员的成长动态，根据不同时期裁判员的思想活动和行为特征，科学选择教育内容、运用教育方法、采取教育措施。

（3）活动的组织者和教育者应具备丰富的专业理论知识和教育技能，在把握好各项教育原则的基础上，善于研究和总结，做到科学施策、精准施策，不断提高教育和教学质量。

（4）活动的组织者和教育者在开展教育活动的过程中，应以身作则、率先垂范，充分发挥引领作用。

六、职业道德素质教育的方法

足球裁判员职业素质教育的方法应根据业务需求设计，既要遵循传统，又要创新思路。

（一）讲授法

教育者对教学内容应做系统叙述和形象描述，用通俗易懂的语言对教学内容进行说明、解释和论证。

涉及学习概念、行业规章制度、职业行为准则及条例的教育内容，是开展道德素质教育活动的基本知识和基础内容，应通过课堂讲授的方法全面、完整、细致地传授给受教育者。

（二）实践法

教育者通过组织实践活动传递和感知信息。坚持理论与实践相结合的原则，便于巩固和提高所学知识，让受教育者在日常生活和社会活动中亲自参加实践，从中接受教育和锻炼，实现教育目的。

（三）谈话法

教育者与受教育者以口头语言问答的方式进行沟通和交流，在谈话中传递思想。针对个别人的思想和认识问题，有目的地设计谈话内容，或在倾听的基础上做好总结与归纳，用循循善诱的方式，在谈话中实现教育目的。

（四）讨论法

教育者提出问题，受教育者在独立思考的基础上，各抒己见。在相互启发、补充、争论后，教育者给出立场和答案。

通过案例所描述的事件，让受教育者运用所掌握的知识展开讨论。期间，教育者要做到“导之以思、授之以理”，让受教育者在正确的思想引导下，运用正确的思维方式解决疑惑。

（五）剖析法

在教育者的引导下，受教育者的思想意识和思想活动在自身不同观点的碰撞下展开自我斗争，最终产生共鸣。

剖析法是一个人在思想品德上自觉能动的表现，是思想进步的内部动力，也是自我教育能力的培养和锻炼。

七、职业道德素质教育的措施

（一）以三个“坚持”为原则

（1）坚持运用中国特色社会主义理论体系武装思想，用科学的态度和方法推动裁判员教育工作的不断发展。

应认真学习和领会习近平总书记关于教育工作的讲话精神。贯彻遵循教育规律、人才成长规律，大力推进教育体制改革创新，建成充满活力、富有效率、更加开放，有利于高质量发展的教育体制机制，满足新时代中国特色社会主义建设需要。

“新故相推，日生不滞”。足球运动的全面发展需要一支优秀的裁判队伍，建立一支优秀的裁判队伍需要培养一批优秀的裁判人才，优秀裁判人才的培养过程离不开教育工作。在开展各项教育活动中，要在深入研究足球裁判行业特征和业务特点的基础上，坚持用科学的态度和方法，制定行之有效的措施，在不断推进教育工作全面发展的基础上，努力培养出更多的优秀裁判人才。

（2）坚持以《中国足球改革发展总体方案》的内容精神为指导，加快专业人才培训工程建设。方案的发布，明确了中国足球改革的指导思想、基本原则和主要目标。强调坚持问题导向，改革创新体制，遵循足球发展规律，努力建立专业高效、系统完备、民主开放、运转灵活、法制健全、保障有力的体制机制。要坚持立足国情与借鉴国际经验相结合，着眼长远与夯实基础相结合，创新重建与问题治理相结合，举国体制与市场机制相结合，发展足球运动与推动全民健身相结合。要把发展足球运动纳入经济社会发展规划，实行“三步走”战略，改善足球发展环境和氛围，理顺足球管理体制，创新中国特色足球管理模式，形成足球事业与足球产业协调发展的格局；提高职业联赛和国家队的水平，逐步进入亚洲和世界先进行列；中国足球实现全面发展，足球成为群众普遍参与的体育运动，全社会形成健康的足球文化。方案为中国足球运动的未来发展指明了方向。

方案包含50条内容，为落实加快足球专业人才培养工作的具体内容，在足球裁判行业领域内，将裁判员职业道德素质教育作为人才培养的首要工作进行。工作中，应根据事业发展需求和实际工作中出现的问题，做出科学判断，完成精准施策。足球裁判培养工作应将其作为一项工程建设来完成，在深入研究的基础上，逐步构建起一个相对完整的裁判培养体系。

（3）坚持改革行业教育体制机制建设，不断完善行业教育工作新秩序：

- 形成由政府主导、部门协同，全行业积极参与的教育格局。
- 建立和完善开展教育工作的组织机构。
- 制定教育工作制度。

（二）职业道德素质教育工作具体措施

（1）加强职业道德素质教育工作管理

行业行政管理部门要加强对职业道德素质教育计划、目标、实施、监督、评价等工作内容的研究，做到科学统筹、合理安排，真正抓好师资、教材、设施、经费等具体项目的落实工作。

（2）将职业道德素质教育真正纳入专业教育内容的序列中

职业道德素质教育工作要坚决杜绝形式主义和官僚主义的工作思想和作风，坚决克服“重业务轻思想”的工作导向，将职业道德素质教育真正纳入专业教育内容的序列中。

（3）建立职业道德素质教育专业团队

要在裁判培训工作中，邀请专业管理干部和教师参加课程设计和实践教学工作，逐步构建专业教育团队，最终实现职业道德素质教育的正规化建设。

（4）业务主管部门、家庭、单位、社区应紧密结合

业务工作主管部门应与裁判员的家庭、单位、社区保持密切联系，时刻关注裁判员的思想活动和行为动态，充分挖掘和利用社会资源，做好职业道德素质教育工作。

（5）充分利用媒体的宣传和监督功效

利用媒体，大力宣传和报道职业道德素质教育活动中的先进事迹，在向社会传递行业正能量的同时，发挥媒体的监督功效。

专题二　培养优秀的足球裁判员

为培养和塑造足球裁判行业中的优秀人才，各级业务主管部门根据行业需求，对从业人员提出了要求、规划了目标。国际足联作为足球运动全球最具权威的行业管理和业务指导机构，对一名优秀的裁判员提出了要求，针对要求诠释如下。

一、优秀裁判员在社会中的责任

（一）优秀裁判员要成为学习的榜样

“更快、更高、更强、更团结”的奥林匹克体育精神，是所有参与体育活动的人们追求的精神动力。参与体育活动，既是人们释放自我，体现个人能力和价值的重要途径，也是促进人们挑战更高目标，实现个人理想的重要载体。因此，一名优秀的裁判员，在追求裁判事业的道路上要以奥林匹克体育精神为源动力，在学习、生活和工作中将自己培养和铸造成为一名行业“精英”，成为别人学习的榜样。

（二）优秀裁判员是一名法官，主持公正的化身

法官既是司法权的执行者，又是捍卫民意、伸张正义的代表。在不同法系的国家

中法官的角色不尽相同，但要求都是不偏不倚、不受他人影响或制肘、刚正无私地根据法律判案。足球裁判员是《足球竞赛规则》的执行者，在比赛场上，应遵照《足球竞赛规则》赋予的职责和权限依法、依规履行义务。因此，法官与裁判员在不同的领域中完成着相似的工作。相对于更加全面、完善、规范的法官行业制度及相关条例内容，一名优秀的裁判员，应以法官的标准严格要求自己，要时刻牢记自己的工作职责和肩负的使命，以严肃认真、廉洁公正、严格准确的工作态度秉公执裁，全力维护规则尊严。

（三）优秀裁判员应具备良好的职业道德和职业素质

培养良好的职业道德和职业素质，对裁判员的健康成长及推动行业发展具有深远的意义。第一，有助于树立正确的世界观、人生观和价值观，培养吃苦耐劳、艰苦奋斗、自力更生、奋发向上的优良品质。第二，有助于打造自身健康形象，建立良好的社会声誉，为自我完善和持续发展形成有力的外部环境。第三，有助于行业内部开展教育活动，通过优秀人物代表，激励更多的从业者追逐和效仿，促进行业良性发展。第四，有助于维护和提高行业信誉，吸引更多的民众关注和参与行业活动，扩大社会影响力。第五，有助于提高全社会的道德水平。因此，具备良好的职业道德和职业素质是成为一名优秀裁判员的必备条件。

（四）优秀裁判员应具有虚心好学、积极向上的品质

“人贵有自知之明，不妄自尊大，也不要轻视别人”，这是对“三人行，必有我师焉”的最好诠释。一名优秀的裁判员，无论是在生活、学习还是工作中，都应时刻保持谦逊谨慎、戒骄戒躁的优良品质。只有时刻怀揣敬畏之心，才能洞察别人的优点，发现自己的不足，通过积极的学习和改造，不断修炼和完善自我。

（五）优秀裁判员应具备团队意识和集体主义精神

团队是由若干个人组成的，为实现团队目标相互依存、相互影响、相互作用，并规定其成员行为规范所构成的人群集合体。足球运动作为一个集体运动项目，符合团队的特征。裁判队伍是足球运动中的一个特殊群体，就其工作性质和特点，同样具备团队特征。

分析团队的作用，一是可以利用集体的力量攻坚克难；二是团队成员之间可以相互帮助、相互配合、相互协作；三是有利于建立责任心、荣誉感和主人翁意识；四是有利于培养团队成员之间的凝聚力。因此，在裁判队伍中应加强团队意识和集体主义精神教育，培养一支能征善战的高素质裁判队伍，吸引每一名裁判员力争成为其中的一名优秀成员。

（六）优秀裁判员应具备“尊重”意识

“尊重”是个人内在修养的外部表现，是一种美德。建立和培养“尊重”意识，有助于展现人格魅力，赢得众人的敬仰；有助于人与人之间的相互信任、彼此依赖；有助于实现个人目标，跨越人生理想。

裁判员在比赛场上的“尊重”意识，是对足球裁判职业道德素质教育内容最好的诠释。一名优秀的裁判员应具备“尊重”意识。

（七）优秀裁判员应具备“诚实”的态度

“诚实”是忠于事物的本来面貌，不隐瞒自己的真实思想，不掩饰自己的真实感情，不欺骗他人的真实行为，是自身修养的真实表现。

一名裁判员在其成长的道路上会遇到诸多艰难和坎坷，在比赛场上会出现意想不到的失误或错误，只有勇敢面对挫折和挑战，不断总结经验与教训，坚定必胜的信念，最终一定能够到达胜利的“彼岸”。一名优秀的裁判员就是这样历练而成的。

二、优秀裁判员在赛场上的责任

（一）优秀裁判员要了解和掌握足球比赛技战术知识

随着科技创新理念在人们日常生活、学习和工作中的不断深入，通过运用各种科学方法、手段和措施提高效率，已成为现代人类社会生存和发展的新常态。在足球运动领域中，实施科技助力策略，推动足球运动的不断发展，也已成为各级运动队管理人员、教练员、运动员的共同目标和心愿，足球从业人员正在积极探索发现不断提高足球运动竞技水平的新思路、新方法。

纵观现代足球比赛多变的技战术内容，高速度、强对抗的竞争场面不断刷新人们对足球运动的认识，促进了足球运动的快速发展，提高了观赏性，激发了人们对足球运动的无限热爱。

为更好地服务于现代足球运动，裁判员应深入学习和研究现代足球运动的发展趋势，不断了解和掌握足球运动的技战术知识，才能成为一名符合现代足球运动发展需要的优秀人才。

（二）优秀裁判员在比赛场上应有预见性

预见是指根据客观规律判断事物未来的发展、变化，具有前瞻的含义。预见性是对预见能力的一种判定。对于每一名裁判员的发展进步来说，预见性强即可做到“未雨绸缪”，起到“捷足先登”的效果。

大量研究表明，提高人的预见性，一是应具备自我学习的能力，培养用头脑进行多元思维的习惯。二是善于学会总结经验及教训，增强“角色”意识。三是应拓展学习空间，增加知识储备。四是通过大量实践活动，丰富阅历。

预见性强的裁判员，在比赛场上能够敏锐地洞察比赛形势，采取和运用有效的措施，预防突发事件的发生。

（三）优秀裁判员应具备“阅读”比赛的能力

将“阅读”引入足球比赛中是指当场上发生事件时，通过个人观察和分析、判断与领悟事件的真伪及由此引发的后果。“阅读”和预见性之间的本质区别在于，预见性是事件没有发生前的思考和预防，“阅读”是事件发生后的判断和决策。在比赛中，预见性的“优与差”是“阅读”比赛能力“强与弱”的直接表现。因此，“阅读”比赛能力是建立在预见性基础上的，提高“阅读”比赛的能力应先提高预见性。

“阅读”比赛能力强的裁判员，在比赛场上能够做到准确识别犯规，杜绝非体育行为的发生，正确判断比赛形势，引导比赛顺利进行。

（四）优秀裁判员在比赛场上能够做到准确识别犯规

准确识别犯规是判断一名裁判员执裁能力高低的重要指标。只有做到准确识别犯规，才能确保参赛运动员在公平对等的条件下参与竞争；才能确保运动员在抛弃被受伤的思想顾虑下施展技能，放手一搏；才能确保裁判员的权威性不受挑战，净化赛场风气，引导比赛顺利进行。

一名优秀的裁判员应经常参与足球实践活动，从实践中体验和掌握运动规律；应不断地学习和研究现代足球运动的发展趋势，掌握犯规特点，准确识别犯规行为及动作。

（五）优秀裁判员应具备和掌握管理比赛的技能和技巧

技能是指操作者掌握与使用某一专业领域内的知识、技术和方法的能力。技巧是指将技能合理、恰当、灵活使用的一种途径。两者的本质区别在于，技能可以通过反复实践得以提高，技巧则必须有一个总结和提炼的过程。一位成功的人士应同时具备专业技能和技巧。

在比赛场上，裁判员要面对人数众多、个性迥异、类型多元的队员及球队官员，管理对象千变万化，由此引发的管理事件层出不穷。在这种错综复杂的环境下，裁判员的管理水平尤为重要，较高的管理水平可以保证比赛在竞赛规则的“轨道中”前进，在裁判员的“控制下”运行。

从实践中学会并掌握管理技能，不断总结和提炼使用技巧，有利于一名裁判员的快速成长。一名优秀的裁判员应具备卓越的管理才能。

（六）优秀裁判员应将严格执行规则与运用策略、施展技巧相结合

裁判员在比赛场上严格执行规则是对践行和维护公平竞赛体育精神的高度诠释，是一名裁判员的基本工作准则。

在执裁过程中，应坚持以事实为依据，以规则为准绳，做到秉公执裁。在处理事件的过程中，应学会控制自己的情绪，调节心理压力，克服外部干扰。应做到勤于思考，善于洞察，反应敏捷，用经验和智慧化解矛盾，解决争端。只有参与更多裁判实践工作，不断地积累和总结经验才能成为一名优秀的裁判员。

（七）全面、良好的身体素质是优秀裁判员应具备的基本条件

高速度、强对抗是现代足球运动发展的必然趋势。在比赛场上裁判员与运动员一样，机体应具备承受较大运动负荷的能力。研究表明，在一场紧张激烈的足球比赛中，裁判员的活动距离平均为10000米左右，个别场次甚至达到12000～13000米，能量消耗为2000～3000千卡，符合大运动量的监测指标。不仅如此，裁判员还应根据场上比赛形势的变化，时刻保持变换自己的跑动节奏，匀速跑、加速跑、冲刺跑的现象随时出现并贯穿于比赛始终。

基于现代足球运动的发展趋势，对裁判员的身体素质提出了更高的要求。为适应比赛需要，确保执裁工作的顺利进行，养成良好的身体训练习惯，科学制订训练计划，采取行之有效的训练方法和手段，全面提高身体素质，是一名优秀的裁判员应具备的基本条件之一。

附1　国际足联对从事足球裁判人员提出的行为规范

无论是业余裁判员，还是地区或国家足协的裁判员，抑或是国际裁判员，都能够为发扬公平竞赛原则创造一个良好的环境。队员希望享受比赛的乐趣，裁判员就应该坚决公正地做出判罚，从而赢得他们的信任。在透彻理解比赛规则精神和实际意义的基础上，根据比赛水平和实际情况公正执裁。

你可以按照以下方法发扬公平竞赛精神

- 穿着得体，整洁精炼。
- 与球队双方官员和球员正当联系。

- 仔细检查所有设备。
- 让比赛不受干涉顺利地进行。
- 保持冷静，行为高尚。
- 及时提醒队员避免犯规。
- 迅速、认真地处理任何蔑视比赛规则、对手或者裁判员的行为。
- 劝阻、制止有情绪的球员故意犯规，影响比赛。
- 关心受伤的队员。
- 严格处置假装受伤的人，或企图使对手受到不公正判罚的行为。
- 掌握有利时要做出明确的手势。
- 及时发现并处理任何破坏比赛的行为。

附2　国际足联公平竞赛十项准则

第一条　公平比赛

比赛的胜利如果是通过不公平的或欺骗的手段获得的，那么这胜利没有任何价值。作弊很容易，但是毫无乐趣可言。公平竞赛需要勇气和品格，而且也更有成就感。公平竞争会得到相应的回报，即使比赛输了也能赢得尊重，而欺骗则令人憎恶。请记住，这只是一场比赛，不公平的竞赛没有任何意义。

第二条　为胜利而比赛，并正确对待比赛的失利

赢得胜利是所有体育比赛的目的，绝不要主动放弃任何一场比赛。如果不是为了胜利而比赛，那么就是在欺骗对手，愚弄观众，同时也是在欺骗自己。面对强大的对手永远不要放弃，面对弱小的对手也要竭尽全力。如果在比赛中未尽全力就是对对手的侮辱。只要终场哨声未响，就要全力以赴去争取胜利。

同时要客观地认识到，没有谁可以永远胜利。比赛总会互有胜负，要学会正确对待失败，不要寻找借口，因为失败的真正原因往往显而易见。向胜利者祝贺，不要抱怨裁判或怨天尤人，应该把全部的注意力放在如何踢好下一场比赛上。一个有风度的失败者，要比没有风度的胜利者能够赢得更多的尊重。

第三条　遵守比赛规则

任何运动都有自己的规则，没有规则就会出现混乱。足球运动的规则简单易学，要确实地学好比赛规则，这将有助于更好地理解比赛，成为一名优秀的运动员。懂得规则的精神同样重要，因为规则的制定是为了使比赛更有趣、更有观赏性。遵守比赛规则，才能更好地享受比赛的乐趣。

第四条　尊重对手、队友、裁判员、官员和观众

公平竞赛意味着相互尊重，相互尊重本身就是足球的一部分。没有对手就没有比赛，双方拥有同样的权利，包括被尊重的权利。球队是一个整体，其所有成员都是平等的。裁判员负责保证比赛的纪律和公平竞赛，所有队员都要无条件地服从裁判的决定，这样才能使所有人更好地享受比赛。竞赛官员也是比赛的一部分，同样也应受到尊重。观众创造了比赛气氛，他们希望看到公平的竞赛，同时观众自己也要有恰当的举止。

第五条　维护足球的利益

足球是世界上最具影响力的运动，需要我们每个人不断努力，使其永远成为世界第一运动。永远将足球的利益放在自身利益之上，时刻意识到自己的一言一行会影响到足球运动的形象。要宣扬足球比赛中积极的一面，鼓励别人去观看比赛，去公平地参与足球运动，帮助别人和自己一样享受足球的乐趣。要争取做一名足球大使。

第六条　赞扬那些维护足球运动声誉的人

足球运动之所以大受欢迎，正是因为绝大多数热爱这项运动的人们是诚实而公正的，特别是有些人的突出表现得到了社会的公认。他们应该受到尊重，他们的事迹应该广为宣传，这将鼓励其他人以此为榜样。应当通过宣传足球运动的优秀事迹来提高足球运动的形象。

第七条　拒绝腐败、违禁药品、种族歧视、暴力及其他危害足球运动的事物

足球运动虽广受欢迎，但也往往受到外界的负面影响。要提高警惕，抵制任何违禁药品和作弊的诱惑。违禁药品不应出现在足球和其他运动中，也不应存在于这个社会中，要对违禁药品说不。将种族歧视赶出足球运动，不论肤色和种族，平等对待所有的队员。宣传足球、拒绝暴力，足球本身是一种体育运动，而体育运动是和平的。

第八条　帮助他人抵御腐败的压力

也许有的队友或其他人受到了作弊的引诱，他们需要帮助，要毫不犹豫地支持他们，给予他们抵御这些诱惑的力量，要提醒他们对队友和足球运动所承担的责任。必须同队友团结起来同腐败及作弊行为进行斗争，就像在足球场上组成一道坚固的防线。

第九条　谴责那些试图毁坏这项运动形象的人

如果确信有人准备引诱他人作弊，要毫不犹豫地揭露这个阴谋，必须在造成危害前将其丑恶行为公之于众并予以抵制。公开谴责某种错误行径往往比随波逐流需要更大的勇气，但诚实受人赞誉，附和无人称道。不要仅仅对错误行径说不，要在其得逞之前站出来谴责这些试图破坏足球运动的人。

第十条　让足球使世界变得更美好

足球运动有着难以估量的魅力，这种力量能使我们所处的世界更加美好。足球会为我们每个人带来一个更加和平、平等、健康和有良好教养的社会环境。努力让足球变得更美好，这也是我们对世界作出的贡献！

专题三　裁判员的心理训练

紧张激烈的足球比赛，不仅造成教练员、运动员心理和行为的变化，而且也对裁判员的心理和行为产生着巨大的影响。作为足球竞赛过程的重要组成部分，裁判员的心理随着比赛的进程发生着变化。这些心理变化，对其执法行为产生重要的影响。特别是现代足球运动飞速发展的今天，足球的社会意义越来越大，裁判员必须面对来自教练员、运动员、观众以及媒体等各个方面的巨大压力。优秀的裁判员，必须具有坚强的意志和钢铁般的神经。换句话说，良好的心理品质是成为优秀裁判员的必要前提。

尽管绝大多数裁判员都力争做到态度公正、执法准确，但比赛中误判、漏判或其他不当处理仍在所难免。因为裁判员也有竞技状态，不可能一直保持在最高点；又因为比赛形势瞬息万变，不可能都在裁判员的预料之中、控制之下；还因为在一场比赛中裁判员的观察力、思考力、注意力以及情绪等心理活动不可能没有丝毫波动，因此一名裁判员所追求的目标，只能是努力使自己保持最佳竞技状态，最大限度地避免和减少技术失误。

为达到上述目标，必须在赛前调整好心理状态，赛中控制好心理状态，并在赛后对自己的心理和行为进行认真总结。

一、赛前心理状态与心理准备

（一）赛前心理状态

裁判员常见的典型赛前心理状态至少有以下4种类型。

1. 过分紧张型

主要表现为过早或过度兴奋、情绪紧张、呼吸急促、心跳加快、四肢颤抖、心神不定，经常被恐惧、焦虑、易激、不安等消极情绪困扰，而且往往是一种情绪很快被另一种情绪迅速代替。例如，忽而觉得有希望，忽而又害怕犯错误。处于这种状态的裁判员往往不能较好地控制自己的行动，知觉和运动表象不连贯，注意力不能集中在赛场内，记忆力明显下降，常常遗忘比赛中的重要因素。

初次执法重大比赛，或者在类似级别的比赛中曾有重大失误，倍感压力的裁判员常常处于这种状态。

这种状态产生的原因，可能与比赛的重要程度、裁判员的执法经验、意志品质、动机性质、道德休养以及个性特点有关。丰富的执法经验和正确的赛前指导思想有助于这种状态的缓解和克服。

2. 过于放松型

主要表现为情绪低落、思维缓慢、意志消沉、观察力下降、注意力不能有效集中，萎靡不振、缺乏信心，此时全身软弱无力，体力明显下降，反应迟钝，甚至设法逃避比赛。

长时间受到外界压力的困扰，或者长期在场地较好的环境下执法，突然转换到气候恶劣、凹凸不平的场地上执法的裁判员，容易出现这种状态。

这种状态产生的原因，可能是由于对比赛的不利条件想得过多，又未能拿出具体的解决方案，或缺乏自信心和意志力，或缺乏对于恶劣环境的心理准备等所致。周密的赛前心理准备，以及高度的自信心有助于这种状态的缓解与克服。

3. 盲目自信型

主要表现为盲目自信、麻痹轻敌、作风松懈，上场后注意力分散，反应迟钝，一旦遇到意想不到的情况或受到挫折，就会情绪波动，措手不及，对裁判工作信心不足，造成判断失误，严重的还会造成不可挽回的影响。

在技术水平较高的裁判员或者比赛双方实力悬殊较大时，容易出现此种心理状态。此外，有的裁判员不顾队员和观众，喧宾夺主、哗众取宠、表现自己，这样很容易引起运动员和观众的不满和反感。

出现盲目自信心理状态的原因主要是过高地估计自己裁判水平和对比赛的控制能力，盲目自信，对比赛的困难和复杂性估计不足，没有做好赛前心理准备。

4. 最佳竞技型

主要表现为对自己面临的任务有清楚的理解，对自己的能力充满信心，有全力以赴取得成功的期望。注意力集中、知觉敏锐、情绪饱满、精力充沛、情绪的兴奋水平和焦虑程度适当。

良好心理状态的产生，很大程度上取决于临场前的心理准备程度。因为裁判员上场后，身心处于极度紧张状态，观察、思维、判断等心理过程都进行着激烈、迅速的变化，不仅消耗体力，同时还要消耗很大的心理能量。如果心理状态不好，即便水平再高，身体素质再好，也难以较好地完成任务，尤其是业务水平达到了一定高度或场上两强相争，各种干扰因素增多时，心理状态的好坏往往起着极其重要的作用。

（二）赛前心理准备

足球比赛通常每场由4位比赛官员共同执行任务，他们的职责虽然各不相同，但都要求充分发挥个人的水平，因此，整个心理准备过程应以个人为主集体为辅的原则进行，并对比赛的情况进行全面分析。科学合理地分析制约比赛的各种情况是胜利完成裁判任务的首要条件。

1. 比赛准备方案的撰写

制订比赛方案，主要是为了提高裁判员应对各种突发情况的能力，做到有备无患。应针对该项目比赛前和比赛中可能出现的各种问题或情况，制定相应的具体对策，以做好全面而充分的心理准备。建立详细的、有针对性的比赛准备方案，具有以下作用：第一，全面分析比赛形势和各方面的问题，以便使赛前准备更充分、细致；第二，有利于增强信心，做到心中有底，无论出现什么情况，甚至意外事件，也能沉着冷静地按比赛方案的提示去处理；第三，有助于执法过程中思维净化和集中注意力。因为赛前该想的都想到了，问题和对策也想好了，临赛时就能放心地去集中注意力到比赛本身，充分运用裁判知识与积累的判罚经验。

裁判员在赛前应撰写比赛方案，通常应在到达赛区前着手进行这项工作。这样做可使裁判员事先预演比赛可能发生的各种情况，准备好应付对策，并将比赛方案中的内容强化到自己的思维和行动中。同时，还可使裁判员产生更加强烈的参与比赛的欲望，提高完成执法任务的责任感和积极性。

比赛方案应由裁判员个人独立撰写，然后请心理工作者或资深专家提出修改建议，并同裁判员一起仔细、认真地进行讨论。一旦比赛方案确定，裁判员就应以其为指导方针，全力以赴，认真贯彻。

制订比赛方案不仅包括裁判技术、体能等方面的内容，还包括心理方面的内容。一般来说，比赛方案应包括以下几个方面：

- 比赛的目的和目标。
- 根据目的和目标确定指导思想。
- 根据比赛指导思想和本人的情况提出技术、身体、心理等方面的要求与安排。
- 根据已了解的情况（如场地、气候、双方名单、时间安排等）提出注意事项和对各种情况的发生对策。

常用的撰写形式可采用“如果……就……”的形式，用于制定应付各种情况的措施。

其实，许多优秀裁判员在比赛之前，头脑中已经大体上形成了自己的比赛准备方案，只是未能将其系统地整理并见诸文字。对于这些人来说，最好还是将头脑中的方案撰写出来。因为，要形成文字就必须经过更精细的思维加工，文字型赛前心理准备方案当然是更为深思熟虑的产物。

足球裁判员在撰写比赛准备方案时，可以针对以下问题给出适合自己的应对策略。

（1）赛前：

- 怎样对待执法对象、亲朋好友、业内人士、媒体对自己的不利评价。

- 运动队面临怎样的比赛形势，可能会以怎样的方式给裁判工作带来压力。
- 怎样面对主场观众带来的压力。
- 怎样针对比赛时的天气情况合理分配自己的体能。
- 与裁判搭档的配合，以前是否出现过失误，如何加强沟通，避免失误。
- 如何加强与裁判监督的沟通，增进相互了解。

（2）赛中：

- 双方比赛的节奏比预料中的更快，怎么办。
- 双方实力接近，拼抢激烈，怎么办。
- 双方各有哪些尖子队员，怎样有效保护他们，以防止其因对方重点盯防而产生心理变化。
- 比分出现意外变化时，如何防止队员心态失衡，做出超常规动作。
- 怎样减少双方教练员的临场干扰。
- 怎样摆脱球迷的干扰。
- 遇到突发事件（如暴雨、队员斗殴、球迷冲入场内、意外停电、队员消极比赛或罢赛等），应该怎样应对。
- 体能出现问题（如突然抽筋等）应如何解决。
- 裁判员之间如出现意见不统一或配合失误等应怎样处理。
- 装备不合适（如服装粘在身上）或装备损坏应怎样处理。

（3）赛后：

- 如何正确对待各方评价（比赛监督、球迷、媒体）。
- （在赛会制的比赛中）如果体能消耗过大，如何有效恢复。
- 如何做好总结工作。
- 怎样避免执法结果给自己及家庭造成的影响。
- 对上述问题的周密考虑和精心准备，有助于形成更为详细的比赛准备方案，以减少执法工作中的不确定性。

2. 比赛心理定向的聚焦

裁判员在赛前心理准备过程中，要注意树立正确的心理定向，即过程定向、当前定向和自我定向。

（1）过程定向

比赛心理定向的第一个原则是过程定向，即比赛时将注意的方向定位在比赛过程要素而不是比赛最终结果的认识倾向。这里，比赛过程要素主要指与比赛表现直接联系的且自己可以控制的要素。例如，比赛之前的装备维护、饮食调节、休息、准备活动，以及比赛之中的执法策略、体能分配等。比赛最终结果主要指比分产生的社会效果、外界评价、对自己生活和工作的影响，以及与他人相比的差距等。将注意指向比赛最终结果之所以不利于裁判员的比赛发挥的原因有，第一，思考结果对自己产生的影响，会使裁判员的紧张程度不由自主地升高，甚至达到难以自控的不适宜程度；第二，比赛结果是比赛进程的最终环节，主要受先行事件的影响，如裁判员赛前准备的充分程度、执法策略和比赛规则的应用情况、执法搭档的配合以及对场面的控制等。将注意力集中在比赛最终结果上，会干扰对先行事件的必要准备，进而使比赛最终结果不能达到预定目标，产生越想好结果就越出现坏结果的情况。

（2）当前定向

比赛心理定向的第二个原则是当前定向，即比赛时将注意的方向定位在当前任务而不是过去的结局和将来的结果的认识倾向。执法比赛的过程往往分为不同的阶段且持续时间较长的过程，前一个判罚往往会对裁判的后一个判罚产生重要影响。因此，如何在比赛进程中不断进行心理调节，树立正确的心理定向，成为裁判员完成执法任务的重要保证。当前定向的原则要求裁判员在不断进行心理调整的过程中，将注意力集中在立刻需要加以完成的具体任务上，既不过多纠缠已经发生的事件（无论是积极事件还是消极事件），也不过多考虑将要取得的成绩。

（3）自我定向

比赛心理定向的第三个原则是自我定向，即比赛时将注意指向自己的思维和行动，而不是天气、队员、观众、裁判监督等难以控制的因素的认识倾向。众所周知，决定执法效果的因素很多，如天气、场地、观众、比赛双方的技战术水平，以及裁判员自己的表现。这些因素中，有很多是难以控制或不可能控制的，如来自比赛双方的干扰、气候和媒体的评价等。关注那些不能控制的因素，不但会让裁判员因产生无助感而信心下降，而且干扰了自己的注意力和准备工作。自我定向的原则要求裁判员将注意力集中在可以控制的因素上，而可以控制的因素主要是裁判员自身的一些因素。例如，自己正在和将要采取的执法手段和措施、体力分配策略，以及思维和表象的内容等。同时，应采取一切必要的措施，回避、排除与自己和与比赛过程无关的信息。例如，在半场休息时，只与搭档讨论下半场该怎样做，或戴上耳机，闭目听自己预先准备好的轻音乐来放松、节省体力，回避干扰信息，准备下半场的比赛。

二、赛中心理分析与心理调节

（一）赛中不良表现的心理分析

在执法过程中，裁判员可能基于自己赛前对比赛过程不正确的预测和估计，或者由于对比赛形势的突然变化难以迅速适应等原因，很可能因为心理失衡而对参赛双方中的任何一方队员产生偏见。这种偏见往往可能影响判罚的公正性，也有可能受到来自观众、媒体、队员、教练员等各方面的暗示或压力而忽略规则，以“情”代“法”。造成裁判员不良表现的心理原因，至少可以从以下几方面来分析。

1. 压力与焦虑

焦虑是指由于不能达到目标或不能克服障碍，致使自尊心和自信心受挫，或使失败感增加，形成一种紧张、担忧并带有恐惧的情绪状态。焦虑是处理不好压力而附带的必然结果，它包括紧张、担心、不安、忧虑的感受，以及自主神经系统的激活或唤醒。应当指出，焦虑对于裁判员在执法工作中的表现具有正反两方面的作用，一方面，它可以激起裁判员改变自身状态的紧迫感，集中注意力，聚集身体的全部能量做好执法工作；另一方面，它使裁判员全身肌肉紧张，注意力分散，思维的灵活性下降，记忆力减退，从而造成判罚失误。但无论如何，焦虑总是伴随着较大的精力和体力消耗，因此总体上看，焦虑还是弊大于利。现实中裁判员的焦虑是不可避免的，但有些人适合在高压力下工作，高焦虑反而可以提高其工作效率；而另一些人适合在低压力下工作，高焦虑会大大影响其执法工作的水平。对于某一特定的个体，焦虑到底产生何种作用，要依当时的主观状态和客观环境的交互作用而定。

根据不同的分类标准，可将焦虑分为不同的种类。

根据表现的内容焦虑可分三类，即现实性焦虑、神经过敏性焦虑和道德性焦虑。现实性焦虑是由客观现实对自尊心的威胁引起的。例如，裁判员在赛前和赛中渴望成功以得到社会赞许，同时又承受各种压力，并在执法过程中遇到困难时产生的焦虑。神经过敏性焦虑是指不仅对于特殊的事物或情境产生焦虑反应，而且对于任何情况都产生焦虑反应的情况，它是由心理——社会因素诱发的忧心忡忡，以及挫折感、失败感和自尊心严重损伤引起的。例如，因以前在比赛中出现过严重的判罚失误而自尊心受到伤害的裁判员，对预计到的困难做出一种过度担忧和过分恐慌的反应，夸大比赛的困难因素，降低自身的实际能力。这种焦虑对裁判员在比赛中的发挥有严重的不利影响，尤其限制了裁判员随机应变的能力。道德性焦虑是指由于违背社会道德标准，在社会要求与自我表现发生冲突时产生内疚而引起的焦虑反应。例如，因收受贿赂或一时冲动而故意吹“黑哨”后体验到的焦虑。

根据焦虑状态的稳定性，可将其划分为状态焦虑和特质焦虑两类。状态焦虑是对某一情境所产生的瞬间情绪状态，特点是由紧张和忧虑所造成的一些可以意识到的主观感觉。例如，初次执法的裁判员即将走入赛场，或者面对突然冲向自己的队员时所体验到的紧张、不安，其焦虑程度的高低取决于对比赛的认识、对自己水平的评价、裁判经验的多少等因素。特质焦虑是指焦虑中比较稳定的个性特征，也就是说，一个人无论在何种情境中都预先具有一种以特殊的情绪反应方式和程度来对待事物的倾向。例如，一名裁判员无论是在比赛中，还是在平时待人接物、发言、谈话、处理日常事物中都具有情绪紧张、焦躁不安、忧心忡忡的倾向，那他的特质焦虑程度就是比较高的。

根据人的反应特征分类，焦虑还可以分为认知性焦虑和躯体性焦虑两种。认知性焦虑是与本人的或外在的刺激、担忧、干扰性视觉表象有关的一种不愉快的意识感知。这种焦虑主要是由于对比赛的不正确认识引起的。躯体性焦虑是有关焦虑体验的生理与情绪因素。这种焦虑通过心跳加快、呼吸急促、手心出汗、胃肠痉挛及肌肉紧张等表现出来。

为了更好地发挥个人水平，应当调节运动焦虑，使其控制在适合自己发挥水平的范围之内。对此，比较一致的做法有，一是寻找一些方法来降低过高的焦虑水平（如通过心理训练、思想工作、自信心培养、学会自我情绪调节方法等）；二是加强人的适应能力，做到即使在高焦虑的情境下也能出色地发挥自己的水平。

2. 攻击与报复

攻击与报复是影响足球裁判工作公正性、准确性并进而影响裁判员业绩的不良心理与行为倾向。运动心理学将攻击行为定义为，以伤害他人的心理或身体为目的的、有外显的言语或身体动作的行为。因受到别人的攻击反而攻击别人的行为称为报复，其实质还是攻击性行为。

攻击性行为的分类方法较多，但归纳起来有两类。一类是按照身体—语言、积极—消极、直接—间接的三对单元排列组合分类；另一类是根据攻击目的的不同，分为敌对性攻击和工具性攻击两种。其中，敌对性攻击是由于攻击者的愤怒引起的，攻击者具有伤害人、使人产生痛苦的攻击性行为。敌对性攻击的典型例子是反应性攻击。例如，裁判员由于遭到主场观众嘘声而产生愤怒，转而偏袒客队；又如，为维护自己的身份和权威，或者为防御队员和教练员对自己错误的指责而故意判罚不当等，都属于敌对性攻击。这种攻击心理和攻击行为对裁判员是十分危险和有害的。

足球裁判员应该牢记，执法工作的唯一根据是足球规则，没有任何除规则之外的执法尺度。只有如此，才能做到执法的公正和判罚的准确。

3. 暗示与干扰

虽然在比赛中干扰裁判员执法的行为属于不正当行为，但队员或教练员为最大限度地追求场上利益，仍想方设法地诱导裁判员做出有利于本方的判罚。缺乏经验的裁判员往往因为某队员或教练员的名气大、某运动队的实力强等原因，不知不觉地受到各种错误的暗示与干扰，影响了自己对比赛进程的独立判断。例如，有的队员经常装作委屈地向裁判员“告状”，说对方如何对他犯规；也有人在场上故意夸大自己的伤情，显示出自己受到了对方多么大的伤害等。这些都属于直接或变相地对裁判员施加心理影响，有意或无意地干扰裁判员的正确判断，从而获得利益。裁判员应时刻提醒自己保持判断的独立性，防止落入“圈套”。一方面，做到不受队员或教练的暗示与干扰；另一方面，对于具有欺骗性质或其他不正当干扰裁判员的行为，应给予严厉的警告处罚。

4. 内疚与平衡

有些裁判员常因对自己的判罚缺乏信心而产生内疚心理，判罚之后又觉得自己错了或者判罚过重而对一方队员心怀愧疚，因此想找平衡，力图用一个判罚错误抵消另一个判罚错误，这也是一种错误的心态。这种现象尤其在双方势均力敌的比赛中容易出现。

例如，有的裁判员因判了罚球点球后觉得有些对不起对方，因此在后续比赛中想方设法寻找机会为对方“讨回”一个罚球点球，殊不知这反而造成了更多的不公正，给自己的裁判工作造成了更大的被动。裁判员应该懂得，只要自己的判罚是正确的，就应该坚持；对于偶然出现的错误，只有以后改正，而不是用错误来弥补错误。

5. 情绪与控制

赛前紧张情绪是由于裁判员心理上的压力产生心理障碍，使大脑皮质始终处于高度亢奋之中，心理上出现恐惧，从而导致心神不宁、心跳加快，并且经常伴有焦虑、易激、不安等现象。处于这种赛前状态下的裁判员，一旦投入比赛往往不能很好地控制自己的行动，知觉和运动表象不连贯，注意力未集中到赛场上，常常遗忘执裁过程中的主要环节。足球比赛会出现意想不到的情况，有来自队员、主教练和观众的，也有来自场地、气候条件的。对待不同的干扰都应是非分明，尽快排除，千万不可急于求成，一判了事，尤其是观众起哄或队员对裁判员判罚表示不满时，更应保持注意力的稳定，谨慎从事，不要感情用事 ，更不要慌乱。要提醒自己稳定情绪，在行动上表现出有能力、有信心、有胆识地解决场上的问题，不能因暂时的干扰而退却，不知所措，更不能一错再错，失去控制力，表现出丧失信心或有求于场下。对于观众的干扰不予理睬，对火气大的队员，一是礼貌地安定他的情绪，二是不予理睬，三是对自己正确的判罚不能动摇，坚定不悔。这可因人而定，采取不同的方法和手段，靠裁判行动、作风、态度、判罚能力赢得人心。

（二）赛中逆境应对的心理调节

赛中心理调节的主要问题是情绪调节。心理调节与心理技能训练有所不同，虽然两者都需要经过长期系统的训练才能在实战需要时发挥效用，但心理调节的能力常常是从心理技能训练中获得的，而且比赛中留给队员、裁判员进行调节的时间十分短暂，赛前的心理技能训练常常拥有充裕的时间。

由于情绪的发生总是伴随着一定的生理变化，同时还受认知、环境的影响，因此调节情绪的方法主要应从身体调节、认知调节和环境调节3个方面来考虑。

1. 身体调节

情绪的身体调节指通过改变身体状态调节情绪，包括表情调节、活动调节和呼吸调节。

（1）表情调节法

表情调节法是有意识地改变自己面部和姿态的表情以调节情绪的方法。情绪状态与外部表情存在着密切有机的联系，也就是俗话讲的：“情动于中而形于外”。情绪的产生会伴随一系列生理过程的变化，并由此而引起面部、姿态等外部表情，如愉快时兴高采烈、笑容满面、手舞足蹈；愤怒时横眉竖眼、咬牙切齿、紧握双拳；沮丧时垂头丧气、肌肉松弛、萎靡无力。既然情绪状态与外部表情存在着密切有机的联系，就可以通过改变外部表情的方式相应地改变情绪状态，如感到紧张焦虑时，可以有意识地放松面部肌肉，不要咬牙，或者用手轻搓面部，使面部肌肉有一种放松感。当心情沉重情绪低落时，可以有意识地做出笑脸，强迫自己微笑，假使做不到，可以看看别人的笑脸，或者想一想自己过去最高兴的某件事，也可以想一想自己过去最得心应手的比赛情境。

（2）活动调节法

大脑与肌肉的信息是双向传导的，神经兴奋可以从大脑传至肌肉，也可以从肌肉传至大脑。肌肉活动积极，从肌肉向大脑传递的冲动就多，大脑的兴奋水平就高，情绪就会高涨。反之，肌肉越放松，从肌肉向大脑传递的冲动就越少，大脑的兴奋性就会降低，情绪就不会高涨。

这样，采用不同速度、强度、幅度、方向和节奏的动作练习，可以用来调节临场的情绪状态。例如，情绪过分紧张时，采用一些强度小、幅度大、速度和节奏慢的动作练习，可以降低情绪的兴奋性，消除过度紧张状态。情绪低沉时，可采用幅度小、强度大、速度和节奏快的变向动作练习，通过反复练习，可以提高情绪的兴奋性。

（3）呼吸调节法

通过深呼吸可使人的情绪波动稳定下来。情绪紧张时，常有呼吸短促现象，特别是过于紧张时，人们常有气不够喘或者吸不上气的感觉，这是呼气不完全造成的。这时可以采用缓慢的呼气和吸气练习，将有利于情绪兴奋性的下降。情绪低沉时，可采用长吸气与有力的呼气练习，将有助于提高情绪的兴奋水平。这种方法之所以奏效，是因为情绪状态与呼吸之间有着必然的联系。例如，情绪紧张时，呼吸快而浅，由于快呼吸，使体内进入大量氧气，呼出大量二氧化碳，二氧化碳呼出过多，会使血流中的二氧化碳失去平衡，时间一长，中枢神经便迅速做出抑制性的保护性反应，这时，可采用加深或放慢呼吸频率的方法来消除紧张，一小段时间后，就会得到安静的效果。

2. 认知调节

情绪的认知调节指通过改变认识来控制情绪，包括表象调节、暗示调节、宣泄调节、激化调节和情志转移等。

（1）表象重现法

比赛上场前，在脑中清晰地重现自己过去获得成功时的最佳表现，体验当时的身体感觉和情绪状态，有利于增强信心，提高执裁水平。表象重现是一种积极的意念，它可以间接地使植物性神经系统活跃起来，进而使得心跳加快，呼吸加强，新陈代谢过程的血流量加大，糖分解加速，热能供应充足，全身增力感觉和增力情绪加强。

（2）暗示调节法

暗示可分为言语暗示、动作暗示和物体暗示，这里仅指用言语对心理活动施加影响的方法。暗示现象在日常生活中有着广泛的作用。暗示的作用有消极的，也有积极的。

暗示不仅可以对人的心理和行为产生影响，还可以影响人的生理变化。在实验室中，反复给一个人喝大量糖水，经化验可以发现被试者的血糖升高，出现尿糖，同时尿量增加。如果让被试者处于催眠状态，只给语言暗示，告诉被试者：你已经喝了大量糖水，但实际不给糖水，结果同样会出现血糖升高、尿糖和尿量增加的现象。这个例子说明，语言暗示可以给人脑以兴奋的刺激，虽然被试者没喝糖水，但大脑还是参与了体内糖的代谢活动。

暗示可分为自我暗示和他人暗示。竞赛之前和竞赛之中，裁判员应尽量用积极语言分析对手情况，制定策略，树立信心。避免使用消极词语，如用“我很镇静”代替“我不紧张”，用“我充满力量”代替“我还没有疲劳”，用“我站得很稳”代替“千万别摔倒”等。

3. 环境调节

情绪的环境调节指通过改变环境来控制情绪，包括音乐调节、颜色调节和气味调节等。环境也是影响情绪的重要因素之一，因此，可以从控制环境入手调节情绪，具体方法如下。

（1）降低比赛中的不确定性

不确定性往往使人产生紧张、焦虑，尽管体育比赛正是以其特殊的不确定性（比赛成败的不确定性）才使它产生极大的魅力，然而比赛的参加者仍应尽量减少环境的不确定性以减轻心理压力。特别是对于裁判员来讲，恐惧和焦虑的主要来源是比赛的不确定性，突发事件往往会让比赛陷入混乱，从而增加裁判员控制比赛的难度，这就需要裁判员在赛前心理预案中做好充分的思想准备，拿出几套应对方案，以降低比赛的不确定性。此外，裁判员团队之间的沟通配合也非常重要，特别是现在引入了视频裁判员，其要及时和裁判团队沟通，以增加判罚的准确性，树立裁判员的威信。

另外，赛前还有必要采取降低比赛重要性的措施，如尽量减少记者采访的次数和亲友的会面，以及少讨论比赛结果，多讨论执法对策等。

（2）音乐调节

音乐以其鲜明的节奏、动人的旋律、丰富的和声、美妙的音色，直接触动着人的感情中枢，震撼着人的心灵。它那往往只能意会不能言传的模糊性音乐语言，具有强大的概括性，可充分表现并极大地影响人类错综复杂的感情。

研究表明，音乐能使人产生兴奋、镇定、平衡三种情绪状态。音乐给予人的“声波信息”，可以用来消除大脑工作所带来的紧张，也可以帮助人们内在地集中注意力，促使大脑的冥想状态井然有序。因此，人们喜爱的曲子或一种具有特殊节奏的音乐，可使人身心放松，也可以使人身心兴奋，处于机敏状态。裁判员赛前或中场休息时，如果有异常的情绪表现（如过分紧张），听一段轻音乐或喜爱的歌曲，往往能达到调节情绪的良好效果。

（3）颜色调节

颜色是视觉刺激物，可以同时引起其他感觉，使人感到冷暖、重量、味道等的不同，称为“联觉”。国外有一家装有空调设备的工厂，车间温度一直保持在22℃不变，工人都说觉得冷。后来把青绿色的墙壁改成珊瑚色，就再也没有人喊冷了。国外还有一家工厂装载货物的木箱是黑色的，搬运工人都说很累，工效很低，后来把木箱改漆成淡绿色，工效便有了很大提高。有人还做过这样的实验，把黄色的西瓜汁分成二份，一份是原来的黄色，另一份染成食用红色，让几位味觉正常的人来品尝，结果大部分人都说红色的西瓜汁好喝，其实色素并没有改变西瓜的味道。

在竞赛中也可以利用“联觉”现象调节裁判员的心理状态。例如，过分紧张时，看些绿色、蓝色、紫色等“冷色”，可能具有镇静作用；设法用绿毛巾擦汗，饮用无色的饮料，到蓝色环境中休息一下，可能使过度兴奋得到缓解。如果裁判员临场精神状态不振，则应多给以红色或黄色等“暖色”的刺激。

三、赛后心理总结与心理调适

（一）赛后心理总结

1. 总结自我心理状态

（1）来自场内外的队员、教练员、观众、工作人员等的干扰。
（2）比赛中对于出示红牌、黄牌的掌握，始终不受任何影响。
（3）主、客场因素的影响。
（4）本场比赛的性质、级别及激烈程度。
（5）比赛中裁判员的年龄、履历与竞争残酷的比赛是否相适应。
（6）执法中受挫折后心理活动的变化。
（7）天气及环境的影响。
（8）对比赛中场内外发生的突发事件的处理与应对。

2. 总结控制比赛能力

（1）学会利用规则，懂得机械与机智运用规则的区别。
（2）应变能力，以不变应万变，提高驾驭比赛的能力。
（3）全场的判罚尺度与赛场的气氛。
（4）裁判员、助理裁判员的信心、风度、勇气、果断。

（5）裁判员控制、引导比赛的能力及全场跑动范围与距离。

（6）裁判员的视角与助理裁判员的配合，点、面、线、区的照顾。

（7）裁判员有利条款的掌握，助理裁判员协助区域的判罚。

（8）尖子队员与肇事队员的掌握、管理与处罚。

3. 评价关键球的把握及判罚的准确性

（1）以规则为依据，不违反规则条例，“准”字上下功夫。

（2）进球得分、罚球点球、空中进球得分的配合。

（3）红牌、黄牌的处罚。以规则为准绳，掌握时机，恰到好处。

（4）判罚球点球的尺度。距离近，角度好，犯规清晰，相应地追加纪律处罚。

（5）越位的判罚。裁判员与助理裁判员的配合有无错、漏判的现象。

（6）识别真假犯规动作的能力。队员的受伤、佯装、欺骗行为。

（二）赛后心理调适

1. 迅速消除比赛干扰

执法一场比赛，特别是重要的比赛，会对裁判员形成较强的心理刺激，而且其大脑皮质中的痕迹作用可长达1～3个月。研究表明，人的大脑和免疫功能之间存在密切联系，人在紧张、激动、抑郁或者心理平衡失调时，会削弱人体免疫功能，易患各种疾病，影响健康。完美执法一场重要比赛，往往使裁判员陶醉于兴奋信息之中，而执法中的某些缺陷和遗憾又往往使裁判员陷入沮丧苦恼的境地，所以，赛后对裁判员进行心理调整，使其迅速摆脱比赛的影响，正确看待执法表现。

2. 防止裁判员丧失自信心

裁判员常常因为执法中的错漏判而丧失自信心，特别是涉及胜负关系的重大错漏判，很容易产生自卑感，进而自我否定。自卑感是一种消极心理状态，自卑的裁判员往往出现不安、乏力、内疚、胆怯、忧伤和失望等情绪体验。伴随自信心丧失而来的是以前在自己头脑里建立的表象发生动摇，思维陷入错误分析和判断中，认为自己裁判水平一无是处、技不如人，不具备裁判员的素质与条件，不是当裁判员的材料等。这些不正常的心理状态如果任其发展，对生活、裁判员生涯及人际关系等都会带来不利影响。同时，裁判员也会产生劣等感、逃避感，甚至产生满不在乎、“破罐子破摔”等消极情绪。

3. 消除裁判员赛后紧张情绪

裁判员在比赛执法过程中紧张，多是由于对压力的感知和对焦虑的恐惧而产生的，这与裁判员对压力的认知密切相关，也与观众、赛场氛围、竞赛性质、重要程度等因素相关。裁判员在执法过程中出现紧张是有一定规律的，一般在赛前临场紧张程度最高，这是由于等待应激反应来临而产生的情绪变化，当比赛开始后，他们的紧张程度则呈现下降趋势，而比赛后又经常可以看到紧张升高的现象，特别是终场哨响之后，观众对比赛结果的不满往往发泄到当场裁判员身上，“黑哨”之声可能此起彼伏，裁判员面临更大压力和紧张情绪，这时候需要采取一些积极自我暗示等调适方法进行心理状态的调整。

四、裁判员心理训练

在影响裁判员比赛临场表现的众多因素中，很难找出一种比自信心更重要的因素。同任何人讨论运动竞赛，或迟或早都会涉及自信心问题。不仅是在运动竞赛中，而且在学习、生活中，裁判员的自信心都会从不同的方面体现出来，它是人的一种个性特征，是可以培养和改变的，它是裁判员宝贵的精神财富。培养和训练自信心的方法很多，对于裁判员来说，大体可从以下方面着手。

（一）注意可控制因素，忽略不可控因素

心理学的研究提示，一个人对于自己完全无法控制的事情（如地震、火山等自然灾害的发生），往往会产生一种无望感、失助感，以及信心不足甚至导致恐惧。如果人的注意力始终指向这类事物，就会不断发展这样一种无望感、失助感和信心不足感。因此，要想提高自信心，就必须把注意力指向那些可以控制的事情上。自然灾害的到来人们往往不能控制，但预防自然灾害的措施却是可以控制的，是经过努力可以做得更好的。同理，训练和比赛中有很多因素会吸引我们的注意力，如果过多考虑不可控的因素，也会产生一种无望感和无助感，当这种感觉越来越强时，自信心就会丢失。相反，对那些可控因素的注意则会引导人们产生努力的愿望和成功的希望，而这正是自信心提高的动力。

表13提示了一些影响训练比赛的因素，可以让裁判员自己判断其可控程度，进而明确训练和比赛中应当关注哪些因素、忽略哪些因素。

表13　影响裁判员水平发挥的各种因素可控程度

影响比赛的因素	可控程度	影响比赛的因素	可控程度
天气	0123456789	饮食	0123456789
场地	0123456789	睡眠	0123456789
时间	0123456789	准备活动	0123456789
队员	0123456789	身体状态	0123456789
观众	0123456789	注意力	0123456789
媒体	0123456789	情绪	0123456789

（续表）

影响比赛的因素	可控程度	影响比赛的因素	可控程度
教练员	0123456789	经验	0123456789
家人	0123456789	规则熟悉程度	0123456789
朋友	0123456789	其他（自己填写）	0123456789

（注：0=无法控制；1=最小程度的控制；9=最大程度的控制）

（二）进行积极的想象

运动心理学的研究表明，在比赛场上怯场或是害怕的队员，头脑中经常有一个失败的形象，若能使队员用意志力强迫自己想象胜利的情况，并且持续地进行这种想象，包括清晰地想象出各种细节，必将有助于队员信心的加强。

这个事例说明，要想提高自信心，就应当在头脑中保持一个积极的、正确的、成功的表象。队员如此，裁判员也是如此。

（三）进行积极的思维与自我谈话

无论你是否注意到，我们都是在不断地默默地和自己说话。思考问题时，我们常常运用各种词汇和短语，这就是所谓的自言自语。这种内心的自我对话非常重要，可以不自觉地影响着我们的行为。这些自言自语有相当一部分是消极的。例如：

我觉得自己老是低人一头

我感到紧张

我觉得自己真傻

我觉得控制不了自己

我感到一点把握也没有

别人都那么镇定，怎么我做不到

别人看来都比我强

我总是不走运

我怎么这么害羞

这还不够好

我完全错了

唉，我又错了

看来，我永远也不……

如果裁判员的自我对话包含上述几项，那他已经假定事情将朝着坏的方向发展，而事实也常常正如他担心的那样向坏的方向发展。裁判员在赛前或赛中及在比赛的关键时刻应当提示自己应该做什么，不要提示自己不该做什么。这样做原因有二：

第一，在比赛中，哪怕是很短的一段时间内，都有很多不该做的事，而只有一件是应该做的，所以裁判员必须将注意力集中到最重要的一件或两件事上。

第二，根据念动效应和心理神经肌肉理论，如果人不得不在悬崖峭壁上走过一段非常窄的小路时，应该对自己提示“走稳点”，而不是“别摔下去”。因为后者更能令人精神紧张，更可能产生摔下去的肌肉动作。

与其考虑不该做哪些事，倒不如多想想应该做哪些事，如“紧跟着倒数第二名防守队员”“深呼吸”“放松”等。在关键时刻，没有必要再去争论哪些事该想，哪些事不该想，而应当直接将注意集中在应该做的事情上。

（四）树立恰当的成功与失败的标准

好的成绩可以增强信心，差的成绩可能削弱信心，这是常识。这种自信心与运动成绩的关系，提示人们应当建立一个最有利于培养自信心的成功与失败的标准。不能只认为只有获胜才算是成功，否则就会限制一个人取得成功的机会，从而可能导致自信心的减弱。基于此，应该鼓励裁判员为自己设置一系列的不同获胜成功的标准，即许多阶段性的小目标，分段实现，以便获得成功的感受，提高自信心，最终达到一个大的目标。每实现一个小目标便会获得一份喜悦与自信。

裁判员的成功也可有不同的标准。例如，打破耐力训练记录、单场错判率的下降、单场漏判率的下降、位置错误次数的减少、心理训练指标的提高、悲观性自我谈话词句的减少等。裁判员还可以根据专项的具体情况加以设计和补充。

（五）设置短期目标，提供积极反馈，积累成功经验

在生活中，人人都有某些愿意实现的希望和梦想。但目标则与这些长期的、一般性的希望和梦想不同，它是相对较短时期的行动目的。希望与梦想可能使我们体验到生活的意义，并使行为具有一定的方向，而目标则是将这种可能转变为现实的过程中不可或缺的重要环节。它将希望和梦想变为切实可行的计划。因此，相对而言，它更注重中、短期的问题，这也正是它之所以如此重要的原因。

一般来说，每名裁判员都有自己的长期目标，但有相当一部分人不善于将自己的长期目标化整为零，变为中期和短期的目标。而恰恰是这一将长期目标转化为短期目标的过程，才是长时期维持高昂动机和自信心的关键。因为每实现一个小的子目标都可以使人相对较快地、较明显地看到自己的进步，看到自己的努力和成绩进步的因果关系，并产生不断克服困难以达到下一个子目标的动机。

一般来说，短期目标最有效，但必须有长期目标的引导，行动才能更加自觉和坚持不懈。例如，“在相同级别的比赛中，每做一次主裁判，力争减少一次漏判，半年内提高自己的观察力”，这是短期目标；“争取4年内通过一级、4年内通过国家级”，这是长期目标。

（六）注意控制自我实现的预言效应

“自我实现的预言”是指人对某事物的期待导致某事物真的发生了。自我怀疑常常使人失败，因为他的行为往往是与自我怀疑的方向一致。裁判员一旦对自己产生怀疑，就将进入一个很难挣脱的恶性循环：他担心、害怕失败，结果导致失败，失败又进一步强化了原来就有的那种消极自我形象，进而产生了一种更加消极的期待。

一位心理学家在一项自行车实验中发现，让某运动员踏一辆固定的自行车，当告诉他自行车负荷加大时，身体性的应激就变得强烈起来。但实际上，实验者并没有给自行车加负荷。另外一些研究人员在以后的研究中发现，当告诉运动员负荷减少后，他们的身体就变得放松，蹬自行车的成绩更好。

上述事例表明自我实现的预言对运动员所产生的巨大影响。不想当将军的士兵不是好士兵，总想着失败的裁判员同样不可能成为真正的优秀裁判员。

（七）在日常生活中培养自信心

自信心是可以通过培养不断提高的，应当注意利用日常生活中的小事来培养自信心。如果一个人能够注意每一个能影响自信心的生活小事，久而久之，他的自信心便会得到实质性的提高。下面的一些例子有助于培养人们的自信心。

- 与比你高或比你漂亮的人握手时用双倍的力量。
- 坐姿和立姿均要挺直，以向他人显示，自己是位有尊严、有能力的人。
- 交谈时看着对方的眼睛，以显示自己的尊严。
- 交谈时尽量用一些积极乐观的词汇，避免用消极的词汇，以显示自己是位积极乐观的人。
- 开会时，如果座位事先没有安排好，那么选择靠近领导或教练员的座位。
- 遇见要打交道的陌生人时，主动迎上去以显示自己的热情和自信。
- 津津乐道地向他人吐露你的愿望、梦想，以显示自己是积极的、有能力的、有雄心大志的。
- 抬高你的下颌以显示你是自信的。

专题四　裁判员体能训练

高速度、强对抗是现代足球运动发展的必然趋势。在足球比赛中，裁判员与运动员一样，机体要具备承受大运动负荷的能力。研究表明，在一场顶级足球比赛中，裁判员的活动距离达到11000～12000米，其中，高强度跑占总距离的4%～18%，冲刺跑占总距离的1%～8%，至少500次运动方向变化，角度30°～60°，平均心率达到最大心率的85%。为保障比赛中裁判员“执裁”工作的顺利进行，确保体能适应和胜任比赛的需要，科学、实效地制订和安排体能训练计划及内容，运用合理的训练方法和手段，是摆在裁判员面前的一个重要课题。

由于目前我国足球裁判工作处于一种业余状态，年龄、地域、工作性质的差异决定裁判员的训练还不能保持常规性、系统性和计划性。为适应现代足球比赛裁判工作的需要，使裁判员更加职业化，依据中国足协相关指示和精神，通过对裁判员的体能训练内容和各相关指标的介绍，为裁判员更好地进行体能训练提供理论支持。

一、体能训练实践的内容及要求

纵观一场比赛对裁判员的体能要求，有必要反思关于比赛和训练的一些问题：

（1）即使在相同的联赛/比赛中，裁判员的表现也有很大的差异。

（2）裁判员必须为最坏的情况做好准备。

（3）每场比赛的情况都是不同的，其强度和需求取决于：

- 团队的质量。
- 球队在积分榜上的排名。
- 球队的战术和比赛风格。
- 比赛的环境条件，如天气、场地情况等。

（一）准备活动

1. 准备活动的意义

从运动生理学和训练学的角度来说，运动前期的准备活动对于训练和比赛至关重要。这正如体育科学研究所指出的那样，准备活动能促进随后进行的实战表现。为什么热身，这是针对运动所需的肌肉来提高肌肉（核心）温度、增强血流速度以及改变携氧能力的问题有很多不同的生理因素可解释。从比赛中良好的表现及伤病两方面来分析可以得出，经过热身后肌肉的工作表现要好于没有经过热身的肌肉。

2. 准备活动内容及阶段划分

阶段一，心血管系统的热身，包括5～10分钟的慢跑，逐渐将心率增加到最大心率的85%。

阶段二，体能练习最好要在一定区域内进行。利用足球比赛场地，在16米场地区域内，从球门线到罚球区线，完成类似基本练习：

（1）行进间慢跑完成上肢练习，如扩胸、振臂、肩绕环、体转等。

（2）行进间跑动完成下肢练习，如高抬腿、提踵小步跑、倒退跑（直线、曲线）、侧滑步、交叉步、“8”字跑（折线跑）等。

（3）重复快速跳跃练习，如左右腿单腿跨跳、双腿交替跨跳等。

在练习过程中，每一项练习可进行3～4组，一组做完后慢跑回到出发位置，无须间歇。

阶段三，高强度活动直至感觉力竭，如8～10次加速跑、4～6次短距离冲刺跑。距离保持在30～40米，慢跑回到出发位置，无须间歇。

阶段四，例行常规个人拉伸。

有球准备活动示例一

练习设置：

中圈区域，4个方向各摆放2个标志盘，2个标志盘之间相距10米，4人一组共4组，每组3个球。

方法：

（1）4组同时开始，裁判员手持足球按图262所示方向慢跑。

（2）当跑到中点时，各组第二名裁判员持球慢跑。

（3）到达终点后裁判员将球传给无球裁判员后，绕标志盘做热身练习。

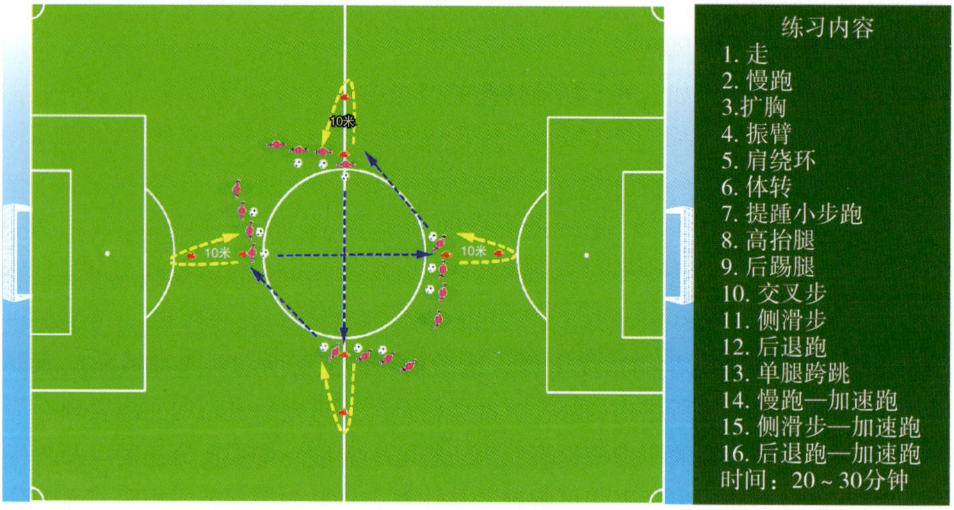

图262　有球准备活动（1）

有球准备活动示例二

练习设置：

半场区域，摆放2组标志盘，标志盘之间相距10米，裁判员2人一组，每组1球。

方法：

（1）2名裁判员同时出发，其中一人持球。

（2）无球裁判员做热身练习，有球裁判员持球慢跑，跑动路线如图263所示。

（3）当2人在2个标志盘之间相遇时，持球人交换。

（4）无球裁判员做热身练习，有球裁判员持球慢跑。

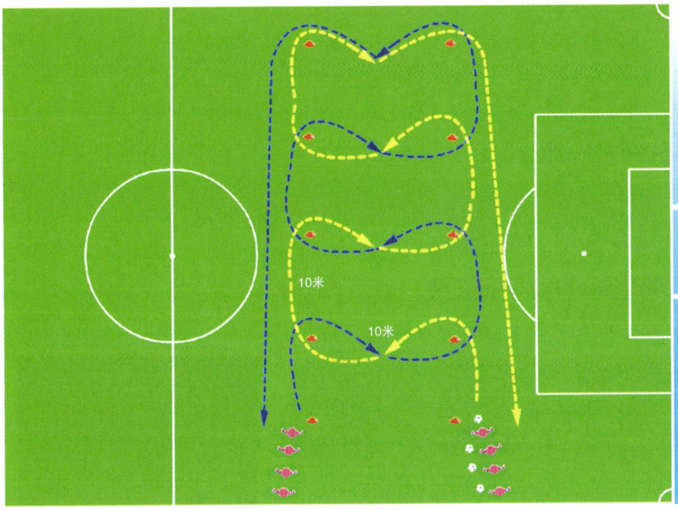

练习内容
1. 走
2. 慢跑
3. 扩胸
4. 振臂
5. 肩绕环
6. 体转
7. 提踵小步跑
8. 高抬腿
9. 后踢腿
10. 交叉步
11. 侧滑步
12. 后退跑
13. 单腿跨跳
14. 慢跑—加速跑
15. 侧滑步—加速跑
16. 后退跑—加速跑
时间：20～30分钟

图263　有球准备活动（2）

无球准备活动示例一

练习设置：

半场区域，分别在两个角球点、两个罚球区与球门线连接点摆放4个标志盘，向场内延伸30米后在对应位置摆放同样4个标志盘，裁判员4人一组，分别为裁判员、2名助理裁判员、第四官员。

方法：

（1）第一段做热身练习，第二段慢跑，第三段做热身练习，如图264所示。

（2）返回时按照同样方式练习。

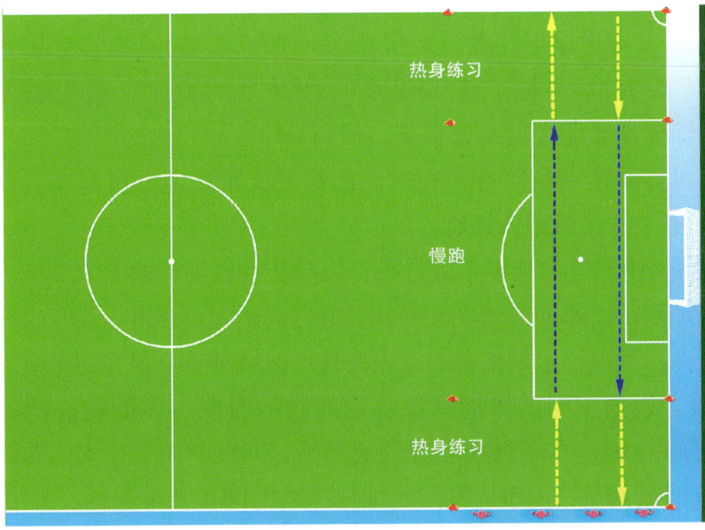

练习内容
1.走
2. 慢跑
3. 扩胸
4. 振臂
5. 肩绕环
6. 体转
7. 提踵小步跑
8. 高抬腿
9. 后踢腿
10. 交叉步
11. 侧滑步
12. 后退跑
13. 单腿跨跳
14. 加速跑（15米）
15. 侧滑步—加速跑（15米）
16. 后退跑—加速跑（15米）
17. 加速跑（30米）
时间：20分钟

图264　无球准备活动（1）

无球准备活动示例二

练习设置：

10米×10米范围内，2名裁判员一组。

方法：

（1）2名裁判员同时开始热身练习，如图265所示。

（2）到达对面标志盘后慢跑至对角线标志盘。

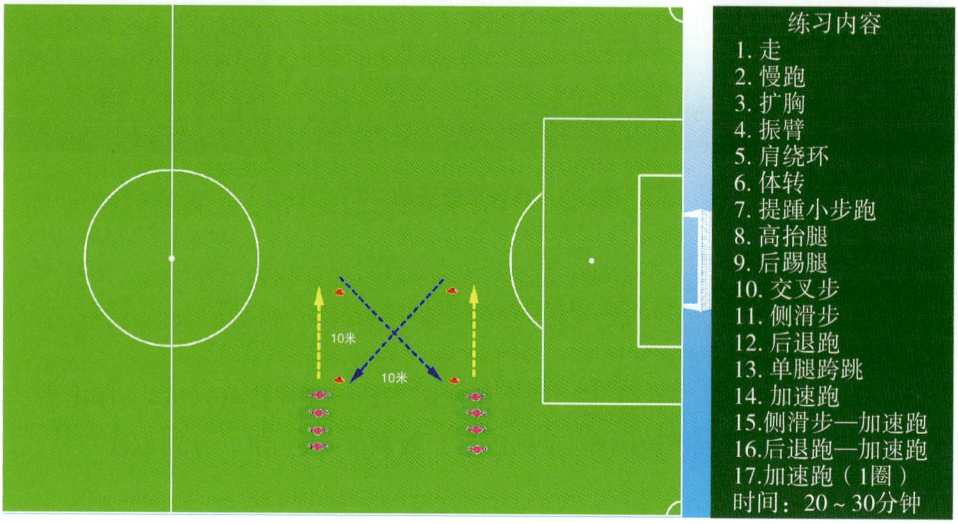

图265　无球准备活动（2）

（二）高强度训练

高强度跑动训练的组成需要考虑以下几点：

（1）选择跑动步幅应该为3/4步幅，大约每小时18公里的强度，最大心率的85%～95%的强度。这样训练强度才能接近最大负荷，裁判员将表现得极为努力。

（2）如果跑速较快，机体供能系统将在一段时间内被最大限度地动员起来，此时的训练在一定程度上等同于更多的无氧耐力训练。

（3）裁判员应注意在高强度练习中强度不宜过高，以防止变成纯粹的无氧训练。如果练习强度过高，裁判员在随后的工作期间将无法坚持如此之高的运动强度，而且也会失去对这种训练的热情和积极性。所以，定期检查心率表的目标区域是一个很好的做法。

（4）基于相同的原因，根据不同的体能状况决定间歇的时间。体能较好的裁判员，间歇时间是实际跑动时间的1/3。中等体能状况的裁判员，间歇时间要比实际跑动时间短。对于体能不是很出色的裁判员，间歇时间尽可能比跑动时间长甚至更长。

（5）在宽阔的草坪上进行所有的跑步练习非常重要，这有助于降低在非常坚硬的地面上跑步受伤的风险。所以，间歇训练方法应该在常规场地上更好地开展、进行，即围绕着两个罚球区或者沿着两个罚球区对角线跑，上述方法可二选其一。那些没有机会在足球场练习的裁判员，可以在森林或在跑道上进行练习，也可以在健身房使用跑步机进行训练。

高强度练习示例一

练习设置：

中圈区域设置6个点，分别对应4个罚球区角和2个中线处的边线，裁判员2人一组。

方法：

（1）其中一名裁判员首先开始高强度跑，方向如图266所示。

（2）回到起点后第二名裁判员按照同样方式完成高强度跑。

（3）待第二名裁判员回来后，第一名裁判员按照顺时针方向开始下一个点的高强度跑。

（4）按照顺时针方向连续完成3圈（18次高强度跑）。

（5）第二组按照逆时针方向连续完成3圈（18次高强度跑）。

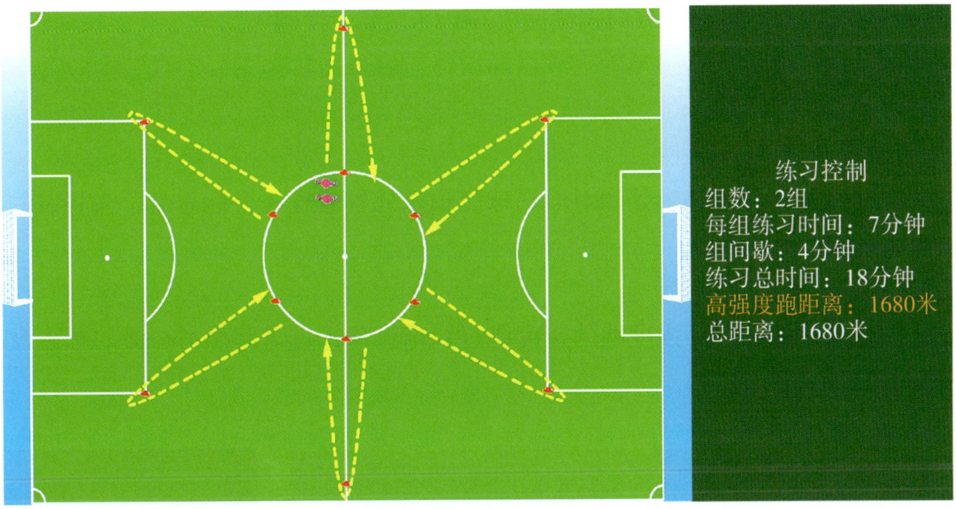

图266　高强度练习（1）

高强度练习示例二

练习设置：

中圈区域设置6个点，分别对应4个罚球区角和2个中线处的边线，裁判员2人一组。

方法：

（1）其中一名裁判员首先开始高强度跑，方向如图267所示。

（2）回到起点后按照顺时针方向连续跑向第二个点。

（3）回到第二个点后，第二名裁判员按照同样方式完成高强度跑。

（4）待第二名裁判员回来后，第一名裁判员按照顺时针方向开始下一个点的高强度跑。

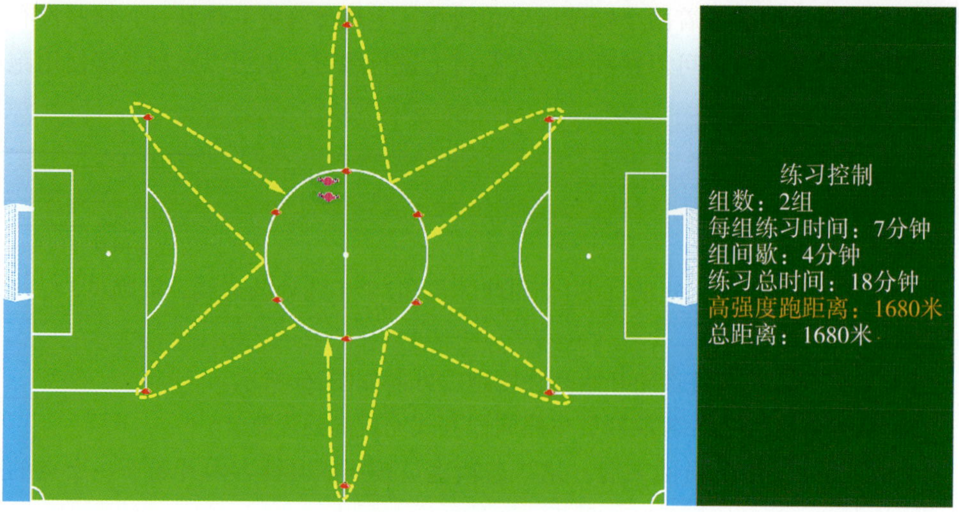

图267 高强度练习（2）

（5）按照顺时针方向连续完成3圈（9次高强度跑）。

（6）第二组按照逆时针方向连续完成3圈（9次高强度跑）。

高强度练习示例三

练习设置：

在罚球区角向外延伸5米处和对面罚球弧顶点处各放置一个标志盘，先将右侧标志盘作为起点。

方法：

（1）起点开始按照高强度跑的速度绕过罚球弧顶标志盘跑至另一侧的标志盘，如图268所示。

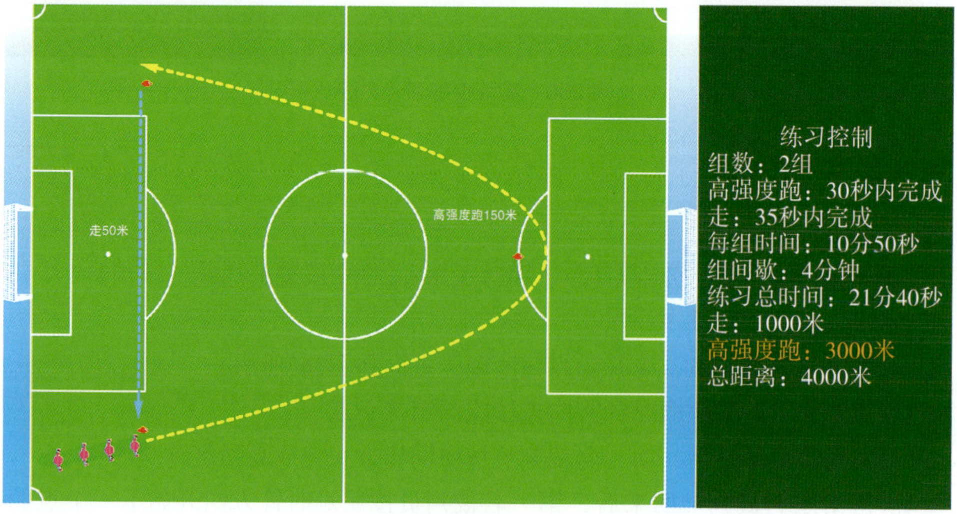

图268 高强度练习（3）

（2）到达终点后走回起点。

（3）连续跑10次为一组。

（4）第二组的起点换置另一侧。

高强度练习示例四

练习设置：

从球门区至边线1米处各放置一个标志盘，罚球点向场内每隔5米处放置一个标志盘。

方法：

（1）从起点开始高强度跑至中线后慢跑至对面标志盘。

（2）第一圈高速跑绕过第一个标志盘（之后的2～5圈高速跑分别绕2～5标志盘）。

（3）到达对面标志盘后慢跑至中线，然后高速跑至前面的标志盘。

（4）慢跑至球门中点后走回起点，开始第二圈练习。

（5）每5圈为一组，第二组1～5圈按照标志盘5～1的降序进行高速跑练习，如图269所示。

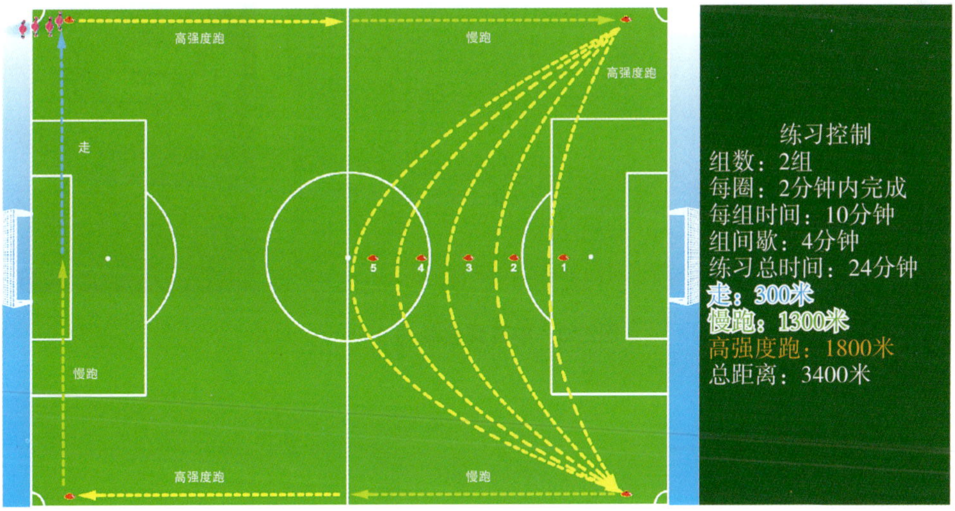

图269　高强度练习（4）

（三）中等强度训练

中等强度跑的目的是增强有氧运动能力。跑动中的步幅要小于大强度跑时的步幅，这是处于压力之下并不轻松的跑动（强度控制在每小时约15公里，或者最大心率的76%～85%）。

中等强度练习示例一

练习设置：

足球场4个角分别摆放4个标志盘。

方法：

（1）裁判员从起点出发沿球门线和边线中等强度跑至对角线角球点。

（2）放松走至对面角球点后中等强度跑至起点。

（3）连续完成3圈为一组。

（4）每圈按照图270所示方式练习。

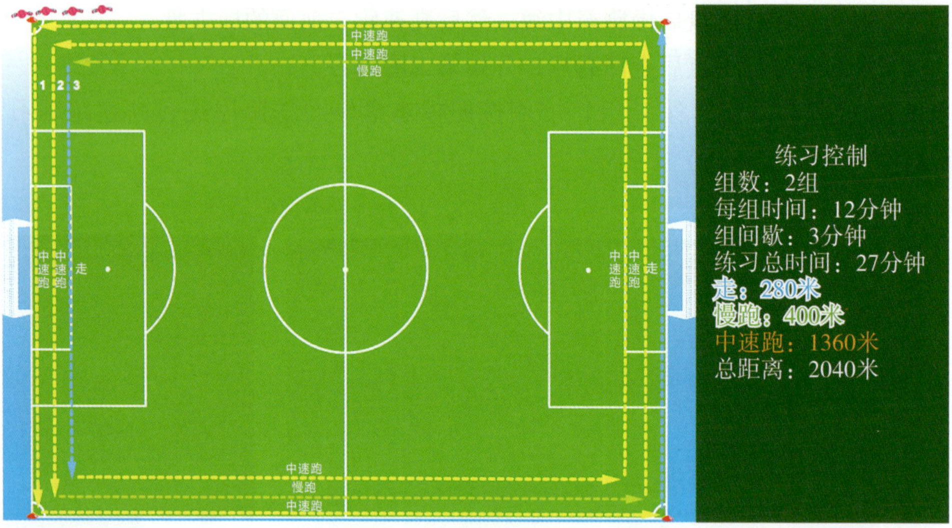

图270 中等强度练习（1）

中等强度练习示例二

练习设置：

利用两个罚球区之间的场地进行练习。

方法：

（1）裁判员从起点60秒内中等强度跑至对面罚球区线返回后再次跑到对面罚球区线。

（2）恢复60秒后以同样方式再跑一次恢复60秒为一组。

（3）练习4组后恢复1分钟。

（4）裁判员从起点40秒内中等强度跑至对面罚球区线返回。

（5）恢复40秒后以同样方式再跑一次恢复40秒为一组。

（6）练习3组后恢复1分钟。

（7）裁判员从起点20秒内中等强度跑至对面罚球区线。

（8）恢复20秒后中等强度跑回起点再恢复20秒为一组。

（9）练习2组结束，如图271所示。

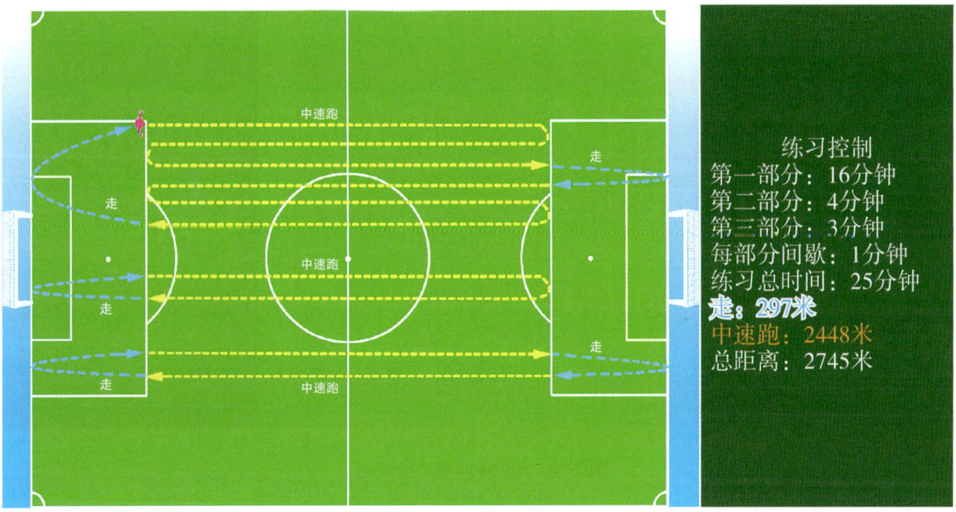

图271　中等强度练习（2）

中等强度练习示例三

4分钟持续跑1000米，间歇1分钟，重复5次练习，练习时间24分钟，总距离5000米。

中等强度练习示例四

25分钟持续中速跑，总距离5000米。

（四）低强度训练

低强度跑十分轻松，有助于增强有氧运动能力，并能促进机体恢复（强度为每小时12公里左右或者最大心率的65%～75%）。

低强度练习示例一

练习设置：

罚球区延长线至边线的两个夹角、两个罚球区角、罚球区中点、球门区延长线与罚球区线的夹角各放置一个标志盘。

方法：

（1）裁判员从起点慢速跑至第一个标志盘后返回起点。

（2）再从起点开始慢速跑至第二个标志盘后返回起点。

（3）依次完成11次慢速跑为一组，如图272所示。

图272　低强度练习（1）

低强度练习示例二

练习设置：

在罚球区的4个角各摆放一个标志盘。

方法：

裁判员从起点开始沿图273所示方向低速跑回到起点为一圈。

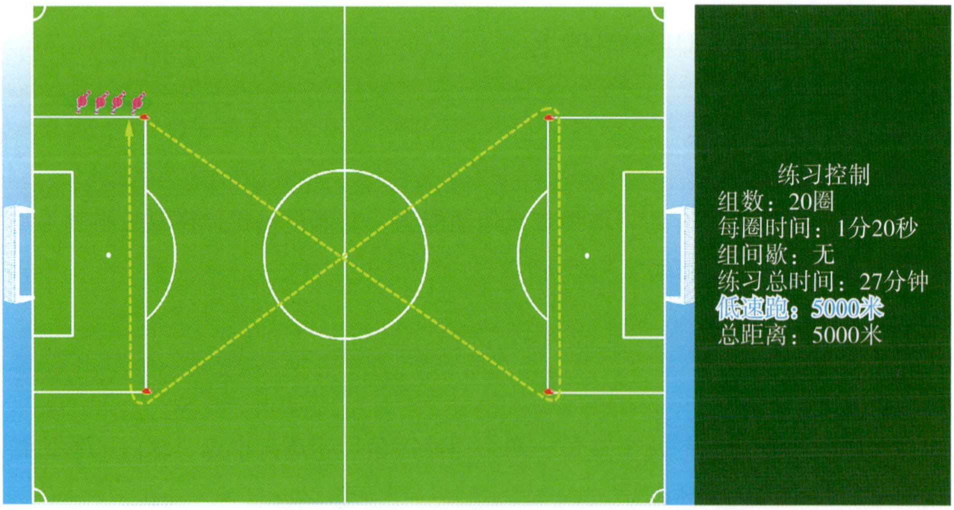

图273　低强度练习（2）

低强度练习示例三

室内可采用游泳方式进行练习，练习时间15~45分钟，强度保持在每小时12公里左右或者最大心率的65%~75%。

低强度练习示例四

户外可采用骑自行车进行练习，练习时间15~45分钟，强度保持在每小时12公里左右或者最大心率的65%~75%。

（五）速度耐力训练

（1）速度耐力训练基本上是一种介于高速度和最大速度之间的间歇跑训练，裁判员一次跑动练习之后在没有完全恢复的情况下开始下一次练习。原理是间歇和跑动的时间之比最好为1∶3，这样，随着训练的深入当机体没有足够的时间完全恢复时，疲劳便产生了。因此，这种训练方法能提高在进行最大速度或接近最大速度的重复跑动时，机体对疲劳的耐受能力。

（2）对于速度耐力训练，很难用最大心率的快慢来表明跑速。因此，跑动速度用最大速度的百分比形式来表现。一般以最大速度的90%表示。在训练中，能达到最大工作效率是最重要的（达到最大心率的90%以上）。

速度耐力练习示例一

练习设置：

分别在罚球区和球门区角摆放4个标志盘，中线与中圈交界处摆放2个标志盘，分别向场外延伸5米处再摆放2个标志盘。

方法：

（1）裁判员从起点高速跑穿过中线处的5米小门后，15秒内到达对角线的罚球区角。

（2）从罚球区角到球门区角积极性恢复走45秒。

（3）再次从罚球区角穿过另一侧小门15秒内高速跑回起点。

（4）积极性恢复走45秒为一圈，连续5圈为一组，如图274所示。

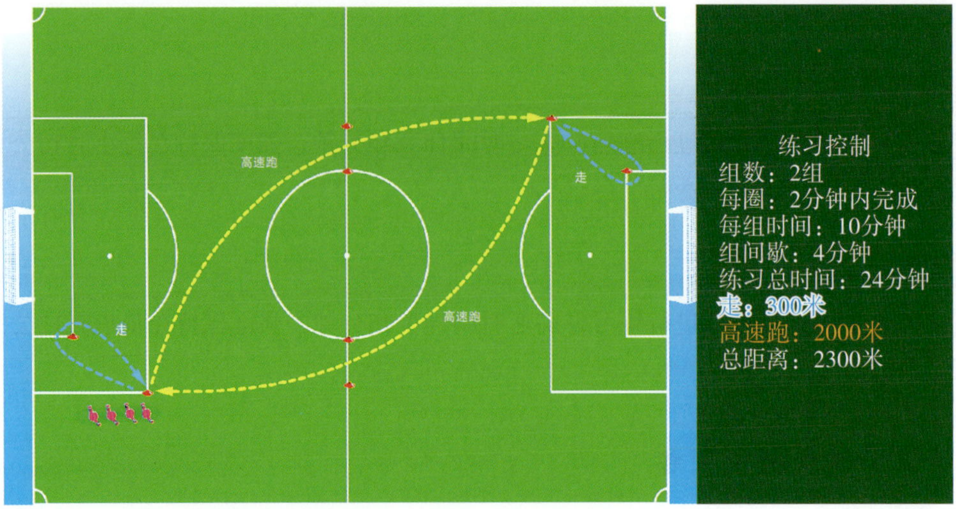

图274　速度耐力练习（1）

速度耐力练习示例二

练习设置：

边线向内5米正对球门区角处摆放4个标志盘。

方法：

（1）裁判员从起点高速跑至对角线处标志盘后恢复走至另一侧的标志盘。

（2）再次高速跑至对角线处标志盘后慢跑至起点。

（3）连续6圈为一组，如图275所示。

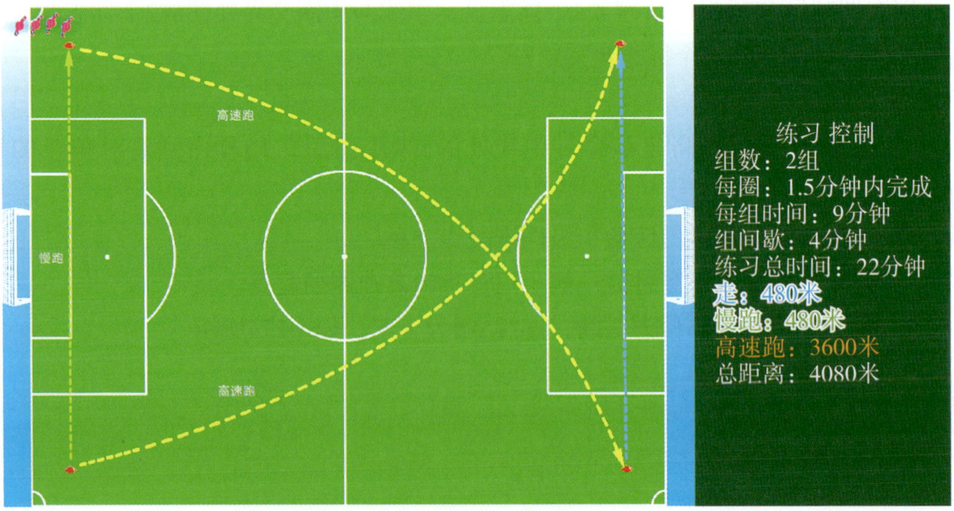

图275　速度耐力练习（2）

速度耐力练习示例三

练习设置：

边线向内5米正对球门区角处摆放4个标志盘。

方法：

（1）裁判员从起点高速跑至对角线处标志盘后慢跑至对面半场的标志盘。

（2）再次高速跑至对角线处标志盘后恢复走至中线。

（3）中线处后退跑至起点。

（4）连续6圈为一组，如图276所示。

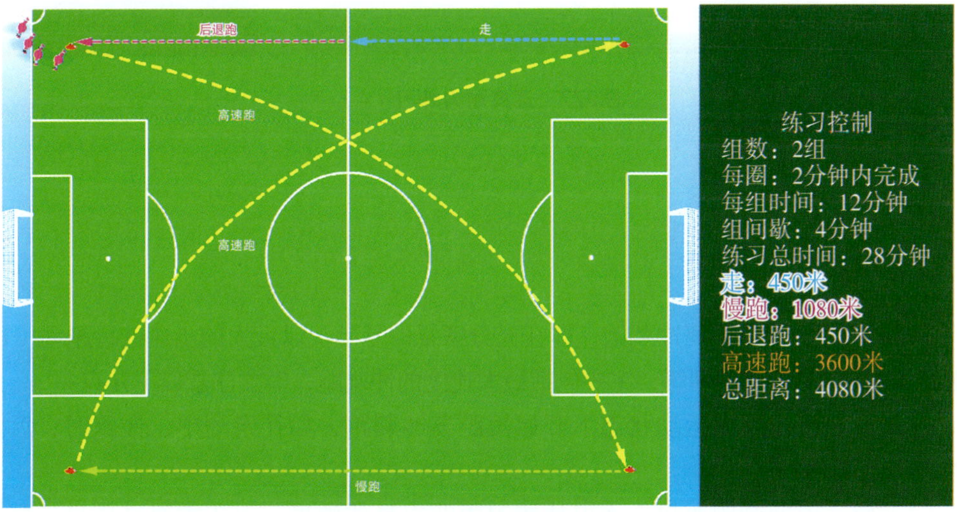

图276　速度耐力练习（3）

速度耐力练习示例四

练习设置：

起点处的半场分别在2个球门区角、距两侧边线7.5米且平行于球门区角处摆放4个标志盘；对面半场分别在球门区中点、球门区角至罚球区线和边线处摆放4个标志盘。

方法：

（1）裁判员从起点高速跑至中线后慢跑至对面标志盘。

（2）按照这种方式完成7次高速跑和放松跑。

（3）到达最后一个标志盘后放松慢跑至对面边线后走回起点。

（4）连续2圈为一组，如图277所示。

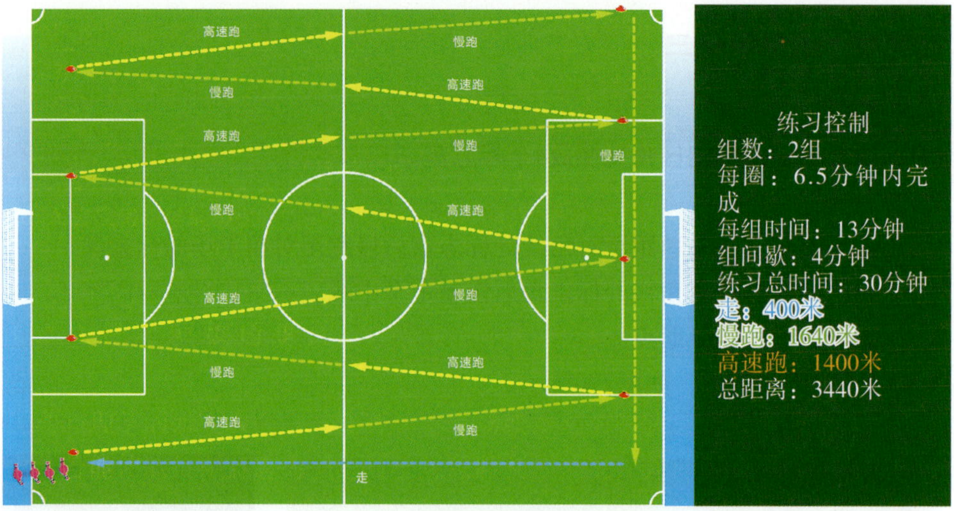

图277　速度耐力练习（4）

（六）速度训练

速度训练主要是短距离冲刺跑，即在充分恢复的基础上以最大的步速进行跑动（100%的最大步速）。对于速度训练，主要包括最大速度的冲刺跑，需要注意以下几点：

（1）要在机体处于运动状态下开始短距离冲刺跑，如在走动中、慢跑时、后退跑或侧向跑时开始冲刺。

（2）每一次冲刺跑要尽全力以从练习中获得最佳效果：由于需要高质量反复冲刺并且不能感到疲劳，所以练习和休息的比例为1∶10。在每次冲刺之前，个人心率应该恢复到最大心率的60%～65%。速度很慢地走回到起点，通常是在2次冲刺之间决定间歇期时间长短。

（3）在训练中，应该以视觉信号激发起跑。教练员可以发出信号，如向地上扔反弹球或投下哨子。裁判员2人一组成对进行练习，在冲刺跑中更换领先者。

（4）在每一次冲刺跑的结束阶段，逐渐平稳地减速很重要。

（5）也可以在常规训练中，扩增速度训练的内容。在一次训练课中，传统的速度训练和速度耐力训练之间的比例可以降为1∶7。这样，由于恢复时间的缩短和冲刺距离较长，因此对这些训练内容的要求就要比一般速度练习严格得多。

（6）灵敏训练包括短距离强力冲刺跑，要尽全力反复练习。练习中应加上方向的转变以锻炼加速、减速、变向和再次加速的能力。

速度练习示例一

练习设置：

在罚球区线上设置4个点，每个点向罚球区内延伸5米设置一个缓冲区，再向场内分别延伸20米、40米、60米、80米。

方法：

（1）裁判员在第一个标志盘5米缓冲区内动态起动（可选择慢跑、侧滑步、后退跑等）。

（2）慢跑回至起点后进行下一次冲刺跑。

（3）第一个点8次冲刺跑，每次冲刺跑间歇25秒。

（4）第二个点6次冲刺跑，每次冲刺跑间歇45秒。

（5）第三个点4次冲刺跑，每次冲刺跑间歇55秒。

（6）第四个点2次冲刺跑，每次冲刺跑间歇65秒。

（7）一共完成20次冲刺跑，如图278所示。

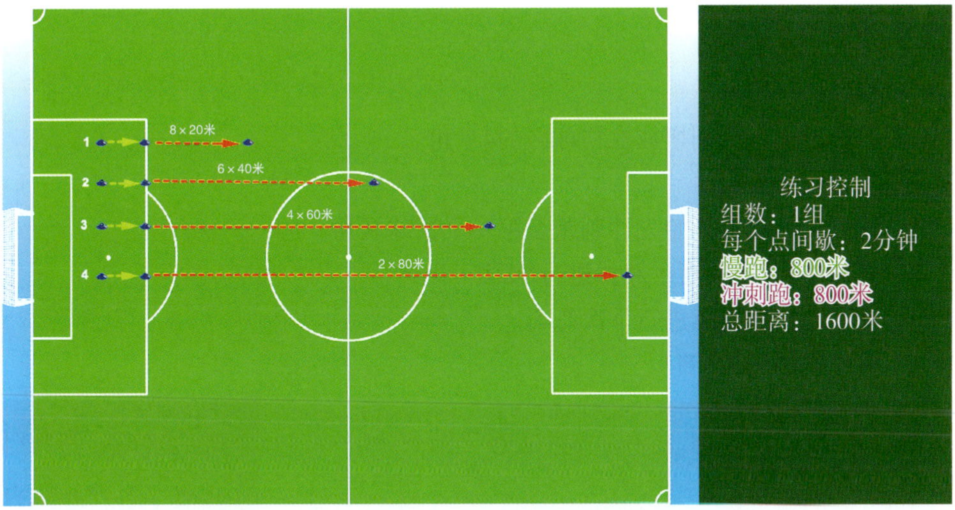

图278　速度练习（1）

速度练习示例二

练习设置：

准备13个标志盘，摆放位置如图279所示。

方法：

（1）裁判员从起点冲刺跑至罚球区点后慢跑恢复。

（2）路线见图279。

（3）每组连续完成4圈。

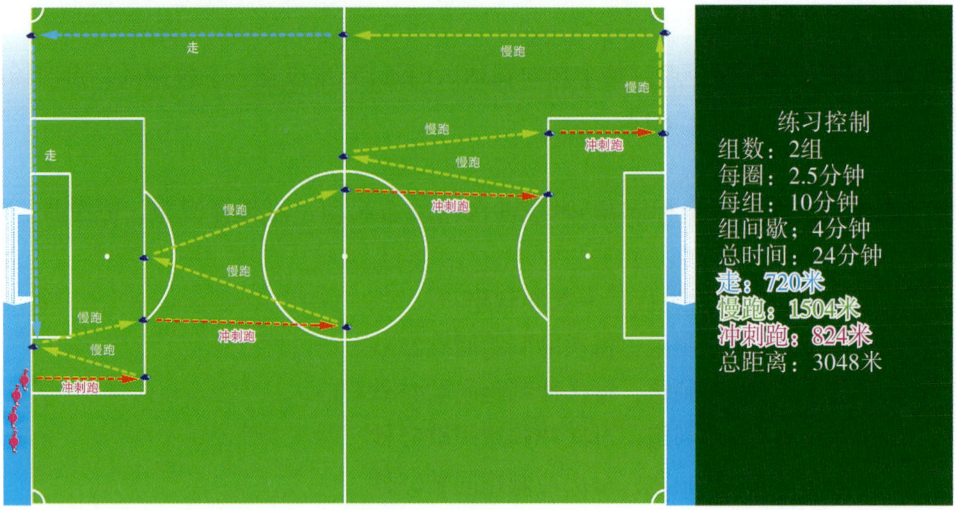

图279　速度练习（2）

速度练习示例三

练习设置：

准备4个标志盘，分别摆放在罚球区的4个角。

方法：

（1）裁判员从起点开始先冲刺跑至第一个罚球区角。

（2）然后按照图280所示路线进行练习。

（3）回到起点后继续进行下次练习。

（4）每组连续完成5圈。

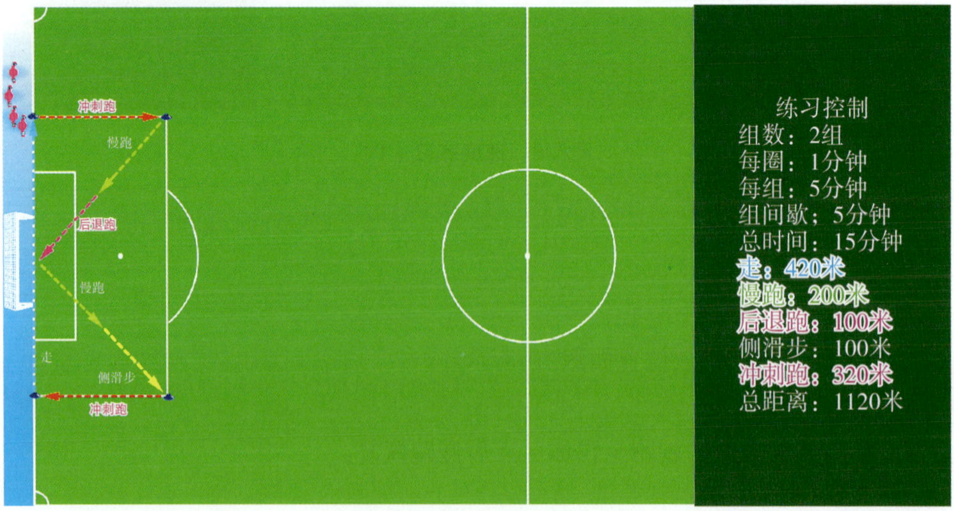

图280　速度练习（3）

速度练习示例四

练习设置：

起点位于罚球区中点，向场内每延伸14米放置一个标志盘，共摆放6个标志盘。

方法：

（1）裁判员从起点开始先后退跑至第一个标志盘。

（2）然后依次按照图281所示进行练习直至返回起点为一圈。

（3）每组连续完成5圈。

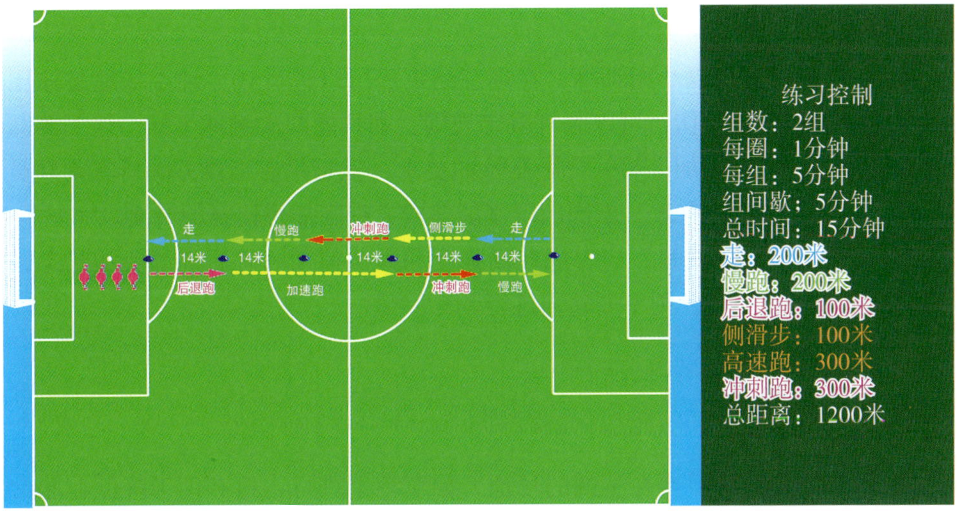

图281　速度练习（4）

（七）力量训练

力量训练是通过力量与抗阻能力练习增强力量。可通过不同的内容来练习主要力量，以达到伤病预防的目的。

（八）恢复练习

积极主动的恢复练习是每一项计划中的重要组成部分，这些内容应该被安排在比赛或者大运动量训练之后的第二天进行。事实上，与完全的休息相比，由于低强度的恢复性练习能够加快参与运动肌肉中的血液流速，所以可更快地恢复机体。

一堂50分钟的体能恢复训练课包括：

第一部分，10分钟热身（在跑步机上走或者慢跑，强度控制在6～13公里/小时，接下来为动员性练习）。

第二部分，30分钟无负重练习（最大心率的70%），例如：

（1）脚踏自行车10~12分钟（每分钟80~90圈）。

（2）划船8~12分钟（每分钟25~30次）。

（3）滑步或楼梯跑10~12分钟（每分钟60~70步）。

第三部分，10分钟全身拉伸，之后进行推拿按摩等放松。

（九）比赛调节

身体训练后，通过小型分组比赛，可以活跃训练气氛，以此调节训练带来的机体和心理上的不适，起到暂时放松目的，对训练者机体和心理恢复有一定的积极作用。

在进行比赛时应考虑：

（1）如果裁判员是以小组训练，在训练结束后可以进行10分钟小场地足球比赛。为避免身体接触和防止受伤，可以制订限定规则，如只能两次触球（接、传）等。如果比赛节奏较缓慢，可以再加上另一个限制性的要求，就是只有当攻方的所有裁判员都通过半场时，进球才算得分有效。不同的限制能够较大程度加快比赛的节奏。

（2）这种小型足球比赛，应考虑在高强度和大负荷训练之后训练者的状态，如训练者感到疲惫或兴趣不高，则不要勉强进行。

（十）训练场地

（1）所有的跑动练习要在宽阔的场地，如草坪上进行，这有助于降低在非常坚硬的场地上跑步时受伤的风险。

（2）在常规场地训练时，应规定练习间歇时间，通过心率来控制。例如，在沿着两个罚球区之间的对角线完成冲刺练习时。

（3）没有机会在足球场练习的裁判员，可以在森林或跑道上进行练习，也可以在健身房使用跑步机训练，按规定的心率速度进行，如最大心率的85%~90%。

（4）基于对跑步机相对较慢的加速及在跑步机上跑速很快时（每小时大于20公里）的安全性考虑，要求所有的速度耐力训练和速度训练都要在足球比赛场地上进行。

（十一）降温

在练习或者比赛结束之后要及时进行降温，它可以帮助机体恢复到执法式训练之前的状态。与准备活动一样，这也是一个非常关键的过程。具体来说，在机体活动之后进行降温所带来的生理调整如下：

（1）可以使机体更快地获得生理平衡。

（2）可以逐渐减慢心率，防止出现任何心跳加快和不规则的心跳变化。

（3）可以降低在执法过程中机体产生的过多荷尔蒙数量。

（4）在冷却降温过程中，肌肉仍然继续工作，对循环系统的控制可以帮助机体将体内产生的废物尽快排出体外。

（5）在不使用过多冷却系统的情况下，逐渐降低机体和肌肉温度。

上述这些可以帮助裁判员在比赛执法或训练后提升肌肉恢复速度的降温方法，经常在体能训练中被忽视，比如放松。另外，依据天气条件，拉伸部分也可以在室内进行，通常在放松的过程中应做到降温（5℃）、静力拉伸（15分钟），以确保机体的最大恢复。

二、体能训练实践的注意事项

（一）对训练强度的感知

（1）感知运用评价方法（Ratings of perceived exertion，RPE）已经广泛应用于练习强度的评定，它是一种非常准确的检测运动强度的方法。感知运用评价方法这项技术与客观的生理机能测试指标，如心率具有一致性。最初的RPE方法有20个刻度，也就是分为20个等级，然而为了便于操作，规定只使用20个刻度中下方的10个刻度（表14）。

表14 感知运用评价方法

运动强度自觉量	
10	最大努力
9	非常非常困难
8	非常困难
7	
6	困难
5	有挑战
4	温和
3	简单
2	很简单
1	休息

（2）要着重强调，任何训练计划都永远不能忽视机体对运动强度的感知能力，这一点是非常重要的。个人对既定练习负荷的感知也很重要。因此，如果出现了疲劳现象，裁判员个人必须调整训练计划。这应在体能教练的指导下进行。

（3）特别是当裁判员察觉到有异常或反常的疲劳出现时，便要停止大运动量训练。

（4）因缺乏训练而感觉疲劳，这种感觉实属正常现象。然而，对大多数裁判员而言却是另一种现象。一些休息日或者小强度的恢复性训练通常要比增长负荷的训练对裁判员的体能和临场表现起到更加积极的作用。所以，一旦裁判员感觉到由于疲劳而不能适应既定训练计划，请咨询专家，如果不能做到这些，训练将不利于其临场表现。

（二）周中比赛

对周中有比赛执法任务的裁判员，体能训练时下面这些非常重要：

（1）在执法比赛后的第二天，进行一次恢复性的训练。

（2）在执法比赛的前一天进行一次包括充分热身、动员练习、拉伸练习及速度练习（如周末计划的那样）在内的训练课。此次训练应该在正规的比赛场地上进行。无论何种原因（比如国际足联的一场国际比赛），如果没有可能进行训练，赛前两天在本国安排一次训练是一个可行的办法。

（三）耐力

（1）耐力是特殊耐力训练中最好的一项，但是一般耐力训练如混合训练也有可能对它发起挑战。具体来说，这种训练更多地涉及其他耐力练习模式和运动方法而非简单的跑步。一般耐力训练作为发展裁判员体能水平的一种方法经常被人忽视。

（2）特别是处于两个不同的季节时，裁判员应该参加其他的耐力练习方法，如滑雪、骑车、直线滑冰、定向和游泳以更好地全面发展有氧耐力，从而在跑动时提供更多间歇的时间。

（3）事实上，由于大量肌肉的参与，如山地自行车、滑雪或划船这些练习比简单的跑步能更加有效地增加机体的最大摄氧量。当然，众所周知，遗传因素在最大摄氧量中仍占主导位置。然而，训练的作用是不能忽视的。一方面，这些运动不仅能够提高裁判员的体能水平；另一方面，更重要的是在精神上分散裁判员平时对恶习式癖好的注意力，以利于他们投入训练和执法中去。

（四）速度和灵敏训练

就速度和灵敏而言，在娱乐的基础上进行一些其他如羽毛球、足球、壁球、网球等球类运动，也可以提高裁判员的体能水平。

（五）训练计划

1. 超量恢复

（1）要在训练中产生最佳训练效果——“超量恢复”，每一个训练计划中都要包括许多堂不同变化的训练课。训练计划包括6周的周期，在此期间的训练负荷（训练量和强度）都是以一个星期的负荷为标准进行。

（2）每一个周期都要从一个中等训练量和中等训练强度的基础性的一周开始。第五周是一个“冲锋期”，其间有非常大的量和强度的训练。最后是一个量和强度都很小的恢复周。

2. 训练过程

关于训练过程（裁判员每周的训练课次数），在每周一开始就增加训练课的次数很重要，其次再增加强度和训练时间。

3. 营养和补液

裁判员在营养和补液上给予了高度重视，不仅是执法中，在训练时也应如此。应根据每个人的需要，科学搭配。

4. 休息

裁判员经常很轻易地就忘记了休息也是一项很重要的训练模式。良好的休息也能获得体能的增长。在没有训练的日子，裁判员要尽量避免进行过多的体力工作，将高质量的休息纳入日常生活计划十分重要。

三、体能训练的心率控制

（一）训练心率控制

（1）在练习过程中，心率（每分钟心脏搏动的次数）上升以对参与运动的肌肉提供大量的氧气。机体活动越剧烈，心脏跳动越快。

（2）对大多数训练来说，训练强度是根据最大心率百分比来确定的。然而对没有心率检测器的裁判员，可以轻松地运用下列个人运动强度分类方法控制训练过程（表15）。

表15 个人运动强度分类

最大心率百分比	训练强度分类	用力程度
小于最大心率的65%	恢复性训练	非常轻松
最大心率的65%～75%	小强度训练	轻松
最大心率的76%～85%	中等强度训练	有压力、并不轻松
最大心率的86%～95%	大强度训练	有较大困难，较为费力
大于最大心率的95%	最大强度训练	困难最大，需尽全力

（二）训练课的开始部分

根据规律，每一堂训练课要从已选择的心率强度中较低的程度开始，并在训练课的最后阶段使心率达到极限。

（三）疾病和过度训练

（1）心率能敏感地反映出疾病和过度训练的情况。一旦感觉到自己的训练使得心脏难以承受，要尽快联系教练员，听取建议。

（2）心率在休息状态下（早晨起床之前安静时测量所得）突然但并非持续地下降或上升，则提示机体存在疾病或有过度训练的情况发生。

（3）一旦发生这些征兆或现象，请征询教练员的建议。

（四）压力

心理压力或焦虑可引起心率升高。因此，裁判员在执法比赛时的心率可能要比训练时高出很多。

（五）外界温度

（1）外界温度可影响心率。如果心率强度训练的水平只能使裁判员适应气温15℃～25℃时，那么裁判员要在更加炎热或寒冷的外界温度下训练以求对外界温度产生更广泛的适应。

（2）在低于15℃的气温条件下训练时，气温每下降一度，心率的极限水平就将降低一个频度。因此，当在5℃的气温下训练时，最高强度的范围就由170次/分降低为160次/分。

（3）相反，在较高温度下，如果高温且伴随出汗脱水，则心率上升会更加明显。这种心率变化趋势的敏感程度因人而异。所以，在高温环境下训练，要根据自己对运动强度的感知和适应能力来提高极限心率水平。

（4）此外，在训练过程中，充分的液体补充对于防止心率过度增快和避免训练质量的下降均是必不可少的。

四、体能测试的方法

2002年韩日世界杯赛后，国际足联裁判委员会针对当前足球比赛的特点，在研究和实验的基础上，决定于2005年开始起用新的裁判员体能测试方法，以满足当前足球比赛裁判工作的需要。新的测试方法分为裁判员测试和助理裁判员测试，其中裁判员测试有以下两种：

测试一：短距离冲刺跑

测试目的：测试在特定时间和距离内反复冲刺跑动的能力。

测试方法：6（次）×40米冲刺跑。每次冲刺跑之间间歇不超过60秒（从终点走回起点），共重复完成6次，如图282所示。

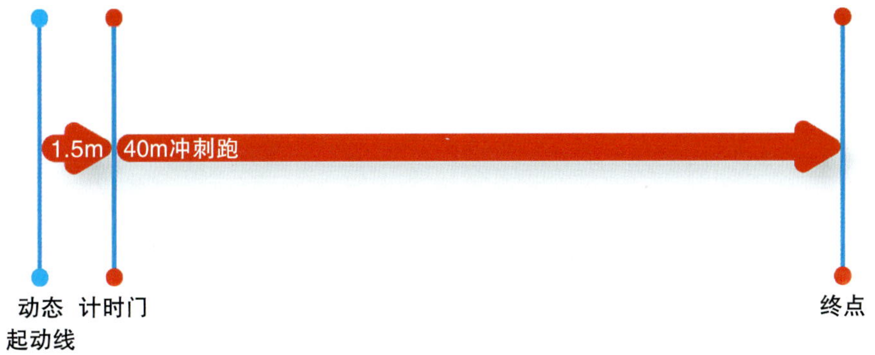

图282　6（次）×40米短距离冲刺跑

要求：动态起动，前脚在距离起点电子计时门1.5米处的线上。

提示：如果不能采用电子计时，就由一名观察员在测试裁判员通过第一个门的瞬间给出准确的旗示信号，另一名观察员在终点处当裁判员冲过终点时瞬间停表。

强调：为保持测试的一致性，本测试应在田径跑道上进行。

测试过程：

- 所有测试裁判员列队站好，当裁判长发出电子计时门准备就绪的信号后，裁判员自行起动。
- 如果裁判员在测试过程中摔倒或失误，可以补测一次。
- 如果裁判员在6次测试中有一次失败，他只有一次补测机会（在6次测试完后立即进行），如果失败2次，则为测试失败。
- 在测试过程中，不允许使用带钉子的跑鞋。

计时设备：在起点和终点放置电子计时门（起、终点线）。

时间要求：

- 男子国际级裁判员每次测试不能超过6.00秒。
- 男子国家级裁判员每次测试不能超过6.10秒。
- 女子国际级裁判员每次测试不能超过6.40秒。
- 女子国家级裁判员每次测试不能超过6.50秒。

测试二：高强度间歇跑

测试目的：高强度反复跑能力（变速跑能力）。

测试方法：间歇式听哨声跑动，至少完成10圈，共40次75米冲刺跑和25米间歇走，如图283所示。

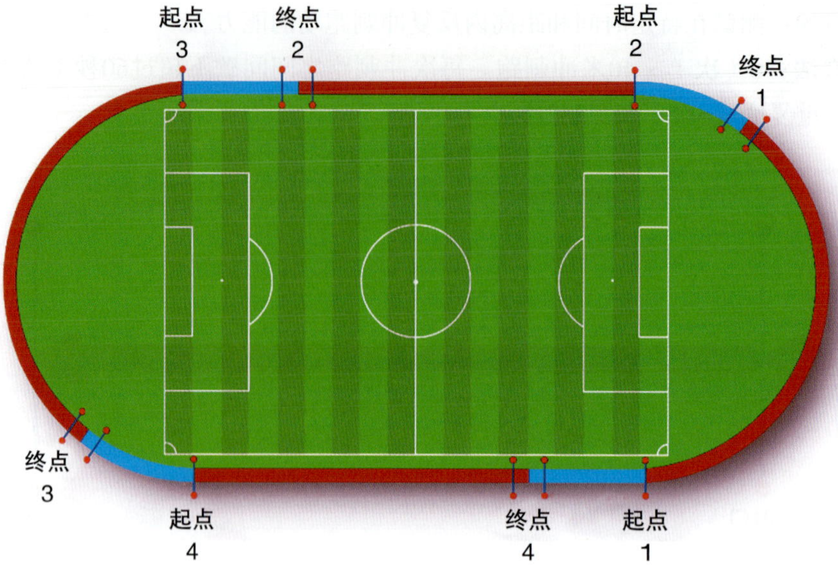

图283　高强度间歇式跑

强调：为保证测试的一致性，本测试应在田径跑道上进行。

测试过程：

- 每名测试者必须在哨声响前到达用4个标志物标出的慢走区域内（跑道从起点1开始到75米终点线前后各1.5米处放置标志物），如果测试者第一次在15秒内没有任何一只脚进入慢走区域，监测人员将给出警告信号，如果第二次没有在15秒内使任何一只脚进入慢走区域则让测试者停止测试。
- 测试者在第二声哨响起前不能抢跑，因此，助理监测人员必须持旗站在起点处，在第二声哨响起前，应将旗子平举，拦在起跑线上以示警戒，哨声一响，必须立即放下旗子，被测试者才能起跑。助理监测者要读秒（如10秒、5秒），以通知被测试者准备的时间。旗子必须在哨音响起后放下。
- 被测试者以6人一组为最佳。

提示：如果条件允许，可采用4个不同的起点进行测试，每一组设一人为总负责人监督测试。

计时设备：一个计时器和一把哨子，起点、终点和慢走区域的标志要清晰。

其他指示：每位助理监测者必须配备秒表，用来计算慢走区域恢复的时间。

时间要求：

- 男子国际级裁判员75米冲刺15秒、25米间歇走18秒。
- 男子国家级裁判员75米冲刺15秒、25米间歇走20秒。
- 女子国际级裁判员75米冲刺17秒、25米间歇走20秒。

- 女子国家级裁判员75米冲刺17秒、25米间歇走22秒。

助理裁判员测试有3种：

测试一：CODA

测试目的：测试助理裁判员改变方向的能力。

测试方法：从A点冲刺跑10米到C点；左侧侧滑步8米从C点到B点；右侧侧滑步8米从B点到C点；10米冲刺跑从C点到A点；在规定的时间完成一次测试，如图284所示。

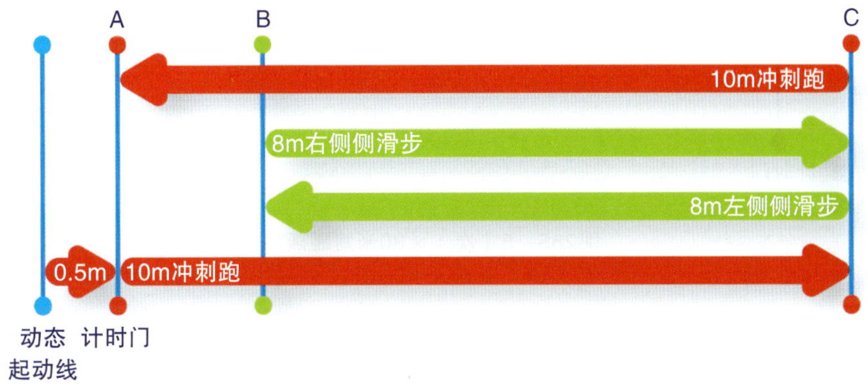

图284　冲刺跑与侧滑步跑

要求：动态起动，前脚在距离起点电子计时门0.5米处的线上。

提示：如果不能采用电子计时，由一名观察员使用秒表在助理裁判员通过电子门的瞬间开表，当助理裁判员冲过终点的瞬间停表。

强调：为保持测试的一致性，本测试应在地面稳固的田径跑道或场地上进行。

测试过程：

- 所有测试助理裁判员列队站好，当裁判长发出电子计时门准备就绪的信号后，助理裁判员自行起动。
- 如果助理裁判员在测试过程中摔倒或失误，则可以补测一次。
- 如果助理裁判员在测试中有一次失败，他只有一次补测机会（在测试完后立即进行），如果失败2次，则为测试失败。
- 在测试过程中，不允许使用带钉子的跑鞋。

计时设备：在起点线放置电子计时门。

时间要求：

- 男子国际级助理裁判员每次测试不能超过10.00秒。
- 男子国家级助理裁判员每次测试不能超过10.10秒。
- 女子国际级助理裁判员每次测试不能超过11.00秒。
- 女子国家级助理裁判员每次测试不能超过11.10秒。

测试二：短距离冲刺跑

测试目的：测试在特定时间和距离内反复冲刺跑动的能力。

测试方法：5（次）×30米冲刺跑。每次冲刺跑之间间歇不多于30秒（从终点走回起点），共重复完成5次，如图285所示。

图285　5（次）×30米短距离冲刺跑

要求：动态起动，前脚在距离起点电子计时门1.5米处的线上。

提示：如果不能采用电子计时，就由一名观察员在测试助理裁判员通过第一个门的瞬间给出准确的旗示信号，另一名观察员在终点处当助理裁判员冲过终点时瞬间停表。

强调：为保持测试的一致性，本测试应在田径跑道上进行。

测试过程：

- 所有测试助理裁判员列队站好，当裁判长发出电子计时门准备就绪的信号后，助理裁判员自行起动。
- 如果助理裁判员在测试过程中摔倒或失误，则可以补测一次。
- 如果助理裁判员在5次测试中有一次失败，他只有一次补测机会（在5次测试完后立即进行），如果失败2次，则为测试失败。
- 在测试过程中，不允许使用带钉子的跑鞋。

计时设备：在起点和终点放置电子计时门（起、终点线）。

时间要求：

- 男子国际级助理裁判员每次测试不能超过4.70秒。
- 男子国家级助理裁判员每次测试不能超过4.80秒。
- 女子国际级助理裁判员每次测试不能超过5.10秒。
- 女子国家级助理裁判员每次测试不能超过5.20秒。

测试三：高强度间歇跑

测试目的：高强度反复跑能力（变速跑能力）。

测试方法：间歇式听哨声跑动，至少完成10圈，共40次75米冲刺跑和25米间歇走，如图286所示。

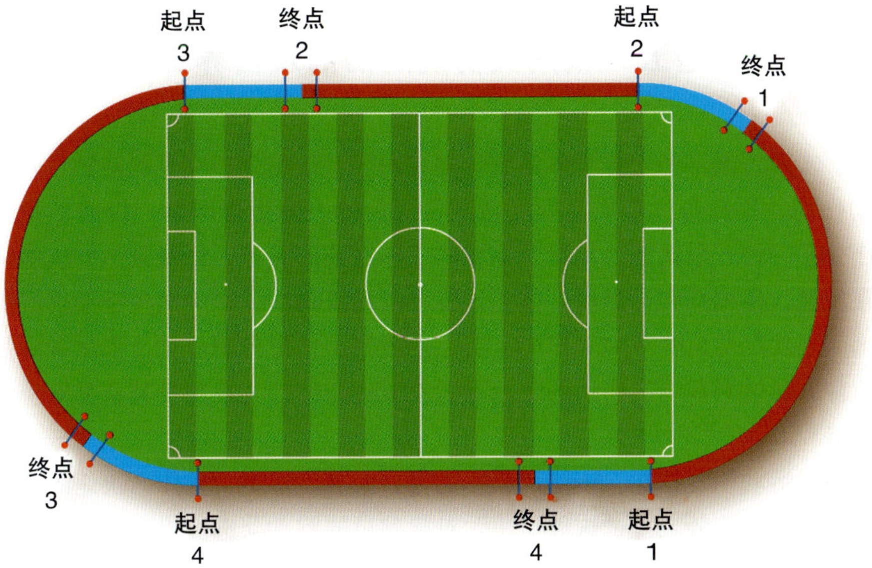

图286 高强度间歇式跑

强调：为保证测试的一致性，本测试应在田径跑道上进行。

测试过程：

- 每名测试者必须在哨声响前到达用4个标志物标出的慢走区域内（跑道从起点1开始到75米终点线前后各1.5米处放置标志物），如果测试者第一次在15秒内没有任何一只脚进入慢走区域，监测人员将给出警告信号，如果第二次没有在15秒内使任何一只脚进入慢走区域则让测试者停止测试。
- 测试者在第二声哨响起前不能抢跑，因此，助理监测人员必须持旗站在起点处，在第二声哨响起前，应将旗子平举，拦在起跑线上以示警戒，哨声一响，必须立即放下旗子，被测试者才能起跑。助理监测者要读秒（如10秒、5秒），以通知被测试者准备的时间。旗子必须在哨音响起后放下。
- 被测试者以6人一组为最佳。

提示：如果条件允许，可采用4个不同的起点进行测试，每一组设一人为总负责人监督测试。

计时设备：一个计时器和一把哨子，起点、终点和慢走区域的标志要清晰。

其他指示：每位助理监测者必须配备秒表，用来计算慢走区域恢复的时间。

时间要求：

- 男子国际级裁判员75米冲刺15秒、25米间歇走20秒。
- 男子国家级裁判员75米冲刺15秒、25米间歇走22秒。
- 女子国际级裁判员75米冲刺17秒、25米间歇走22秒。
- 女子国家级裁判员75米冲刺17秒、25米间歇走24秒。

专题五　裁判员伤病的防治及营养卫生

科学、实效地制订和安排身体训练计划和内容，运用合理有效的防护、营养手段，减少运动伤病，提高身体素质是摆在裁判员面前的一个重要课题。目前，我国的足球裁判工作处于一种业余状态，年龄、地域、工作性质的差异，使裁判员的体能训练还不能保持常规性、系统性和计划性。体能训练、考核及执法工作中发生运动伤病的风险较大，为确保现代足球比赛裁判工作的需要，使裁判工作更具职业化，依据国际足联相关指示和精神，通过对裁判员伤病的防治及营养卫生介绍，为裁判员具备良好身体素质提供理论支持。

现代足球运动朝着技能、体能和心智能等方面高度发展，整体而快速的攻守，是现代足球运动的发展趋势之一，这种“快”对裁判员的跑动与选位提出了更高的要求，因此裁判员必须具备耐力好、速度快、预见性强，以及善于选择观察角度的能力。足球场地大、比赛持续时间长。根据2019年中超联赛官方技术统计显示，裁判员在全部240场比赛中，场均跑动距离达到10483.4米。跑动距离最多的是职业裁判员马日奇，他在30场比赛中，场均跑动距离为11456米，单场最高跑动距离为13248米。因此，裁判员要完成一场比赛的裁判任务必须具备良好的耐力基础和心肺功能。裁判员除了具有一般耐力之外，还必须具有良好的速度耐力，因为现代足球攻守转换频繁，经常需要裁判员连续往返冲刺，没有良好的速度耐力就不能跟上球的发展变化及时到位，往往造成关键球的判罚失误，影响比赛顺利进行。同时，在紧张激烈的比赛中往往容易产生疲劳，致使注意力分散，影响判罚的准确性。因此足球裁判员还需具有较强的抗疲劳能力。随着现代足球运动发展对裁判员的身体素质提出了更高要求，裁判员伤病的发生已经成为影响其身体素质一个不可忽视的问题。在足球裁判员运动伤病事故中，绝大多数是因缺乏运动伤病常识，对身体素质训练、考核、足球临场执法运动过程中风险认识不足，准备不充分或出现问题后应对不合理造成的。如何在保障安全的前提下提升身体素质是每一位足球裁判员面临的问题。因此，识别和评估运动的风险，掌握专业的运动防护知识技能，未雨绸缪并合理应对是实现足球裁判员自身身体安全的原则。

一、常见运动性疾病的防治

运动性疾病一般是指训练或比赛安排不当而造成体内紊乱而出现的疾病、综合征或异常。足球裁判员常见的运动性疾病有过度训练、运动应激综合征、运动中腹痛、肌肉痉挛、运动性血红蛋白尿、运动性血尿、中暑等。有针对性地预防和处理措施，能有效降低常见及严重运动性疾病的发生风险，降低伤害程度，缩短病程，促进康复，是足球裁判员保持良好身体素质的保障。

（一）过度训练综合征

过度训练综合征是训练后疲劳连续积累所引起的一种病理状态，又称为过度疲劳。训练方法不当是过度训练的主要原因，包括频繁执法，缺乏足够的休息；患病时或患病后过早参加训练、考核及执法；生活制度遭到破坏，劳逸结合安排不当等。早期以神经系统的表现为最多，如疲倦、精神不振，无训练欲望，甚至有厌烦情绪，有的容易激动。大多数有不同程度的睡眠障碍，如失眠、多梦，易惊醒、早醒，醒后困倦，少数有嗜睡现象，还会有头痛、头晕、记忆力减退，或主诉动作不协调，反应迟钝，工作能力下降等现象。少数病例有耳鸣、眼发胀或脱发等。过度训练综合征还常表现出胸闷、心悸、气短等心血管系统方面症状及食欲不振、恶心、呕吐、腹胀、便秘等消化系统方面症状。

1. 过度训练综合征的预防

（1）定期做身体功能检查，制订适当的训练、考核及执法计划，防止对自身提出过高的要求。

（2）加强大运动量训练及执法后的恢复措施，保证足够的睡眠和营养。

（3）对伤病要及时治疗，康复期投入训练时运动量要逐渐增加。

（4）训练时要考虑到个人特点，注意环境、气候和季节的变化。

（5）加强自我监督，以便及时预防过度训练。

2. 过度训练综合征的处理

（1）调整训练内容，改变训练方法。根据具体情况，早期减少运动量是必要的，无论训练强度还是时间都应加以控制。减少或避免难度较大的动作，减少速度及力量性练习。控制加重过度训练在精神上的负担。

（2）保证充足的睡眠。注意调节作息时间，保证睡眠时间，改善睡眠环境，也可予以养心安神的中药，如服用五味子、刺五加、酸枣仁等。失眠者应及时就医进行适当的心理干预及药物治疗。

（3）注意饮食。能量补充应注意多食用容易消化的食物，蛋白质、糖、维生素要充足，多吃新鲜蔬菜和水果。

（4）合理安排好生活。学习、工作、文娱活动和运动练习要统筹兼顾，有计划地随着体力的恢复逐渐增加运动量。

（5）放松治疗。可进行按摩、水浴、理疗或医疗体育锻炼（气功、太极拳、八段锦等）。

（二）运动应激综合征

运动应激综合征是指机体在训练或比赛时，体力负荷超过了机体的潜力而发生的生理功能紊乱或病理现象。它常常在一次剧烈的训练课或比赛后即刻发生，或在训练后短时间内发生。运动应激综合征多发生在训练水平低、经验较少的年轻足球裁判员身上，也常发生在因伤病中断训练较长时间后恢复训练的足球裁判员身上，主要表现为：

（1）跑后即刻出现面色苍白、恶心呕吐、头昏无力和大汗淋漓（单纯性虚脱）。

（2）运动中或运动后出现一过性神志丧失，清醒后诉说全身无力、头痛头昏，可伴有心、肺、脑功能降低的现象（晕厥型）。

（3）裁判员在运动中或运动后即刻出现一侧肢体麻木，动作不灵活，常伴有剧烈的恶心、呕吐（脑血管痉挛）。

（4）急性胃肠综合征，轻者在剧烈运动后出现恶心呕吐，头痛头昏，面色苍白等，经1～4小时逐渐缓解。

（5）急性心功能不全和心肌损伤，运动后出现呼吸困难，憋气、胸痛，咳血性泡沫性痰；右肋部疼痛，肝肿大；心跳快而弱或节律不齐，血压下降，全身无力，面色苍白等心功能不全症状。

1. 运动应激综合征的预防

（1）运动前先做身体检查，有心血管功能问题，患有急性病均不应进行剧烈训练、体能考核或参与执法任务。

（2）裁判员的体能训练应坚持科学系统的训练原则。

（3）加强运动时医学观察和自我监督，尤其是身体素质欠佳、年龄偏大的足球裁判员。

（4）训练和比赛前做好充分准备活动，运动后要使身体充分放松。

（5）其他方法：在疾跑后不要骤停，应继续慢跑一段并做深呼吸。长距离运动时要及时补充糖、盐和水分。对有晕厥史的裁判员应全面查明原因，避免再次晕厥。

2. 运动应激综合征处理

（1）对单纯性虚脱的处理主要是卧床休息、保暖，可使用温水或运动饮料。

（2）晕厥者，平卧，头稍低，保持呼吸道通畅，迅速送医救治。运动中一旦出现晕厥的前期症状，即应在他人帮助下，慢跑或慢走一段距离，然后平卧片刻待身体逐渐恢复。

（3）对脑血管痉挛者，平卧，头稍低，保持呼吸畅通，并送医进行脑检查，以便及时发现脑血管病变。

（4）对发生急性肠胃痉挛者，尤其是发生胃出血者，应暂停专项训练，休息观察，必要时送医就诊，服用止血药物，调整饮食吃流食、半流食和易消化食物。

（5）对急性心功能不全或心肌损伤者，身体可取半卧位，保持安静并保暖，给予吸氧等急救处理后应立即送医院治疗。

（三）运动中腹痛

运动中腹痛是常见运动性病症之一，其原因可以归纳为生理性和病理性原因两类。生理性原因主要有以下3种，一是肝脾郁血：肝脾郁血肿胀，增加了肝脾被膜的张力，使被膜上的神经受到牵扯，因而产生疼痛。肝痛出现在右季肋部，脾痛出现在左季肋部。疼痛性质为胀痛或牵涉性疼痛。二是呼吸肌痉挛：运动中呼吸过于急促、表浅，呼吸肌的收缩过于频繁，过分紧张，从而发生痉挛，产生疼痛。准备活动不够充分，心肺功能不能满足肌肉工作的需要，致呼吸肌缺氧，加剧了疼痛的出现。疼痛部位以季肋部多见。三是胃肠痉挛：胃肠痉挛使胃壁和肠壁上的神经受到牵涉，产生腹痛。轻者钝痛或胀痛，重者发生阵发性绞痛。其疼痛部位多在左下腹部。腹腔内疾患以肝炎、胆道疾病、消化道溃疡等多见，腹痛部位同病变部位一致。腹腔外疾患以腹肌痉挛、腹直肌慢性损伤等较多见。

1. 运动中腹痛的预防

（1）加强全面身体素质训练和专项运动技战术训练。

（2）遵守科学训练原则，运动量的增加要循序渐进。

（3）科学膳食，合理安排进餐与运动的时间间隔。

（4）掌握动作与呼吸的节奏、形式、方法的配合。

2. 运动中腹痛的处理

（1）运动中出现腹痛后，应减慢运动速度，加深呼吸，调整呼吸与运动的节奏。用手按压腹部有助于疼痛的缓解。

（2）就医根据原发疾病进行相应的治疗（药物、理疗、局部封闭等）。

（四）肌肉痉挛

肌肉痉挛俗称抽筋，是肌肉不自主的强直收缩。痉挛的肌肉僵硬，疼痛难忍，痉挛肌肉所涉及的关节，伸屈功能有一定的障碍。在足球运动中最易发生痉挛的肌肉为小腿的腓肠肌，其次是足底的踇长屈肌和趾长屈肌。主要原因有，一是寒冷刺激：在寒冷的环境中运动时，若未做准备活动或准备活动不充分，肌肉受到寒冷的突然刺激后兴奋性增高，即可发生痉挛。例如，冬季进行足球运动时受到冷空气刺激，都可引起肌肉痉挛。二是电解质丢失增多：裁判员急性减轻体重，或者参加较长时间的剧烈运动，特别是夏天，身体大量排汗，这时由于大量电解质丢失，肌肉的兴奋性增高而发生肌肉痉挛。三是肌肉连续收缩过快：在训练或比赛中肌肉过快地连续收缩，放松时间过短，以至于收缩与放松不能协调地交替，因而引起痉挛。四是疲劳：身体疲劳会影响肌肉的正常生理功能。疲劳肌肉中会有大量的乳酸堆积，乳酸不断地对肌肉的收缩物质起作用，引起肌肉痉挛。

1. 肌肉痉挛的预防

（1）运动前做好准备活动，对容易抽筋的部位事先做适当按摩。

（2）冬季锻炼要注意保暖，夏季长时间运动时要注意补充盐分和维生素B_1，疲劳和饥饿时不宜进行剧烈运动。

（3）加强全面身体素质训练和专项跑动训练，遵守科学训练的原则。

2. 肌肉痉挛的应对措施

（1）牵引痉挛的肌肉，一般即可得到缓解。例如，腓肠肌痉挛时，可伸直膝关节，用力将足背伸；踇长屈肌和趾长屈肌痉挛，用力将足和足趾背伸。牵引时用力宜缓，不可用暴力。

（2）可配合局部按摩，采用重力按压、揉捏、点穴（如委中、承山、涌泉、合谷）等手法，促使缓解。

（五）运动性血红蛋白尿

红细胞破裂称为溶血，当血管内大量溶血，血液中游离血红蛋白过多，超过肾阈值，则血红蛋白随尿排出，称为血红蛋白尿。仅在运动后出现的血红蛋白尿，称为运动性血红蛋白尿。局部红细胞机械性损伤引起的局部溶血及血中珠蛋白不足是造成运动性血红蛋白尿的主要原因。局部红细胞机械性损伤所致的溶血，即由于足底红细胞在跑或直立位运动的机械性损伤引起的局部溶血，溶血的程度与运动距离成正比。主要表现为尿色改变，尿液呈褐色、酱油色或红葡萄酒色。这种肉眼可见的尿色异常通常持续3～4小时，而不伴随其他主诉和症状。多在运动后第一次和第二次尿时出现，第三次尿外观多数已恢复正常。尿检尿蛋白常在＋＋以上，尿潜血阳性，含铁血黄素阳性，而红细胞少见或未见（这与血尿不同），有时可伴有少量颗粒管型。一部分患者出现本症后，间隔一段时间再做同样运动不再复发。但究竟何时自愈、如何促进自愈，尚不清楚。

1. 运动性血红蛋白尿的预防

（1）运动负荷量和强度要循序渐进地增加，避免骤然加大负荷量和强度。

（2）避免在较硬场地上连续进行大强度的跑或跳练习。尽量穿有弹性的跑鞋（或加专业鞋垫）进行训练。

（3）当运动后尿色有异常时，可在跑鞋内添加弹性较大的鞋垫或泡沫塑料鞋垫，以避免尿色异常的进一步发展。

（4）参加大运动量训练、考核或执法重大比赛前，必须进行充分的体力准备。

2. 运动性血红蛋白尿的处理

（1）注意休息，加强营养，促进自愈。

（2）服用维生素C有助于血红蛋白尿的消除。

（3）采用清热利湿的中药治疗有一定效果。

（六）运动性血尿

健康人在运动后出现一过性的血尿，虽经详细检查找不到其他原因引起者，称为运动性血尿。不少运动后血尿可由器质性疾病引起，而运动性血尿应定义为单纯由于剧烈运动引起的血尿。常见原因：一是肾静脉高压。长时间直立蹬地动作，使肾脏下移，肾静脉和下腔静脉之间形成夹角或扭曲引起肾静脉高压。二是肾脏缺氧。运动时，血液重新分配，肾脏血供减少，酸性代谢产物刺激导致肾脏缺氧。

1. 运动性血尿的预防

（1）遵守科学训练的原则，负荷量和强度要循序渐进，避免骤然加大负荷量和强度，做好全身和腰部的充分准备活动。

（2）合理安排训练和比赛时的饮水，在大强度训练和比赛过程中要适当补充水分。

（3）注意外界环境的变化，调整好强度。

2. 运动性血尿的处理

（1）对出现肉眼血尿者无论有无其他伴随症状均应终止运动，进行必要的检查确诊。

（2）试用止血药，如维生素K、维生素C、安络血。中医中药以养血凉血、清热利湿为主。方药可采用当归、白芍、阿胶、生地、木通、栀子、丹皮、元参、紫草、鲜茅根、小蓟、竹叶等，也可采用车前子加红糖治疗（上述药物用法请遵医嘱）。

（3）送院进行诊治。

（七）中暑

中暑是由高温环境引起，以体温调节中枢功能障碍、汗腺功能衰竭和水、电解质丢失过多为特点的疾病。常在高温、高湿和通风不良的环境中进行运动时发生。运动性中暑是近年来提出的运动性疾病之一。它与普通中暑不完全相同，是由运动时肌肉产生的热量超过人体能散发的热量而造成人体过热的状态，在高温地区进行比赛执法、体能训练与考核时较易发生。

1. 中暑的预防

（1）饮水，要慢慢饮，不要猛饮；要饮温水，不要饮冰水；要定时饮水，不要等口渴时再饮；饮加淡盐的温开水。

（2）喝一些稀释的电解质饮料，要远离酒精、咖啡因和香烟。

（3）慢慢地适应气温的转变，酷暑气候从事户外运动时要放慢速度，不要逞能。

（4）及时散热，当过于炎热的时候应该用冷水冲淋头部及颈部，让水分蒸发帮助散热。

（5）夏天炎热季节要安排好训练时间，避免在阳光直射、炎热潮湿的天气进行大运动量训练。热天运动时宜穿透气排湿的运动服，保证充足的睡眠。

（6）安排好炎热天气训练和比赛时营养和饮水及电解质，注意补充食物中的蛋白质，额外增加维生素B_1、维生素B_2和维生素C的供给量。

（7）对不耐热个体要加强预防措施。

2. 中暑的处理

（1）一旦发生中暑，应立即为患者降温。患者可能会因为意识模糊而无法合作，需要将患者移动到凉爽、阴凉处休息并降温。脱掉患者的衣服，或者让衣服宽松一些。用湿布或凉水给患者的头部、颈部、腋部及胯部降温，并不断吹风。同时可把水均匀地洒到患者的身上、头上。若有冰块，用毛巾包起来放在头上、身上降温。等到身体温度恢复到正常体温，停止降温。

（2）若患者有战栗症状，要立即停止降温。

（3）降温后，要严密观察患者的体温和身体状况，注意体温是否有回升现象。如果体温再度升高则需要再次实施降温。患者恢复知觉后，如果呕吐反射能力和吞咽能力没有问题，可小口喝水，并可适度补充电解质替代饮料等液体。

（4）开始救治后，高体温、恶心、虚弱、口渴、头疼、心率加快等症状还会持续一段时间。中暑则是较为严重的疾病，不要让患者自己行走或做任何活动，除非恢复得很好，可找人陪伴让患者退出活动。严重的中暑患者，建议尽快用担架将患者抬离就医。

二、常见运动损伤的防治

足球裁判员在执法时会使用行进间正面跑（直线、曲线）、倒退跑（直线、曲线）、侧滑步、折线跑等跑动方法，其活动距离要达到10000米以上，快速冲刺距离在3000米以上，踝关节、膝关节及大腿、小腿肌群受到的应力较大，因此这些部位是易伤部位，前交叉韧带（ACL）损伤、踝关节扭伤、腘绳肌拉伤、膝关节软骨损伤、内收肌腱拉伤是常见的足球裁判员运动损伤。

足球裁判员的运动损伤主要集中在下肢，其预防应主要加强下肢训练。入门者刚开始参加训练、考核或执法时，就应注意预防损伤，主要措施有以下五个方面，一是改进热身活动和加强放松活动。二是使用肌效贴、护踝或护膝等护具。三是注意旧伤的康复，运动损伤的重要危险因素之一是以前的损伤。四是全面发展身体素质，尤其注意发展踝关节、膝关节稳定性及大腿、小腿肌群的力量。对易伤部位要进行专门训练，如加强股四头肌力量练习，对预防髌骨软骨病会起到重要作用，也能增强膝关节的稳定性。同时注意自我保护动作的训练。五是加强足球裁判员执法跑动步伐的练习，正确掌握各种技术并能熟练运用，同时注意合理安排运动负荷，避免过度疲劳的产生和局部负荷过重。

以下为足球裁判员常见的运动损伤（一般软组织损伤）处理方案。软组织受伤的处理程序，包括下列三个步骤。

（一）急救

运动损伤发生后的10分钟是关键时刻。这个阶段要做初步评估，并且采取适当的步骤以避免进一步的伤害。运动损伤处理应执行“STOP”四个步骤。第一，S（stop，停止）：让伤者停止运动，必要的话终止训练和执法比赛。第二，T（talk，提出问题）：发生什么事？是如何发生的？感觉如何？哪里会痛？以前同部位受过伤吗？第三，O（observe，观察）：观察是否有肿胀、淤血、变形以及压痛等征象。第四，P（prevent，避免）：避免受到进一步伤害。

（二）治疗

软组织受伤一开始最有效的治疗方法就是RICER 法。R是休息（rest）、I是冰敷（ice）、C是压迫（compression）、E是抬高（elevation）、R是送医（referral）。受伤后立即采用RICER法，可以缩短伤处的康复时间。RICER法是运动损伤康复最重要的阶段，可为日后的完整康复打下基础。

1. 休息

尽可能保持受伤部位静止不动，必要的话可以使用固定带或支架辅助，避免牵动受伤，停止任何会引发疼痛的动作，有助于减少伤处的血流量，并避免进一步受伤。

2. 冰敷

这是目前最重要的一个步骤，冰敷对于减少发炎、流血、肿胀以及疼痛有绝佳的效果。运动损伤发生之后，应该尽快冰敷。冰敷时，注意不要直接碰触伤处的皮肤，以免冻伤，可将冰块包在湿毛巾内保护皮肤。冰敷持续、间隔时间，建议受伤最初的48 ~ 72小时，每两个小时累计冰敷20分钟。冰敷时间的长短可视个人感受自行决定，冰敷时可能会有一点不舒服，这是正常的，不过一旦这种不舒服的感觉变成疼痛时，就应该停止冰敷，每小时最好间隔做几次冰敷，每次冰敷的时间是3～5分钟。

3. 压迫

压迫可以达到两个作用，首先是减少或消除伤处的流血量及肿胀；其次是为伤处提供支持力度。简单使用宽板和坚固、有弹性的加压绷带来包裹伤处，另外需包紧伤处的上方及下方。

4. 抬高

如果可以的话，将伤肢抬至高于心脏的位置，这样可以进一步减少流血及肿胀程度。

5. 送医

如果受伤程度严重，必须咨询专业的运动治疗师，量身打造康复计划，缩短康复所需要的时间。

（三）康复

在软组织受伤之处，立即采用RICER法，可以限制瘢痕组织产生。瘢痕组织往往会因为收缩而使得周围组织变形，因此，受伤部位不仅力量比以前小，柔韧度也会下降。一旦形成瘢痕组织，会造成肌力及爆发力双双下降，这是因为肌肉在收缩达到最大肌力之前，必须先进行完全伸展。然而，瘢痕组织的缩短效应及较不坚韧的特性，会使肌肉无法完全伸展及收缩。

1. 摆脱瘢痕组织

为了加速恢复，以及避免不必要的瘢痕组织增生，以下有两个重要方法。一是增加受伤部位的血流量，该方法广泛被物理治疗师采用，主要改善受伤部位氧气及营养的供应。最常用的手段是超声波、经皮神经电刺激及热疗。二是深层组织运动按摩，也可以减少瘢痕产生，超声波和热疗虽然有助于伤处恢复，却无法阻止瘢痕生成。

2. 主动式康复

在康复过程中，伤者会被要求做一些运动与活动来加速康复。对裁判员来说，这个康复阶段相当重要，其目的是重拾因受伤而丧失的体能，以及重建柔韧度、肌力、肌耐力、平衡以及协调性，当这些基本组成要素开始有所进展时，就可进一步加强足球裁判员所需的身体素质。

（1）恢复关节活动度。恢复完整的关节活动度，是康复过程要最优先处理的。因为后期主动式康复中，需要做一些活动幅度较大的运动，而正常的关节活动度是其活动的基础。重建关节的活动度，温和的拉伸运动在康复早期阶段起到相当重要的作用，主动的适度拉伸运动可以限制瘢痕组织的形成，有助于恢复到受伤前的关节活动度。这些重建关节活动度的动作，会越做越不痛，一旦觉得疼痛感降低时，就可以转向下一个阶段。

（2）提高柔韧性。在康复阶段要把关节活动度运动的强度提高，让伤处可以重获柔韧度和肌力。在增加伤处的柔韧度和力量时，通常采用渐进的、系统的训练原则，以稍微超出伤处负荷为准，以疼痛可以忍受为度。常用方式，一是使用器材负重增强肌肉力量，肌力的增加是维持关节稳定性和灵活性的基础。二是等长运动，另一个有效且相对安全的运动方式，这是一种肌肉收缩、关节没有移动的动作，如坐位施力脚推墙，保持膝关节和踝关节不移动，可以进一步增加受伤踝关节的稳定性和活动度。三是通过拉伸运动增加伤处周围肌群的伸展性。

（3）重建平衡感与本体感觉。平衡感和本体感觉（感受身体的动作及在空间的位置）失调在软组织受伤中相当常见，而且在康复过程中经常被忽略，而这往往是旧伤复发的主要原因之一。软组织受伤后，通常会伴随一定程度的神经末梢及传导通路的损坏。如果神经本体感觉受损，大脑接受到伤处关节、四肢的位置信号会减少，肌肉就无法有效收缩，这会导致平衡感、协调性、肌力及稳定性下降，从而导致软组织伤处更容易拉伤、扭伤或旧伤复发。

当柔韧性和肌力有所恢复时，可以尝试增加一些平衡运动，对修复伤处神经有所帮助。可以从最基本的活动开始。例如，直线走或走平衡木，然后进行金鸡独立（单脚站立平衡）的动作，再试着闭上眼睛做上述动作。当以上动作都能顺利完成时，可以进行比较有难度的活动，如使用平衡板、平衡球、泡沫轴等。

（4）恢复实用性功能。在这个阶段中要纳入动态运动、爆发性运动、复合运动，以强化本体感觉、平衡感、肌力、柔韧性等，可以渐渐融入一些较激烈的运动。建议裁判员最好选择和从事与专项运动有关的训练。技巧练习及训练运动等活动，是用来测量伤处体能及肌力恢复程度的好方法。在此阶段，要开始基本的增强式训练，增强式训练是一种同时使肌肉伸展性及收缩性的爆发性运动，常见于跳跃动作，如单脚跳、踏跳及跨步跳等。

3. 体能训练

为了预防二次受伤，后续的肌力与体能训练也很重要。想要有效完成这个阶段的任务，必须先弄清楚为什么会发生运动损伤。一般来说，运动损伤发生的原因有三个，一是突发性的意外；二是过度负荷；三是生物力学的错误。一旦找出运动损伤的根本原因，就可以制订体能训练计划以矫正问题，主要是针对无力或紧绷的肌肉来增强肌力及提高肌肉伸展性。如果足部伤后旋前、旋后畸形，就要考虑使用足部辅具、鞋垫来矫正，或视情况重新调整康复练习计划。

（四）前交叉韧带损伤与康复

膝关节交叉韧带是维持膝关节稳定不可缺少的结构。交叉韧带损伤是常见而又严重的损伤，治疗不当将导致膝关节不稳而引起一系列改变，从而严重影响膝关节运动功能。由于结构韧性和生理构造的不同，前交叉韧带损伤比后交叉韧带损伤更多见，女子裁判员前交叉韧带损伤明显高于男子裁判员。一般认为前交叉韧带损伤多系膝关节强力过伸、过屈、内旋、外展或强力屈曲内旋的结果。足球裁判员由于执法过程中需频繁使用急停急起或足固定突然改变方向的动作，其膝关节前交叉韧带所受剪切应力较大，比较容易受伤。

1. 前交叉韧带损伤的预防

大多数前交叉韧带预防方案中的训练计划都着力改善肌肉和本体觉功能，以达到改变胫股关节的动力载荷的目的。多数成功的前交叉韧带预防方案，包括下肢肌肉的牵伸和力量训练，特别是大腿前群肌和后群肌（股四头肌和腘绳肌）以及脚踝的肌肉；提高有氧适应（防止疲劳相关的失足）；将惯用的两步“变向”或“侧步”动作分为3步（使膝关节始终不完全伸展）；在跑+旋转的动作中将重量置于跖骨头；本体觉和平衡的训练（图287）、强调跳跃的软着陆（预牵收缩）。让女裁判员了解前交叉韧带损伤的风险，以提高自身防护技能。

图287　预防ACL损伤的本体觉练习

2. 前交叉韧带损伤的康复

【韧带重建康复计划举例】

第一阶段：0～8周，主要进行双侧微蹲训练、坐式推腿训练、腘绳肌屈曲训练。

第二阶段：第6周开始，室内功率车训练、本体感受训练。

第三阶段：第8周开始，单侧微蹲、负重行走和负重慢跑训练。

第四阶段：第12周开始，负重，缓慢进行深度左右跳跃训练。

第五阶段：第16周开始：抗阻推腿和深蹲训练，可开始进行特定的抗阻训练。

第六阶段：第24周开始，渐进奔跑（可开始进行特定的运动训练）。

第七阶段：第9个月后，可进行非剪切性的跳跃和转动训练。

第八阶段：第12个月后，运动类型不受限。

在进行前交叉韧带损伤康复训练时应注意：

（1）前交叉韧带损伤腘绳肌的恢复先于股四头肌，也有人主张先使腘绳肌恢复至健侧水平，再行股四头肌练习。前交叉韧带损伤后早期不宜做充分的伸膝练习或单独训练股四头肌，因其可使胫骨前移增加新愈合韧带的张力。

（2）重点训练腘绳肌。腘绳肌是膝关节基本力的稳定器，它和前交叉韧带起协同作用，并保护前交叉韧带免受过度的应力，因此，在前交叉韧带损伤后，重点训练腘绳肌将会收到较理想的效果。

（3）康复后期避免下坡跑。要提醒患者避免下坡跑，因以每小时7～8公里的速度跑45°下坡时，引起的前交叉韧带延长是平地跑的两倍。

（4）注意恢复腘绳肌/股四头肌的正常比值。伤后训练结束时，腘绳肌/股四头肌比值正常或接近正常即可，而对于裁判员，治疗后的腘绳肌/股四头肌比值应在85%或更高才较理想。

（5）加强膝关节灵敏度的训练。在功能锻炼的后期，应加强膝关节灵敏度的训练，如进行折返跑练习，以提高神经肌肉的灵敏度，恢复和重新建立韧带肌肉反射，增强和保护膝关节的稳定性。

（五）踝关节扭伤与康复

踝关节扭伤是最常见的运动损伤之一，在运动中，由于某种原因身体失去重心，或跳起落地时踩别人脚上，或在运动中脚被踩、被绊等都可产生踝关节韧带损伤。在裁判员执法过程中，因场地不够平整、积水等原因也常发生踝关节扭伤，并且有证据显示即使单纯踝关节扭伤也可能导致严重的长期的踝关节功能受损，超过40%的会有残留症状。

1. 踝关节扭伤的预防

预防踝关节扭伤应包括持续的本体感觉训练、适当热身以及功能性本体感觉运动和适应性训练相结合。

（1）初始阶段（1～2周）

动作1：平衡板训练动作。双脚站在板上，双臂交叉，努力保持平衡，站稳→单脚站立，其他相同→两脚站在板上，双手交替拍球，努力站稳→两脚站在板上，投球并接球。

动作2：平衡垫训练动作。单腿站在平衡垫上，保持平衡30秒，两腿交替进行→从垫子外起跳，两腿交替落在平衡垫上。

（2）发展阶段（3～5周）

动作1：平衡板训练动作。单腿站立在平衡板上，手抛接球。

动作2：平衡垫训练动作。单腿站立在平衡垫上，在垫周围拍球，两条腿站在平衡垫上并踮脚。

（3）提高阶段（6～10周）

动作1：平衡板训练动作。单足或双足固定，膝伸直或屈曲为改变重心方向的动作，可结合平衡垫和平衡板，将平衡垫放在平衡板上练习。

动作2：平衡垫训练动作。在平衡垫上闭眼单腿站立，其他训练包括从跳箱/楼梯跳下，用一条或两条腿落地。

2. 踝关节扭伤的康复

第一阶段（伤后1～3周）：站在平衡板上进行前后、左右倾斜训练（前提条件是无痛感），保持平衡。

第二阶段（伤后4～6周），每天一次，在平衡板上完成训练，训练前提条件是无痛感，膝部屈曲，手放在后腰部完成水平平衡、前后倾斜、左右倾斜3种训练（图288），每种训练30秒后休息20秒，重复5次。单腿站立在平衡板上，保持平衡板水平7秒，重复5次。单腿、闭眼站立在平衡板上，保持4秒，重复5次。

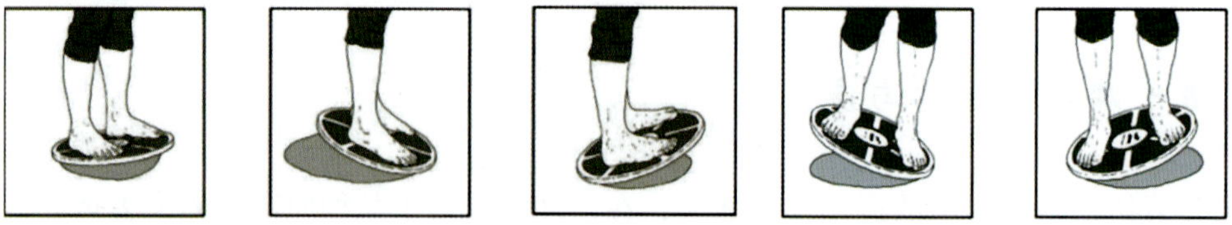

图288　平衡板运动

（六）腘绳肌拉伤与康复

股后群肌拉伤是指股二头肌、半腱肌、半膜肌损伤，又称为腘绳肌损伤，是常见的运动创伤之一。本病多见于各种超生理范围动作，由肌肉主动收缩和被动牵拉所致，肌肉、肌腱可发生捩伤、部分断裂或完全断裂，可为半腱肌、半膜肌、股二头肌单独伤，也可为合并损伤。在肌肉断裂的同时，如果损伤血管可引起较大血肿。陈旧性病例，断裂肌肉产生多少不等的瘢痕，重者因瘢痕挛缩、肌肉短缩常常影响屈髋，致使跑动时“前摆”受限或牵拉再伤，腘绳肌疲劳时损伤更易发生。因此对腘绳肌进行肌力和肌耐力训练是腘绳肌拉伤预防和康复的重要措施。

1. 腘绳肌拉伤的预防

北欧腘绳肌练习是预防腘绳肌拉伤的常用运动训练方案，方法是膝关节跪在软地面上，利用腘绳肌的力量将身体慢慢向地面靠近，由助手固定住双脚（图289）。而后可增加初始速度，让同伴向前推身体。通过动作训练可提高腘绳肌的灵活性和力量、协调性、反应性和耐力。每周训练次数从1次经5～10周逐渐增至3次，每次重复组数由2组逐渐增至3组，每组次数由5次增至12次。

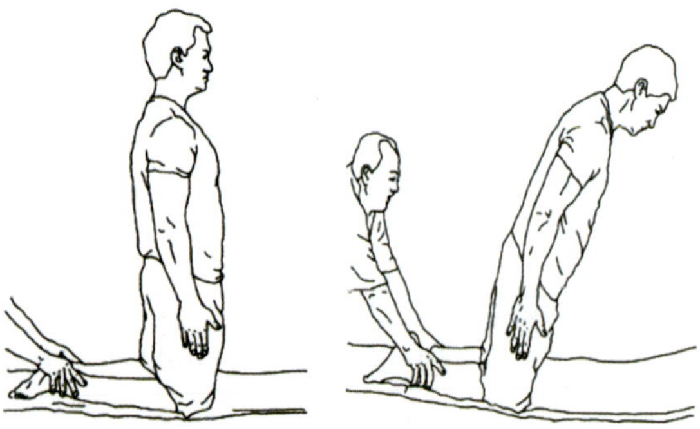

图289　北欧腘绳肌练习

2. 腘绳肌拉伤的康复

肌肉部分撕裂一般1周后可开始活动，康复练习应以增加力量、拉长瘢痕的训练为主。取坐位伸直伤膝，健腿屈膝足坐于臀下，然后向前弯腰逐渐拉长伤肌。也可坐位进行该肌的抗阻练习。一般1个月后可正规训练。

（七）膝关节软骨损伤与康复

膝关节软骨病包括膝关节半月板损伤和髌骨劳损。当膝关节伸直时，半月板被股骨髁推挤向前；屈曲时，半月板则向后移动。膝关节半屈曲做小腿外展外旋或内收内旋时，两侧半月板位于一前一后。若动作突然，半月板来不及滑移，就会使半月板在股骨髁和胫骨平台之间发生剧烈的研磨，即可引起各种类型半月板的损伤。髌骨劳损又称为髌骨软骨病、髌骨软骨软化症。髌骨软骨病的病变不仅限于髌骨关节面软骨的损伤，相应的股骨髁滑车软骨也有损伤。膝关节软骨损伤在运动损伤中发病率较高，是运动创伤的难题之一。

1. 膝关节软骨损伤的预防

（1）第1～2周的训练：一是平衡板练习：双脚站在板上，双臂交叉，始终保持膝关节超过脚趾位置的类似练习；双脚站立在板上，双手交替拍球，尽可能保持平衡；双脚站在板上，扔球和接球。二是平衡垫练习，单脚站在垫上，保持30秒，两腿交替进行；走到垫上，停止并保持平衡；跳到垫上，双腿交替落在垫上。

（2）第3～5周的训练：一是平衡板练习：单脚站立板上，手抛接球；双腿下蹲，膝关节超过脚趾的位置。二是平衡垫练习：单腿站在平衡垫上，在垫周围拍球。

（3）第6～10周的训练：一是平衡板练习：足球专项训练，平衡板上单腿颠球；将平衡垫置于平衡板上进行练习。二是平衡垫练习：在平衡垫上闭上眼睛单腿站立，其他方法：从跳箱/楼梯跳下用一条或两条腿落地；闭上眼睛，单腿下蹲做平衡训练。三是地板练习，在锯齿形线路上做单脚跳。

2. 膝关节软骨的康复

（1）股四头肌静力收缩练习，每次10秒，然后放松10秒，共做5分钟。

（2）直腿抬高练习，采用10次最大负荷量的重量，抬腿10次。

（3）等长伸膝练习15次，髋伸屈内收及外展各20次。

（4）股四头肌渐进抗阻练习，伤肢屈曲70°～80°，躯干挺直，两手叉腰做弓步桩，每次5～30分钟。

（5）膝关节屈曲70°～80°，做马步桩3～15分钟，膝关节有酸胀、发热感觉为宜。

（八）内收肌腱拉伤与康复

内收肌群由耻骨肌、股薄肌、长收肌、短收肌和大收肌组成。最常见的损伤部位是长收肌，因为它不仅参与髋关节内收运动，还是耻骨联合稳定的重要机制，它的作用是在大腿摆动期将大腿稳定在骨盆上；站立期将骨盆稳定在大腿上；步态期增加了支撑腿的稳定性，并将重量平顺地传至对侧下肢。内收肌群功能的任何损伤（延长或无力）均可导致骨盆稳定性下降，如骨盆不稳控制不力，任何跑步、行走动作将很难完成。当内收肌猛烈收缩或大腿迅速内收突然遇到阻力时，或者对内收肌过度牵拉导致损伤，此类动作易伤肌腱部或腱止部。

1. 内收肌腱拉伤的预防

（1）热身活动：躺在地上，伸直双腿并夹球，夹紧双腿15秒；曲膝夹球，其他相同。

（2）腹横肌训练：面朝地面，直体，前臂和脚趾撑地，收缩腹部肌肉，“向内收肚脐”20秒，重复5次。

（3）侧身跳跃练习：屈膝手搭在髋部做侧身跳跃。

（4）滑动：只穿袜子，一条腿交替滑动到和离开另一条承重的腿换脚前，练习可以向横向和对角线进行，30～60秒。

2. 内收肌腱拉伤的康复

（1）内收肌拉伸练习：可采用开胯坐、青蛙式、侧坐弓箭步、蝴蝶式进行静态拉伸，保持动作15秒，可重复2～3组。

（2）内收肌肌力训练：主动内收动作练习，抗阻内收训练。

三、营养卫生

营养是指机体从外界环境中摄取营养素，通过自身的消化、吸收及利用以维持生存和健康的整个过程。营养学是研究食物中的营养素及其他生物活性物质对人体健康的生理作用和有益影响的科学。运动营养学是研究在不同训练或比赛情况下的营养需要和利用营养素提高运动能力，促进体力恢复和预防运动疾病的一门科学。运动营养学的研究任务包括两个方面，一是裁判员训练与比赛的营养需要量；二是裁判员如何利用食物提高运动能力，促进体力恢复，预防运动性疾病。合理的营养是足球裁判员保持良好身体素质的关键因素之一。

（一）营养概述

机体摄取、消化、吸收和利用食物中的营养素以维持生命活动的整个过程称为营养。科学家发现人体所需的营养素可分为糖、脂肪、蛋白质、矿物质、维生素、水、食物纤维七大类共40多种。按照人体的需要性，各类营养素的成分可区分必需营养素与非必需营养素。凡是人体自己无法合成或合成不足，必须由食物供应才能避免缺乏症的营养素，称为必需营养素。人体可以利用代谢产物为原料合成的营养素，不一定直接由食物获得的营养素，称为非必需营养素。人体必需营养素有以下几种：

（1）能量营养素：葡萄糖、蛋白质（必需氨基酸）、脂肪（必需脂肪酸）。

（2）水溶性维生素：维生素B_1、维生素B_2、维生素B_6、维生素B_{12}、维生素C、泛酸、生物素、胆碱、叶酸。

（3）脂溶性维生素：维生素A、维生素D、维生素E、维生素K。

（4）宏量元素：钙、磷、硫、钾、钠、氯、镁。

（5）微量元素：铁、锌、铜、锰、铬、碘、硒、氟。

（6）水。

（7）膳食纤维：营养素摄取量及浓度与其功能的关系，如图290所示。

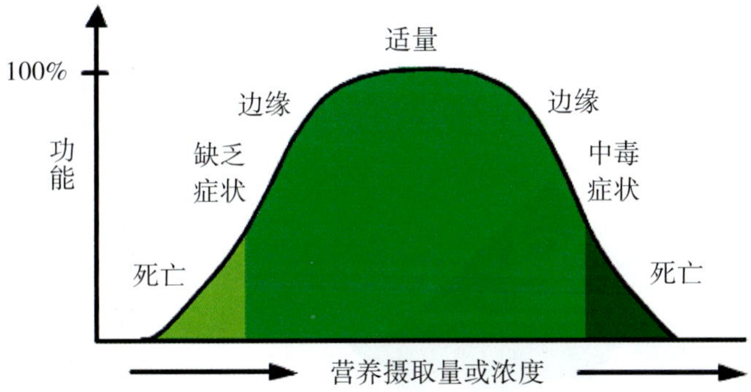

图290　营养素摄取量及浓度与其功能的关系

（二）合理营养

合理膳食是指一日三餐所提供的营养必需满足人体的生长、发育，以及各种生理、体力活动的需要。合理营养的基本要求，一是膳食平衡，满足人体所需的热能与营养素。膳食平衡，又称平衡膳食，是指膳食所含的热量适当，营养素种类齐全、数量充足、比例恰当，能满足机体生理、生活、劳动等活动对营养的需要。满足平衡膳食的基本条件是热量平衡、热源物质比例适当、充足的维生素、充足的无机盐和微量元素、充足的水。平衡膳食的构成呈5层宝塔分布，各层位置和面积不同，在一定程度上反映出各类食物在膳食中的地位和应占的比重（图291）。平衡膳食指导方针：避免过多的脂肪，尤其是饱和脂肪。每天食物要多样化，维持标准范围的体重，吃充足的淀粉和膳食纤维，不要进食过多的精制糖，饮酒要适当。二是对人体无毒无害。食品，指各种供人食用或者饮用的成品和原料，以及按照传统既是食品又是中药材的物品，但不包括以治疗为目的的物品。合理膳食要求：食品里的各种成分对人体无毒无害。三是易于消化吸收。合理营养要求膳食原料组成、加工烹调方式要有利于机体消化吸收，提高营养素的摄取率。四是正确的膳食制度。膳食制度包括进餐的时间、次数以及各餐热量的分配。它的合理制定，能使各种营养素得到充分消化、吸收和利用，是保证合理营养的一个重要环节。制定膳食制度，应规定每日进餐次数和间隔时间，分配食品的适宜数量，并参考不同年龄阶段的胃容量、胃的排空时间以及当时、当地的膳食习惯。一般进餐以三餐为宜，两餐之间间隔 5～6小时，一日三餐的热能分配要适当安排：三餐热量分配比例为早餐：午餐：晚餐 = 30%：40%：30%。食物烹调和加工过程中应尽量避免营养成分过多丢失，做到色香味俱全，以促进食欲。应定时进餐，饮食有节，不喝烈酒，不吃刺激性的食物。食物的数量和质量能够满足生理需要，膳食营养平衡，食物多样化。食物浓缩，体积和重量小，一日食物总重量不宜超过2.5千克。

中国居民膳食指南提示：①食物多样，谷类为主，粗细搭配；②多吃蔬菜水果和薯类；③每天吃奶类、大豆或其制品；④常吃适量的鱼、禽、蛋和瘦肉；⑤减少烹调油用量，吃清淡少盐膳食；⑥食不过量，天天运动，保持健康体重；⑦三餐分配要合理，零食要适当；⑧每天足量饮水，合理选择饮料；⑨如饮酒应限量；⑩吃新鲜卫生的食物。

中国居民膳食指南及平衡膳食宝塔，如图291所示。

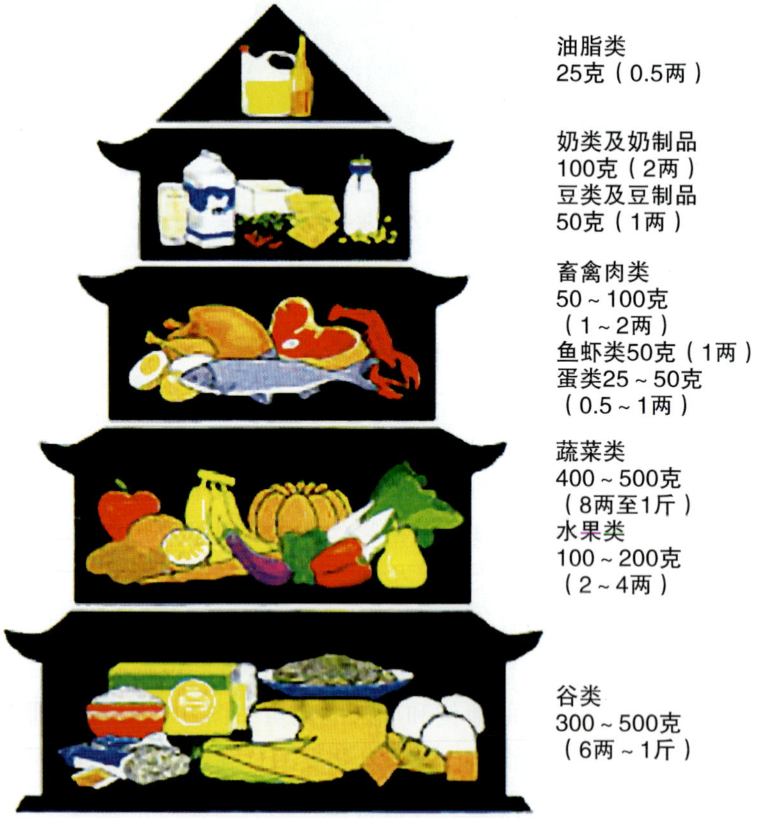

图291　平衡膳食宝塔

（三）足球裁判员营养特点

现代足球比赛攻防节奏快，对裁判员的体能要求日趋提高。裁判员在一场激烈的比赛中，不仅要进行长距离的奔跑，而且其大脑皮质还要不断地接受来自不同区域、不同方向和不同对象的各种各样突发性的信号刺激，然后根据规则中的复杂条款进行快速的思维，并在极短的时间内作出准确合理的应对措施。因此，足球裁判员的临场工作是项复杂、细致和艰苦的工作，不仅是高强度的体力劳动，更是高强度的脑力劳动。完成一场激烈的足球比赛执法任务，裁判员的能量消耗在2000千卡以上，足球裁判员的营养需要需满足其上述特点。足球裁判员在比赛执法过程中机体处于高度应激状态，大脑紧张活动，肌肉强烈收缩，且长时间高强度运动，能耗增加，需适当增加能量摄入，尤其是补充糖类。糖是人体最主要的能量来源，占机体能量来源的50%～60%，也是脑组织能量供应的唯一能量物质。大运动负荷时糖提供的能量占比达到总能量的70%～75%，糖的补充能维持血糖水平。足够的糖原贮备（肝脏和肌肉），是高强度体力劳动和脑力劳动的特殊供给要求。

足球裁判员的膳食营养基本原则包括全面性（彼此依赖、相互协同）、针对性（项目、水平、营养状况、生活习惯）、准确性（避免不足或过剩）及持续性（长期科学性补充），其营养情况符合裁判员合理膳食基本要求，一般能获得质量良好的平衡膳食。

1. 热量平衡

摄取和消耗的热量要保持平衡。热量过多，常见于因伤病等原因不能正常训练或年龄偏大基础代谢水平较低而食量未减的足球裁判员。热量不足，多见于大运动负荷后食欲下降或膳食不当的足球裁判员。

2. 热源质比例恰当

目前我国采用的合理比例为糖：脂肪：蛋白质=55%～60%：25%～30%：15%。足球裁判员即使在大运动量训练期间，蛋白质的摄入量也不宜超过2克/（千克·日），故可根据热量的变化调整其相应比例。

3. 充足的维生素

运动时体内代谢加强，激素分泌与酶的活性增强使体内维生素的消耗增加，同时大量排汗，体液丢失量较大。另外，体内有充足的维生素储备，有利于运动能力的充分发挥。足球裁判员的临场工作要进行反复的冲刺跑，应参照速度耐力项目的营养需求，特别注意每天维生素的补充，维生素C120毫克（比赛增至170毫克）、复合维生素B，1～3片/日。

4. 充足的无机盐

充足的无机盐能延缓运动性疲劳的发生，有利于疲劳的消除。参照速度耐力项目的

（14）所有冲撞都是公平合法的，但禁止用手抱、推，以及用脚绊摔及吵闹。

二、国际足球理事会

国际足球理事会（The International Football Association Board，IFAB）是负责制定和修改足球竞赛规则的唯一机构。理事会成员由英格兰足球协会、苏格兰足球协会、威尔士足球协会和北爱尔兰足球协会4家英国的足球协会以及国际足联共同组成。其中，英格兰足球协会、苏格兰足球协会、威尔士足球协会和北爱尔兰足球协会各有1票表决权，国际足联代表其他200多个所属会员协会拥有4票表决权。根据《国际足球理事会章程》（以下简称《章程》）规定，理事会每年召开2次会议，首次会议为年度大会（AGM），一般在2~3月召开，主要讨论规则修改事宜；第二次会议为事务会议（ABM），一般在9~10月召开，主要讨论理事会内部工作事宜。有关足球竞赛规则修改的建议必须在年度大会中进行讨论表决，且需经理事会四分之三票通过。

国际足球理事会第一次年度大会于1886年6月2日在英格兰足协（伦敦）召开，会议制定了《章程》，规定：国际足球理事会由英格兰足球协会、苏格兰足球协会、威尔士足球协会和爱尔兰足球协会（1921年后，因爱尔兰共和国成立并在都柏林建立爱尔兰足球协会，原爱尔兰足球协会改称为北爱尔兰足球协会，总部设在贝尔法斯特）这4家协会组成，每个协会拥有相同的表决权，涉及规则修改事项需全票通过。1904年，国际足联成立，并宣布将采用国际足球理事会制定的规则。1913年，国际足联加入国际足球理事会，并与其他理事会成员一样只有2票表决权，《章程》规定规则修改需五分之四票数通过。1958年，理事会投票表决体系作出重大修改，国际足联拥有4票表决权，4家英国的足球协会各持有1票，规则修改事项需6票以上通过。

2012年国际足球理事会（IFAB）开始改革进程，于 2014年1月13日正式在瑞士法律下成为一自主协会及确认国际足球理事会（IFAB）章程，制定协会目的、结构和协会及其相关机构的责任。引进IFAB秘书带领执行秘书处确保IFAB的工作是透明、民主和切合时宜的。虽然IFAB组成保持不变，但从引进由世界各地专家组成的足球顾问小组和技术咨询小组足见其改革。这些小组的目的是改善协商进程及促进积极的措施以发展规则。

三、足球竞赛规则的发展过程

（一）现代足球初创阶段（1863—1970年）

IFAB认为，1863—1970年这一漫长的历史阶段属于现代足球的初创阶段，现在应用的很多规则和制定规则的基本原则都源于这一阶段。

1863年诞生了第一本统一的《协会足球竞赛规则》。1920—1947年的比赛充满了实验和对比赛规则的改变。这一阶段也是规则第一次修订的时期，使其更加透明。1937

年，斯坦利·劳斯（Stanley Rous）对竞赛规则进行了修订，制定了一套更紧凑、更透明的规则。第二年，IFAB批准了劳斯提出的17条规则至今仍在使用。劳斯对规则进行了很好的修订，直到1997年才再次修订。

（二）迈向公平竞赛阶段（1970—1980年）

1970—1980年，IFAB对犯规和不当行为的规则条款进行了重大修订。尤其是1970年推出的红黄牌规则是足球竞赛规则及足球运动发展史上的一个重要里程碑，它推动足球运动铸就成了今天的形式。

（三）简化规则阶段（1980—1990年）

从1980—1990年，足球竞赛规则进一步发生了变化，其中包括对越位、罚球点球作了进一步的调整，以及处理浪费比赛时间的问题。1981年，明确了暴力行为、严重犯规、警告后使用粗言秽语或坚持不当行为将被红牌罚令出场。1987年，提出了如果出现浪费时间，因此损耗的时间应补足；延长时间执行罚球点球以及连续触及的违规说明。

（四）引入职业犯规和佯装（1990—2000年）

在1990—2000年期间，足球竞赛规则最显著的变化是：引入了职业犯规，即破坏明显得分机会，视为严重犯规罚令出场；对佯装、回传球规则以及对犯规和不当行为规则作了进一步的调整。1997年，全新的《足球竞赛规则》出版，这是自1938年以来的首次重大修改。

1990年规则将护腿板纳入了基本装备；越位章节中明确了“平行”不属于越位位置，直接获得球门球和角球、界外球不被判罚越位犯规；将破坏明显得分机会视为严重犯规罚令出场。1995年，明确仅仅处于越位位置不是犯规，界定了干扰比赛、干扰对方、获得利益的概念。

（五）现代足球（2001—2016年）

比赛规则的修改不仅使足球运动变得更安全、更愉悦、更公平，而且使足球比赛更好地适应了现代世界的发展，充分利用新的技术，这一点在此阶段规则变化中逐渐显现。

1998年将危及对方安全的背后抢截犯规视为红牌罚令出场。1999年在非体育行为中增加了佯装。2006年明确了7种出示黄牌警告和7种出示红牌罚令出场的犯规，并明确罚令出场离开的区域。2016年足球竞赛规则发生了重大变化。

四、2016年之前足球竞赛规则主要内容变更与修订

为适应足球运动不断发展的需要，足球竞赛规则也在不断的修订和完善，了解现代足球竞赛规则的演变和发展，对于从事和热衷于足球运动的人们学习和掌握规则知识有积极的指导作用。根据足球规则各条款的内容，可分为“足球运动的基本条件、基本规定、违犯规则和比赛官员及其职责”四类。以下结合分类和各章节主要内容对2016年之前规则发展作简要介绍。

（一）基本条件

1. 第1章　比赛场地

（1）场地标准。足球场地有一个大家熟知的别名，即“绿茵场”，顾名思义它是在绿草地上开展的一项运动。但作为大众运动项目，翠绿的草坪并不是所有参与者都有这样的条件，所以规则并未对此有明确的规定，这可以从它的称谓说起。早期，足球规则中对于比赛场地只称为“ground”，即运动场、地面之意，那时足球运动还只是在农村草地、公园、其他项目场地上进行。随着足球运动的进一步发展，比赛场地开始使用“field of play”作为特定称谓。20世纪七八十年代，随着新技术的发展，北欧国家开始建议使用人工草坪材料铺设足球场地，但因技术限制一直未获得批准。随着技术日臻成熟，国际足联开始允许一些青年比赛在人工草坪场地进行，并起早拟定了《国际足联人工场地表面质量概念》和《国际人工场地表面标准》，对使用人工草坪的足球比赛场地标准进行了规范，这一标准于2004年写入规则第一章·决议七。因为这些检测技术标准很多也适用于天然草坪的足球场地，几经修订后，2009年，国际足联制定了新的标准《国际足联足球场地表面质量概念》，这一标准是国际比赛中对于比赛场地表面进行检测的重要标准。

（2）边界线及场地标记。足球比赛场地边界线的称谓与其他球类运动有所不同，底线称为球门线，边线称谓在中文中虽相同，但英文却以TOUCH LINE（触线）表示，这需从这项运动的起源说起。在足球运动发展初期，比赛场地上并没有用实线标画的边界线，只是用4根角旗杆标示场地的大致区域，用球门立柱确定球门的位置。因为两根球门立柱间的线确定了球是否进门，所以也称为球门线，后来开始扩展称整条底线为球门线。边线的称谓则是因比赛初期，界外球是以球出界后先“触及”球的一方获得控球权而得名。1870年，足球场地上开始画边界线。

比赛场地各类标志的出现，则是伴随其他章节内容的变化而增加。1891年，场内标示了中点和中圈；1902年，场内增画了中线。1939年，规定场地各边线的宽度不得超过5英寸。1950年，明确场地的边界线（宽度）应属于比赛场地内。1994年，增加介绍技术区域；1995年，规则第一章·决议十三规定，在距离角旗11码的场外垂直于球门线位

置做一标记，以帮助裁判员观察踢角球时的规定距离（1990年，国际足联接受理事会下属委员会的建议，下发通知予以实施）。2008年，规定在距离角球弧10码的场外垂直于边线的位置开始增画标志线。2011年，鉴于人工草坪球场的广泛应用，在场地标记（规则诠释与裁判员指南）中规定，当使用人工草坪时，可以有其他标志线，只要它们使用与足球场地标志线不同的颜色并可以明显辨别。

（3）场地尺寸。1863年，比赛场地大小，长度最长为200码，宽度最长为100码。1865年，在两根立柱距离地面8英尺的高度系上帆布布带。1875年，以横梁替代帆布布带，并连接球门立柱。1891年，比赛场地的限制为：长度100～200码，宽度50～100码，长和宽应由旗帜和边线标出。1897年，比赛场地的尺寸大小，即长度130～100码、宽度50～100码；国际比赛标准为长度110～120码、宽度70～80码（与现今相同）。2008年，威尔士足协提议将国际比赛场地标准确定为长度105米、宽度68米，理事会仅希望再做进一步讨论。关于足球比赛场地具体建设标准，国际足联出版的《足球体育场技术推荐和要求》已作详细规定。

（4）球门区与罚球区。1891年，规定距离球门立柱6码和距离球门线12码的位置应做标记。当时，有距离球门立柱6码画半弧形和距离球门线6码画短线两种做法，12码线是距离球门线12码距离的罚球线。1902年，规定了新的“球门区、罚球区”概念，即球门区为20码、6码的区间；罚球区为18码、44码的长方形区间（与现今相同）；规定了罚球点“在距离每个球门中点12码处应设置一个适当的标记，作为罚球标记”。1937年，在罚球区外，增加了以罚球点为圆心、10码为半径的罚球弧线，并与罚球区线相连（与现今相同）。

（5）旗杆。1891年，规定场地的长和宽应由旗帜和边线标出。1896年，规则第一条，长和宽应由4面旗帜和边线标出，旗杆的高度不得低于5英尺。1908年，在中线两段距离比赛场地至少1米距离外，可设置中线旗，旗杆高度不低于5英尺。

（6）球门。1863年，规则明确2根立柱相距8码，上方不得系带子或横梁。1865年，修改为在两根立柱距离地面8英尺的高度系上帆布布带。1875年，规则改用横梁代替布带，并连接球门立柱。1891年，规定球门应为相距8码的垂直立柱和距离地面8英尺高的横梁组成（球门开始附挂球网）。1894年，球门立柱和横梁的宽度应为5英寸。1896年，规定球门立柱应垂直固定安装在球门线上，并分别距离对应的角旗杆相等距离。1988年，明确球门立柱必须为白色。1994年，要求球门必须牢固地固定在地面上。1997年，修改为球门立柱和横梁必须为白色。2010年，规则第一章·球门规定，球门立柱和横梁必须为方形、长方形、圆形或椭圆形（明确其他形状不允许）。2011年，对球门立柱的形状作图示示例。

（7）其他。除了场地标记的规定外，国际足球理事会还就商业广告、现代电视转播等对足球场馆提出新的要求。例如，要求场地周边距离场地1米范围内不得有任何形式广告、在球员通道设立混合采访区等。但是，任何场地设施、设备都不得危及队员安全，也不得损害足球的纯粹形象。

2. 第2章　球

早期的足球并不是严格的球形，而是像鸡蛋的形状。球体用猪皮包裹，里面填充皮革。19世纪60年代，印度橡胶的出现使球的制造技术有了很大改进。1889年，球重12～15磅（340～425克）。1891年，球的平均周长为27～28英寸（与现今相同），国际比赛球的重量为13～15盎司。1905年，室外用球必须由皮革制成，且不得使用任何危及队员的材料。1937年，球的重量改为14～16盎司（与现今相同）。1938年，增加“比赛球应为球形”。1954年，明确更换比赛球需经裁判员同意。1967年，提出球的压力概念，规定球压应与海平面大气压相同，即1个大气压。1975年，球压改为0.6～0.7大气压。1983年，球压改为0.6～1.1大气压（与现今相同）。

3. 第3章　队员人数

早期，对于双方队员人数并没有固定。1870年，出现守门员。1872年，明确“除守门员外，队员不得用手扔球或传球”。1897年，规定比赛应由每队11人参加。1939年，规定队员球衣应有号码。1958年，允许90分钟比赛时间内进行人员替补。1967年，允许在友谊赛中使用2名替补，此前只允许当出现受伤情况方可替换。当守门员受伤，可由其他队员替补，其他队员受伤时，只可在上半时比赛结束前进行替补。友谊比赛，双方可商议。1970年，国际足联允许在世界杯比赛中使用2名替补，在墨西哥与苏联队的开幕式比赛中，在半场休息时进行了人员替补。1973年，替补队员不应进入场地，直到被替补下场队员已经离开比赛场地，并收到裁判员的信号后（此前，规定替补队员在进入比赛场地前应等待裁判员的信号）。1981年，规定替换下场队员不得继续参加比赛。替补队员无论上场与否，裁判员都有权进行管理。1986年，规定替补队员入场即为结束替补程序。1988年，规定替补人数为3名队员，其中1名须为守门员。1995年，允许使用3名替补，无身份限制。

1996年，竞赛规程规定可提名替补的人数，从3人至最多7人。此后，对于其他比赛可使用的替补人数一直在不断变化（详见2000年以后的规则简介）。2005年，替补队员不再视为场外因素，当替补队员入场犯规将判罚间接任意球（此前为坠球）。

4. 第4章　队员装备

早期，足球比赛时队员着盛装参加比赛，如1872年举行的世界上第一场国际比赛（英格兰和苏格兰）队员穿长裤和帽子参赛。1863年，队员禁止穿着鞋底带有钉子、铁面或突出胶状物的球鞋。1874年，允许使用护腿板。1910年，如果需要裁判员应在比赛开始前或中场休息时检查队员的鞋子。1929年，下场调整球鞋的队员，只有在比赛停止通知裁判员后方可重新入场（此前，队员足球鞋损害等不得再上场比赛）。1989年，规定队员必须穿鞋（footwear）参加比赛，并明确标准。

1990年，精简条款（删除关于鞋钉等的规定），规定基本装备由上衣、短裤、护袜、护腿板和鞋组成。1997年，如果队员穿紧身短裤其主色必须与短裤一致。2006年，为应对连体衣的情况，规定队员的基本装备，应由独立的各部分组成。2007年，规定运动上衣——如果穿着内衣，其袖子的颜色应与运动上衣袖子的主色相同；决议一，队员不得展示包含标语或广告的内衣。基本装备中不得包含任何政治、宗教或个人的言论；脱掉运动上衣展示标语或广告的队员，将由比赛组织者进行制裁。某队的队员基本装备包含政治、宗教或个人标语或言论的，将由比赛组织者或国际足联进行制裁。2011年3月5日，规则修改要求短裤与紧身裤的底色必须一致，理事会年会还讨论了运动员使用“女性束发网”事宜。2012年3月，理事会年会讨论穆斯林女运动员使用“女性头巾”（H Kijab）事宜。

（二）基本规定

1. 第7章　比赛时间

1862年，比赛时间为1小时15分钟（剑桥大学规则）。1866年，英格兰足协和谢菲尔德足协代表队在伦敦比赛，赛前双方确定比赛为下午3时至4时30分。1897年，比赛时间确定为90分钟，中场休息不超过5分钟。1987年，为应对浪费比赛时间的情况，明确因替补、处理受伤、浪费时间及其他原因损失的时间应予以补足。1995年，规定“中场休息的时间不得超过15分钟”。

2. 第8章　比赛开始与恢复

1863年，比赛进球后双方交换场地，并由输球的一方开球重新开始比赛。1902年以前，规定裁判员比赛暂停后应“将球上抛”重新开始比赛。1905年，规定裁判员比赛暂停后应“抛球直接下落”重新开始比赛。1914年，规定裁判员比赛暂停后，“抛球直接下落”改为“将球下坠”（即坠球）。1981年，替补队员入场被判罚时为坠球（2005年改为判罚间接任意球）。1984年，球门区内的坠球应在比赛停止时球所在半区（1985年，调整为球门区）内与它平行的最近的球门区线上。1997年，规定投币获胜的球队应决定上半场比赛进攻的方向，另一队应开球。开球可以直接得分。当球被踢并向前移动（除任意球、角球外）即为比赛进行（此前须整个球体转动一周）。2011年，重新调整该章节结构，对坠球进行定义。2012年3月，英格兰足协向理事会提议，对坠球直接进球的情况进行讨论（对方进球判球门球，本方进球判角球）。

3. 第9章　比赛进行与停止

1897年，球从球门立柱、横梁或角旗杆弹回场内仍为比赛进行中。球触及位于比赛场地内的裁判员或巡边员为比赛进行中（此前规定，当球无论从空中还是地面越过球门线或边线均为比赛停止）。1904年，明确球的整体必须完全越过球门线或边线方为比赛停止。1997年，规定当球被踢并向前移动（除任意球、角球外）即为比赛进行（此前须整个球体转动一周）。

4. 第10章 计胜方法

早期，胜一球是先标记在球门上。1872年明确规定，当球越过球门立柱间及布带下方，不是扔入、敲入或携带入的，计为进球。1970年，引入踢罚球点球决胜（从罚球点踢球）方式。2001年，规则新增决胜期“金球制”。2004年，介绍客场进球规则和决胜期比赛（废除“金球制”）。2006年，规定客场进球规则、决胜期比赛和踢罚球点球决胜是唯一经国际足球理事会批准的决胜方式。

5. 第15章 掷界外球

1863年，规则明确当球出边线后，由先触及球的一方在球出界处正对边线将球掷入场内。1880年，又允许可以向场内任意方向掷入，由于没有限制掷球动作和方向，使得掷界外球成了进攻的一种重要手段。1882年，为消减掷球的力量和远度，规定掷界外球要用双手掷出。1895年，由踢球出界的对方队员掷界外球，掷球队员必须站在边线上掷球，并不得助跑。1911年，比赛中任何违反规则第五条掷界外球的，应由对方掷球（此前为任意球）。1932年，规定掷界外球队员双脚必须站在边线上或边线外，并面向场地。2005年，明确掷界外球时，对方须至少退出2米规定距离。

6. 第16章 球门球

1869年，规则介绍踢球门球。1902年，出现球门区后规定，球门球在球出界一侧的球门区半区内踢出。1948年，规定踢球门球时，所有对方队员必须位于罚球区外（此前只要求球被踢时，对方队员距离球至少10码）。1980年，规定踢球门球时，对方队员应位于罚球区外直到球踢出罚球区。1992年修改为球门区内的球门球可在区内任意点踢出。1997年，规定球门球直接踢进对方球门可以得分。

7. 第17章 角球

角球是重新开始比赛的一种方式。其最早出现于谢菲尔德足协1867年的规则，1872年该条款被英格兰足协采纳，当时称为“踢角旗球”。1896年，为保护运动员，规定角旗旗杆的高度不得低于5英尺（1.5米）。1904年，规定踢角球时不得移动角旗杆。1913年，规定踢角球队员不得“连踢”（此前踢球队员可以盘带球）。1914年，踢角球时对方需退出的规定距离由6码改为10码。1924年，明确角球直接踢进对方球门可以得分。1990年起，开始在距离角旗11码的场外垂直于球门线的位置做一标记，以帮助裁判员观察踢角球时的规定距离。2008年，开始在距离角球弧10码的场外垂直于边线的位置增画标志线。

8. 第13章 任意球

（1）直接任意球和间接任意球：任意球是场上发生犯规行为后重新开始比赛的一种方式。1903年开始，因规则第九条（以后发展成直接任意球犯规条款）的犯规而判罚任意球时，该任意球直接进门可得分，从而使得任意球出现了直接与间接的区别。1973年，为了区别于直接任意球，在踢间接任意球时，裁判员应单臂上举过头直到球被踢，而不再注重鸣哨。1979年，理事会决议，为区别直接任意球和间接任意球，裁判员应单臂上举过头，并保持这种姿势直到球被踢出后被其他队员踢或触及或比赛停止时为止。

（2）应退出的规定距离：1910年，规定踢任意球时攻方队员须退出10码距离（以前为6码距离）。1913年，规定当踢任意球时，在球被踢前对方队员除已经站在本方球门线上外，不得较球近于10码。1980年，规定本方罚球区内的任意球，对方需距球至少9.15米，并退出罚球区。

1937年，所有由守方在本方罚球区内踢出的任意球，必须符合规则第七条的规定（直接踢出罚球区）。1978年，（守方）可以在球出界一侧的球门区“半区”内任何一点踢任意球。1984年，攻方在对方球门区内获得间接任意球时，应在距离犯规地点最近的与球门线平行的球门区线上踢球。1992年，规定本方球门区内的任意球可在区内任意点踢出。

任意球作为惩治犯规最有力的措施，在规则条款中保持着相对稳定，但是有关任意球条款的尝试也一直在继续。比如，经理事会授权，英格兰足协曾在本国联赛中试行9.15米推进。在2011年的美洲杯上，开始试行在踢任意球时，用可溶喷剂确定踢球位置和人墙位置。

9. 第14章 罚球点球

早期，罚球点球源于英式橄榄球（Rugby football）。1879年，谢菲尔德足协规定，判罚球点球须为发生在距离球门2码（1.8米）以内的犯规。1891年，引入罚球点球或称为“死亡踢法”概念。队员在本方距离球门12码范围内，故意拌摔、拉扯对方队员，或故意手球，将判罚球点球。罚球点球可以在距离球门线12码位置的平行线上任何一点踢球。踢球前，守门员不能越出距离球门线6码的距离，所有其他队员都要在12码线后，并距离球至少6码（当时罚球点球和任意球须退出的规定距离为6码）。1892年，主罚队员在其他队员踢球前不得再次踢球。如有必要，应延长比赛时间允许踢完罚球点球。1896年，规定“如果任何队员在距离本方球门线12码范围内，故意拌摔、从后面冲撞、推或拉扯对方队员，或故意手球，裁判员应判由对方罚球点球……”

1902年，规定了新的罚球区概念，为18码乘44码的长方形区域，并规定了罚球点“在距离每个球门中点12码处应设置一个适当的标记，作为罚球点标记”。规定罚球点球时队员的站位，“除主罚队员和防守方守门员外，其他队员均位于罚球区外，防守方守门员应位于球门区内，球应先向前踢”。1929年，规定球被踢前守门员双脚须站在球门线上。1937年，在罚球区外增加了以罚球点为圆点、10码为半径距离的罚球弧，并与罚球区线相连。球被踢前，守门员须站在本方球门立柱间的球门线上。1970年，提出踢球点球决胜。1974年，踢球点球决胜改称从罚球点踢球（从当年起，罚球点改称为罚球标记，但我国一直沿用罚球点的概念）。1986年，规定罚球点球时应指定踢球队员。1987年，明确罚球点球结束的时间，也称为“墨西哥规则”。1997年，规定守门员留在本方球门线上，面对踢球队员，位于球门立柱间直到球被踢。删除以前要求“不得移动双脚”的规定。2003年，规定踢罚球点球决胜时，猜币获胜的一方可选择先踢或后踢。2005年，规定攻方队员犯规，如果球没有进入球门，裁判员停止比赛，并由守方队员踢间接任意球重新开始比赛。2006年，规定攻方队员犯规时，在犯规地点踢间接任意球。

（三）违犯规则

1. 第11章　越位

早期英国各地的足球规则并不统一，对于越位这一款的规定也不尽相同，有些已规定3人规则（如1947年的埃顿规则和1848年的剑桥规则），有些还未专门规定越位条款（如谢菲尔德足协的规则）。1863年，英格兰足协制定的首部规则中，并没有采用剑桥规则的规定，而是规定“当队员踢球时，他的同队队员更近于对方球门线时，该同队队员将视为停止比赛，他不能触及球也不能阻止对方队员踢球，直到球已经被踢。当球从球门线后方踢出（踢球门球）时，不存在比赛停止的情况。”1865年，英格兰足协将越位定义为“3人规则”，即球门与比赛球之间须有3名以上防守队员。1873年，判罚越位的时点为“当球被踢时”。1881年，规定直接接得角球不越位。1903年，“处于越位位置并不犯规，只有影响比赛才判罚犯规”，增加“干扰比赛”条款。1907年，判罚越位限定于对方半场。1908年，出现中线旗，用于辅助判断半场后越位。1920年，规定直接接得掷入的界外球不越位。

1925年，改为“2人规则”。1938年，越位规则条款单列为第11章。1974年，提出“利用越位位置寻求利益”的概念。1990年，基于“利益给予攻方”的理念，在越位规则中，进攻队员与最后第二名防守队员齐平不越位。删除了不越位情况中的坠球条款（因越位必须由同队队员传球）。1995年，提出“卷入现实比赛”的概念，包括干扰比赛、干扰对方或利用越位位置获得利益。2003年，理事会定义“干扰比赛、干扰对方队员和利用越位位置获得利益”。2005年，定义干扰比赛须“队员踢或触及球”，当年《国际足联第987号通告》解释了这一概念，指出可以在队员踢或触及球前判罚犯规。2007年，提出“等和看”（wait and see）技术。

2. 第12章　犯规与不正当行为

犯规与不正当行为是足球规则中的核心章节。从规则制定之初就有专门条款。从犯规类型上主要有惩治（刑事）性犯规和技术性犯规，即可判为直接任意球和间接任意球的犯规。此外，为处理比赛中的不正当行为，又对不同的比赛方式做了规定。

（1）犯规规则规定

1863年，规则规定禁止持球跑动；禁止踢、拌摔；禁止用手拉拽对方；禁止用手传球给对方或用手从地面拾球。1902年，规定除守门员持球、或妨碍对方或越过球门区外，不得冲撞守门员。队员的犯规类型有拌摔、踢、跳、手球、拉、推和背后冲撞犯规

（第九条），裁判员认为队员有危险动作（第十二条）。

1905年，比赛冲撞是允许的，但不得带有暴力或危险性。1907年，规定如果队员为了故意阻止对方得球，当他被抢截或将要被抢截时，转而面向本方球门，对方队员可以从后方冲撞。

1914年，在“踢”后加入打人犯规。

1938年，规则重新修订，犯规与不正当行为独立成章（第12章）。并规定，队员故意犯有以下行为应予以判罚，即踢、打或跳向对方队员；拌摔，包括向对方队员伸腿或试图伸腿，或在前方或后方阻止；手球，如用手或手臂打人；用手或扩展的手臂拉或推对方队员；以暴力或危险的方式冲撞对方队员，如果裁判员认为正当的并试图踢球的冲撞行为应予允许；冲撞守门员，除他正持球或干扰对方队员，或他离开了球门区；充当守门员时携带球，如持球并未拍打球超过4步；比赛中，未通知裁判员前重新回到比赛场地；裁判员认为队员以危险方式踢球。

1948年，在踢、打或跳向对方队员中，增加“企图踢或打”对方队员。

1949年，犯规与不正当行为章节重新措辞。对直接任意球和间接任意球的犯规进行单列，用罚令出场（send off）代替令其离开（order off）。

1951年，规则第12章，间接任意球中，增加“当未踢球时，故意妨碍对方，如跑到对方队员与球之间，或身体介入以对对方队员形成障碍”。

2008年，规则将“抢截球”条款精简为“抢截对方队员”，并并入“草率地、鲁莽地及使用过分的力量”这组犯规部分。

（2）不正当行为

【可警告行为】

1907年，持续犯规视为非体育道德行为。

1939年，增加“犯有非体育道德行为”，如未经裁判员同意，任何队员在比赛中离开比赛场地应视为非体育道德行为。

1948年，明确犯有非体育道德行为，包括持续违反规则、用语言或行动对裁判员的判罚表示异议，并规定犯有此类犯规的应警告该队员，并判由对方在犯规地点踢间接任意球重新开始比赛。

1997年，非体育行为代替非体育道德行为列入可警告的犯规，在比赛重新开始时未能遵守规定的距离被列入可警告的犯规，延误比赛重新开始被列入可警告的犯规。

1999年，场上任何位置的任何试图欺骗裁判员的佯装行为，必须按照非体育行为进行判罚。

【可罚令出场行为】

1980年，向对方吐口水与打人条款并列，并视为暴力行为。

1981年，裁判员认为队员犯有暴力行为或严重犯规、使用冒犯性的语言、在警告后继续不正当行为，这3种行为可将其罚令出场。

1990年，理事会关于“职业犯规”的说明中，用可判为任意球的犯规破坏明显进球得分机会，将视为严重犯规，并被罚令出场（1991年成为正式决议）。

1992年，规则第12章将队员罚令出场的情况包括，裁判员认为队员犯有暴力行为、使用无礼或冒犯的语言，或在受到警告后继续犯有不正当行为。

1998年，规定当队员从后面犯有危及对方队员安全的抢截球时，必须按严重犯规进行判罚，严重犯规的行为应出示红牌。

【红/黄牌】

1970年，墨西哥世界杯采用红/黄牌制度。

1993年，红/黄牌正式写入规则条款（队员被警告并出示黄牌，队员被罚令出场并出示红牌）。在可罚令出场的情况中，增加“犯有严重犯规”，并修改“二次警告”的措辞。

2001年，规定只有场上队员或替补队员或被替补下场队员可以被出示红/黄牌。可罚令出场犯规，被罚令出场的队员必须离开比赛场地周边和技术区域。

（3）守门员的犯规

1902年，规定守门员可以在本方半场用手控球，但不能携带球。

1912年，规则第八条，守门员可以在本方罚球区内用手控球，但不得携带球。

1982年，介绍了守门员4步违例规则。守门员在本方罚球区内，当他控制球后，持球超过4步未发球进入比赛，以及球发出后在未经其他队员踢或触及前再次触及球，均判罚间接任意球。根据理事会要求，国际足联分别于1982年8月4日、11月12日两次下发通告对“4步规则”作进一步解释。

1998年，规定如果守门员用手或臂部控制球超过5～6秒，将视为延误时间。

2000年，守门员“6秒持球”取代“4步规则”。

1992年，介绍“回传球规则”，即守门员不得用手直接接得同队队员故意踢回的球。

1997年，规定守门员直接用手接得本方的界外球回传，判间接任意球。

（四）比赛官员及其职责

1. 第5章　裁判员

（1）裁判员。早期，比赛中的争议由双方队长解决。后来，由每队指派一名本方仲裁员（umpire）解决争议，仲裁员本身不能干扰比赛，但可以应队长要求提供建议。1862年，明确每队指派一名仲裁员，并有一名中立的裁判员（剑桥大学规则）。

1878年，裁判员允许使用哨子。1891年，裁判员开始进场执法，并规定其职责为执行规则和裁决所有争议。职责内容为记录比赛，充当计时员，警告及判罚犯规或要求队员“离开比赛”，当天色过暗、观众因素、干扰等原因可终止比赛。

1897年，裁判员的权力扩展至可判罚当比赛暂停或比赛停止时（比赛成死球时）发生的犯规。

1936年，规定裁判员自进入比赛场地开始，负责管理队员的不正当行为或非体育道德行为，但是只有他鸣哨开始比赛后，才能对与竞赛规则相关的事宜作出判罚。

1998年，规则第5章·决议三，与比赛相关的事实应包括进球是否得分以及比赛的结果。

【运用有利】

1903年，规则引入"有利条款"：当出现对被犯规一方有利的情况时，裁判员可先保留判罚任意球。

1996年，如果裁判员运用有利，而预期的有利并没有发生，裁判员应判罚最初的犯规。

【受伤处理】

1997年，规则第5章规定，任何受伤流血的队员必须离场接受治疗。

1998年，理事会讨论了受伤队员离场和重新入场的方式。如果队员能够走出场地，尤其是当队员靠近边界线时，应鼓励他走出场地，不必坐担架离场。关于受伤队员接受治疗后重新回到比赛场地的情况，如果为比赛停止时，队员可从任一场地边界线进入场内；如果比赛进行中，队员只可从边线进入场内。两种方式队员都必须等候裁判员的信号。

（2）第四官员、候补助理裁判员和附加助理裁判员

1）第四官员

1993年，在锦标赛或竞赛中指派第四官员，其职责应根据国际足球理事会批准的条款进行。

1999年，理事会推荐各协会在国家协会或联赛组织的顶级比赛中指派第四官员。增加第四官员的两项职责，即在替补队员入场前有权检查队员的装备，如果装备不符合规则，应通知裁判员；有权向裁判员通报任何技术区域内人员不负责任的行为。

2）候补助理裁判员

2007年，在第四官员章节中增加候补助理裁判员（RAR）内容。根据竞赛规程，也可指派候补助理裁判员，其工作职责仅为当助理裁判员或第四官员不能继续工作时代替他。

3）附加助理裁判员

2008年，理事会授权欧洲足联开展附加助理裁判员（AAR）试验。

2010年5月18日，国际足球理事会在瑞士苏黎世召开特别会议，对欧足联在2009/2010赛季欧洲联赛中使用附加助理裁判员的试验进行了评审。会后同意该试验将继续进行至2012年3月的第126届理事会年度大会召开前。附加助理裁判员是从裁判员中选拔的，他的职责包括当球的整体离开比赛场地时与裁判员交流。

2. 第6章　助理裁判员

在足球运动早期，仲裁员由双方球队各自选派，后来改为巡边员后，在一般比赛中仍长期存在使用俱乐部巡边员的情况，为此"中立性"成为讨论的焦点，理事会也多次指出俱乐部巡边员应保持中立，并规定国际比赛应指定中立的巡边员。近年来，

国际足球理事会和国际足联开始通过增加助理裁判员的工作职能来提高比赛官员团队的协作能力。

1880年，规定由双方同意指派中立观察员。当2名仲裁员的判断有争议时，向队长提供建议。

1891年，仲裁员改为巡边员，其职责（由裁判员决定）应为判定比赛停止（比赛成死球），以及由哪一方掷界外球。

1961年，巡边员的职责修改为："巡边员应指出而不能判罚，当比赛停止时以及由哪一方踢角球、球门球或掷界外球"。

1982年，巡边员的职责应为示意：当比赛停止时，哪一方踢角球、球门球或掷界外球，当需要进行队员替补时。当队员替补时，距离替补较近的巡边员应上举旗帜（并配替补旗示图）引起裁判员注意。

1996年，巡边员改称为"助理裁判员"，并增加2项工作职责，即"当队员处于越位位置可以被判罚时、当不正当行为或其他事件发生在裁判员视线外时"。

1997年，规则修改，并重新措辞。

2000年，规则第6章·职责明确，每场比赛应委派2名助理裁判员，其职责由裁判员决定，应为示意：当球的整体越过比赛场地时，应由哪一方踢角球、球门球或掷界外球；当队员处于越位位置可以被判罚时；当要求队员替补时；当发生裁判员视线外的不正当行为或任何其他事件时；无论何时当犯规发生时助理裁判员较裁判员更近时（特别包括罚球区内的犯规）；在罚球点球时当球被踢前守门员是否向前移动以及球是否越过球门线。

五、2016年至今足球竞赛规则主要内容变更与修订

（一）2016/2017 竞赛规则

国际足球理事会2016/2017 竞赛规则可能是足球发展历史中影响最为深远的一次修订与变更，目的在于使规则更容易被大众理解和提高在理解、诠释及应用时的一致性。集中修订后规则更切合当今足球各水平的赛事。其主要变更部分如下：

更简单的结构——将规则与诠释合并，使每章规则相关的信息都会在同一章节上显示。

更新标题——一些规则已被重新命名以反映其内容的改变，并包括一些未被分配到特定规则内前文，如第六章"助理裁判员"改为"赛事的其他官员"。此更改可使后备裁判员、附加助理裁判员等均可列入该章节的规则条文内。

英语及用语——删除多余词句和使用更为一致的单词和短语，使规则更具可读性，有助于翻译和减少混淆及误解。规则以中性词予以表述，以反映女性在当今足球运动领域的重要性。

更新内容——更新后的规则更切合当今足球，如增加队员替换人数。

（二）2017/2018竞赛规则

与任何大规模修订一样，总会有第二步的“跟进”阶段。2017/2018规则对许多条款进行了修订，主要是一些澄清，从而使文本更加清晰和/或更容易被翻译。 除了澄清部分外，还有一些变更是2016/2017修订版中建立的原则的伸延，以及在 2017年度国际足球理事会周年大会为促进足球发展及推广而批准的一些重大修改，包括：

- 国际足球理事会相信各足协清楚知道如何令其国家或地区的足球发展有所得益，因而扩大各足协（洲际足球协会及国际足联）修改其“组织性”条例的自由度（例如，在不包括最高级别赛事的情况下，增加换人名额上限至5名球员），以促进各个地区的足球发展。
- 于青少年、元老、残障人士及草根足球赛事（低组别赛事），新增短暂被逐离场（短暂离场区域）代替黄牌警告
- 于青少年、元老及残障人士的足球赛事，广泛应用重返替换的规例（已经允许应用于草根足球赛事）。

（三）2018/2019竞赛规则

2016/2017年规则的主要修改及2017/2018进一步修改及澄清已经被广泛地接受。2018/2019足球规则的修订，主要是进一步改进之前的主要修订内容，以及增加两项经过严格测试的竞赛方式，即在加时赛中增加额外一名替补队员和如获得国际足球理事会及国际足联批准，使用视频助理裁判员。包括以下几个部分：

- 规则修改（除关于视频助理裁判员以外）及规则修订。
- 说明。
- 词汇表修改。
- 实践指南修改。
- 视频助理裁判员相关条款改变摘要。
- 未来——国际足球理事会“公平竞赛”策略。

（四）2019/2020竞赛规则

2019年3月2日，国际足球理事会（IFAB）在苏格兰阿伯丁举行了第133届年会，会上通过了对2019/2020足球竞赛规则的多项修订和明确，经过2年的全球范围试验，批准了以下三项修改：

- 处罚球队官员不正当行为时，可以使用红黄牌。
- 被替换下场的队员从最近的边界线处离场。

- 守方在本方罚球区内踢任意球或球门球时，当球被踢比赛即为开始（不必等到球离开罚球区）。

其他变化包括：

- 对于手球更清晰的措辞。
- 进攻队员必须距人墙1米以外。
- 在罚球点球时，守门员至少一脚在球门线上。
- 新的坠球程序（包括如果球击中裁判员进入球门，攻守方转换或者进攻机会开始）。

（五）2021/2022竞赛规则

2021/2022竞赛规则变更或明确的主要内容如下。

1. 竞赛规则注解

- 竞赛规则注解明确全部章节采用国际单位制。如果国际单位制和英制单位之间存在任何计量误差，一律以国际单位制为准。

2. 非暴力行为的不当行为

- 第四章、第五章、第十二章及视频助理裁判操作规范中，将一些形式的非暴力行为的不当行为（如带有攻击性触碰对方队员）纳入“攻击性、侮辱性或辱骂性”的范畴，在与之相关章节的罚令出场条款中用“行为/行动”代替“语言/动作”。

3. 国际足联品质计划

- 第一章、第二章、第四章中，已将国际足联品质计划的有关信息列于视频助理裁判操作规范之后——其细节内容已从规则相关章节中移除。

4. 比赛场地

- 第一章，球门立柱和横梁必须是相同的形状，两个球门也必须相同。
- 球门线技术信号可以发送至视频操作室。

5. 其他比赛官员

- 第六章，公布了现已有国际级视频比赛官员的名单。

6. 比赛时间

- 第七章，补时时间取决于“损耗”的比赛时间。

7. 越位

- 第十一章，在判定越位/越位位置时，采用第十二章对臂部上端边界的定义（与腋窝底部齐平）。

8. 犯规与不正当行为

- 第十二章，手球：

– 队员的手/臂部触球，并非每次都是犯规。
– 应结合队员身体动作的具体情形来评判其手/臂部的位置。
– 删除了意外手球后有关“同队队员得分”，以及“创造进球得分机会”的犯规条款。

- 对于施诡计以逃避规则有关守门员用手接同队队员故意踢来的球的违规行为的认定，同样适用于踢球门球时出现此行为的情况。发起该行为者将被警告（黄牌）。
- 任意球/罚球点球的判罚，只能针对犯规对象为在比赛名单上的人员，以及比赛官员的犯规行为。

9. 视频助理裁判操作规范

- 使用视频助理裁判的书面许可仅需自国际足联处获得。
- 确立了当视频比赛官员无法开始或继续执法比赛时的处理原则。

六、规则小故事

（一）现代足球运动的兴起与规则的诞生

据史料记载，在中世纪的英国便有了类似今天的足球活动，当时的足球比赛在城市的街道上进行，对参加的人数、犯规等无规则的限制。由于参加的人数众多和无组织，比赛时场面混乱不堪，声音嘈杂，而且比赛中往往使沿街的一些店铺和居民的财物受到损害，因此被视为“暴民足球”。为此英国国王爱德华二世在1314年下令，凡踢足球的人都要被判刑入狱。爱德华三世在1331年也颁布过相似的法令禁止踢足球。以后英国国王理查德二世、亨利四世、亨利五世、亨利八世也都曾颁布过法令禁止踢足球，到中世纪末期足球活动逐渐衰退。1580年，足球只作为学校内部的一种体育活动在英国的大学校园内进行。1681年，查尔斯二世允许他的农奴和伯爵间进行足球比赛，但是，1685年查尔斯二世去世后，英国王室仍对足球活动予以压制。进入19世纪，随着划船、板球和拳击运动在英国被公众广泛接受后，足球也因其显著进步被引入公众学校，从而被接受、发展起来。由于没有统一的规则，各学校都根据自己的特点制定独特的规则，导致比赛中各自采取自认为合法的动作或行为。1860年J. C思林出版了一本自称为“最简的比赛”规则，共10条，其中第2条规定可以用手抓球和用脚踢球。这一阶段产生出新型足球的比赛方式，尽管它只有简单、模糊的十条雏形条文，但其价值不言而喻，正是这十条条文使足球比赛变为有规则约束的正规竞技项目。

1863年12月8日，英格兰足协委托埃利斯以“剑桥规则”为蓝本，制定出第一部通用的足球规则，共14条。内容为：①场地长为200码（180 米）、宽为100码（90米 ）、短线四个角上插4面角旗。②得分后双方交换场地，失分队开球。③抽签胜者选择球门，败者获开球权。开球前对方队员需退离至距球9码以外。④球门不设横梁。球从两门柱与两顶端平行线之间通过即为得分。⑤球出界后，最初触球队员从球出界的球场边线处、朝着与球场边线垂直方向将球掷入场内。掷进球场的球触地前不算比赛开始。掷球需用单手持球从头顶上方掷出。⑥当某个队员踢完球时，站在比球更近于对方球门的同队队员不能参加踢球。⑦球从端线出界，如果守方队员先触球，有权从正对触球点的端线上发任意球；若攻方队员先触球，有权从正对触球点的端线1.5码处向球门发任意球。⑧某个队员接到对方踢出的球，如果立即用脚后跟在地面做一标记，就可在标记地点发任意球。⑨不能用手持球跑。⑩禁止绊人、踢人、用手拉人或推人。⑪比赛最多参加者，每方不得超过11人。⑫在进入比赛状态后严禁用手触球。⑬接住对方踢来的凌空球或者第一次反弹球，可以运球，也可以传给其他队员。

（二）关于比赛场地

1875年规定了场地长和宽的最小限度：长度为100码（90米），宽度为50码（45米）；1883年规定比赛场地必须画出表示球场长度的两条边线，以及表示球场宽度的两条端线。1891年在球场出现了球门区和中圈：以球门两根立柱各为中心点（即圆心），以6码（5.50米）为半径，各向场内画一半弧，两个半弧的一端在球门前相交，另一端与相近的端线相接，以此构成球门区；在距端线12码（11米）的场内画一条与端线平行且等长的实线，两端各与相近的边线相接；在距离端线18码（16. 50米）的场内画一条与端线平行且等长的虚线，两端各与相近的边线相接。除此之外，还在球场中心点，以10码（9.15米）为半径画一圆圈作为中圈。1894年规定了球门的两根立柱的最大宽度和架在立柱上的横木的最大厚度均为5英寸（0.12米）。1896年进一步规定了插在球场四周的角旗高度不得低于5英尺（1.50米）；球门应是两根相距8码（7.32米）并垂直于地面的立柱上架横木、安装在端线上，它们都与两边的旗杆等距离。

1897年重新规定比赛场地长度最大为120码（110米）、最小为110码（100米），宽度最大为80码（75米）、最小为70码（64米）。1902年最终确定在距两球门立柱外侧6码（5.50米）的端线上，向场内各画一条垂直于端线长6码的线，再将两条垂直的线连接起来，从而形成球门区；在距两球门立柱外侧18码（16.50米）的端线上，向场内各画一条垂直于端线长18码的线，再将两条垂直线连接起来，形成罚球区；取消了12码（11米）的横长线，改画为距离球门中心点12码的点，形成罚球点。还恢复画上贯穿中圈、两端与两边线相接的中场线。

（三）关于裁判员

1863年规则规定每场比赛各队派出主裁判与副裁判各1名，但均在场外执法。1891年规定了裁判员由3人组成，1名主裁判和2名巡边员，裁判员必须保持中立。1992年将沿用多年的“候补裁判员、场下裁判员、预备裁判员定名为替补裁判员。1996年巡边员改名为助理裁判员，将替补裁判员改称第四裁判员。1999年将第四裁判员改称第四官员。2000年助理裁判员的权限得到最大的尊重。2003年第四官员有权向裁判员指正误判，发生在裁判员和助理裁判员视野以外的暴力行为应及时告知裁判员。2005年裁判员从进入比赛场地开始直到比赛结束后离开场地前，均有权进行纪律制裁。2007年一名替补助理裁判员也可以根据竞赛规程指派。他唯一的职责是根据需要替补不能继续执法的助理裁判员或第四官员。

（四）关于越位规则

1848年规则规定，不允许任何无球的进攻方队员游走于球与对方底线之间。1870年规则规定，进攻者与对方球门之间必须有3名防守队员，否则为越位犯规。1880年规则规定，球门球、角球不越位。1907年规则规定，在本方半场不越位。1925年规则规定，球与对方底线间不能少于2名（过去是3名）防守队员，并取消掷界外球越位的限制。1990年规则修改为允许进攻方队员可以与第二名防守队员位于同一条线上。1992年规则明确遇到下列情况队员不应判为越位：球门球、角球、掷界外球（坠球改为掷界外球）。1994年规则规定，队员处于越位位置不会总被判罚，也就是说队员仅仅处于越位位置并不犯规。2001年明确处于越位位置队员应满足三个条件，一是该队员处于对方半场（本方半场不越位）；二是该队员在球的前面（他在球的后面的时候不越位）；三是该队员在对方球门线之间，对方队员不足2人时（当他与倒数第二个防守队员平行的时候，或者与最后两名防守队员平行时不越位）。2005年在越位定义中明确，接近对方球门线的意思是指头、躯干和脚的任何部分比球和最后第二名对方队员更接近球门线，以及干扰比赛、干扰对方队员、在越位位置获得利益三个罚判条件。2014—2019年进一步明确了干扰对方队员的越位犯规和越位位置获利犯规，以及恢复比赛地点的规则解释。

（五）关于队员、守门员和比赛官员

1871年，足球运动引进了“守门员”作为最后一名防守队员的特殊位置，并规定守门员只能在罚球区内用手接球。1893年的规则规定，在球门区内守门员有绝对的权限，无论有球、无球，对方队员碰触到守门员身体就是犯规。1902年规则设定了罚球区，规则对守门员进行了限制，由原来的可在本方半场内任何地方用手接球，到只能在罚球区

内用手接球。1905年规定，罚球点球时在球未发出前，守门员双脚必须站在球门线上不得移动。1909年规则规定，守门员服装颜色必须与其他队员有明显区别。1968年，国际足联修改了守门员4步法则。1982 年通过的守门员接球后将球抛在地上未经本方队员或对方队员触球之前，不得再次用手触球。1985 年更改的守门员在本方罚球区内，用手控制球后向任何方向持球、拍球或者向空中抛球再接住，行走4步以上，未使球进入比赛状态；或者行走4步过程中或者前后，虽然使球进入比赛状态，但未经罚球区外的本方队员或者罚球区内外的对方队员触球前，不得再次用手触球。1986年规定比赛中替换人数不能超过2人次改为3人次，包括守门员在内。1992 年规定场上队员故意将球传给本方守门员，守门员不允许用手触球。1998年规定守门员用手或臂持球超过 6 秒即为延误比赛时间。

1863年规定比赛最多参加者，每队不得超过11人。1937 年竞赛规则规定队员不得使用或佩戴可能危及自己及其他队员的装备或任何物品。1970年规则规定比赛中替换人数不能超过2人次；1986年规定比赛中替换人数不能超过2人次改为3人次，包括守门员在内。2002年规定当队员发生受伤情况时，裁判员应立即停止比赛，让受伤队员出场治疗，受伤队员在比赛重新开始后才能在裁判员允许的前提下进入比赛场地。2005年规定国家A级比赛中，最多可使用6名替补队员；只允许对场上队员、替补队员或替补下场的队员出示红牌或黄牌。2006年规则规定，队员必需的基本装备必须包含以下几个相互分离的部分：运动上衣、短裤——如穿紧身内裤，必须与短裤的主色同一颜色、护袜、护腿板、足球鞋。2007年规定运动上衣——如果穿内衣，内衣袖子的颜色应该与运动上衣袖子的主色相同。短裤——如果穿短衬裤，其颜色与短裤的主色相同。

关于队员的球衣号码。20世纪40年代中后期，为保证比赛的公平阿根廷足协从英国聘请裁判员执法，但英籍裁判员经常将队员搞错，因此，为了让英籍裁判员便于分辨队员，想出了在队员球衣上用号码区分的办法。从1949年阿根廷甲级联赛第九轮开始，规定上场比赛的球员必须穿带有号码的球衣。

1995年规则中出现“技术区域”，对教练员的场外指导有了明确的规定与限制。2019年规定可以向替补席的球队官员出示红/黄牌。

（六）关于红/黄牌

红/黄牌不仅常见于足球场上，还被广泛应用于许多其他的运动项目。它们非常有效地帮助裁判员直观地向队员和观众传达他的决定。但是，这颜色鲜艳的塑料小方块是如何成为具有极高辨识度的裁判员的协助工具，并得到广泛认可成为比赛不可或缺的一个组成部分的?

坎·雅士顿是国际足联的裁判员，并在1962年智利世界杯中担任裁判员。他在1963年退休后进入国际足联裁判委员会，并于1970—1972年担任该委员会的主席。1966年英格兰世界杯期间，他担任了裁判组负责人，被卷入了一件富有争议性的事件之中：在英格兰与阿根廷的比赛中，阿根廷队的队长安东尼奥·莱登被德国裁判鲁迪·柯莱特蓝判罚驱逐出场，但阿根廷队长拒绝离开场地。最后，坎·雅士顿来到场地，劝说他离开了场地。而赛后，这场比赛中英格兰队的两位队员杰克与鲍比·查尔顿是否受到了裁判员的警告也存在争议，裁判判决传达的模糊不清引发了他的思考。故事继续发展，当他开车经过伦敦西部的康辛顿大街时，他抬头看见了交通灯，交通灯从绿色变成了黄色，然后又变成了红色，他终于找到了困扰自己已久问题的答案：黄色代表警告——要当心了，红色代表停止——你，出局了。

红/黄牌于1970年墨西哥世界杯被正式应用于在比赛中，随后逐渐在世界范围普及。今天，我们把红/黄牌的应用视为理所当然，而“被红牌罚下”这个短语已被广泛应用于足球以外的众多领域，而这所有的一切都源于1966年康辛顿大街上的那盏交通灯。

参考文献

[1] 国际足球理事会. 足球竞赛规则2021/2022 [M]. 北京：人民体育出版社，2022.
[2] 国际足联. 足球竞赛规则2011/2012 [M]. 北京：人民体育出版社，2012.
[3] 陶然成，等. 足球竞赛规则分析与裁判法 [M]. 北京：人民体育出版社，2013.
[4] 杨文轩，等. 体育概论 [M]. 北京：高等教育出版社，2013.
[5] 刘国永，等. 群众体育蓝皮书 [M]. 北京：社会科学文献出版社，2015.
[6] 中国足协. 中国足协裁判工作文件汇编 [G]. 北京：2017.
[7] 崔相录，等. 素质教育 [M]. 济南：山东教育出版社，1999.
[8] 罗纳德·B.伍兹.体育运动中的社会学问题 [M]. 田慧，译. 北京：人民体育出版社，2011.